档案文献·甲

抗战时期的四川
——档案史料汇编（下）

四川省档案局（馆） 编

主　　　编：丁成明　胡金玉
副 主 编：周书生　刘海锦
编　　　辑：林　红　张洁梅　陈　翔
　　　　　　王晓春　李泽民　刘严付

重庆出版集团 重庆出版社

第五章
抗战时期四川经济与社会

一、战时四川经济概况

(一)经济施政情形及经济调查

1. 四川金融商业近况(1937年10月)

本年上期,川省金融、商业,气象蓬勃,盛极一时。但自七月七日起,冀察风云变色,继以淞沪大战,骤然展开。我民族国家在复兴史上,虽已步入一新阶段,而内地经济界,则稍受不利的影响。非常时期,经济统制,尤关重要,特就川省金融、商业目前状况,略加检视,谅亦为关怀后方人士所乐闻也。

一、金融业

重庆各行庄,平时的营业,门类本多。但因领钞需要保证准备,及公债押款便利之故,资金之投放于统债、债善、建债者,数不在少。一方面,省外各银行多余之资金,亦均调集渝市,辗转融通,故以很小的资本,能扩张惊人的信用。一旦时局紧张,公债行市一再暴落,省外银行,须固根本,纷纷紧缩,收回放款,市面银风,因之立即转紧,筹码缺乏,周转发生困难,与一·二八后,沪市的地产风潮,颇有几分仿佛。中经金融界本身尽量设法,行营、省府多方维持,发行一种暂时通用的票据——代现券,俾已陷固定的资产,得以复趋活动。难关算是安渡了。最近的将来,业务萧条,势不可免。所以,又有合并运动的发生。现川康、平民、商业三行,已合并营业。闻有少数钱庄,亦正在酝酿合并中。这种减少单位竞争,集中人力、资力的合并运动,就是金融市场步入正轨的先声。

二、出口业

1. 桐油业

桐油为川省唯一特产,每年销六万吨,总值数千万元。全系经由沪、汉等地运销欧美。战事既起,长江下流,航运阻滞,销路完全断绝。估计各区县囤而未售出之油,约六千吨,呆搁之资金,达五六百万元。行市由四十余元跌至二十余元,甚至十余元,尚无人接手。此种折价损失及呆滞资金,身力稍薄或原即受损失者,自难支持。渝市已有庆泰成、长丰两家;万县有同义;泸县有炎记;巴中有信义丰;宜宾有同春和搁浅,拖累不小。军事结束无期,转瞬新油上市,该业前途,实颇暗淡也。

2. 丝业

川丝分两路出口。细丝市场在上海,此次战事猝发,丝价骤由七百余元跌至五六百元。洋行进货,亦甚薄弱。而存栈待售之丝,或遭炮毁,或保存不善,品质变劣,各商损失不小。粗丝运滇销缅甸雁瓦者,闻尚能稍获微利。但苦乐不均,何能补偿?现川丝产销均由官商合办之川丝公司统制,销路虽成问题,而该公司对于发展秋蚕,仍不遗余力云。

3. 山货业

猪鬃亦为出口大宗。今年行市,白鬃常在一千元,黑鬃在六百元左右。沪战发生,销路断绝,各字号握存之货,总值不下七八十万元。其余牛羊皮、猪肠、倍子、芋片等物,行市莫不大跌。现古青记、鼎瑞等四家已合并营业,牌名协记,拟将存货运汉,经粤汉路南出香港销售。

4. 药材业

进口之广药虽涨价,而无来源。出口之川药,则业务清淡。

出口业中,以盐、糖两帮较有希望。盖航运受阻,淮盐不能再销楚岸。现闻汉、宜等处,淮盐存底无多,不久将虞淡食,甚盼川盐接济。故盐商正酝酿增加自贡井盐产量,以资运销。忆昔咸、同年间,洪、杨之乱,沿海灶场盐运,悉遭破坏,两湖、云、贵,均赖川盐。富、荣、犍、乐,盐业繁荣,极一时之盛。此时情形相似,或系川盐复兴之良机也。又,素为洋、广糖侵销之两湖市场,今后或亦可由川糖夺回。故川糖出口,将有好转趋势。现省府组设贸易局,总局设重庆,汉口、长沙、广州、香港、海防等设分局,并派员前往考察交通、商业情形,意在使川省进出口货照常流通。但珠江封锁,日舰、日机侵扰粤南,恐运货由粤汉路出口之议,终难顺利进行。至经由陆路运滇,经滇越铁路出口,则更费事矣。

三、进口业

匹纱、杂货等帮,初因货价提盘,情形稍好。今因来源不济,进货被阻道途,严查仇货,门市批发均感萧条等关系,撑持仍甚困难。

(载于民国二十六年十月《四川月报》第十一卷第四期)

2.四川省建设厅重拟本年度中心工作(1937年10月)

省府建设厅为应战时急需,特将二十六年度中心工作纲领,从〔重〕新厘定。其要义以集中全力,用最经济,最迅速之方法,从事于重要农产品产量之增加;重要资源之查勘、开发;重要工业之兴办与扩充;重要出口货之推销、进口货之统制,以及交通事业之健全等。兹将其纲领志次:

(甲)农林建设事项

(一)粮食

一、完成全川各地粮食产销之调查统计。

二、积极奖励粮食生产,限制奢侈类农作物之种植。

三、举行水稻品质检定,推广小麦优良品种,并作双季稻之广布的试验。

四、提倡栽培苕子,以作绿肥。

五、堆肥、速效肥制造之推广。

(二)水利

一、注意都江堰工程。

二、推广灌溉区域七十万亩。

三、健全水利人员技术组织,增购农器工具,以应各方水利工程之需要。

(三)棉作

推广优良品种之种植九万亩。改良推广,去年为二千亩,本年得一万亩,明年可达五万亩。现更向美国订购"福字"棉种四百担,若能于明年播种前安全运川,则明年可达九万亩以上。此等改良棉之收获量,可供五万锭纱厂需用而有余。

(四)畜牧

一、以选择当地较良品种从事推广为中心工作,暂时放弃试育纯系新种之基本工作。对于猪,将所收集之猪种,分散于各个农场,以最经济而迅速之方法推广之;对于绵羊,决选松潘一带,从事繁殖与推广;对于山羊,以成都平原品种从事推广。

二、继续牛、猪血清之制造,以推广防疫工作。并尽量训练兽医人才,以应战时及农村之需要。

(五)蔗糖改良

一、研究漏水制酒精,以供国防之需要。

二、改良蔗糖及制糖方法,增加生产收益。

三、推广场地二百万亩,以为繁殖推广优良蔗种之用。

(六)蚕丝

自行制造春种七万张,秋种十万张,并向江苏订购春种十万张,增加蚕丝产量至六千担。

(七)林业

一、推广峨山林场、省立第一林场及龙泉山防空造林工作。

二、于岷江上游大量设置苗圃,以为上游两岸造林之准备。

三、贯澈〔彻〕上年度采木计划。

(八)农贷

积极兴办农业贷款,并推广合作运动,以增加人民之生产力量。

(乙)矿产建设事项

(一)继续调查川北昭、广、剑一带地质矿产,完竣整个调查计划。

(二)根据二十五年度调查报告,完成全川二十万分之一地质路线图,并印制已经调查之矿业纪要,及全川矿产分布图,各县矿区位置关系图。

(三)奖励人民淘取金矿

川康岩金、沙金,年产三万两,占全国产量四分之一。本年度拟尽量奖励人民淘取沙金,派员实际指导其方法,鉴定其地势,预备增加历年产额二倍以上。

(四)注意矿产专门调查

除由(二)项完成川二十万分之一地质路线图外,普通地质调查,暂缓进行。拟就已知之重要矿产,如金、铁、铜、煤等,分别详切调查,以便从事钻探,或呈请划定国营或保留矿区。此项工作,如金矿专门调查,刻已出发,首先赴宁属考查。其余考察人员,正在积极准备出动中。全部专门调查,预计本年度内完成。

(五)协助中央完成川省旧有基础之铜铁矿厂之采冶,及石油之钻探

一、关于铜矿行营已有彭县铜矿筹备处,现拟与之切取联络。如此法不能完成,仍宜就土法促其速即开办。并拟即整理大渡河两岸小铜厂,收回省营,使之积极增加产量。关于荥经铜厂,尤拟提前整理。

二、关于铁矿行营已决定在綦江建立五十吨化铁炉,以济重庆炼钢厂之需要。建厅拟尽量提倡土法炼铁,改良其方法,使之积极生产,俾在綦江新式化铁炉未成立以前,重庆炼钢厂所需生铁,亦无缺乏之虞。威远铁厂,在安川战役前成立,已耗款二十余万,现正向重庆炼钢厂商讨恢复办法。

三、关于石油行营在巴县、达县已设有钻探处。此项工作,费款甚巨。行营既在积极钻探,建厅拟再督饬地矿调查各员,除随时注意新的油区外,关于该处探钻事项,尽量扶助。重庆原有汽油厂,建厅拟积极扩大其组织,充实其内容,使其大量生产。

(六)整理各地民营煤矿

四川约有七十县产煤,多属开采方法不良。建厅已饬矿区测绘所,切实指导其工作,如推水、通风、照明、运搬等事务,使矿户增多,全年产量增加至数倍以上。先在成、渝各地设立铜、铁化炉,收熔破铜烂铁。

(丙)工商建设事项

(一)兴办工厂

准备调查原料,提挈社会资金,兴办下列各厂:一、硫酸厂;二、硝酸厂;三、盐酸厂;四、碱厂;五、精碱厂;六、新式制革厂;七、机器制纸厂;八、色染厂;九、代汽油厂。

(二)扶助原有各工厂

一、扩充水力厂;

二、扩充电气厂;

三、扩充缫丝厂；

四、改进麻纺织厂；

五、改进民间各项小工业之发展。

（丁）电讯及电政

（一）电话

一、完成全省电话网。A.健全各县与其各区署及联保之电话敷设；B.完成各专员公署与其辖县之电话敷设；C.完成省府与各专员公署之电话敷设。

二、健全全省各级电话机关组织。

（二）收音机

一、推广设置各区署、各联保及其他重要处所之收音机。

二、开办高级无线电收音员训练班。

三、设置无线电收音机模范修配所。

（三）扶助全省各地现有电气事业

（四）统制电讯器材

（载于民国二十六年十月《四川月报》第十一卷第四期）

3. 四川省政府拟定开发雷马屏等县三年计划（1937年10月）

省府为开发边区，增加资源，前已确定划雷、马、屏等十二县为四川边区开发第一屯殖区，并于该区设置屯殖专署。兹以现值非常时期，此项工作，亟应推行，刻已拟定三年开发边区工作计划，即着手按步施行。兹将中心工作，撮要志次：

第一年计划

一、设置

（子）划雷波、马边、峨边、屏山、越巂、西昌、昭觉、冕宁、盐源、盐边、会理、宁南等十二县为四川边区开发第一屯殖区。

（丑）撤废第五、第十八两区专署。

（寅）第五区所辖犍为县，暂并入第六区管辖；乐山、峨嵋两县，暂并入第四区管辖。

（卯）在此屯殖特别区中，设屯殖专员一人，组织屯殖专员公署，办理屯垦事宜。并设警察局长一人，组编若干警员，负治安之责。

（辰）专署直隶省府，专员人选由主席遴选熟谙边情而有希望者，呈请国府简任或特派之。屯殖专署及警察局，设于昭觉牛牛坝。

（巳）未到达牛场以前，可暂设西昌。

（午）第一期开发地带为昭觉、雷波、马边、屏山、峨边、会理六县。

（未）昭觉改为屯殖实验县或为屯田县，县下划分屯殖区。

（申）屯殖区内，其汉民烟户稠密地方，仍照常分区设署。如汉民无多处所，即设置一行政委员，办理垦务。

二、屯殖

（子）开发会理毛姑庙磁铁矿及其附近之铁矿。兴大同厂之斑铜矿、通安矿、天宝山锌矿、力马河镍矿。

（丑）划定宁属为重工业区，并在会理、炉厅地，设置冶炼大工厂，将各矿集中冶炼。

（寅）于昭觉县属之美姑河、西溪河上竹枚寺肥沃之地，办理屯垦。

（卯）在雷波及马边属之黄毛埂、万石坪等山地，办理农垦及畜牧。

（辰）招垦民三万，办理上列垦务。

（巳）垦民所住垦舍，采村落聚居方式，至少以五十家为一村，斟酌实际情形，编组保甲。

（午）于村落四周附筑碉堡，并开辟乡村道路及沟渠桥梁。

（未）开办义校、民校、训练班，施行同化教育。

三、交通

（子）修浚马边河。

（丑）修浚金沙江。

（寅）修浚大渡河。

（卯）修整峨越公路。

（辰）计划修筑川滇铁道，由成都经冕宁、顺安、宁河到三堆江岸。

（巳）修筑雷建通道。

（午）修筑昭越、昭峨、雷马峨各县间县道。

（未）在西昌附城及昭觉地等，修筑飞机场。

（申）敷设各路电线，并于相当地设短波无线电台。

（酉）在昭、雷、马、峨、巂越各县间，添设邮局或代办所。

第二年计划

一、开发越巂、冕宁、盐源、西昌。

二、建越会公路，并各县间县道，敷设邮电。

三、于冕宁办理农垦，并将冕宁改为屯殖实验县。

四、招垦民办理农垦。

第三年计划

一、开发盐边、宁南。

二、建设各县至各县间县道，敷设邮电，并于会理附近设飞机场。

三、招垦民二万，办理农垦。

（载于民国二十六年十月《四川月报》第十一卷第四期）

4. 西康省交通及商业概况（1938年2月）

西康位于国土西陲，广约百四十余万方里，为我国西南之屏障。居川藏之间，两地之政治、经济、文化，必赖西康为之沟通融化。地中宝藏甲于全国各省，地面森林恒有数百里广阔者，实地大物博，急待开发以调剂内地。且值此抗战期间，战区延及十余省，人力在内地日渐增加，则物力日感缺乏，急宜移有余之人力，开发西康蕴藏之物力，以增强我国抗战之力量，俾得最后之胜利。更因西康北接青海，南界云南，西连西藏，可结西北与西南成一大国防线。在战争上，此国防线筑成，确增强卫内攘外之力量不少。以上所言，相〔想〕必为国人所公认，而近来不论政府、人民，注意西康问题者亦多，故就入康考察之所知，贡献国人，以资参考：

（一）交通情况及旅行应有之准备

凡入西康考察，必先至西康首县康定（打箭泸），然后再至关外各县。由成都到康定，共需九日工夫：

第一日　由成都南门汽车站乘四川公路局客车。晨八时开出,沿成雅公路进行。中经双流、新津、邛崃等县,于午后四时即达雅安。车资六元三角。雅安旅馆以川康宾馆较佳。雅安至康定,共五百五十华里,山地崎岖,中阻大川,且无公路,必须步行或坐轿及滑竿。途中有餐馆之地甚少,尚须自备八日饭菜。故第一日到雅安旅馆住定后,即应准备三事:第一,向轿行雇轿夫,大致两名轿夫,共需国币十八元左右。当交定洋五元左右,以后每日每名轿夫发国币五角。切不可预支过多,防其途中晚上逃走,途中绝难另雇。第二,准备路□油盐及两日粮食。第三,因途中须经过大相岭及飞越岭两高山,气候甚冷,冰雪甚大,温度在冬季仅华氏十数度,雪风亦大,故旅行者必须备御寒衣服;又冰雪反光甚大,眼力易受损,此病名"雪盲",故旅行者必备一深色眼镜。衣服、眼镜如未准备,必在雅安购妥,否则途中八日所经各地均难置办。

第二日　宜早起行,以赶至离雅安九十华里之荥经住宿为佳。全日山路,气候尚无大变动,风景绝佳。

第三日　由荥经至凤义堡,四十华里,住宿。因凤义堡在大相岭山脚,越山尚有七十华里,山上又无旅店,故是日仅行四十华里。全日经过系平原,路甚平坦安适。

第四日　早餐后方起身(因山上无饭馆),多着衣服以御山上冰雪。大相岭高度为海拔三千八百公尺,森林甚多,云雾茫茫,雪深数尺。多数地方必须下轿步行,免受意外危险。鞋上宜着一草履。是晚宿清溪(汉源)县,亦在大相岭之脚下,风力甚大。是日所经全是山路,气候甚寒,实在冰天雪地中。

第五日　由清溪至宜东(泥头)七十里,气候渐温和,沿途平路较多。

第六日　由宜东至化林坪镇六十里,越飞越岭,山高海拔三千六百余公尺,一切与大相岭相同。全日山路,气候严寒,已入西康境内。

第七日　由华林坪至泸定七十里,沿大渡河岸行走,气候渐转温和。中经冷迹镇,为大相岭至康定间气候最好之地,各种水果、粮食、丝、棉均产。

第八日　由泸定至瓦斯沟镇七十里。沿途冲积砾土层,均产沙金。日来沿大渡河岸行,至此分别。

第九日　由瓦斯沟至康定六十里,全日山路。旅行至此,可略休息,并作出关之准备。康定为西康之门户，户口约一千七百户，现建省委员会即设于此。进口货物及出口货物均集中于此地，各物均能购得。由康定深入，则只能乘马，无轿可坐，夜宿帐屏，食饭亦须自炊，且必备通司(汉藏语之翻译者)。康定地高三千数百公尺，气候冬季华氏三十度左右，夏季华氏六十度左右。

(二)商业情况

西康进出口货物，必经四川雅安转运。雅安东南有青衣江水道通乐山，汇合岷江；东北有成雅公路，运输均称便利。但由雅安以西而入西康之运输，既无水道，又无公路。运输货物，只靠人力背运或马力驮运。故进山口货物，此段运费最巨。因是，各种商业均难发达。兹就现在情况，略言之：

一、进口商业

(1)茶叶 康藏人士之嗜茶，甚于法兰西之嗜酒。无论僧俗、贵贱、贫富，无一不赖茶以为生。彼等有谚语云："汉人干饱肚，藏人水饱肚。"盖西康地居高原，气候寒冽，养生食品，多为助长体温之腥、膻、油、肉类，茶性清凉解燥，适足调剂之故也。茶占西康进口货之大宗，每年营业额约六十万元。制法甚简，将茶叶采□晒干后，秤四斤四两，于模型中煮熟之，即凝成小包，外面装以篾包即成。每四小包合一大包。其交易计价，以十三大包为一平，其价不一。货好价高，至百元以上，货次则低，至五十左右。茶叶大别为荥经及雅安茶两种。茶品有毛字、砖茶、金尖、金玉、金仓、粗茶六种。最近市价，毛字及砖茶每平最低五十元，最高至百元；金玉、金尖每年平最低七十元左右，最高九十元左右。现有茶商，荥经以姜公兴、姜又兴数家较大；雅安茶则以天增公、孚和、恒泰、康宁数家较大。

(2)百货业有三十家左右，每年营业额六十万元左右。以广布、洋布、土布及国产商品销行为多。经营百货商家，首推丰豫百货商店规模较大，次则吉泰亨、庆春等。

二、出口商业

出口商品计有赤金、鹿茸、麝香、虫草、贝母、大黄、秦艽、羌活、赤芍、藏药、羊皮、狐皮、杂皮、鹿尾、鹿角、羊毛等十数种。其营业数：羊毛约五十万，赤金约百万元，麝香约六十万元，其他各宗约四十万元。出口商家大致各宗均办，只看有利无利。计有康宁、丰记、同永昌、黄松乔、锦荣盛、世昌隆、集义生、德泰合、义兴成、德昶裕、伍受之等。此外尚有祸川、祸国之出口商品，即鸦片烟是也。每年营业额约五十万元。然正当商家，多不经营。中日战争开始后，各出口货颇难输出，故市价大跌，商品阻滞。

（三）发展西康经济之建议

一、培养民力

欲建设西康，繁荣西康，必须对人民所经营之事业力加保护培养，使内地人民乐向西康迁移及投资。最急需者有三：第一，沟通汉夷文化。使汉夷纠纷减少，则商务日渐发达；第二，减免内地税。使进口、出口货物成本降低，农村经济渐有发展；第三，肃清路途中匪患。使商业上少受意外之损失，行旅者无生命危害之忧。

二、改良交通

全康道路不良，交通工具仅为人力、马力、牦牛力。故西康开放已及三十年，而穷瘠固蔽，依然如旧。至少在最近应完成雅安至康定，康定至甘孜，康定至西昌三公路，则行旅较易，货物运输较便。

三、实行督垦

康定以西地广人稀，夷民偷安性成，不肯多事农作。若实行移民督垦，则不数年，康无旷土，户口自易繁殖。

四、改良及推广牧畜

西康草原辽阔博大，牲畜甚少，荒弃之良好草场甚多。若尽量利用，可增畜六十倍于现有之牲畜。国际间绵羊毛需要甚广，价值亦高。若推广及改良绵羊牲畜事业，增加国家财富，实为可观。

五、开发森林

西康森林，面积约八万余方公里。参天大木，自生至死，未识斤斧者，遍诸河谷，且多为针叶树。若能输出，每方公里之值，在百万以上。然尚有树木以外之价值，举凡西康输出珍贵物品，如鹿茸、麝香等，皆非森林不产。估计全康森林中，每年所产香、茸、毛皮、药材之属，价值约在五千万以上。其被取获成为商品者,年值不过百万,盖未及其百分之二。假使能以科学方法,严密管理,推行养鹿、养麝与栽插药材各业,则其实际生产,年值可达一万万元以上。

六、新法开采金矿

中部雅龙〔砻〕江流域一带,产金甚富,因草原中之河流,率甚平缓,故金沙沉淀,高原躯干部分之草原、河谷中最多。昔日旧法,效率甚小,且粮食奇昂,除金夫消耗外,所余不多,故每多失败。若能采用新法——机器生产,以增效率,且探求母岩,以求大量出产,则所获自多。(二十七年二月于成都——罗素华)

5. 周纲仁核拟甘绩镛折陈整理四川财政金融意见签呈(1938年8月13日)

八月十二日晨,准第二厅送到,奉交会核川财厅长甘绩镛折陈财政金融经济管见一件,并附二厅核签意见一件,自应遵批拟办。兹谨逐条核拟指令如次:

甲、关于财政事项

一、国省联合收支划分以后,属于军队之经临各费及不属省库之其他一切开支,请完全由国库负担一节

查国库所负担之军费,向以隶属中央之部队及各军事机关为限。所称军队之经临各费,其性质如与军政部之现行法令相符,自可请由国库负担。应即核明军队性质,呈由川康绥署专案,呈请军政部核办。至于不属于省库之其他一切开支,果为事实所必不可省,应分别主管系统,呈请各该主管部会,查核办理。

二、因抗战而发生之后方一切用费,请准由地方临时筹集或由中央酌量拨助一节

查后方一切用费,如为事实所必需,而在预算上又确属无款可拨,须由地方临时筹集或中央补助时,其筹措办法,须事前呈奉中央核准,方可照办。

三、禁烟补助费,请改为月拨三十万元一节

查自二十七年七月份起,按该省内销烟土数量,每担拨助二百元,事属通

案,未便变更。如省地方岁出确有困难,可请财政部另案补助。已函财政部,准予按月补助十万元在案。

四、防空公债请予照案施行一节

查发行公债,在法律上向有一定程序,防空经费在防空法上并有赅括之规定,应即依法呈请财政部核办。

五、分期办理土地陈报,并于每期办理完竣,即行呈请改征地价税或收益税一节

查该省办理土地陈报,业经财政部令准有案,自可照办。办竣后,应先依法改订科则等,以期粮赋负担克臻平允。

所请改办地价税或收益税一节暂毋庸议。

六、请继续发行已核准之建设公债一千五百万元,并饬四行抵押一节

查此项建设公债应否继续发行,应依照九月九日整理四川财政会议纪录所载决议案,专案呈送本行营及财政部核办。

七、渝市建设经费请由中央补助一节

查所称国府西迁,渝市为国际观瞻所系,市容、卫生、道路、防空、建设等项,均需积极举办,需用浩繁各节,自属实在。应由市政府将应行举办之事项,分别拟具详细计划及经费预算,呈候核转财政部核办。

附注:第二厅原签意见:主张渝市财政独立,使有市政资源。办法极是。经会商财政部,以为时机尚须有待,故改拟如本文。

乙、关于金融事项

一、请饬四行提高折扣,尽量抵押建设公债一节

查建设公债抵押折扣,原系按照票面四四折计算,可否提高,事属银行业务范围,应径与四行洽办。

二、川省新债经整理后所发之证券,请饬四行接受抵押一节

查川省债券以外之新债,究系如何整理,今尚未据报核,所请应从缓议。

三、改善地方金融机构办法,请即在川施行一节

查此项办法,为全国适用之成案。川省各地方金融机构,有需领用一元券及辅币券者,自可依照本办法之规定,径呈财政部核定,向四行领用。

四、四行发行之一、二角辅币券,请视社会之需要与否,加以伸缩一节

查四行发行之辅币券,向视社会需要,随时伸缩。其破烂污损者,早经本行营迭饬四行随时掉换,并据报遵办有案。市面所行使之四川省银行五角辅币券,其开始印制日期、底板块数、制印张数、已发行总数、存库总数、已缴准备金总数,迄未据实具报,该厅长应即查明实况,补报备查。

五、采取有效办法收集生金银一节

查所陈收集生金银以稳定外汇、维持法币,见解甚是。惟据财政部答,此案业由财部委托四行,依照金类兑换法币办法,予以收兑。并经咨行经济部,开明矿产生金地点、数目,由部交由四行收兑金银专处,分别接洽收卖。至于生金领钞,亦早经财政部规定办法,颁行有案,凡愿领钞者,自可依照办理。

以上所拟办法,是否有当?理合检同原折及第二厅原拟意见一份,呈请鉴核示遵。

谨呈

主任张

附甘厅长绩镛折呈一件、第二厅核签意见一件〈略〉、节抄财政部七三五七号公函一件

职周纲仁

附(一)　节抄财政部公函　第7357号

二十七年五月三十一日

二、三,原请各项债券以外之新债,本息约四千六百余万元,发行清偿债一千万元,公债五千万元分别清偿一节

查川省积欠债券以外之各新债,为数既巨,内容极复杂,自宜依照下列原则先行清理。

(甲)川省债券以外之新债本息四千余万元(此次为出兵,以营业税担保之二百万元,仍应照原合同办理,不包括在内),由省政府会同关系机关,组织清理委员会统筹整理。

(乙)上项债务之清偿,除以历年积欠田赋约一千万元,尽数充作基金外,并自二十七年下半年起,由省税项下每年提拨四百万元为基金。其应清偿之

数目及清偿方式与次序，由清理委员会拟定，经省府核转本部核定施行。

丙、关于经济事项

一、尽量开发川省资源，并请便利物产运销一节

查此点，中央已颁有维护生产、促进外销办法，自本年七月一日起施行，对于农工商各业之利益，已予切实保证。川省所产桐油、生丝、猪鬃，亦历经贸易委员会协助商人运销或自行收购，业具相当成效。四川省政府应即多方协助，以期农工生产，仍得日见繁荣。

二、川省已有之生产事业请分别援助或赞助一节

查川省生产事业，关于后方资源，自应尽量维护。如有必须援助或赞助之处，应依照法令规定，将其经营实况报请经济部核办。

三、推广贴放范围，以扶助各种工商事业一节

查此案前，经本行营转函四行分别予以贴放贷款在案。兹据四行贴放委员会陈称，渝市电力厂、水泥厂、自来水厂、华兴机械厂、民生公司、丝业公司等各项资产，均已早经该会押放巨款矣。

四、原请发行建设公债一千五百万元修筑川滇、成渝等路之用一节

查此时发行公债难于变现，如川滇、成渝路公司允以公债抵缴，可酌准发行，否则应另筹办法。

附（二）　川财厅厅长甘绩镛折呈

敬呈者：

窃职受命予兹，已阅两月，熟察四川财政现况，爬梳整理，未遗余力，所以亟图事功者，原期遵照层峰核定方案切实推行，非仅足以因应地方环境之需要，亦将以符中央整个战时财政方策，绵力所及，粗具端绪，前次折呈颠末，计在垂察之中。惟是川省财政债累已深，预算收支一时递难平衡，俯念民困未苏，既难再增负累，后方一切建设又万不可阙然置废。再四思维，惟请于不增加国库巨量负担及牵动金融范围以内，致力于国、省预算之如何彻底划分，税务、债务之如何积极整理，以求收支平衡，进而及于金融之如何调剂，资源之如何开发，确使发挥地尽其利，物尽其用，货畅其流之效用。本此标的，谨就财政、金融、经济诸方面，分类披陈管见，敬祈鉴核。

甲、关于财政事项

一、国省联合收支平衡划分以后，属于军队之经临各费及不属于省库之其他一切开支，请完全由国库负担

川省自廿四年七月起至廿六年十二月止，原系国省联合收支，但以军费数额庞大，而需要又甚急迫，重以天灾人祸纷至沓来，遂使财政一端日渐收不敷支，更若缓不济急。虽迭承财部饬下四行借拨巨款，复由财政监理处尽力牵补，用维现状。而负债累累，益增困难，迄至川军东下抗敌以来，始奉委座明令，于本年一月份起国、省收支完全划分，方幸川省免去军费负担，得以从容整理庶政。乃因二期出兵，后方部队续有增编之故，将此项增编部队经临各费责由省库开支，不惟川省财政极度困难之际，实属无法额外增筹，抑且与国、省划分收支之原则不符合。应请将未经列入绥署军费预算内新编川军各部队之经临各费及不存省库之其他一切开支，并由国库负担，以明界限，而资整理。

二、因抗战而发生之后方一切用费，请准由地方临时筹集或由中央酌量拨助

查抗战开始，川省位居后防，举凡因抗战期间发生之临时用费为省预算所无者，如防空设备、救济难民等项，均属切要之需，不可稍缓。但在川省预算收入实际无以可以拨济，应请准由地方临时筹集或请中央酌量拨助，用策实功。

三、禁烟补助赞请改为月拨三十万元

查本府前请就川省禁烟收入项下按月补助五十万元，奉准由禁烟督察分处按月照内销数量，每担拨助二百元。顷准禁分处函复，四、五、六各月约共销一千零数十担，准此计之，与原案所请相差甚巨，自难弥补预算差额。虽云整理禁政之后，销额可望增加，但以收入尚无一定数字，则预算之执行殊难调济。拟请照原案所请，减为月拨补助费三十万元。本府仍当悉力协助缉私，以肃禁政，而裕税收。

四、防空公债请予照案核准施行

川省已成抗战期中军政重心，且为民族复兴根据地，防空设备刻不容

缓。惟以经费缺乏,以致筹备多日,尚鲜成绩。爰由本府省务会议提议,发行防空公债四百万元,业经专案呈核,应请准予照案核准施行。

五、分期办理土地陈报,并于每期办理完竣后,即行呈请改征地价税或收益税

查川省田赋,久失整理,中经防区□□□□□□□□□□□□□专门人材实行清丈,成、华、江、巴、新、邛及新都实验县,各地仅能清出少数滥粮,对于税率失平之处,尚未能加以变更。至于其他各县,虽经近数月以来加紧督促,而积欠田赋尚达一千余万元。一则由于册籍无征,一则由于税率失平。非从整理地政加紧进行,则田赋收入一项终无增益之望。兹于二十七年度预算内划列专款,即拟延揽专家,加紧训练技术人材,先从土地陈报着手,预定分段、分期次第实施。惟以川省幅员辽阔,土地广袤,若待全省办竣之后,始行改革税制,则收效期于何年? 拟请于每期办理完竣,即行参酌事实,依照法定规定,呈请改征地价税或收益税,以收速效。

六、请继续发行已核准之建设公债一千五百万元,并饬四行抵押

查本府已奉核准,尚未发行之建设公债一千五百万元,前请继续发行,作为修筑川滇、成渝等路之用。奉财部核示:"如川滇、成渝等路公司允以债抵缴,可酌准发行,否则应另筹办法。"等因。在川省财政现状,实属无可另筹,而路政建设及资源开发又属急需巨款,仍请续发建债较为有济。但各路公司亦需现款,如以公债抵缴,事实上恐难办到,应请饬知四行抵押,以资实用。

七、渝市建设经费请由中央补助

国府西迁,渝市为国际观瞻所系,关于市容之整顿、卫生之设备,以及增辟道路、防空建设等项,亟须积极举办。惟是需用浩繁,在省库积累之余,实难完全担负,所有省预算已经列支之经临各费,自应照案支给。此外如修辟马路,得就收买土地项下抵偿者,即就事业之本身设法举办;其不能自行设法者,拟请由中央补助,俾能提前赶办。

乙、关于金融事项

一、请饬四行提高折扣,尽量抵押建设公债

川省已发行之建设公债,面额三千万元,尽数握存于渝市金融业手内,虽

经四行按照票面四四折抵押,究以折扣过低,商人负担头寸过巨,又以限制贴放数额,仍难悉数周转。查建债还本期间,等于统债年息六厘,与各种统债无异,即将抵押折扣提至五成以上亦属稳当。拟请转饬四行提高折扣,尽量抵押,俾得活动金融。

二、川省新债经整理后所发之证券,请饬四行接受抵押

查川省债券以外新债,业经遵财部核示,由本府会同关系各机关,组织清理委员会统筹整理,并年提四百万元作为清偿基金。在整理办法决定以后所发之证券,应请转饬四行从优抵押,俾各商呆滞已久之资金得以渐形活动。

三、改善地方金融机构办法请即在川施行

查改善地方金融机构办法公布已久,确能适应抗战时间调济内地金融,扶助农工商业发展之要求。而以川省农事之发达,产业之丰富,尤为切于需要。拟请即在川省首先施行,必能早觇实效。

四、四行发行之一二角辅币券,请视社会之需要与否,加以伸缩

查一、二角辅币券,常因金融季节,发生过多与过少之病。如果充斥市面,加以破烂污损,遂使巨额收交大感困难;有时散之各地稍感缺乏,又为奸商、钱棍所操纵。虽于整个金融无关,究于社会经济有碍。应请转饬四行,查酌社会需要,对于发行一、二角辅币券,随时加以伸缩,以祛上述弊端。

五、采取有效办法收集生金银

窃以稳定外汇,维持法币,必须收集生金银,以为抗战之基础。查收兑白银早有规定办法,施行以来已著成效。惟如川东之酉阳、秀山、黔江、鼓水等县及川北边远各县,民间流行之现洋仍多,尚须予以便利,设法收集。至黄金,四川亦为出产之区,人民藏存亦多,亟须采奖励保障办法,尽量开发与搜集。拟请宽定改兑价格,俾人民乐于售卖。并准金融业领钞,得以生金充作现金保证,俾能多方搜集,则法币信用,自必益臻巩固。

丙、关于经济事项

一、尽量开发川省资源,并请便利物产运销

川省资源蕴藏极富,早为世所公认。惟因人力、财力有限,未能尽量开发。刘故主席本有开辟五大资源、倡办八大工业之缜密计划。但须分年实

施。以抗战紧急关头，仍恐缓不济急，兼以省库奇绌，推行尤多窒碍。应请中央及早尽量开发，以增厚抗战力量。至于现有物产，以交通阻滞、外汇管理之故，交易多告停顿。亦请特予便利，并奖励外销，直接有益于工商，即间接裨益于农村。

二、川省已有之生产事业，请分别援助或赞助

年来川省生产事业渐形勃兴，固因抗战军兴展开，资金内流，亦因中央倡导有方，地方企业界人士共起直追，有以致之。今后应如何汇合社会全部力量，从事经营，而后可以维持国脉？故无论已办或正在筹办中所有四川一切生产事业，属于地方经营力所不逮者，应请加以援助；属于私人团体者，并请力予赞助，俾收通力合作之效。

三、推广贴放范围，以扶助各种工商事业

四、行贴放范围未列有工业机械之押放

本府去年请求以本市电力厂、水泥厂、自来水厂、华兴机械厂、民生公司、丝业公司各项资产抵借巨款，荷维专案办理，迄今尚未能完全举办。

此外如交通工具，均须亟行备置。而以限于资力，不能多所购置。如能由四行贴委会推广贴放范围，以低利押放各项工商事业及公用事业，必可使经济建设早收实效。

以上所陈，原就管见所及，作原则上之提供，如蒙核准实施，自当详拟方案，另案呈核。是否有当？理合呈请核夺施行，令示祗遵。

谨呈

国民政府军事委员会委员长行营主任　张

　　　　　　副主任　贺

　　　　　　副主任　刘

四川财政厅厅长　甘绩镛
中华民国二十七年八月
（原件存中国第二历史档案馆）

6. 四川省政府提倡手工纺纱(1937年12月)

本省所需棉纱,向由省外输入。现因全面抗战展开,所有上海、香港、广州等地纱厂,均已停工,以致来源断绝,价格陡涨。省府为谋救济起见,特提倡手工纺纱办法七条,巡令颁发各专署、市、县政府,一体遵办。原办法如次:

(一)已有民生工厂各县,于民生工厂中裁并其他科目,增设纺纱。

(二)劝、令农家从事纺纱生产,必须以纺纱为农村主要副业。

(三)农村旧有手摇纺纱机,应使全部利用。如有木机纺纱者,促其尽量推行。

(四)纺纱原料,优先使用土棉。如无土棉或土棉不敷时,可购用湖北或陕西棉花。

(五)调查纺纱机数目、土棉产量,估计不敷棉花数量,报请省府转饬四川贸易局,代向湖北、陕西订购。如自行向鄂、陕购买棉花者,应将数量先行呈报,以便予以协助及便利。

(六)本省每年入口棉纱约十万包,现因来源断绝,市场极为缺乏,且各地纱厂,多被摧毁,即使战事于短期内停止,亦不易恢复。如民间大量纺纱,决不愁无销场,故应尽量提倡增加产量。虽一二年后,亦决无妨碍。

(七)棉花三百五十斤可纺一包(重三百二十斤)。现在棉纱三十二支头者,每包价四百八十元;二十支头者,每包价约四百元;即今六支头以下之粗纱,亦价格高涨,仍供不应求。土棉花每百市斤仅值七十元,每包纱成本只在二百五十元左右,每包纱即可获利一百五十元以上。如用陕、鄂棉花,每百市斤,仅值二十余元,连同运费每包纱即可获利三百元以上。故手工纺纱,并应提倡精细,支头愈细,获利愈厚。

(载于民国二十六年十二月《四川经济月报》第八卷第六期)

7. 仁寿县属缉获私征卡税匪徒(1942年9月6日)

(成都五日电)四川省水上警察局罗局长经犹,前据密报:府河一带非法关卡林立。或冒充检查,或藉口保商,诈索商民,肆无忌惮。不特扰害水上治安,抑且刺激各地物价上涨,亟应严予取缔。当经派员分赴沿河一带调查核实;一面贴布告,准由商民指名告发,以便查拿。嗣据回报,上项私设关卡匪徒,党羽甚众,且多私藏武器,商民苦痛不堪等语。罗局长甚为震怒,当饬成都警察所所长刘伦及该局侦缉队大队长刘嘉兴,分率武装员警,于上月底先后出发,沿河一带认真查缉。刘所长于上月三十日,率队行抵仁寿县属之古佛洞地方,果然发现有匪首张肇修,纠合匪徒二十余人,在该处持枪公开征收木船过境费,每船十元。当即指挥员警分路围捕,生擒匪徒游杰、张子诚两名。搜出匪众经收船费、售费、烟土、发放匪饷之簿据甚多。当即押同人证,继续前进查缉。并在黄龙溪、江口两地,分别设置派出所及分驻所,配备相当警力,以资防守。一路尚称平静,其他各地匪徒,均已闻风远扬。现人证业已押解回省。一面计划继续查缉,务使沿河关卡,彻底肃清,以安后方而利商旅。

(载于《中央通讯社参考消息》1942年9月6日,原件存第二历史档案馆)

8. 四川农业改进所编四川糖业现况(1943年)

(一)产量变更

四川甘蔗产量以二十九年为最高,据估计全川约为二百五十万市担,三十年减为一百七十万市担,三十一年减为一百五十万市担。本年植蔗面积与去年相等,本年上半年天旱,对甘蔗生长颇多影响,但去年亦属天旱,收成不佳,估计本年产量可与去年相若。

因四川糖业仍系家庭副业性质,组织散漫,获得正确调查数字不易,过去各方发表数字,均系估计之值。食糖专卖于去年开始实施,对于原料成品之收支均详为登记,严格管制。根据该项数字统计,三十一年度各县产糖量如下:

县别	蔗田面积(市亩)	甘蔗产量(市场担)	红糖产量(市担)	糖清产量(市担)
内江	86450	3890390	14106	319186
资中	71585	3579390	81367	157259
简阳	70102	3492626	64732	197215

续表

县别	蔗田面积(市亩)	甘蔗产量(市场担)	红糖产量(市担)	糖清产量(市担)
金堂	11645	505628	34603	17873
广汉	1445	65000	6120	
邛崃	1355	54187	4064	
新津	967	38668	2900	
眉山	2171	86828	6512	
彭山	146	5834	348	
资阳	18390	735600	65204	
富顺	11045	452249	1769	29930
隆昌	4440	222100	4581	10409
德阳	8732	360269	27617	
罗江	457	20467	1426	
什邡	1057	47250	4030	
绵竹	150	6750	408	
遂宁	656	26210	2003	
蓬溪	83	3291	274	
南部	98	3952	312	
阆中	72	2810	236	
铜梁	45	1679	145	
犍为	5196	216548	15160	
青神	1200	41016	2460	3231
仁寿	3290	151752	6150	
威远	2200	84505	1444	4162
荣县	400	16142	1253	
宜宾	8970	325063	10814	12485
屏山	316	9491	524	141
南溪	1519	70958	4009	743
庆符	1369	66250	4394	142
高县	146	6244	358	150
珙县	332	11616	930	
泸县	259	8239	618	

续表

县别	蔗田面积(市亩)	甘蔗产量(市场担)	红糖产量(市担)	糖清产量(市担)
纳溪	30	1196	90	
南川	1229	48839		3663
长宁	37	1512	113	
江安	114	4582	344	
古宋	35	1120	97	
合江	328	11484	919	
万县	567	22672	2194	
云阳	3211	124856	11351	566
开县	2471	98850	7414	
江津	100	3550	249	
綦江	50	1750	125	
合川	160	5950	462	
广安	996	39849	2989	
邻水	157	6366	474	
南充	247	9916	744	
武胜	736	29465	2195	
渠县	12000	264050	25467	483
达县	250	11250	1180	
巴中	878	34948	1150	1171
仪陇	40	1601	142	
宣汉	85	4606	478	
合计	385642	15340966	432538	759809

历年糖产减少,供不应求,致价格上涨,利润增高,刺激增产,产量可自行"调整"。现时自行调整之期已届,嗣后不致再行减少。

(二)专卖之实施

食糖专卖于三十一年二月十五日开始实施,为时已一年有半。专卖实施之方式为从价征收百分之三十专卖利益,产、制、运、销仍由人民为之,而由专卖机关实施管制。故与过去之情形比较,业糖者之印象为税率加高,管制手续加繁。

在开始初期,对于交易价格未予管制,自三十一年九月起核价,管制糖品交易价格,致使此问题更趋复杂,困难亦更多。三十一年九月五日第一次核价,严格执行情形甚好,亦无黑市情形。三十二年一月十五日新糖价格公布(以上白糖价比较,较九月五日核价增百分之五十九),实行已达约一月,因与限价政策不合,最高当局未予批准。但已公布又无法取消,乃变通办法,通令新糖暂缓交易,仍按三十一年九月间评价出售旧糖,致发生"新旧糖"问题,糖业停市,工商交困。由二月初开始,为期三个月。五月一日起重新评价公布实施(以上白糖价格比较,较一月十五日评价高百分之二点一),糖业市场始恢复交易。六月间发生黑市现象,嗣后逐渐上涨。六月底内江白糖之黑市价格达每方公斤五十余万元,超过评价约一倍;七月间稍跌,嗣又行高涨;七月底已达六十万元之价。历年各种糖品价格变更情形,见附表。

现时糖业界之人士对专卖之意见,总括有二点:一即彻底实施专卖,保障产、制者之合法利润,而由政府统购统销;另一即取消管制手续(主要为价格之管制),恢复从前征统税之办法。在执行专卖工作方面,则因彻底专卖需要巨量活动资金,一时无法办到。专卖为既定国策,无法推翻,专卖品价格须配合限价政策,不能不予管制。

根据年来情形观察,专卖之目前主要目的为增加税收。故以收入愈多,支出愈少愈佳。关于改进糖业、振兴糖业等等久远之计,主管方面尚未注意计之。

川康区食糖专卖主管人于七月间更换,一般情形仍旧,无甚变更。

(三)酒精原料之分配

三十一年十一月间,政府公布实施"川康各酒精厂所需糖蜜桔糖红糖分配办法",规定红糖、桔糖、漏水为特定酒精原料,不准配作他用,只准酒精厂购用,于本年开始实施。在初实施时,因正值"新糖"问题,糖业市场陷于停顿状态,故虽领到准购证,而无法买到糖,乃纷购芋酒补充。因原料不济,被迫停工者时有所闻。嗣后糖业市场恢复交易,情形较好,但迩来黑市情形发生,评价无法进货。幸而酒精核价提高,黑市进货仍有利可图。嗣因原规定之办法手续较繁,实行困难,乃于五月份起酒精原料可在沱江流域产糖区内自由销售,但不得外运,于是实际等于恢复以前之自由交易状态。

据本所调查,现时四川使用糖品原料之酒精工厂,计有三十六家。设备最大产量,每月计七十五万零五百加仑,全年以开工十个月计,应需七百五十万零五千加仑之酒精原料。三十一年沱江流域各县各种原料之产量如下:

县别	红粮(市担)	桔糖(市担)	漏水(市担)
内江	14106	106395	106395
资中	81367	52420	52420
简阳	64732	65738	65738
资阳	65204		
金堂	34603	5958	5958
富顺	1769	9977	9977
共计	261781	240488	240488

以制百分之九十五酒精每加仑需二十市斤红糖、桔糖及三十市斤漏水计,则上项原料仅供制造三百三十一万二千九百七十一加仑之用,与需要量相较,尚差四百一十九万二千零二十九加仑。

沱江流域以外各地几均产红糖,因运输困难,且为当地人之必需食品,虽规定为酒精原料,实际上酒精制造无法利用,故前段估计未予计入。

因为土产糖品品质之不一律,又无适当分级方法,故买卖双方时生纠纷。本所特建议以含糖分计价办法,于八月七日食糖专卖局召集之酒精原料会议中提出讨论,正式通过。规定红糖、桔糖,全糖分为百分之八十,漏水为百分之五十五,由本所负分析之责。从此酒精原料之交易,走向科学标准途径。

(四)糖业贸易情形

现时规定红糖、桔糖、漏水均为酒精原料,只余约占全糖产量六分之一之白糖供食用。所以现在之糖业,与其谓为"食糖"工业,反不如谓之为"酒精原料"工业恰当。沙市、宜昌失守,川糖外销受阻,而乃能保持现时之情形者,乃因酒精工业之兴起,销用大量糖品也。

战争结束前,酒精工业不会衰退,故糖业贸易亦不致衰退。因为历年糖产减少,而需要量反而增加。现时一般酒精厂购用原料,常有"抢购"之现象,故今后将刺激增产,糖业更趋向繁荣。

附表:

内江历年糖品价格变更情形表

（以每万公斤每月平均价格表示）　　　　　　　　单位:元

年别	品名价格月别	白糖 上等	白糖 中等	白糖 下等	桔糖	漏水	红糖	冰糖	精糖
二十五年	一月		2600		1100	150			
	二月		2700		1200	150			
	三月		2900		1200	140			
	四月		3600		1200	140			
	五月		3600		1200	160			
	六月		3700		1300	170			
	七月		3800		1400	170			
	八月		3200		1500	180			
	九月		3600		1500	190			
	十月		3700		1600	190			
	十一月		3600		1500	200			
	十二月		3600		1500	210			

续表

年别	品名价格月别	白糖 上等	白糖 中等	白糖 下等	桔糖	漏水	红糖	冰糖	精糖
二十六年	一月		3900		1500	220	1600		
	二月		3900		1500	220	1800		
	三月		3900		1600	225	1900		
	四月		3900		1700	230	1800		
	五月		4200		1800	230	1800		
	六月		4100		1900	240	1650		
	七月		3800		1900	240	1600		
	八月		3800		2000	230	1600		
	九月		3800		2000	230	1400		
	十月		3500		2100	240	1300		
	十一月		3200		2200	240	1600		
	十二月		2900		2000	250	1500		
二十七年	一月		2900		1800	260	1300		
	二月		3000		1700	250	1100		
	三月		3500		2100	250	1200		
	四月		3200		2200	240	1100		
	五月		3700		2100	260	1200		
	六月		3800		1900	270	1500		
	七月		4200		2100	300			
	八月		5800		2200	300			
	九月		6200		2500	320			
	十月		6200		2700	320			
	十一月		3800		2700	360	1400		
	十二月		3400		2600	360	1200		

续表

年别	品名 价格 月别	白糖 上等	白糖 中等	白糖 下等	桔糖	漏水	红糖	冰糖	精糖
二十八年	一月		4600		2800	370	2100		
	二月		4700		2200	400	1900		
	三月		4400		2500	420	1800		
	四月		5600		2000	400	1800		
	五月		5700		2200	390	2000		
	六月		5900		2300	430			
	七月		6100		2500	450			
	八月		5900		2700	470			
	九月		5900		2500	470			
	十月		6500		3200	460			
	十一月		7500		3100	880	5600		
	十二月		12800		3800	970	6100		
二十九年	一月	14200	13500	12100	5300	2700	5900	16000	
	二月	15000	13600	12700	5300	2890	5200	22000	
	三月	19800	17400	15200	58000	2890	5900	24000	
	四月	20000	18000	14400	5800	2210	6200	26000	
	五月	18200	17800	14300	5800	2210	6200	25200	
	六月	14700	15100	13200	5200	2200	6500	25400	
	七月	16800	15900	12400	5200	2200	6800	22000	
	八月	17200	15200	12800	5200	2300	7100	22000	
	九月	18100	16600	14500	5600	2850	7530	22800	
	十月	22000	20300	18300	7200	3000	9200	28000	
	十一月	29000	27000	25000	89000	3500	11300	34300	
	十二月	27000	26000	24000	9000	3600	12000	35000	

续表

年别	月别\价格\品名	白糖 上等	白糖 中等	白糖 下等	桔糖	漏水	红糖	冰糖	精糖
三十年	一月	27000	25500	24400	9000	4000	9500	36600	
	二月	27000	26000	24000	9200	4600	10000	36000	
	三月	25000	26000	24000	9500	4700	9300	40000	
	四月	25700	23700	22000	9300	4800	10300	41300	
	五月	25800	24700	23000	9000	4700	12300	37600	
	六月	31300	29000	28000	13000	4700	18000	47000	
	七月	44000	42000	39000	18500	7000	27000	58000	
	八月	45000	43000	40000	18300	7500	26700	56600	
	九月	47000	46000	43000	19600	7000	27000	60000	
	十月	58000	56000	54000	26000	10000	35300	68000	
	十一月	66000	63000	60000	30600	12000	38000	78000	
	十二月	62000	60000	57000	29000	14000	33000	80000	
三十一年	一月	70000	67000	67000	31000	15000	36000	89000	
	二月	因专卖开始实施实际无市。						155000	精糖以公斤为单位
	三月	71000	69000	63000	35000	17000	30000	177000	18
	四月	74000	71000	68000	32500	17000	33000	194000	25
	五月	79000	76000	74000	34000	19000	33000	194000	29
	六月	88000	85000	82000	37000	24000	35500	215000	29
	七月	141000	132000	118000	64000	40000	84000	270000	32
	八月	230000	220000	210000	75000	46000	82000	280000	43
	九月	188000	175000	160000	70500	40500	83000	450000	43
	十月	176000	166400	148000	69600	36600	83400	536000	46
	十一月 十二月	因新糖上市,等候新价,有糖者不愿出售,实际无市。自十月份起所列价格系评价。							

续表

年别	品名价格月别	白糖 上等	白糖 中等	白糖 下等	桔糖	漏水	红糖	冰糖	精糖
三十二年	一月	282000	268000	240000	118000	68400	130000	430000	44
	二月	176000	166400	148400	69600	36600	83400		44
	三月	因"新旧糖"问题实际停市							
	四月									
	五月	288000	273800	245000	120600	69600	132800	439400	45
	六月	288000	273800	245000	120600	69600	132800	439400	45

附注：自三十一年九月五日第一次核定糖价起，对糖品交易价格实施管制，当年情形很好，交易双方均能遵照实行。本年五月一日评价后，于六月间发生黑市情形，除精糖无大批交易外，余均逐渐上涨。在六月底时，白糖每万公斤约售五十二万元、桔糖约廿万元、漏水约十五万、约糖约卅万元、冰糖约六十七万元。嗣虽稍跌，至七月底，白糖每万公斤又涨达六十万元、桔糖约廿四万元、漏水约十七万元、红糖约卅四万元、冰糖约七十五万元，超过评价一倍有奇。

（原件存中国第二历史档案馆）

（二）"经济统制"物品专卖

经济统制

1. 四川省省务会议核议秘书长邓汉祥关于战时粮食与物品统制提议（1937年8月17日）

（一）省务会议决议：

照邓秘书长意见通过。

（二）提议

抗战事业已全面展开，四川地属后防，责任綦重。除安定金融已依照财政部所定各项办法办理外，其他如粮食与物品之统制及消费之节省，诸端实为长期抗战中最重要工作，应有具体办法方致妥善。

在个人意见：一面用主席名义致电吴达铨部长，询问实业部对于战时粮食与物品之统制有无整个规划。如有,请即见告,以资参照。一面由法制室拟具《四川战时粮食与物品统制委员会组织大纲》,核准后即成立,开始工作。至于节省消费,应由本府先行决定原则,交由节约运动保进会拟具施行细则,呈核后,即强制执行。此外如日货之处置,亦为当务之急,应由民政厅拟具详细办法,通令各县遵照。

以上各项办法,是否有当,应请公决。

2. 新新新闻评论统制粮食物品(1937年8月23日)

前日省务会议,以非常时期,吾川地属后防,责任綦重,会决议统制粮食物品,强制实行节约。关于前途,闻已电询实部有无整个规则,并由法制室草拟统制委员会组织大纲。此诚吾川刻不容缓之设施也。

粮食与物品之统制,原属于统制经济之范畴。所谓统制云者,盖即以政治力量,科学之方法,对其生产、运销、储备、消费各端,加以精确之计划,缜密之组织,严格之管理,俾供求相应,不至有意外之虞。其间又有平时与战时之分。原以非常时期,较诸平时,供给之情既异,需要之势亦殊。因社会环境变迁,而统制方式遂大不同。然而两者固不可偏废也。普通言之,平时统制为战时统制之准备,战时统制又为平时统制之加强,所差者惟轻重缓急之耳。

以吾川物质环境之优良,粮食物品本可自足自给。徒以祸乱相循,百业停滞,日用所需,大多仰给于外。帝国主义经济势力,深入穷乡僻野。今日全面抗战展开,后防责任愈重。今后粮食物品,不特不能仰给外人,且应求以自给;不特应求自给,且应有以供举国之需求。真所谓生之者寡,食之者众;为之者缓,用之者急。何况平时既无准备,今欲以短促时日,以求供求之相应,势非有□力之努大(排版有误,疑为"努大力之")不可。

兹□以粮食一端言之:四川粮食生产,近来每有不足之感。号称天府之国,本不属□□□□□□原因,则以人力未尽,地利未开。而灾荒亦半由人所造成,以致饥民遍野,嗷嗷待哺,铤而走险,盗匪如麻。诚如此,纵令深锁夔门,而自身已不免于崩溃,更何况能度此非常时期?所幸春间全省遭空前旱灾,而秋收尚不使人十分失望。如能急加统制,则本年自给,当可不成问题。

今后之重大任务,首在如何适应此非常时期,以贡献于国家民族。简单言之:

一曰:增加生产

战时海口封锁,外源断绝,四川必成为全国粮食主要之供给地。故统制之道,首当增加生产。对症下药之策,自应为增加粮食之耕作面积,改良农业之生产技术,发展农业之生产力。而耕作面积之增加,则首宜开垦边荒。如雷、马、峨、屏各县,未开发之处女地,所在皆是。移内地失业者以开发之,原非难事也。而农业生产力之发展,则宜减轻农民负担。如捐税、田租、高利贷等毒害,俱是使小农经营者,无法挣扎,大量生产,更难进行。故农村金融之调节,尤应注意。

二曰:统制运销平准价格

关于战时军粮之筹集、采购、储备,与夫后方民食之接济,全赖运输敏捷,配调得宜。是以运销方面,应有全盘统制。至于粮价问题,过去吾川民食恐慌,生产不足,尚非主要威胁。最大原因,厥为奸商富豪,从中操纵,囤积居奇。购时抑价大量收买,直至人为恐慌形成之后,乃高抬币价,坐获厚利,甚至买空卖空,市场竟成赌场,此应严加取缔者也。

三曰:建立仓库消费节约

建立仓库,为防止操纵,平准粮价之有效办法。且军粮供应,民食接济,专赖统制运销。平价征集与采购,犹嫌不足,必须有充分之储备,以调济荒歉。至云消费节约,首在限制食粮之用途,如酿酒、制糖,并严禁浪费。此外,则宜先设立强力之粮食情报机关,负责调查,并按期提供关于全省粮食之生产、运销、价格、库储、及消费之精确报告,以为确立具体对策之研究参考。此乃统制委员会应有之责任也。

3. 中央令四川省政府统制汽车及司机(1937年8月)

中央以全面抗战发动,后防各省亟须组织汽车队,特令将全省汽车集中编队,备将来征用。经委员会已委技士徐安,来川主持一切。计全川设汽车队一总队,刘主席兼任总队长;下设大队,魏军潘充任大队长;大队下设三中队,聘专材担负。所有公私汽车,即行登记,每中队计辖汽车一百四十辆。各车编后,平时仍归原主使用,必要时始征用。

关于非常时期统制汽车驾驶员办法,顷经军委会制定,电饬省府遵照实施:

一、严防司机工人为敌人所利用,不得无故辞职。

二、举办爱国联环保结。

三、在中央信托局办理保险。

四、举办司机工人失业登记。

(载于民国二十六年八月《四川月报》第十一卷第二期)

4. 四川省政府为统制煤炭产销草拟煤炭管理处组织大纲及实施管理纲要(1937年10月)

省府为施行煤炭统制管理,俾资适应非常时期之需要起见,决于成、渝、万、嘉、宜、泸等地,分设煤矿管理处六处,管理生产及消费事宜。关于该项管理处之组织大纲及实施管理纲要,业经建厅分别草就,兹志全文如后:

煤炭管理处组织大纲

一、成都市、重庆市、万县、嘉定、宜宾、泸县为本省重要工商城市,又为产煤销煤区域,应遵照军事委员会命令,设立煤炭管理处。

二、各区煤炭管理处施行管理区域:

成都区:成都市、灌县;

重庆区:重庆市、江北、巴县、璧山、合川、江津;

万县区:万县、云阳、开江;

嘉定区:乐山、犍为;

宜宾区:宜宾、南溪;

泸县区:泸县、富顺、威远、荣县。

三、煤炭管理处,附设市政府及专员公署。

四、煤炭管理处秉承军事委员会及省政府之命令,办理煤炭管理事务。

五、煤炭管理处设主任委员一人,由所在地市长或专员兼任;副主任委员若干人,由有关各县县长兼充;并委员若干人,即左<下>列人员充任之。

(一)公安局长或保安队长；

(二)市县商会主席；

(三)煤业公会主席,及较大煤商；

(四)煤矿业公会主席,及较大煤矿业商；

(五)运输业公会主席,及较大运输业商；

(六)其他有关机关或团体(如区坊长或其他大量消费事业首长等)。

六、煤炭管理处,为工作上之分配计,得分设总务、登记、审查、纠察四组,由委员分别承办。各级委员人选及数额,由主任委员酌定。并得配设干事若干人,协助办理,由有关机关及团体之职员调充之。

七、施行煤炭管理区域各县县政府,应随时协助煤炭管理处,推动管理事务。

八、煤炭管理处得商请当地公安局或保安队,选派员丁,监视煤栈,执行管理事务。

九、煤炭管理处工作：

(一)关于城市煤炭管理事项(详城市煤炭管理章程)；

(二)关于煤矿管理事项(详煤矿管理章程)；

(三)关于煤运管理事项(详煤运管理章程)。

十、煤炭管理处职员,概为无给职。所需少量办公费,在市府或专署经费内,尽量撙节挹注。

煤炭管理处实施管理纲要

一、调查

(一)调查煤矿户,产煤量及供给地点；

(二)调查各地煤商及销煤数量；

(三)调查当地煤炭用量及需用量；

(四)调查煤运状况。

二、登记

(一)登记煤商及用户存煤量；

(二)登记煤商到煤及售煤量；

（三）登记逐日煤价及涨落情形。

三、生产

（一）各煤矿在非常时期内,不得停工或减少产量；

（二）鼓励煤矿大量生产；

（三）协助炭矿存储足供三月以上需用之工材料。

四、交易

（一）煤炭商行非经煤炭管理处核准,不得停业；

（二）煤炭行栈,除零售外,所有存煤及到煤,未经管理处核准,不得出售或移动；

（三）平时稳定煤价,战时平定煤价。

五、分配

（一）根据用户性质,分配购煤缓急。凡下列用户,得享有购煤优先权：一、兵工厂,二、专门制造军需品之官营或民营工[厂],及其补助工厂,三、电厂,四、自来水厂,五、军舰及军运商轮,六、其他与军事业务有关者；

（二）协助前项用户,购存三个月需用之煤量；

（三）调整军用与民用煤量之供给。

六、消费

（一）非常时各煤炭用户购煤,须先向管理处申请；

（二）在非常时期,管理处得审查用户购煤用途。如系不急之务,得酌量核减购煤数量,或全部批驳。

七、运输

（一）计划矿区与城市间之交通路线,及运输方法；

（二）遵照军事委员会及省府命令,编制运煤舟车；

（三）督促运煤舟车,设法使有关国防及军用之煤炭,优先运达目的地。

（载于民国二十六年十月《四川月报》第十一卷第四期）

5. 四川省政府统制船只(1937年10月)

军委会以现值非常时期,各省船只,应组编队,实施演习,以引起船主爱国心理,并使将来运用灵活,已令川省府照办。

又,川省府现因积极办理总动员事务,所有全川木船、轮船,关系后防交通,至为重要,亦应详细调查,以便统制管理。特令川江航务管理处,将最近登记木船、轮船概况,造册呈报。

(载于民国二十六年十月《四川月报》第十一卷第四期)

6. 川康绥靖公署规定管制陆空交通办法(1937年12月)

川康绥靖公署以值此非常时期,为防止奸宄活动,决定陆空交通,予以严厉管制。对于今后凡搭乘飞机、汽车来去旅客,拟定搭乘办法三项:

一、公务人员必须有主管机关证明文件;

二、其他各界旅客须有殷实铺保或合法团体证明;

三、外籍旅客须由所属外交机关出具证明文件或护照。

(载于民国二十六年十二月《四川月报》第十一卷第六期)

7. 四川省动员委员会统制商业方案(1938年2月)

一、原则

甲、统制运销以调整商品之供求;

乙、平定物价以维持市场之稳定;

丙、限制物品消费以节浮浪;

丁、扶助对外贸易以维外汇。

二、办法

甲、设立后方物品管理处

(一)选择重要物品,如纸张、煤炭、汽油、五金、电料、西药等项,切实加以管理;

(二)就物品之生产地与集中地分别管理;

(三)管理方法:

(1)调查登记;

(2)管理运销。(详细办法另订之)

乙、促同业厂商分别合并或联合营业

(一)同业厂商,促其合作;

(二)如因主权问题,一时不克变更者,亦应联合营业。

丙、防止仇货走私

(一)严密清查仇货;

(二)防止日货改牌倾销。

丁、救济对外贸易

(一)设立调整对外贸易机关;

(二)促进出口各商,分别联合组织大规模公司;

(三)商金融机关,予进出口商以资金之周转。

戊、管理运输

(一)分配货运;

(二)管理运价。

8. 国民党中央军事委员会重庆行营制定物品统制办法(1938年7月)

行营为统制战时物品,前曾指定刘大钧、温少鹤、叶沛婴、蔡家彪等四人,拟就统制办法。行营第二厅于七月十一日特召集关系各方开会,计到第二厅厅长叶元龙,国民经济研究所所长刘大钧,四川贸易局吴晋航,贸易委员会吕谷帆,商会主席温少鹤等十余人。首先讨论办法草案,文字上稍加修正,即行通过。此外尚有重要决议四项:

第一,原拟办法中军用物品之消费统制类别,计金属、化学原料、电料、汽体燃料、医药等五类,决议再增皮革,其他随时指定物品两类。输入奢侈品之消费统制物品,除原规定之洋酒、烟草香烟雪茄、洋糖、化装〔妆〕品等四类外,再增绸缎、毛织两类。

第二,军用物品,分优先统制及一般统制两种。经营商人,须凭许可证方能买卖。奢侈品,则以加税办法统制。此项加税,非增加关税,乃系以另外方式,征收某种捐税。

第三，原拟办法中，若有不报及少报情形，货物全数充公。现决减轻处分，若有少报情事，仅将少报部分充公。

第四，统制物品，原拟仅及本市，现决议扩充范围，该项统制办法，完全适用于委员长行营政令所及各地。

此项统制办法，短期内即可公布实施。

（载于民国二十七年七、八月《四川月报》第十三卷第一、二期）

9. 四川丝业公司经理范崇实管理贸易办法建议（1938年8月19日）

可亭先生次长、岳军先生主任赐鉴：

抗战以来，后方社会经济，因诸种限制，而日就萎缩。有司不暇探求，人民无法陈诉。日积月累，渐成疑惧心理，动摇抗战精神，影响国家，至为重大。欲求调整，惟望我公。谨贡刍荛，聊供采择。

（甲）促进后方产业，固为当务之急，然同时必须注意社会情形，及其直接、间接有关者之生计。对于原有产业，避免侵夺与压迫方式，否则促进之目的未达，社会之问题已起。似宜于促进经营方面，有所划分，俾能个别发展。例如有关国防工业、重工业，应由国家举办；轻工业、农村副业，如桐油、茶、丝、猪鬃、牛羊皮之类，则只须加以扶助，或代谋推销，不必直接经营，为内地商人保留其活动余地。

（乙）贸易管理为战时必要办法，但必须进出口同时管理，以求发挥限制进口、增进出口之效用。惟目前出口贸易，因法价结算外汇之亏折过大，无法补偿，几全部停顿。国家需要外汇，反因而锐减，此与增进出口之目的相反。有司所持理由谓：外汇未涨以前，商人既可获利，外汇高于法价之后，不应再贪汇水黑市之利益。不知外汇法价，必须及于国土全境，始能维持市场物价。德、义〔意〕两国外汇虽高，仍不影响其出口者，即是之故。吾国沦陷区域，不能一律管理，其货物得汇水之挹注减价而沽，与后方生产需价，遂生绝大之差异。故外汇高于法价一分，即中国物产在海外市场价低一分；汇水上涨之数字，即出口货价下跌之数字，非靠汇水挹注，不足平衡。例如成本一百元之货，从后方运出销售，因照法价结算外汇，必须售美金二十元半或港纸九十五六元调回，始能得法币一百元。若沦陷区域同样之货运出，因照市自由结算外汇，只售美金十七元半，或港纸五十余元，便足换得法币一百元。是全部中华物产之市价，已跌至五折左右。况后方货物，战时运缴特重。后方物产，当然不能独异，即照自由市价结算外汇，尚且不能如沦陷区域物产之便利，倘再加法价结算，亏折过半，自然形成全部停滞之局。无异奖励沦陷区域之产业，以供敌人换取外汇之用；压抑后方生产，阻塞政府需要外汇之来源。财部对于此点，虽有海外市价低于成本时，由贸易会照生产成本收买之规定。但据贸易委员会七月十六日回丝业公会之公函，则解释为"财部所颁维护生产，促进外销办法中之第一款第二项：'依照生产成本定价收买'，所谓生产成本，并非商人贩运成本，乃各项货物，农村之生产成本。现已委派专家，分赴农村实地调查计算"。云云。是加工运集费用，均不在内，农村货物，当然无从到达市场。例如猪毛与桐油，农业部分成本，几等于零，其成本完全在于采集、加工、运输。若仅就农业成本部分买收，直可无须付价。而国家贸易机构，又不能使用无数员司散处乡村，代替一切工商贩。故今日促进出口办法，如不能变更外汇之法价，亦应由国家以奖金或津贴等名目，补偿其汇价上之损失，使国家得外汇，商人得利益，各尽其人力、财力，以谋货运之出口。同时进口方面，应改核准外汇为管理进口货物，方能贯彻。目前外汇之核准，虽极审慎，究不能完全明了其用途。尚不免输入奢侈品或消费品之弊，而工商必要之件，或反无从买进，不如改为管理进口货物。必要之件，准其运入者，始给外汇；否则，虽有外汇，亦不准进口。

（丙）政府管理贸易机关，似应参加各省产业界人士，俾于各地运缴人工、利息、燃料、交通、产量诸种实况，易得实际材料，则其所拟办法，易于执行。接收出口货物，价格须有公开平允之标准，顾全农、工、商三方成本。似宜仿广西贸易处办法，每日挂牌公布货品价格。商人携货求售，凡可换取外汇者，来者不拒，不用个别接洽或计价还价办法。主管人员虽时来时往，亦不停顿。办法一律，手续简明，示以大众。更于每月公布其买卖数字，工作成绩，使国人周知。大信既昭，众心必服矣。

10. 兼理四川省主席蒋介石检发《为实施粮食管理告全川民众书》电(1940年9月7日)

(一)蒋介石电

成都市政府览：

兹为平定物价，实施粮食管理，特由中正亲发《告全川民众书》之小册，及单张布告两种。希立即将布告分送该市各乡镇保甲，广为张贴。并就地翻印张贴，俾人民一体周知恪切遵照。一面即约同该市党部书记，克日发动各区、乡士绅、公务员、各保甲长及党员与小学教师，一体照书[布]告，详为谂诵，以广宣传。文到即办，不得稍延，干究！并希于接到遵办后三日内，电复为要。

蒋中正。申阳。侍。秘。渝。

(二)告全川民众书

为实施粮食管理告川省民众书

四川省全体同胞：

四川省最近有一种极不合理而必须改正的现象，就是粮食价格的高涨。这可以说是四川省各级政府和全体人民共同的耻辱，也是四川全体同胞所必须一致努力，从速涤〔涤〕除的一个污点。大家都知道，四川省去年、前年都是丰收的，但自今年二月以来，粮价继续上涨，越出常理、常轨以外。最近新谷已经登场，各产米区域的收成也大多在七八成以上，并不歉收，但是粮价仍然没有减低，且有继续上涨之势。这种畸形的变态，完全不是由于天然的缺乏，而是人为所造成的。我多方考查的结果，知道其中固然有少数豪猾商贾囤积居奇，政府当然要严厉督察，从重取缔。但是最大的原因，还在于各县、各乡农村拥有粮食的人民，缺少知识，期待高价，把粮食闭藏起来，不到市场上出售，使得市场米粮顿见缺乏，而粮价就无理性的高涨。所以这并不是粮食有没有的问题，而是卖不卖的问题。这种现象，完全违反了我对四川同胞的期望，辜负了我爱护四川同胞的本意。我这几年以来，对四川同胞，十分期待，希望你们发挥优秀勤劳的特点，来贡献于抗战建国事业，作一个复兴的桢干。我对于解放川民疾苦，图谋川民福利，尤其是谋大多数农民的繁荣，无时无刻不在尽力筹划之中。去年九月初,因为看到粮食过剩,恐怕谷贱伤农,我就请政府特拨巨款,令农本局在川收购粮食,来维持一定的谷价。今春,又决定农贷一万万元来充裕农村的经济。就田赋来说,四川田赋本来最轻。政府也并没有因家产收益增加了,而增加田赋。政府对人民这般爱护,目的无非在繁荣农村,也就是要做到我担任川省主席的本旨,要使"人人有饭吃"。但是现在农村充裕的结果,乡村农户反因为收入稍裕,把谷子米粮闭藏起来,不供给都市工商学界各业同胞与一般军食、民食。只顾自己有饭吃,不管同胞没有饭吃,这样岂不是我过去爱护川中同胞的一番好意,反变成助长一部分人贻害国家社会的恶意么?这真是完全违反了我来兼主川政的本旨,使我十分失望。我对于藏粮不卖的人们,尤其是那些把巨额余粮藏积起来的豪富,无论其粮食是由生产得来的,或收租得来的,或购买得来的,都认为于情于理,均不可恕。我认为政府应当负责纠正这一种藏粮害国的现象,四川全省同胞,尤其各地贤明士绅、公正人士们,应该挺身起来协助政府,来负起这个责任。

战时粮食应彻底统制,在各国都有先例。有明定粮食国有,视粮食为非卖品的;也有实施战时军粮的无代价征用的;也有实行计口授粮的,总之,以不许自由买卖为原则。这些本是世界各国对外作战时的通例,我们中国因为是农业国家,粮食产量丰富,还用不到采取这种办法。而且,因为国家信任我们国民能一致爱国,洞明大义,所以,就是作战军队的军粮也由政府来统筹采办,不用强制征收的办法。这样的尊重人民、体恤人民,可算是仁至义尽,无微不至。但是实际上,政府有保障民生的职责,对于生产者和消费者,应该同样的保护,对于军民粮食,应保持其充分的供给。像四川现在所发生这种畸形的怪现象,政府就断断不能坐视。所以,我决定对于本省,要即时实施粮食的管理。

现在关于四川省粮食调查和管理等各种办法,已由省政府制定,次第颁布实施。并就省县乡镇,设置各级粮食管理机关,与专管人员负责执行。一方面要调查生产区的供给能力;一方面要调查消费区的需要限度。调查清楚以后,就根据粮食数额,参照过去市场分配的状态,确定哪些县市缺少的粮食归哪些县区供给。对于每一县市应供给的数量,都确实规定下来,责成其彻底遵行。换一句话说，就是明白规定，乡村中拥有粮食的人家，都有源源供给指定市场的义务。在政府执行调查的时候，凡是隐匿不报者，帮同隐匿者，或是阻挠调查者，当然都要规定罚则，尤其对于管理的实施，要力从严格，力求彻底，务使所有农村，要规避，也无从规避。自此项办法颁布实施以后，一定要责成拥有粮食的人家，按照政府规定，将自食有余的粮食，在定期以内，陆续运到市场出售。如果不遵法令，逾越限期而藏积不售，必予强制征购。在征购的时候，就只能按照市价发给半价。那时若再规避征购，即将其应售之食粮全部没收，并得科以照价加倍的罚金。这几个要点，我已经命令省府规定在办法以内，同时并令饬各级地方官吏和粮食管理人员一定要切实执行调查，认真检举藏粮，绝不得稍有瞻徇。而对于热心协助调查，协助办理粮食的地方士绅，不但予以保障，且当予以奖励。上面所说的办法，仍然是采用市场交易和有价买卖的方式，与世界各国战时施行的通例比较起来，仍然是十分宽大。但只要彻底执行，就可使粮价回复正常合理状态。粮食得到充分的供给，这样就可以不必采用各国战时的通例了。我最主要的意思，是要使川省境内所有自私贪利的人们，从害人害己、害国害民的错路上，走到供需相剂、有无相通的正路上，使我们川省所有受高价粮食压迫的各界同胞与穷苦民众，免于困难与饥饿，而做到"人人有饭吃"。我对此事具有比执行禁烟与剿匪还要严格的决心，一定以全力来贯彻这一件管理粮食，救济同胞的事业。

我对于四川同胞，向来最所爱重，对于四川各县贤明士绅与知识分子，尤其希望能一致奋发热诚，来领导全川同胞，急公好义，努力向上。这一次粮食市场如此畸形的现象发生在四川，实在是表现我们四川人民自私自利的缺点；表现了四川一部分同胞的不明大义和没有现代国民爱国的常识；表现了四川社会政治的无组织，无能力。我个人固然深觉惭愧，同时也是我全川同胞在抗战史上一个最大的污点。因此，于颁布管理粮食的各项办法以外，更要为川省同胞说明下列几点的意义。

第一，四川省历来的经济社会情形，我早就说过，是"不患寡，而患不均"。当我二十四年初次入川的时候，四川重要都市与道路上，到处看得见饿毙的人民，我曾经剀切指出，这是我们四川军民最大的耻辱。所以我去年宣布治川宗旨,说要使"人人有饭吃"。我尽心设法为全省民众除害兴利,竭力繁荣农村。现在农村较前充裕,农业生产者生活也较前提高了,可是一部分拥有粮食的人家,竟忍心害理,只求贪得厚利,不顾同胞困苦。以四川天产之富,可说到处是黄金,到处是谷子,但竟以人为的原因,使若干同胞食不能饱,或竟无所得食,这就不是寡少,而是绝对的不均。试问同胞皆饥,你何心独饱?而且同胞皆饥,你又何能独饱?四川同胞当能回忆从前地方上捐税繁苛,以及田赋征收毫无限制的情形是怎么样,现在乡村人民不但负担减轻,不怕苛扰,而且各地军队绝不敢来强取民间的一草一木,你们的痛苦是解除了,而你们手中有粮食的时候,却不惜把痛苦加在没有粮食的同胞身上。你们现在有粮不售,造成市场粮食供给的缺乏,且不说在国民责任上说不过去,对于我扶植农村与解除民众痛苦的一番苦心,在道理上又如何说得过去呢?这一层意思,要希望各县、各乡的士绅和知识分子尽量向各地乡村民众宣传,唤起他们国民爱国的责任和他们天良的自觉。

第二,现在我们全国正在艰苦抗战,前线将士如何的流血牺牲,战地同胞如何的壮烈奋斗,这种英勇的努力都为保障我们国家和我们后方四川等省的人民。我们处在后方的同胞,尤其是住居内地各乡镇的同胞,要想一想我们中国有多少同胞在战地受尽敌人的压迫残戮,忍饥耐寒,流离痛苦,男女老幼,没有能够幸免;要想一想有多少城市在敌人炮火、飞机轰炸焚烧之下艰苦撑持;要想一想有多少抗战军人家属为国家与你们的利益而贡献他们的家人到前线去流血奋斗;要想一想更有多少生产工人在冒险犯难,整天流汗的为抗战而工作。你们大家处在后方,住在内地农村,得以安居乐业,应该怎样的有钱出钱,有力出力,同心一致,协助抗战,才对得起国家,对得起全国军民同胞。如何还可以借着前方抗战的牺牲,来求取非分的暴利,而把应该接济市场的民食、军粮积藏起来,坐待高价?你们扪心自问,还有四川省先民重义轻财,慷慨豪侠的精神吗?在这个抗战建国期间,要想复兴国家,享受独立、平等国民的资格,至少限度也应该从爱邻里爱同胞,爱乡爱国做起,对社会要慷慨好义,对国家要公忠牺牲。四川省对革命曾经有过很大的贡献,而现在竟有这种藏粮自私的现象。所以我认为四川省今天的粮食问题,乃是国民道德堕落的问题。所以法令制裁之外，要希望全川父老贤达，重视此有关世道人心的一件事，担当这一件振衰起敝的大事，要发动社会的公意来挽回人心，要以社会舆论的制裁，辅助法令之所不及。

第三，我深切知道，造成这一次粮食问题的主因，还不在于普通一般的农户，而实际抑粮不售者，乃是各地拥有多量粮食的地主与富户。这班地主与富户，有住在农村的，也有住在省、县都市里的。论他的财力、能力，都可以影响社会，系乡里良好的模范。只因贪图私利，不明大义，就凭借他的财力，藏粮自私，使一般民众相率仿效，造成市场粮食的缺乏。我认为我们的宣传劝导，应该注重于这班地主和富户。我很盼望一般地主和富户能深明大义，以身作则，首先遵从政府的法令，将粮食供给市场，为邻里当作表率，尽到现代国民应尽的义务。中国有一句古语叫做："人之欲善，谁不如我。"一人倡始，众人响应，岂不是很荣誉的事？但是这中间也难免有不知自爱与执迷不悟的份子，这就是不受劝导、不受感化而存心玩视法令的豪富，将来管理粮食法令颁布实施以后，暗中阻挠破坏或巧为规避的还是这一辈人。对于这种为富不仁，抑勒民食的豪富，应该是一切检举惩罚首要的对象。在执行调查的时候，应该严密详查，务必得其真相，凡是执行调查或协助调查的人员，切勿仅以调查小额农户为了事，而放过这一种藏有大量粮食的豪富，尤其要注意到这一种人神通广大，巧计多端。为着规避调查，他们可以把存粮分散或是搬运到邻近乡区，托名化户，甚至假冒种种名义，隐藏起来；或是化整为零，寄顿在就地不生产粮食的小户人家里。因此我们在执行调查的时候，第一，必须邻乡、邻镇乃至邻县同时发动。第二，调查并规定供给数量的时候，应该以乡镇为单位，合并计算其生产总量，除去这一乡镇总人口其需的一年内的总消费量，然后确定这一乡镇应该出售市场的总供给量，使这班存心玩视法令的豪富无从取巧规避。尤其要同一地区的公正人士，能够不畏强梁，以嫉恶如仇的精神，就其所知，尽量举发，协助政府和调查人员耳目所不及。如有任何阻害，政府必特予保障，决不使之因公受累。

第四，我要告诉一般目光短浅与知识不足的蓄粮不售的农家，必须认清下列两点的事实，考虑你们自身的利害，切不可人云亦云，相率仿效，自招损失。(一)中央设置粮食管理局的目的,乃为重视战时民食,统筹产销运藏,调剂盈虚有无,维持合理的粮价。粮食管理局决不是以收购粮食为职务的机关,现在有一般人民,不明粮食管理局的职责,道听途说,妄以为国家将以自由市场的价格收购大量的粮食,因而抑粮不售以待善价,这实在是十分错误的心理。(二)一部分人民因为希求厚利的心思过切,总以为法令尽管颁布,未始没有侥幸逃避的机会,或者仍然不免观望。关于这一点,无论这一次政府具有管理粮食的决心,法令森严,办法周密,如果玩视法令,必然自招惩罚与损失。就以普通经济的道理来说:政府鉴于今年粮价的失调,现在已在力谋各种粮食作物生产的增加,并决定增加农田灌溉的贷款,改善蓄水的方法,限制不必要家产的种植,从种种方面增加产粮田亩。今后粮食生产,必可供给消费而有余。所以一般拥有粮食的人民,如果仍作过量的蓄积,即使万一能够逃过政府的发觉,不久的将来,也必有因过剩而跌价,因跌价而大受损失的一天。与其害人自害,何如趁此时期遵从法令供给市场,利人而且以利己?这两点意思,也希望你们辗转告语,共相警觉。

  第五,我上面所说的几段话,是要我们同胞遵从法令,莫再藏粮不售,自招损失,反受惩罚,同时我更要劝勉一般藏有大量粮食的富户,不但应尽量出售,还要急公好义,踊跃输将。据我所得到的报告,最近有某某几县的乡村富户,储积粮食特多,因为新谷登场,继把前三四年积藏起来的谷子,开仓出售,哪知道日久朽腐,已成废物。这是乡村人民对调查人员所口述的。这就可以见得各县乡村藏粮的丰富,而这种藏粮的富户,不但是贪利自私,更可证明为如何愚昧。这虽是少数的例子,但我可以断言,川省各县稍有财力的富户,藏积一年、两年前陈粮者,必不在少。现在抗战时期需要军粮,我们民间既有丰富的积储,与其任其日久耗蚀,何如自动捐助出来,贡献国家,充作战士的粮食。从前卜式输财,弦高犒军,历史上传为美谈。我们四川同胞,爱国明义,向不后人,也应该仿效前人的好榜样。因此,我要在四川首先提倡捐助军粮的运动。我已经饬令订定奖励办法,凡是缴纳谷子捐助军粮在一千担以上的,给一等奖章,九百担以上的给二等奖章,如此逐级推到捐助在一百担以上的就给予第十等奖章。至于一百担以下的捐户,也分别给予奖状。如此不但存粮得到利用,而捐者的本身也获得国家所给予的荣誉,受社会的尊敬。我深望川省藏有余粮的同胞,接受我这个劝告,踊跃实行,为各省的倡导。

　　总之,四川是抗战建国的重要根据地,四川同胞本来有守法奉公,慷慨好义的特性与优点。中正兼理川政,决不能坐视四川对于粮食问题有现在这种奇特的现象,使得不应该缺乏的民食有所缺乏,而四川全省同胞为了一部分自私贪得的人们蒙着不仁不义不智的污名。现在管理办法已经订定,一定要彻底执行,以收平定价格,回复常态的功效。我因为爱护川民,所以更特别谆谆劝告,希望我们全川同胞,父诏兄勉,共明大义,一体遵行,尤其希望全川各县、各乡贤达士绅,一致起来尽义务,负责任,努力协助,树立管理粮食的良规,达成政府保障民生,安定地方,充裕军粮、民食的目的。大家要知道,粮食关系重要,经这次告诫以后,如果还有囤积居奇或藏粮待价而不遵法令出售的,一定要以妨害民生,扰乱社会论罪。务必各尽天职,各本天良,遵从法令,从速出售,以符我的厚望。

国民政府军事委员会委员长
兼 四 川 省 政 府 主 席　蒋中正手启

(原件存成都市档案馆)

11. 四川省建设厅签呈《非常时期四川省各市县统制有线电讯器材办法》(1940年12月17日)

敬签者:

　　顷奉钧府发下军事委员会二十九年十一月十九日办一参字第一三一一五号训令,为检发重庆卫戍总部统制有线电器材暂行办法一案。饬参酌核议成都及各繁盛市县,有无统制必要,签明核夺。等谕。奉此,查是项办法对于统制电讯器材颇为周详,近来本省各地电线盗窃案件日益猖獗,似应同样严予统制,俾便稽查、管理,而杜盗风。爰参照该办法内容,并就本省实际情形,另行拟定"非常时期四川省各市县统制有线电讯器材办法",并附拟收买、售卖电讯器材登记表式四种。是否可行,理合一并随签呈请钧核。如属可行,并祈发交法制室审核赐选,以凭遵办。

谨呈

兼理主席　张

附呈:"非常时期四川省各市县统制有线电讯器材办法"一份

"四川省市县有线电讯器材营业登记表式"一份

"四川省市县有线电讯器材出纳报告表式"一份

"四川省市县有线电讯器材移动证表式"一份

"四川省市县有线电讯器材准购证表式"一份

军委会训令及附件全〈略〉

建设厅厅长　陈○○

附（一）

非常时期四川省各市县
统制有线电讯器材暂行办法

（一）本省为防止盗窃有线电讯器材,并监察各电料行商、工厂有线电讯器材之产销、出纳情形起见,特定本办法,以资统制。

（二）统制器材种类如左〈下〉:

1. 各种铜线及镀锌铁线;

2. 各种电话机及其零件;

3. 各种电缆及被覆线;

4. 各种磁碍子。

（三）统制有线电讯器材在成都市区内由警备司令部办理,必要时得商同成都市政府、省会警察局协助办理之。至自贡市及各县辖境内,则由各该市、县政府负责办理。

（四）凡在本省各市、县区内专营或兼营有线电讯器材之行商、工厂,应先向所在地市、县政府或警备司令部申请登记,并将现有器材据实呈请登记,经核准发给登记证后,方得营业。

荒货摊担及其他临时拍卖行商一概不得买卖有线电讯器材。摊担、行商等如有存货,应即向所在地市、县政府或警备司令部呈报实存数量,并由登记合格之厂商代为出售。

（五）各有线电讯器材行商、工厂，应于每月月终，将有线电讯器材出纳情形，据实填入规定之报告表内，汇呈所在地市、县政府，或警备司令部查核，不得有隐瞒不报情事。

（六）各有线电讯器材行商、工厂不得收买来路不明之有线电讯器材。如发现有形迹可疑，私售零件之顾客，应即报请所在地市、县政府，或警备司令部究办。

（七）凡各机关公私团体及人民购用有线电讯器材，应向所在地市、县政府或警备司令部请发准购证。各行商、工厂凭证交货，不得有私售情事。准购证由各行商、工厂收存连同出纳报告表按月汇缴所在地市、县政府，或警备司令部查核。

（八）各有线电讯器材行商、工厂，同业间交易，得以各该店货单为凭，惟须将货品填入出纳报告表内。货单由各商店收存，连同出纳报告表，按期汇缴所在地市、县政府，或警备司令部查核。货单于核验后发还。

（九）凡在本省内移运有线电讯器材者，一律向所在地市、县政府，或警备司令部领得移动证后，方准运行。至各机关、部队所派查修线路之员工，所携器材，应由各该主管机关给发证明文件，注明携带人姓名、职务及所携器材品名、数量，以便沿途地方政府、保甲及军警机关查验放行。

（十）空袭警报中，各机关部队或电料行商，移动有线电讯器材时，检查人员得斟酌情形予以便利。但事后各该机关、部队或电料行商须将移动电料之品名、数量及移动地点，分别通知或报请所在地市、县政府，或警备司令部备查。

（十一）本省各市、县政府及警备司令部对于辖境内各行商、工厂之有线电讯器材，应随时派员检查。检查人员对于被检查之行商、工厂不得故意留难。

（十二）违犯本办法规定者，各市、县政府或警备司令部应按其情节轻重，予以警告或没收器材、勒令停业及封闭等处分，经呈准四川省政府后，执行之。

（十三）各市、县政府或警备司令部办理电料统制，著有成绩者，分别予以奖励；其有奉行不力或串通舞弊者，一经查实，即予依法严惩。

（十四）本办法由四川省政府呈奉军事委员会核准后，公布施行，并呈报行政院备案。

附(二)

四川省(市、县)有线电器材营业登记证

字第　　号

商号		经理人	
住址			
声〔申〕请登记　年　月　日			
给　　证　　年　月　日			
备考			

附(三)

四川省(市、县)商行有线电器材出纳报告表

年　月　日

器材名称	牌号	购入（或制出）					销出				结存	
		数量	总价	日期	准购证号	购入处所	数量	总价	日期	准购证号	数量	总价
备考												

附(四)

四川省(市、县)有线电器材移动证存根

字第　　　号

商号	原住址	
移动理由	移至地点	
器材名称	牌号	数量
备考		

四川省(市、县)有线电器材移动证

字第　　　号

商号	原住址	
移动理由	移至地点	
器材名称	牌号	数量
备考		

字第　　　号

附(五)

| 四川省(市、县)有线电器材准购证存根 | 四川省(市、县)有线电器材准购证 |

(存根及准购证表格,含字第号、请购人、年龄、现住址、籍贯、器材名称、牌号、数量、用途、给证年月日、备考等栏目)

物品专卖

1. 财政部为消费品专卖事给四川省政府代电(抄件)(1942年5月30日)

四川省政府公鉴:

查五届八中全会交本部办理之筹备消费品专卖,以调节供需,平准市价一案,理由略开:人民日常消费物品采行专卖制度,由政府合理分配以节制私人资本,改善社会经济,实行民生主义方法之一种。盖专卖制度系以促进生产,节制消费,调节物价,安定民生;而政府对于专卖物品,寓税于价,使居间商之利益归公财政上,可增加巨额收入,资为抗战建国之需。际此非常时□期,一般工商业,每多利用时机操纵市价,搏取厚利,酿成社会上分配不平之现象。施行专卖制度,抑制豪强,充裕国用,又于国计民生而有裨益。等语。开附办法要点:先从粮、芋、酒、茶叶、火柴等消费品度办。〈……〉各地组设分支机构,即将定期实施。惟事属创始,端须当地各机关协助推进,期收事半功倍之效。相应节录芋类专卖有关贵省之业务区域表一份,随电送达,即请查照,转饬所属机关一致协助,以利进行为荷。

财政部。渝。秘。卅。印。

附业务区域表一份〈略〉

2. 川康区食糖专卖工作报告(1943年12月)

（自三十二年七月二十一日起至十一月底止）

甘续镛　霍子端

查推行专卖为国家在抗战时期之新措施。食糖专卖与盐、烟、火柴三种专卖先后付诸实施,而以食糖一项情形较为特殊。以本川康区言,产糖区域达五十五县之多。以糖业为生者,从生产到运销不知若干万。而其产制过程,除一、二新式炼厂外,又尚停滞于农家副产与手工业状态,分布散漫、牵连繁复。其关系实包含点、线、面、体而有之。与盐、烟、火柴之产制较为集中,品质较易标准化,运销较普遍而有定额,以及盐专卖历史悠久,其关系为点、为线者有别,故本局任务,实兼税务行政与业务两种性质。续镛到职深感责任重大,认定业务目的不外裕国、利商、惠民三者兼顾。以(一)推行专卖政策,增加国库收入;(二)增产酒精原料,增强抗战力量;(三)繁荣川康糖业,发展国民经济。为达上述目的之主要途径,以法令事实,兼筹并顾,和平稳健,逐步推行。为达上述目的之主要方法,本此推行已四阅月。特就工作分(一)转移视听;(二)管制价格;(三)增加生产,调剂供需;(四)[鸭]利销场;(五)充实收益;(六)加强缉私,简化手续;(七)活泼糖业金融;(八)健全组织人事;(九)加强业务,增强效率;(十)厉行会计制度;(十一)清理交案;(十二)购定局址。十二项撮要报告于后:

（一）转移视听食糖专卖推行未久，产制运销各方面对国家实施专卖政策未彻底了解。且因核价收购，管制运销发生种种疑虑，对推行经过不无误会，以致迭次发生捣毁局所，殴辱职员情事，引起各方不良观感。本人针对上述事实，一面考查情形，条陈改善，一面宣达法令，期其了解。

（1）接事后两旬，于八月十二日起赴部陈述意见，计呈到职办理经过报告书一件，专案请示关于业务者一件，计十一项，关于组织者一件，经费者一件，并向本局董事会报告提出各项专案，付议呈部，各件已奉令分别遵办。

（2）十月二日由渝返局，十三日出巡资中、资阳、简阳，到蓉对张兼主席、郑潘两主任，省党部黄主任委员，省参议会向、唐两议长及沿途党政参议会首长、新闻界、地方绅耆、糖业人士及本局所辖从业人员或躬亲拜谒，详述一切情形，或开座谈会宣达国家实施专卖重在增加生产，国计民生兼顾。误会得以冰释，各方均愿协力帮助，以期推行尽利。

（二）管制价格实施管制价格，先在核价适合。

（1）本区糖价调整经过六次，惟物价高涨影响糖价，以致黑市不免暗中活跃。经详实调查，拟具成本表，于八月上旬呈请调整。奉令于十月二日公布实施。照第六次核价提高百分之五十。

（2）过去甘蔗糖清评价由地方政府主持，实施专卖划归本局办理。因蔗农、糖商、漏棚三方面利益不免冲突，或因办理欠周，种种关系不无纠纷，甚至戒备森严，有开会数日不得结果者。本年此次评价，经事前宣达，于十月二十四日约集沱江流域主要产区专员、县长及党团参议会首长、糖业团体代表开会，并蒙部派何帮办维凝，川省府建设厅胡厅长及李代表，本局董事会王莅会指导评定。内江甘蔗每万公斤一万三千元至一万三千五百元，优良蔗种加百分之五；糖清每万公斤二十七万元。其他产区依此标准，照习惯办理。三月雍客和穆，结果圆满，经呈举部长，如议核定，于十一月十五日公布实施。

（3）现甘蔗成熟，各糖房已次第开搞。新糖即将上市，为免过去新旧糖之纠纷，已拟具管制、调整旧糖价格办法呈部核示，并呈部请派员于本月内，会同评定糖价格。

(三)增加生产调剂供需实施食糖专卖重在增加生产。其目的不仅在目前供应民食与国防动力所需之酒精原料,以及补充沦陷产区,如粤、桂,如福建之固有销额,尤在战后之抵制外货,平衡国际销场。本局此项工作:

(1)与四川省农业改进所、内江甘蔗试验场订购本季优良蔗种一十五万市斤,分发各产区栽种。并与川省建厅洽商拟定,督饬各县农业推广所繁殖优良蔗种与各蔗农自行育种办法,通令各产区分期施行。

(2)接收曹前任收购存糖案,本任继续收购,计白糖八万一千三百七十五市斤。

(3)清理曹前任摊成派定存糖购额,白糖七十七万市斤,冰糖七万市斤,精糖六万市斤。已办收购数目,据各分局查报,多有不符之处。已咨前任,尚未准覆。

(4)就市收购白糖二十四万一千余市斤。除借供应渝市四万五千四百六十一市斤外,余作运销西北、鄂、豫之用。

(5)就制运商贷款,每万元饬照核价供应六十市斤,作过渡期间供应之用。现正洽办中。

(6)运渝供应外宾及公教人员,本任内已达七批。计白糖一十三万八千余市斤,精糖二万三千三百六十余市斤,合计一十六万一千四百余市斤。运蓉供应四万市斤。

(7)严令各分局督商运往各地区推销供应。除其他各区不计外,自本任起,据内江分局报,截至十一月中旬,运渝市白糖四十九万一千余市斤,精糖一十三万余市斤,红糖九万八千余市斤。据石桥分局报,截至八月,运蓉市白糖五十一万七千余市斤,精糖九千余市斤。其他各分局督运至两市者,尚未据报齐全,亦未在上列数目之内。并督饬渝市销售商增设供应站,从十一处增至二十三处,以期民食无缺。

(8)酒精原料糖类之供给,由本局统筹分配。从本任到十月底止,据报各酒精厂已购到红、桔糖七百五十五万三千三百余市斤,糖蜜四百六十四万四千三百余市斤。

(四)鸭利销场货。鸭其流,载在总理遗教,本任对此:

(1)封存酒精原料之糖类。径迭次呈准,本令核准公布:自十月十五日起,取消酒精糖类原料运销区域之限制,开放糖类销区。

(2)销区糖类价格在第一至四次核价,均系由各销区参酌当地物价指数及运缴各费评定销售。自第五次核价起,乃将各地强划一律,照核价出售。商人血本关系,以致多数销区往往造成糖荒现象,且与专卖条例之规定不合。经提交业务会议议决:"销区价格由各该区糖业公会造具运缴实际成本,与本局分支机关会同当地管制物价机关公开拟定,报请本局核定公告,再转财政部备案。"等语。记录在卷。已录案报请核示中。

(3)关于推行销售商制度。经考查实际情形,呈奉核准蓉、渝两市提前实施,其他地区以劝导方式陆续推行,已遵照办理。

(4)各地承销商间有申请歇业情事。经查酌各区情形,对于新申请登记为销售商或承销商,展限一月准其登记,以利运销。

(5)除本局直接运销西北、豫、鄂外,积极提倡商运外销。并准甘肃省政府缄,令饬各产区分局协助购运。

(五)充实收益战时财政,首要在增加国库收入。本任到职即:

(1)按月清算糖类制造存储与转移数量,对照查算专卖利益,并举行三十一年度存糖总清查,补征漏缴专利。

(2)加强查搞工作。业务所初查,分局复查,本局抽查。务使糖类数量核实,便于控制。

(3)规定各分局所于接到商民缴纳专卖利益申请书,于当日核出;当日过午收到者,至迟不得过次日正午十二时。商民领得缴款书,缴款至迟不得过二日。运商领得运照,起运至迟不得过两星期。

(4)厉行公库法,并清查各分支机关欠缴专利。除查明确有握存,予以法办者外,余正继续清查中。

(5)改善代收或自收专利办法。规定国库所在地五十华里以外,无特殊情形者,一律由商人直缴国库,或国库派员按旬守提,或由邮局代收。其僻远地区委托商号代收,但须取具妥保,并须报本部核准。例如内江分局吴家镇业务所,所辖地区距分局一百二十华里,过去向分局所在地之国库缴纳专卖利益。三十一年度总计收入二十六万余元。本年十一月十六日起委托商号代收,截至十一月底,计一十余万元。足见因缴纳不便,偷漏甚多。经此改善,既可便利商民,又可增加收入。

(6)清理专证销存数目。因曹前任移交数字不符,本任无法衔接,现正清理中。

(7)严饬各分局、所征收专卖利益,务达比额。截至十二月底,据已到表据统计,本年度已收达二万万零八百六十六万三千八百二十三元(本年预算数为二万万元)。上列收数内有一万万二千三百余万元为一月至七月底止,前任内收入之数。

(六)加强缉私简化手续税大多私,在公家减少收入;加强缉私,在商民不胜烦扰。本任此项工作在不私、不扰原则下积极推动。

(1)凡水陆交通有统一检查者,委托其办理,本局不再设置机构。

(2)调查偏僻乡区走私孔道,斟酌设置验查站,与缉私队切取联络。

(3)缄准缉私处增派部队分驻资、内各主要产区查缉。

(4)饬各分局开会商讨缉私联系办法,先从主要之成都、石桥、赵镇三分局办理。

(5)白糖征收专利,照中白计算,免因区分致生留难。

(七)活泼糖业金融年来物价波动,糖业资金周转不灵,此项救济工作:

(甲)关于蔗者

(1)本年度原奉核准之一万万四千万元贷款,截至十一月底,据报到者统计,已贷出一万万二千四百二十三万四千余万。

(2)三十三年度贷款已与此间农民银行商洽,先后开座谈会两次,对于合作社蔗农与团结蔗农订定办法,并兼顾国家筹码及需贷情况,议定三十三年度蔗农贷款额为六万万六千九百余万元。

(乙)关于制造商者

(1)本任呈奉核准贷款二万万元,与此间中国、交通两贷款行商订办法,呈部核示中。

(2)上列贷款,制商分配一万万元,但以本年糖清产量估计在一万万二千万市斤以上,此项贷款仍感不敷。已专案呈部,请增加制商贷款二万万四千万元。

(八)健全组织人事

(1)取消分局帮办,合并购储、运销两科为购销科,裁撤督察室,成立人事室。另于总务科设稽核组,负查清理本局及分支机关交案及其他各稽核事项。

(2)考查产区或销区情形,增设业务所。除富顺县属赵化镇为水陆交通孔道,呈部请设业务所外,其余尚在研究中。

(3)本局及各分支机关人事严加考核,实行奖惩计。本局及各分支机关撤职者六人,免职者一人,撤职留任者一人,记过者九人,嘉奖者四人,停职者二人,调任者一人。

(4)厘定职员取保、请假、赴任等办法,通饬施行。

(九)加强业务增进效率

(1)于十月二十九日举行业务会议,部派何帮办,本局董事会派稽核出席指导,议决六十案。业将纪录报部查核。

(2)除每周纪念周报告提示工作要目,检讨过去,策励将来外,举行各科室联系办公会议十三次,督饬加紧进行。

(3)饬各科室按月造送工作报告以便检讨。

(4)饬各科室拟具三十三年度工作计划,以凭汇编转报。

(5)调整督察人员,拟订督察员须知及报告书、表格式,与专查及一般考查办法,付诸实施。

(十)清理交案

(1)接收曹前任交案,业经查清,已交、未交咨情,未复各项,造册报部。

(2)曹前任咨交各分支机关交代不清三十余案,已分别清理,令饬遵办,并拟订清结办法,通饬施行。

(十一)厉行会计制度本局成立为时不到两年,更动会计主任已达三次,以致各分支机关报销多未造送,及其应审案件数目未清理,积压极多。本任到任在会计独立制度,督促会计室为职业上之连续,责任上之划分,积极办理。

(1)遵令编呈三十二年度经费概算。

(2)调整分局处请领周转金办法。

(3)调整本局各分支机关员生待遇。

(4)健全各分支机关会计组织。

(5)审核本局经费及业务费开支并编造报销。

(6)严饬各分支机关编造各项报销,并严加审核。

(十二)购定局址 本局局址系租用坨江中学校舍,与直接税内江分局各住一半,不敷应用,又迭准该校缄称下期迁回,催促退还。经呈奉核准,会同董事会组织本局新房舍购建委员会,先后开会四次,决定购买内江朝阳城垣萧姓新建亮庐为本局永久局址。评定购价二百二十五万元,共计大小房舍七十余间,地皮三亩余,新式建筑,适合并足敷本局办公及一部分仓栈之用。俟审计部派员莅内,即行接收。

以上所陈尚系大概情形,另附工作报告评表,以备省览综观。在此四阅月短期中得孔兼部长之德威,感召财政部各长官及省、县级行政党团参议会首长,新闻界,地方绅耆,本局董事会之热心协助,糖业人士之拥护专卖政策及本局各级从业人员之推行法令,已做到视听好转,糖业活跃,供应不缺,收入增加,并可预卜来年民乐增产等效果。惟川康糖业关系重大,而其内容又甚繁复,续镛到职,除赴渝述职请示五十余日及出巡资、简及到成都十余日外,驻局办公,截至十一月底不过两月余,兼值残余年度,爬梳整理殊少贡献。就此段工作言,有如大辂椎轮,不过发其端而已。已另拟分期业务计划呈部核定,为今后推动工作之准绳。在财政部领导及各方协助之下,努力进行,期于吾中华民族二千余年未有之抗建伟业有所裨益焉。

(原件存中国第二历史档案馆)

3. 西康省政府关于火柴专卖事致财政部咨(1944年6月6日)

西康省政府咨 建三字第七一四号

案据协记星星火柴厂总经理王德荫本年四月七日星字第二九号呈称:窃本厂改制新发明之改良火柴,定期四月一日开始试造,曾经检同样品以星字第二七号呈赍请钧府签核转报在案。伏查川康两省近来所用之火柴,黄磷火柴既已禁造,来源早已断绝,而一般安全火柴大多擦而不燃或燃而不上梗,综其无效成分约在百分之六十以上,川、康用户莫不引为诟病。火柴为民生日用必需品,用户出款购买而无准确之效用,故怨谤繁兴、报章腾讪。假设处在通都大邑,取火较易,用户所受损害尚属微末,康省僻处偏隅,万山丛沓,每一住户与邻户之距离往往在数里或十数里以外,万一家中所存火柴仅十数枝,擦而不燃,燃而不上梗,则此一家即有冷食及无光之虞。尤其旅行关外,客商随程幕宿,更称不便。又,边地夷民习以火石取火,尚不离初民时代之取火方式。语以科学制造,被辄匿笑,不信火柴为最寻常之科学产品。各处均有出售,但康省一般出卖之火柴既如上述,效力甚微,夷人用后每谓不及其火石取火之准确。因此不但国家少一出售火柴之销场,损及税源,且夷民不信科学,固步自封,难于化导之项念。本厂有见及此,特与发明改良火柴之王仲槐、艾宗彝订定合约,将其专利权租借四年。即聘该二人为本厂工程师,用其发明之方法,试行制造样品,成后曾分送各单位、各住户,请其考验批评。金称此项火柴之无论何处一擦即燃,燃即上梗,且火甚强,每枝可燃至二十五秒钟以上。纵入水取出,亦照常可用。如不与异种物质接触摩擦,决无因热自燃之患,众口同声,语非臆造。请钧府一试样品,即知本厂所陈之非夸饰。惟近来川、康火柴专卖公司管制火柴之制造、运销过于严密,手续繁多,生产、消费两方同感不便。伏念国家特设公司专卖火柴之宗旨,似第一在统一管理,增加税源,第二在免除厂商之粗制滥造,垄断居奇,藉以便利用户,减轻负担。但实际考查乃适得其反,如川康火柴专卖公司上月之宣示,不论火柴种式,匣之大小,一律只准售价四元,殊成都市面每匣竟卖八元、十元不等,其他地方则售价更昂。此中究系何种原因,颇难悬揣。本厂设在边远省份,志在提倡边省实业,发展民生,增辟税源。且系改良新法,冒险尝试,一切原料均须自制。边地生活较诸内地特高,工料运输各费均比内地耗用为巨,能否立于不败之地,此时尚无十分把握。如完全遵照专卖法规办理,深恐束缚太甚,利润全无,手续繁难,动遭谴责,大好事业因而归于停闭。本厂前届股东之资金亏折罄尽即职乎,此国家税收、厂商股本两者皆蒙损失,似悖经济原则。查成都培根火柴厂以慈善事业关系,曾呈准财政部只认按箱纳费,火柴全由厂自制自销,施行以来官商称便。本厂之设,既系为启迪夷民新知,谋创边疆实业,改制优良产品,增辟国家税源,使命重大,情形特殊,自不能与一般火柴厂相提并论。亟应援照培根火柴厂先例办理,以利进行。如虑本厂将来高抬卖价,重累用户,此更毋须顾虑。盖康省出售火柴不仅本厂所出之一种,用户尽可任意选购,人情无不为己,决不致舍贱而求贵也。谨此历陈下情,伏祈俯赐;转咨财政部暨财政部火柴专卖川康分公司,对本厂所制改良火柴暂准变更管制方式,即照培根火柴厂先例,依驻厂员登记数字按箱缴纳公卖费,缴费之后皆由本厂经卖,自制自销,于国家税收无伤,于边疆实业有济。是否有当,理合具文呈请钧府鉴核令遵。等情。到府。查该厂所造改良火柴,效用尚佳,极合需要,边地有此出品自应特予维护。所请变通管制方式,依照成都培根火柴厂之例,按箱纳费,自制自销,既可奖进边疆实业,又能增辟国家税源,似属可行。除分函火柴专卖川康分公司并批复处,相应咨请贵部查照办理,并希见复为荷。

此咨

财政部

主席刘文辉

(原件存中国第二历史档案馆)

二、抗战时期四川的财政金融

(一)财 政

概 况

1. 财政部电咨四川省政府整理战时地方财政(1937年8月)

省府于八月中旬准财部电咨,指示战时地方财政应加注意之点,计有:

一、各级地方政府支出预算,原则数目,应加尽量缩减,其不急需之款,暂缓支付,以留余力。

二、地方收入之可靠者,无过于田赋及营业税两项,必要时可为筹措战费之资源。城市负担,在于房捐,亟应同时加意整理。

三、非常时期,后方治安为重,尤以稳定金融,平准物价,调节粮食三者为最重要。

以上三者,应即妥事筹划,并严防奸商操纵,以免动摇市面。省府当令各厅处拟具计划呈核。

又,省府刘主席并令财厅根据下列三原则缩减开支,以省财力:

一、裁并不需要之骈枝机关。

二、裁减不需要之冗员。

三、各级职员薪饷,应根据国难期间重新厘定。

此外,行营及绥靖行署均尽量节省开支。渝行营每月开支为十二万余元,九月起缩减为每月八万余元;川康绥靖行署每月薪饷开支亦从九千余元减为四千元。

(载于民国二十六年八月《四川月报》第十一卷第二期)

2. 四川省政府补助边远县份区署经费统计(1937年8月)

省府以各县区署经费,照章应由各该县地方经费内开支,惟各边远及贫瘠县份,地方收入极少,关于区署经费,势难按期筹措足数,有碍政务进行。在二十五年度,曾由省府酌予补助,以利进行。现二十六年度业已开始,所有各边远及贫瘠县份区署经费补助标准,经省府分别情形,从〔重〕新厘定,仍照上年度额定数目补助十分之几。省府已通令各县知照。兹将边远贫瘠各县区署经费补助数目志次:

一、高县、彭水、巫溪、西充、仪陇等七县,补助十分之一,全年合计八千六百九十二元八角。

二、古宋、古蔺、黔江、秀山、苍溪、昭化、南江、芦山、荥经、西昌、会理等十一县,补助十分之二,全年合计二万四千五百一十六元。

三、珙县、筠连、酉阳、剑阁、广元、汉源、宁南、宝兴等八县,补助十分之

三、全年合计三万一千〇二十八元四角。

四、城口、茂县、天全等三县，补助十分之四，全年合计一万二千八百六十八元八角。

五、马边、峨边、雷波、兴文、北川、理番、懋功、松潘、汶川、越巂、盐源、冕宁、盐边等十三县，补助十分之五，全年合计六万六千一百〇八元。

（抚边特区及崇化特区并入）懋功、靖化为特区，所有经费全数补助。

以上共三十四县，补助经费合计十五万七千一百五十八元，月支一万三千〇九十六元五角。

(载于民国二十六年八月《四川月报》第十一卷第二期)

3. 财政部转录军政部关于解决四川财政与军费问题意见致关吉玉代电（1937年9月17日）

重庆。军事委员会委员长行营财政监理处关处长览：

前据该处长报告四川金融财政情形，案内关于财政亏短之影响一项称：欠军费太巨，军纪、军心不易维持。等语。当以二十六年度，四川国、省联合预算内列军费四千一百万元，几占支出总额之半。似非切实核减，不足以谋财政之救济。现在川康部队正事整编，军费当可减少，经节录该项报告原文四条，咨请军政部核定办法，见复。在案。兹准函复：以四川财政病态，虽由军费支出过多，然其最大原因仍在年度预算不能确定，收入多不可靠，额定支出多越范围。本年度国、省联合预算收支总额，表面上虽示平衡，但现在除盐税尚能解足外，省税并未解送联合库。政费则自收自支，军费则日积月累，拖欠甚巨。中央有监督之名，无监督之实。此次整军，系就原有军费预算裁兵加饷，预算原额暂不能减少，财政方面原拟同时整理，求保平衡。嗣因刘主席请求自行整顿税收，故军费方面亦暂放弃，不予管理。该省财政如能使省税收入涓滴归公，不独军费可免蒂欠，即生产建设事业亦可进行。等因。合行电仰知照。

财政部。筱。会。

(原件存中国第二历史档案馆)

4. 抗战时期四川财政工作大纲(1937年11月)

一、整顿田赋

甲、清厘滥粮追收欠赋

查各县流滥无着粮额,每多难于追收,以致影响军政各食之开支。应由各县县局分别查明区联保中流滥粮额数目,遵照迭令,逐层督饬所属人员,认真清厘,期符解额。如有无粮土地,即按照各该县普通载粮标准,报候本府核明,悉数升科,以裕税收。至于各县旧赋积欠与本年度应征新粮及核准附加之三成国难费,截至今日,为数甚巨,有关军政各费,自不容再任有所延欠,并应由各县县局,恪遵扫清,用济要需。

乙、调查田亩

查整理田赋,原以举办土地丈量或清丈为根本办法,惟因人力、财力有所不济,不能于短期内普遍实施。在地委会已经拟定办理清丈县份外,拟遵照财部令,采调查田亩简捷办法,责由各县督饬户籍员负责办理。一俟办理完竣,即可作为将来改办地价税之基础。

二、改进营业税

查川省营业税税率,于上年开办时系中央核定。凡属制造业,一律按资本额课征千分之十八;贩贸业一律按营业总收入额,课征千分之六。本年抗战发生,本府为筹备非常时期需要起见,曾经呈准将本省营业税,予以改进。除金融业按资本额课征千分之二十外,一律按贸货额课征千分之三十。提高税率,并废止一切免税规定,以期增加税收。并迭令认真追收,更复推及全省各县,用臻普遍。凡各县县长兼任营业税稽征所所长者,务须督饬所属,切实推进;其设有稽所,而未由县长兼任所长者,亦应负责协助,以期推行顺利,税入增多。

三、推广房捐

查川省房捐,从前仅办成、渝、万三处,税率仅照收益百分之六征收。自抗战发生后,即经选定较为繁庶之内江、简阳、永川、资中、泸县、涪陵、江津、达县、广汉、绵阳、遂宁、三台、南充、宜宾、眉山、乐山、犍为、荣县、合川、富顺、大竹、广安等二十三县,饬由各该县政府,于本年冬季开始征收。所有章则及各种单约、票据式样,均经检发。并限一个月调查完竣,即行开始征解。同时,并将百分之六税率,改征为百分之十,以谋收入增加。应由各该县长认真办理,按季报解。其有未办县份,现正酌查情形,分别饬办,用期普及,以符租税公平之旨,而应战时需要。

5. 财政厅长刘航琛关于二十七年四川财政之展望(1938年1月)

自卢沟桥变作,寇祸日深,吾人为世界和平与正谊〔义〕,为民族生存与解放,不得不起而为坚决持久之抗战。数月以来,河朔既遍乎腥膻,江淮又遭其荼毒,神州板荡,枢府西迁。是四川向所视为民族复兴之后方根据地者,今且真成为安可拉矣。此而不汲汲努力,谋所以尽后方之责任,而称其徽号,所谓搏最后之胜利,空间、时间均恐不无缺陷。则吾人于国为负国,于川为负川矣。

后方之责任伊何?繁矣,多矣,而要以财政为其亟。欧战酣时,曾有如下之论者,曰:"孰能最后握有现金二十万万元者,即可操得全部之胜算。"是则,武力之战斗,无异财力之竞争。抗战以还,吾人朝夕遑遑于财政者,盖亦为此耳。

四川财政,在过去状态,因承积年纷乱之余,益以匪祸及旱灾,左支右绌之情,殆难描述。今值国家民族之存亡兴废紧于呼吸,亦何能坐视其支绌而不为之所?此挽救危亡之计,乃不获已而出。以:(一)辟加税源。如改进营业税,附征国难费、消费捐等,属之;(二)紧缩开支。如减支军政各费,裁停不急需机关,属之。一增一减,不扰不苛,足以应付一切非常之需。而吾后方者之责任,庶几乎得尽。

故于二十七年以后,四川财政之途向,端在民力可胜范围内,亦以上述两项为铁则,其或增减盈缩,胥视抗战情形而为适当之因应。倘使时间久延,事机益迫,吾民负担不知增至何程度。此开发资源,培养民力,又为斯时刻不容缓之图,特非本文范围所能论列耳。

乃者救债之募集、营业税之改进,全省都市村里,人民输将之踊跃,实足征其爱国之热烈,而所期以肩举复兴之责,此殆可操之左券也。兹建岁星始,物华更新,吾人当乘斯朝气,鼓以全神,急起直追,不挠不屈,相与鬻彼凶残,而悉投之有化,以扬我国威。俾吾黄帝轩辕皇祖,大刀阔斧艰难戡定之锦绣河山,得以金瓯毋阙;五千年绵延繁衍之神明华胄,得以继继绳绳。自由解放,而与世界文明人类,颉颃优游于光天化日之下。此则,吾人展望前途,而且祷且励者也。

（载于民国二十七年一月《四川月报》第十二卷第一期）

6. 四川国省两税截然划分(1938年1月)

行政院于一月初通过四川省国省联合预算执行至二十六年底为止,自二十七年一月起,国库经收国税,负担军费;省库经收省税,负担政债各费,办法如下:

(一)川康军费归国库支付,照陆军经理规程办理。

(二)由省税项下,每月解国库一百五十万元,备偿各项债券本息。

(三)在省税内每年提付四百万元,作为基金,整理四川债券以外所负各债之息及国、省联合担保之借款,并川省府欠缴行营之债款。责成财政厅会同各债权银行及嗣系机关,商洽拟具整理方案及基金收解、保管、支拨办法,送部核定。

(四)川省原有禁烟收入,应解国库。在川康绥署派员办理期间,按照比额,扣抵军费。

(五)四川省银行,准其增发小额币券。惟须加入中央官股,以厚资力,并应积极整顿,拟具详细办法送部核定。

又,四川国、省两税划分后,国省联合金库及行营财政监理处,已无存在之必要,现已奉令结束,决于两个月内结束竣事。

（载于民国二十七年一月《四川月报》第十二卷第一期）

7. 四川省省务会议核议西康省请增补助费一案（1939年11月3日）

（一）省务会议决议：

自二十九年起，每月增拨三万元。连前共六万元。

（二）财厅提案

案准西康省政府电：请将补助费按月惠助十万元，以维现状。等由。

查该省补助费前经月拨三万元在案。应否准予增拨，理合抄同原电，提请公决。

附抄原电一件。

附：西康省请增补助费致川省府电

四川省政府贺代主席勋鉴：

去岁，宁、雅两属划隶西康后，自九月份起，该两区所有行政、教育补助各费，承允按月拨济三万元，俾资推进。惠泽遐敷，曷胜感纫。惟本年度物价、运费俱行高涨，原拨费用不敷已多。来年度各项事业均待开展，审其数额，相差尤巨。文辉此次出巡驻宁较久，悉心观察，诸甚详明。其较大事业固须中枢主持，而地方设施，亦赖中枢辅导；再次不足之数，仍恃贵省接济。审度实际需要，实须按月惠助十万元，始克维持现状，顺次进行。盖康区建省犹在雏龄，抚育提携，自多利赖。且征诸历史，夙隶川疆，名已分区，实仍一体，不仅相关唇齿，抑亦互寄腹心。此后，克启盖藏允宜，仰酬厚赐务恨。如数增拨，藉资进展为感！

西康省政府主席刘文辉叩。

8. 财政厅长甘绩镛向省务会议报告总裁核示整理四川财政纲领及二十九年财政施政计划经过（1940年1月5日）

案查前奉总裁手令，饬拟整理四川财政纲领暨四川省二十九年财政施政计划等项。业经遵照拟定，由绩镛携渝面呈鉴核。兹奉总裁敬侍渝代电，已将原呈各件分别核示。理合将原件油印多份，提出报告，即请垂□。再，财政部审查意见因与总裁代电词意相同,故未附送,合并陈明。

附油印代电一份。

报告人:委员兼财政厅长甘绩镛　　二十九年一月五日

附:代电

四川省政府财政厅甘厅长勋鉴:

上月十三日签呈及整理四川财政纲领、四川省二十九年财政施政计划,附四川省整理县市地方财政处组织条例及筹集优待出征军人家属基金原提案等件,均悉。〈中略〉,关于整理四川省财政纲领及廿九年度财政施政计划,经先后交付审查,业予分别核定。兹核示如次:

(甲)二十九年度财政施政工作应择要提举下列各项作为本年度中心工作,全力完成,限期程〔成〕功。

(一)确立省县预算为整理财政,平衡收支之根本所在。应严格执行实收实支,破除情面,不准捎涉通融,以奠定制度基础。现廿九年度即将开始,省预算曾否造呈请核?各县预算,曾否通令限期造呈?应先具报为要。

(二)整理田赋、完成土地陈报工作。准如所拟推进程序办理。但此项事业极为艰巨,必须财厅与土地局共同全力以赴,藉期办理切实,不落敷衍。

(三)田赋、营业税及其他税收,均应积极注重改良征收方法。此为增加收入之大关键,极为重要。所拟将"核算"、"收款"、"填票"三者分立,使收相制、相维之效,以杜侵渔,实极扼要。但必须将联带关系征收人才之充实与训练及全省金融网之建立,两种问题加紧完成,以期普遍澈〔彻〕底实施。故一面须在本年度完成全省简便金融网,使县金库与合作金库分头并进,俾负经收税款之责;一面对于"核算"、"填票"之低级经收人才,必须重新加以训练,乃可适应要求。此事应迅速拟具详细实施调训计划(可与陈果夫先生商拟,俾得政治学校人才之协助),提出省务会议通过,以期及早实施。

(四)关于各种税款之整理,应分别斟酌实情,估计可能酌定在本年度整理增加概数之比额(至少应比廿八年度增加原额之半数)。此项增收数额可不必递列入本年度正式预算,但应将各县或各局收数比额重行依此厘订,作为奖惩标准,而课整理实效。所有整理增加比额计划,应即由财厅拟具,提请省务会议通过施行。

（五）其余所陈原计划中充实金融机构，添设兴业银行，扩充省银行，推广合作金库与开发民间经济及整理税收等项，均所关甚大，并应作为二十九年度中心工作，必须照案澈〔彻〕底实现。

（六）实行公库制度为澈〔彻〕底解决财政积弊之方，必须依照中央颁行法令贯澈〔彻〕施行。

以上六项应即定为二十九年度中心工作，迅即切实规划，分期推进。

（乙）关于原案以外应行修正规定者如下：

（一）实行县以下新组织之经费应予确定，并即于造具二十九年度省县预算时，依照新法令修正，切实改定。并注意详查各县依法增加收入之数额，如整理田赋之溢额收入，均经〔应〕在县各级组织新条例中规定，应划分若干成归县地方，以便施行新制。且湘、桂、赣等省将屠宰税及契税划归乡镇经收，偷漏顿减，收数倍增。不加重人民负担，而新制经费有着，尤可取法。应即由财厅与民厅联系研议，以立实行新县制之基础。

（二）应确立考核纠查征收人员之制度，以铲除积弊。查所拟分区税务视察员之设，人数太少，且显明视察，不足澈〔彻〕底纠察弊混。应由省府设立一密查组，置密查员二十人左右。经常巡回各县地方及营业税局所在地，侦查经收是否合法，有无压迫人民及侵吞公款情事，随时密报。府、厅厉行奖惩，以树风声。惟此项密查人选必须甄选有学识、品行者充任，乃不至滋生招谣〔摇〕敲诈之流弊。最好由政治学校及财政部财务人员训练班中挑选川籍学生担任，较为相宜。

（三）县地方舟车牌照税应从缓办，只可厉行登记、统制。俾战时运输事业易于发展，以资奖励。

（丙）所请设立县市财政整理处直隶省政府一节，准予照办。其正、副处长人选，应以熟谙中央及地方财政实况，而富有经验之干练人员充任之。惟所拟该机关组织应酌予紧缩，以资撙节。

（丁）其他关于整理各项财政业务之技术程序，应行补充事项，经交财政部另拟有审查意见书，指示各项均极洽〔恰〕当，一并附发，希切实遵照办理。

(戊)除以上各项指示应分别遵照修正外,其余准如原呈纲领及计划。切实施行为要。

中正。敬侍。秘。渝。

附发财政部审查意见一份〈略〉

9. 四川省省务会议关于分年递减契税附加税办法决议(1940年9月27日)

(一)省务会议决议

仍照旧办法。

(二)财政厅提案

窃自新县制实行后,房捐及屠宰税均经完全划为县收入。田赋征额有定,其实施土地陈报整理后之正附税溢额,亦将全部拨归县有。今后富有弹性,可资整顿之省税,厥为营业税与契税。关于契税一项,年来划一税率,修正章则,追验老契,取缔漏税、短税、避税、契约续效,颇有可观收益。本可日望增进,惟以各县地方契税附加征率过重,对于契税收入,妨碍至巨。若不从事削减,必致省、县财政均将蒙受绝大影响。谨详晰〔细〕为大会陈之:

(一)附加征率应分年递减,已成定案

上年财部来咨,以川省契税附加征率过重,请遵照院颁办法改定为"不得超过正税之半数"(卖契正税为百分之六,即不得超过百分之三),以与各省市一致。当经拟定分年递减办法,并咨复财部在案。是分年递减契税附加征率,已成定案,亟应筹划进行,俾期合理、合法。且整饬契税附加,自省府二十四年成立以来,每年"财政施政计划"言之屡矣。若再不自动积极规划,不特对人民诺言未践,亦恐无以副财部期得之报。

(二)征率过重,担税人已苦力不能胜

租税以符一公平为原则,川省除与契税按百征收三,并未附加外,其卖契税附加,极形分歧。在全省一百三十五县中,即有八十九县高低不同之征率。低者仅及三元,高者竟达二十六元之重。比较正税值,有征六税率计,不及一倍者,有四县;恰当一倍者,有二县;超过一倍以上者,有五十九县;恰当二倍者,有七县;超过二倍以上者,有四十九县;恰当三倍者,有三县;超过三倍以上者,有九县;恰当四倍者,有一县;超过四倍以上者,有一县。参差高下,既不划一,更失公平,依此计算,则川省大多数县份购买田房、不动产业,连同正、附税以及中资一切杂费,每值价一百元者,约需二十元或三四十元以上。其负担之繁重,实不免惊人。以此而不动产田房之交易,还不免无形减少,或虽成立交易,而匿漏税、捏价短税、变名避税之风,亦无法禁其滋炽。习惯相承,牢不可破。纵依密告,如何揭举?稽征如何认真?然官吏耳目难困,法令有时而穷,被告者、被罚者,泰半仅属乡愚。而豪强狡黠之徒,则往往熟视无睹,莫之敢撄。似此弊害重重,妨碍税政,尤不能不从划一征率,减低征率入手,以图为根本之调整。

(三)征率核减不致影响县预算

征率减低,地方预算决不受其影响。此观,于各县历年举行附加减成时,收入之大量激增,可以证明。又观,于上年正税税率减轻,统一之后,有增无减,更属信而有征。如果仍以减征后,难于保持收支均衡为虑,则考之历年各县编列收入预算观,有收不及额者,能实际因应得法,难关终仍渡过。况县地方财政,今日业已划分独立,其管有税收,如屠宰税、房捐;如营业牌照税、使用牌照税、行为取缔税等项新税;如田赋及其办整土地陈报后溢收;如公学屋收益,均属来源日裕,确实可靠。一经切实整理,收入不难增加,通过筹划挹注,兹亦有展布之余地。若为慎重起见,并可于各县编造下年度预算时,先明示核减标准,饬其斟酌损益,依照编列,以免于报省审核时,发生削减弥补之困难。

(四)减轻税率,可使收入有常,来源稳定

川省契税,近年来如附加定期减征,即告旺收;迨期满照征,则又收数廖廖。或觉一钱莫名,已□畸形状态。收入盈绌不常,每使支出无法平衡,穷于应付。在人民,平时匿契不税,以及漏税、短税、避税,种种情弊,并非感于正税之无力负担,实苦于附加无力完纳;在政府,与其年年定期减征,徒负重税之虚名,助长人民观望之心。现曷若减定征率,昭示民众以常久不变之准则,俾养成守法、奉公之良习。况保障屋权,人有同心,孰有故意延误,甘受罚累?故为免除人民隐匿不税及保持收入稳定有常起见,舍减轻附加征率其道末由。

根据上述情形,拟定分年递减办法如左〈下〉:

1. 超过正税二倍至四倍以上之兴文等六十三县,限定三十年度减至正税之二倍(十二元);三十一年度减至一倍(六元)。

2. 超过正税一倍以上至二倍之崇庆等六十六县,限定三十年度减至正税之一倍。

3. 土地陈报完成后,业已改订田赋科则县份,凡超过正税一倍至四倍以上者,均限定三十年度一律减至一倍。

4. 不及正税一倍者,非情形特殊,不许再任意增高征率。但增率以增至一倍为止。

5. 俟县财政收入整理完成后,再依照法定标准(即百分之三),改订附加征率。

上拟办法是否有当,理合提请公决。

再,契税附加税率,如经核定,应予分年核减,并请将上开核减标准预先明示各县,饬其于编造年度预算时,遵照办理。合并陈明。

附各县契税附加税率表一份〈略〉

提案人:委员兼财政厅长甘绩镛

二十九年九月　日

10. 财政部饬知四川等省财政厅希迅速设置督导员以便整理自治财政训令(1943年3月17日)

训令渝地一字第37831号

令四川、江苏、河南、山东各省财政厅[①]:

查财政系统改制以后,整理自治财政事项,已指定为财政厅中心工作,曾由本部于三十年一月以(1468)(0115)代电饬遵。原电第三项:并饬将厅内组织,应求紧缩,另设充分督导人员赴县督导,俾期速效。将所有整理自治财政

---

① 同日并向贵州、山西、河北、陕西各省财政厅发出训令

各项章则,亦奉行政院核定,公布施行。各在案。本部所设督导专员早经出发各省,实行职务。各省督导人员应即协同进行,以重要政。惟各省财政厅多已遵办,而该厅应设之督导员额,迄未据报。又,该省三十二年度财务支出已依照规定编列,至自治财政督导经费一项,应在该厅核定经费内,匀支应用。其原有财政视察费、新县制督导委员会经费、督导游击区财政整理费、各督导区经费,并应改用此项开支。合再令仰切实遵照办理,具报备查,毋延为要。

此令!

（原件存中国第二历史档案馆）

税 务

1. 四川省政府关于陈述整理田赋经过致行政院呈(1938年8月13日)

〈前略〉

案奉钧院二十七年六月二十日训令:"查:迭据川民呈诉粮款奇重,民穷财困,力难负担,请饬减免。各等情。力求粮民负担平允,并禁吏胥婪索苛扰。并将办理详细情形,随时专案呈报。"等因。仰见钧座爱护川民,无所不至。

窃查川省地居后防,在抗战时间,责任綦重,凡属有关国防各项建设,急不可缓,需费甚多。而本省政债各费开支,尤为庞大。收支不敷,为数至巨,其艰窘情形,当在钧院洞鉴之中。但本府体恤民瘼,虽值度支奇窘,宁从减政着手,以轻人民负担。所有各县田赋,业经再予核减。自二十七年下季起,改为一年两征。国难费仍照旧案,年征九成,分为上下两季,按季随粮附征四成半。已予通饬各县遵照办理。川省财政,在目前情况之下,本府此举,业已尽最大努力,以图与民休息。至于各县粮额、税率,均系依照旧案办理,并未有所增加。且因□于从前防区时代,征收粮税,系采粮差包征,团保代征办法,流弊甚多。曾经通令一律革除,改为由局自行设柜征收,并分区于四乡设置分柜,以期便利粮民。其有各级催征员丁,并经通饬规定每月薪给以及旅杂伙食等费。如果下乡发生需索敲诈情事，即予依法惩办。县局徇情袒护，并予议处。役吏婪索苛扰等弊，自可防杜。不过川省田赋，因地籍紊乱，征册散佚，粮不跟土，户不准粮。公家收入，既日形短绌；人民负担，转益加繁重。若不妥定方策，切实加以整理，不特财政困难，根本无法解决，而负担不均，人民痛苦，亦必永无昭苏之日。现经决定举办土地陈报，先行决定粮额流滥特多、征收最难县份，暂行试办，逐渐推行。其在未开办陈报以前，已责由各该县局迅将流滥粮额，就原有廒册及与田赋有关册籍，设法切实清厘，重新编造征册。以后办理情形，自当遵令，随时具报。

奉令前因，理合将本省征收田赋情形，整顿经过，呈复钧院。伏乞鉴核备查，指令祗遵！

谨呈

院长　孔

四川省政府主席　王缵绪

2. 四川省财政厅签呈营业税局拟具本省营业税积极推进步骤（1937年8月14日）

案据四川省营业税局拟具"本省营业税积极推进步骤"，请予鉴核。等情。兹就原拟各项分别签具办法于后：

一、原呈"拟将全川营业税普遍推行，除已办各县外，其他各县及乡镇限于本年内实行，至迟从二十七年一月份起，一律开征。如果情势紧迫，并得提前举办此项计划。一面为平均商人负担，便利营业税之推进；一面为国难期中预筹地方税之抵补"。事属可行，拟如请照办。

二、原呈"以各县稽征所经费规定坐扣百分之二十，实不敷用，拟加至百分之三十或四十；其贫瘠及边远县份，并拟增至百分之五十"。查各县稽征所在开办之初，办理多未著效，税款收入短少，所扣经费不敷应用，自属实情。拟饬由该司查酌各县情形，分别酌予增加，但至多以百分之三十为限。其贫瘠及边远各县情形特殊，所需经费，准扣至百分之四十。如倘不敷用，应由该局另拟妥善办法专案呈核。

三、原呈"以营业税收入预算数额,本年度列为400万元,与上年税率课征。以营业总收入为标准者,征收千分之十;以资本额为标准者,征收千分之二十。如在非常时期,并得特请加增,以应急需"。查本省营业税现行税率以营业总收入为标准者,征收千分之六;以资本额为标准者,征收千分之十八。虽系呈奉行政院、委员长行营核准施行,但如果地方税完全取消或因战事短收时,所有营业税即拟饬由该局依照法宝最高税率课征,以资抵补。如在非常时期,并得由该局特请加增税率,呈由本府转请核定施行。

以上所拟各项,是否有当? 理合签请核示,俾便饬遵。

谨呈

主席 刘

财政厅

八月十四日

3. 四川省各县二十六年下季田赋附加税率表(四川省政府1937年8月)

县别	粮额单位	征款数目(元)	县别	粮额单位	征款数目
荣县	每大粮一两	4.50	犍为	每两	3.50
	每小粮一两	1.20			
威远	每两	7.00	屏山	每两	7.00
巴县	每两	21.00	峨眉	每两	3.50
江津	每石	17.00	长宁	每两	5.00
□山	每两	5.50	庆符	每大粮一两	6.60
				每小粮一两	2.10
大邑	每两	2.40	兴文	每两	12.00
彭山	每两	7.00	珙县	每两	14.00
青神	每两	6.00	高县	每石	6.50
乐山	每两	4.00	筠连	每石	6.50
马边	每两	9.00	叙永	每两	6.50
峨边	每两	5.50	古米	每两	13.00
雷波	每正粮一斗	0.90	古蔺	每两	6.00

续表

县别	粮额单位	征款数目(元)	县别	粮额单位	征款数目
涪陵	每两	7.00	西充	每两	5.50
丰都	每石	0.14	安岳	每两	2.50
南川	每两	13.00	潼南	每两	6.00
石砫	每两	38.00	乐至	每两	7.50
开县	每石	77.00	盐亭	每两	9.00
巫山	每石	20.00	绵阳	每两	6.00
巫溪	每石	0.27	梓潼	每两	10.00
城口	每两	30.00	剑阁	每两	22.00
广安	每石	12.00	广元	每石	12.00
梁山	每石	15.50	昭化	每石	26.00
邻水	每两	7.50	彰明	每两	6.00
垫江	每两	11.50	平武	每两	15.00
长寿	每两	10.00	开江	每石	35.00
南充	每两	12.00	万源	每两	27.00
岳池	每两	34.00	通江	每两	7.00
南部	每两	7.50	南江	每两	14.00
汉源	每两	2.20	雋越(颠倒)	每两	0.80
名山	每两	4.00	盐源	每正粮一两	0.90
荥经	每两	0.90	冕宁	每正粮一两	0.75
西昌	每正粮一两	0.046	宁南	每石	0.44
会理	每原粮一两	1.58			
	每升粮一两	2.11			
	每夷粮一两	2.64			

4. 四川省财政厅签呈确定灾区及边远县份临时国难费征收标准(1937年9月24日)[①]

查本府近因国难严重,后防需款急切,迭经通令各县:饬自二十六年度起,在应完田赋项下,每征加收临时国难费三成,用备支拂。在案。惟历年以来,因遭匪患、天灾,曾由本府核免田赋县份,对于前项国难费不无观望情

---

① 该时间为省务会议时间。

事。亟应分别灾情轻重明白,饬遵,俾得进行。

一、确因灾情奇重,业经本府明令准将全部田赋豁免县份,其在豁免未满期内,并准免收临时国难费,以示优恤。免征期满后,仍应照案加收,用昭平允。

二、灾情较轻,仅奉核减一部田赋县份,无论其减免田赋期限是否届满,所有前项临时国难费,仍应按照该县田赋征额,照案加收,不得稍有短绌。惟各县征收机关(指征收局及兼县局)于粮民完纳田赋时,须将各该户田赋先行查明,本期究系豁免、核减一部。如系豁免全部者,因加收临时国难费之故,仍应填给粮票。除在票面加盖"本期田赋奉令豁免"暨加盖"奉令自二十六年度起加收临时国难费三成"戳记外,并应注明加收数目,以资识别;如系核减一部,本期尚应完缴田赋若干。除在粮票上面将应完田赋数目注明外,其加收国难费仍照豁免全部办法办理。

三、边远县份壤地硗薄,除在应完田赋项下照案加收临时国难费外,所有一切杂赋一律免收。国难费用恤边氓〔民〕。

以上各节,是否有当?理合签请鉴核示遵。

谨呈

主席 刘

财政厅签呈

九月　日

5. 四川省财政厅签呈举办战时利得税各项办法(1937年9月27日)

窃查川省所征地方税,自抗战开始后,商运停滞,收入顿减;而市面所售各货,以来源缺乏,物价飞涨,国计民生胥蒙不利。本府为平抑物价,救济民生,兼筹抵补预算起见,乃决定举办战时利得税,俾资调整。业经电令四川营业税局妥为规划,迅拟办法呈核。去讫。兹据该局遵拟前来。查核原拟征收原则七项,除第(三)项所订各营业人战时所得利益之差额,对于资本额之比率在"百分之五"以上者,即应课以利得税,应从宽拟定,更为"百分之十"外,其余关于征收办法,亦应详为考虑,以期完善。兹就所赍章程草案各条,提具意见如下：

一、关于征收机关之组织及推行步骤（即原草案第二、三两条）。四川省战时利得税征收事宜，由四川省营业税征收机关兼办，不另设专营机关，用节经费。其开办时期自本年十月份起，先从商业中心地之成、渝、万三地试办；其次推及各重要城市，以收普及之效。

二、关于税率规定（即草案第六条）。

甲、战时所得利益超额为资本额百分之十至未满百分之十五者，课税百分之三十。

乙、战时所得利益超额为资本额百分之十五至未满百分之二十者，课税百分之四十。

丙、战时所得利益超额为资本额百分之二十至未满百分之二十五者，课税百分之五十。

丁、战时所得利益超额为资本额百分之二十五至未满百分之三十者，课税百分之六十。

戊、战时所得利益超额为资本额百分之三十以上者，一律课税百分之七十。

己、战时所得利益超额为资本额一倍以上者，其应完税率由征收机关专案呈请核定。

三、关于战时利得税之课征（即原草案第七条所定各项，现拟暂择下列各业开办）。

(1)棉花；(2)棉纱；(3)水门汀；(4)西药；(5)颜料；(6)橡皮；(7)汽车；(8)轮胎；(9)五金杂货；(10)电料；(11)糖果罐头；(12)洋广纸张；(13)广洋杂货；(14)匹头；(15)锡箔；(16)银楼；(17)首饰、珠宝；(18)化妆品等业。其他各业如须增加，得随时以命令定之。

四、关于课征期间（即原草案第八、九两条）。除短期营业应于交易成立时征收外，其长期营业应否援营业税，按月征收抑或按季征收，饬由该局斟酌情形，妥为规画〔划〕。

五、关于征收章程之施行（即原草案第十三条）。拟呈请行营核准后，一面施行,一面咨财政部备案。

以上所提各项,业由厅提付经济委员会会议通过,并函统制委员会查照。惟是否可行,理合签请鉴核示遵。

谨呈

主席 刘

附原呈一件〈略〉

财政厅

九月二十七日

6. 四川省财政厅签呈征收娱乐场所救国捐(1937年10月8日)

案奉钧座发下陈委员炳光签据四川省抗敌后援会呈请附加娱乐场所票价十分之二集款,慰劳前敌将士一案,饬厅签夺。等因。查现值国难严重期间,凡属国民均负有贡献物力、财力之义务。矧前敌将士浴血抗敌,壮烈牺牲。其忠勇精神,尤不能不有所慰劳,用表崇敬。所请于戏剧业票价附征十分之二之救国捐,作慰劳前敌将士之用,既系取诸顾客无多,又属意义重大,推行较便,似应准予照办,以期早集巨款。

谨呈

主度 刘

附四川省娱乐场救国捐暂行办法一件

财政厅签呈

附:四川省娱乐场救国捐暂行办法

四川省娱乐场救国捐暂行办法

一、本会为慰劳前方将士,加强抗敌力量,特订抽收娱乐场救国捐办法,以收集腋成裘之效。

二、救国捐抽收之范围:以本省各重要市县之京、川剧园、戏院为限。

三、救国捐抽收之方法:随各园座票附加其票价十分之二。

四、娱乐捐抽收之手续:按前条之规定,由各戏院售票人于售票时,随票抽收,按日汇缴指定之银行存储。

五、每日收得数目由各该院、园经理人负责，缴送本会指定之收款银行存储。俟有成数，即照省府统汇办法，分配用途，并随时登报公布收入额数，以昭郑重。

六、为杜绝弊端起见，本会对各该园、院所售门票，须加盖图记，并得随时派员稽查，以杜流弊。如发觉有舞弊情事，应加倍科罚。

七、本办法经呈请党政军最高机关核定后施行。

八、本办法有未尽之处得随时修正之。

7. 四川省政府关于催征旧欠粮款提奖办法电（1937年10月）

〈前略〉

查各县本年度以前各季欠解粮款，为数甚巨，曾经电饬随同本季新粮，一并催征，限期十二月底扫解在案。现值全面抗战开展，出川增援部队，已纷纷开拨，后方各项接济及一切设备，需款迫切，各县旧欠，若不加紧追收，将何以供支应？兹为促进催征效率起见，特予规定奖励办法如下：

一、各县二十五年上季及以前各季欠粮，前经省府规定，在二十五年十、十一、十二，三月内加收滞纳罚金百分之二十；二十五年下季欠粮加收百分之十五。兹再规定二十六年上季欠粮，自十一月份起，加收百分之五，十二月份加收百分之十，以儆疲顽。其各县局，在十至十二，三个月内，每月征收本年度以前各季旧欠，如能照数催收解足摊额者，省府即予依照各季加罚标准及加收银数，分别以二分之一提作奖金，用示鼓励。

二、前项奖金，应俟各该月月报经省府审核，与规定相符，指令核准后，始能由局备具领款书，呈候核发。不得预先坐扣，以昭核实。

三、各季旧欠正、罚各款收入，应于各季分表内分别具报，以便审核。其各月份是否解足摊额，则以综计各季正款收入数目，与核定摊额比较为标准。旧欠摊额表，另令颁发之。

四、各县局如有挪移契杂各税、保安经费、地方附加，将正、罚各款垫解足额，希图请领奖款，以致各税虚悬无着者，一经查明属实，即按挪移数目，先行责令赔缴，然后追收归垫。如遇交代，并不准列抵，以示惩戒。

以上各节,应各恪遵办理。须知此项旧欠,系亏短历年预算数字,以致负债孔多。兼以目前需用急切,岂能再任顽延?各县局催呼督促,责有攸归,务须激发天良,黾勉将事;并随时劝导人民,使各了然于非常时期,对此刻不容缓之正供,踊跃输纳。俾后方之供应无亏,庶前线之士气愈振,杀敌致果,胥于是赖。〈后略〉

8. 财政部核定四川出口货物改运粤纳税办法(1937年10月)

财部四川特派员公署,奉到财政部电,核定川省货物改道粤汉路,运输香港之查验征税办法,兹志如次:

(一)凡货物由长江轮运汉口,经由粤汉路前往广州转运香港出售,应就出口税率及转口税率两项中之较高一项转税,并须在起运口岸及到达广州时分别由海关查验。其办法与由一通商口岸经过另一通商口岸或数通商口岸,轮运出洋之货物相同。其完纳转口税之货物,俟该货出洋后,由粤海关将其所纳转口税较应纳出口税之超出部分予以发还。

(二)由长江各口运往上海出洋之货物,因战事留滞中途,复由留滞口岸转船运汉,经由粤汉铁路运粤出洋者,应照下列甲、乙两种办法,分别办理:

(甲)已完出口税之货物,倘出口税率低于转口税率,应按转口税率超出差额,予以补征。其补征税款,俟该货出洋后,由海关予以发还。

(乙)已完转口税之货物,俟抵广州报运出洋时,经粤海关查验后,按其已纳之转口税额与应纳之出口税额核计,多则补征,少则发还。至于汉口经粤汉路前往广州出洋之未完税货物,江汉关本无应办手续,惟为商人便利起见,此项货物之出口税,或报由江汉关征收,或俟抵广州报运出洋时,再由粤海关征收,皆听商人之便。

(载于民国二十六年十月《四川月报》第十一卷第四期)

9. 四川省非常时期营业税暂行办法(1937年10月)

一、本办法在全面抗战非常时期内适用之。其旧有章程,凡与本办法无抵触各条,仍属有效。

二、本省银行业、钱庄业、证券业、换钱业、经纪业、居间业、□路业、信托业、行栈业、专门制造业及无卖货行为之营业，与有专案颁布之特种营业，均以资本额为课征标准，按年课百分之二。其他各业及自由职业（如医师、律师、会计师、工程师、药剂师等），皆以营业总收入额为唯一课税标准，根据营业人填报之循环单，按月课百分之三。

三、凡以资金本额课税者，全年分为三期，按二、六、九各月，每四个月征收一次。其以营业额课税者，所有应征税款，限于奉到征收机关所发通知单，于五月内缴纳清楚。如逾期未缴，加收滞纳金十分之一；逾期十日者，加收滞纳金十分之二；逾期十五日者，加收滞纳金十分之三；逾期二十日者，加收滞纳金十分之四；逾期二十五日者，加收滞纳金十分之五；逾期三十日以上者，得停止其营业，仍追缴应完之税款。在未清缴以前，不得复业。但其逾期原因，确系由于特别故障，报经征收机关查明核准者，得免其停业处分，只追缴应完税款及滞纳金。前项停业处分执行时，得由征收机关封闭其商店。

四、凡在本省境内，收买出产物品或原料品，贩运各处者，其收买物品之价值，应作为营业之收入额，一律征税。

五、废止一切免税规定。其有确系慈善事业者，得由征收机关查明情形，呈请四川省政府比照税额补助之。惟已纳出版税之工厂，得免征营业税。但该项物品，于出厂后，在本省境内市场上推销、贩卖者，仍应缴纳物品贩卖之营业税。其已完特税之物品，亦同。

六、凡为不定期及短期或临时营业者，以每次营业之卖货额计算，一次征收之。

七、营业人有左〔下〕列行为之一者，应照下列规定处罚之：

（一）不遵定章呈报及不填循单，或不遵用规定账簿及不立账簿，或抗拒调查者，除强制执行外，并斟酌情形，处以一元以上千元以下之罚金。如违犯刑法时，并送请法院判罚。

（二）隐匿不报、或申报不实、或伪造证据，希图漏税，或有其他违反本章程之事项者，除责令遵章办理外，并处以应补税额一倍以上，十倍以下之罚金。其伪造部份〔分〕，并送请法院判罚。

八、本办法如有未尽事宜,得随时修正之。

九、本办法自公布之日施行。

10. 奢侈品及印花税等增高税率(1937年11月)

纸烟国难附加税,决自十二月起开征,照营业税办法,征收千分之三十。又,省府决定增办奢侈品国难附加税。化妆品税率,亦决定提高为千分之六十或七十,并拟定明年一月起开征。

又,财政部四川区税务局,现奉部令,以值兹非常时期,军用浩繁,税课收入,为饷源所紧,自宜力谋充实,以济需要。所有各种统税,均已先后加征,其印花一项,取轻用宏,最称良税。欧战时,各国莫不酌予加征。兹特定暂行办法九条,加倍征收,并酌量扩充征收范围,藉资挹注。其违章罚则,亦分别加重。至于酒一项,系属奢侈品,亦应酌量加征。所有各种土酒,应按现征税率一律加五成征收。土芋叶暂仍旧贯;土芋丝应按土芋叶公卖费率减半征收云。

(载于民国二十六年十一月《四川月报》第十一卷第五期)

11. 四川省政府令泸、遂等县筹办房捐(1937年11月)

省府前遵中央颁布划分国、地收入标准案,开办成、渝、万三地房捐。原案规定:俟办有成效,即依次推及各县。现成、渝、万三地房捐,办理有年,已著有成效。而本年度房捐预算,经中央核定为一百万元,超出上年成、渝、万房捐一倍以上。若不推及各县,不惟无以符合预算数额,且失租税上普遍公平原则。且抗战期中,各项税款,均受影响短收,而川军发令动员一切筹备及后方建设,均无以资应付。因度审现势,参照法令,核定泸县、遂宁、永川、宜宾、绵阳、三台、江津、合川、乐山、眉山、犍为、荣县、内江、富顺、涪陵、大竹、达县、开县、广安、南充、广汉、资中、简阳二十三县房捐,于本年冬季实行。各拨开办费二百元,限奉令一月内,调查完竣,并附发章则、单约、粘据式样。各县开办房捐,对所属自住房价同租佃约金,须于事前详细调查。所需表册粘据,照式制备,呈送税务督察处钤印。即根据调查,按月征缴,以济需要云。

(载于民国二十六年十一月《四川月报》第十一卷第五期)

12. 中央令四川省营业税悉数作战费(1937年12月)

川省营业税,现经中央电令,一律解往前方,充作战费。关系国家,极为重大。因此税局对于已开始办理营业税各县,一律立即开征,绝对不能展延时日云。

(载于民国二十六年十二月《四川月报》第十一卷第六期)

13. 四川省政府征收营业税布告(1938年1月20日)

查本府为适应非常时期财政之紧急措置,前经呈准中央,将本省营业税税率,改定为百分之三,并废止一切免税。令饬四川省营业税局,及所属各分局、所,自上年十月一日起,遵照征收。在案。此项税款,业奉国民政府军事委员会明令全部拨充抗战军费,关系极为重大。除饬该局督率所属各分局、所,上紧征收,按月解缴,以凭拨济外,合行布告,仰各县商民一体遵照。

值此抗战日急,军需迫急之际,对于应完营业税,务各依照本府所颁布非常时期暂行办法,及非常时期征收标准,按月缴纳,勿得稍存观望,致误军需。是为至要。

此告!

主席　刘湘

委员兼秘书长　邓汉祥代行

财政厅长　刘航琛

14. 四川货物运滇出口滇省征税六成(1938年1月)

中日战事发生,长江输运梗阻。四川省政府为谋川产出口货继续畅运计,特设贸易局常理川产出口货运输事宜。嗣经该局筹划,出口货以卡车运输,由川黔路经昆明达海防出口,业已实现。近省府复体恤商人,特电云南省政府,对川改道出口贸,予以免税。近准滇省政府复称:进口货税,已列入预算,碍难变更。惟对川省改道出口货,允予六成征税。省府已转贸易局及各市县遵照云。

(载于民国二十七年一月《四川月报》第十二卷第一期)

15. 四川省政府令各专署协助推行营业税务电（1938年3月4日）

各区专员均鉴：

查营业税为抗战时期之财政中心工作，其全部收入早经行营拨作抗战饷糈专款。各该市县长，极应积极协助推进，俾资接济。业经通饬有案。现值抗战严重，军需孔急之际，所有该区市、县营业税务，务须恪遵遵令，尽量协助当地征收机关，依照现行税率及各项规章，积极推行，按月征解。如有无知商民，藉端阻扰，妨碍进行者，应即立为制止，毋得稍涉徇纵，致滋贻误。合电遵照，并报查考。

四川省政府。财省。支。印。

16. 四川省政府减征田赋通令（1938年6月10日）

〈前略〉

查本省田赋原定一年四征，嗣复减为三征。比诸寇深祸急，国势阽危。川省地居后防，责任綦重，凡属有关国防之各种建设，急不可缓，需费至多；而本省政债各费开支，为数尤为庞大。本主席忝膺疆寄，志切恤民，虽值非常时期，度支奇窘，仍从减征着手，用纾民力。筹维至再，爰定自本年下季起，再予核减，改为一年两征，以资兼顾。至国难费一项，亦因国难期中，开支浩繁，关系甚为重大。上年田赋三征，随粮每征附加三成，全年共计九成。刻值寇焰高张〔涨〕，国难愈趋严重，此项附征之国难费，自应仍照旧案，年征九成，分为上下两季，按季随粮征收四成半，以济公急。该县本年下季应征一征（"一征"疑为衍文，应删）田赋及附征之四成半国难费，着即于七月一日开征，截至十二月底，全数扫解。就中分别淡旺月，计七月份摊解百分之五；八月份摊解百分之十；九月份摊解百分之二十；十及十一两月份各摊解百分之二十五；十二月摊解百分之一十五。所有每月摊解银数，附表列明，务即遵照按月报解足数，不得延欠。至于各县学粮，仍予一年两征，并附国难费，与民粮同样办理。现值开征期间，该县粮票，如尚未领，应即刻速派员领运，准备开征。一面遵照规定,造具开征表,连同开征布告,呈报查核。各专员监视考核,义不容辞;各税务督察处长及县局长等,督解催科,责无旁贷。务各恪遵规定,切实奉行,并晓谕人民,勉力负担。须知本主席在此省库奇穷之日,尚复排除万难,毅然减赋,实属逾啬体恤,爱护周至。应各激发天良,踊跃输将。除分令外,合行检发摊解表一纸(略),令仰该□即便遵照办理,并录令布告周知。仍将奉令日期及遵办情形,具报查核。

此令!

17. 四川省政府令营业税局整理营业税(1938年8月13日)

省府近奉令饬营业税局设法整顿营业税,并提示整理方法数点。兹将提示各点录次:

一、营业税照章系根据商人所报营业收入资本计征。如一般工商厂店,均能核实申报,则将来现款收入,较之以前必可大量增加。惟短报匿漏,乃商人故技。除少数规模较大之企业,账簿真实,申报不至短漏外,其余大部隐匿真账,另立伪簿,以为搪抵;或将大宗收入漏不登记;或则诿称无账,希图估计,藉以减少税款,种种现象不一而足。现因工商事业之统计调查,社会尚无正常组织;政府亦未设立专管机关。控制短漏,殊感困难。查征收营业税之基本工作,以调查、复查为最切要。此后非将此项工作人员充分设置,调查方法严密拟妥,绝难获得实效。在现时情形之下,各厂店账簿,空间能否严施管理?如果尚有困难,则账簿过于简略者,应如何斟酌规划,期其臻于完整?从未立簿记账者,应如何取缔限制,免以无账搪塞?刻间各分局调查人员,配备是否充分,能力是否胜任?如果人数过少,可否即就现设人员,重行分配,按月循环调查?是否对于商户就近逐笔查算,抑系仅就商人填报数字计税,未予详查?如果所填数字与其营业情形及内部支销,过于悬远,究竟已否严密加以考查,寻其破绽?商店之间,既有往来,其大宗货品之进出,极易印证查考,各员实数调查时,是否已将彼此账目互为印证?商货进口,照章虽不能径予查验登记,但究系何家商号来货,并其大概数量,各该调查人员,已否暗中探明,随时注意,备作查账时之参考?至派员复查,为补助调查之重要工作,各调查人员,究竟有无弊串隐匿及漏未被查情事?所有无账各商,是否确因营业过小,无力列账?填报与估计营业数字,是否与实际情形相符?其已准免税商户,当月收入数目,是否确不及额?各分局、所对于上项复查工作,是否一律派有专员经常办理;其工作情形,是否按月列表具报,以备考核?凡此种种,俱关重要,应即悉心规划,并察酌情形,将原所订"调查员应行注意事项",详密增订,严饬遵行。

二、各县所属乡镇营业税,前经税局拟定,除全镇乡商户每月营业总收入不及五千元者,免予征收外,其余各乡镇一律照征。究竟各该县免征乡镇,是否确均不及征收标准,抑或尚有应行开办之乡,未经兴办?应即确实查明,分别督饬办理。

三、各县乡镇照规定应征营业税款,均由当地县长或联保主任代征。惟各区联保多不谙习税率,办理更难尽善。而各稽征所又都督饬不力,更难免不有徇情短收及明收暗包情事。究应如何严密稽考,改善办法,以杜流弊之处?着即详查各地情形,妥谋补救。

该局自成立以来,设施规划,颇为允妥。惟在此非常时期,营业税收为支持财政之骨干,务须依照上列提示事项,更求改进,以期完善。

(载于民国二十七年七、八月《四川月报》第十三卷第一、二期)

18. 四川省省务会议关于渝市营业税划归市有决议(1940年1月31日)

(一)省务会议决议:

详叙理由,呈请行政院,免于改划。

(二)财政厅提案:

查重庆市市政府请将该市营业税划归市有一案。自消息传出后,当经本厅签呈,并电呈财政部,请求免予划交。最近复经本府以(一)营业税依法属于省有收入。渝市现虽改为直辖市,但接管税收,照行政院核定原案,亦将营业税除外。拟仍免予划交,以符法令。(二)渝市改组,全基于行都所在。本为一时权宜,将来事态推移,是否能与省截然划分,似应慎重考虑。请仍旧由省征收，以免多滋纷更。（三）渝市营业税收入，约当全省营业税总收入之半数。一旦划归市有，势必牵动川省整个预算。（四）渝市为川省唯一之工商、金融市场。如营业税划出，则川省财政将失去其管理工商、调节金融之根据，影响尤巨。查渝市府之请求，划拨营业税，原为增筹经费。与其川省失此巨大收入，仍须中央拨款弥补，实不如按照渝市应需经费，直接由中央补助，藉省周折。等语。请求收回成命，均未奉复。兹忽奉行政院阳字第一四二二号训令开：案查上年十一月，据重庆市政府呈：为市政需款，恳明令四川省政府，将市区营业税及田赋与其附加，又契税与屠宰税附加划归市府，藉资挹注。等情。经发交财政部议复到院。正核办间，复据该市政府呈：请将重庆市营业税于元月一日以前，划归该市接收办理。等情。兹分别决定如次：一、田赋与其附加，准划归市有。但应由市政府赶办市区土地测量、登记。俟其全部完成，再行交接。由该市政府就原有田赋改征地价税。二、契税与屠宰税附加，准照原呈所请，按照二十七年度各该附加实收数，分别列入市预算补助费，作为补助江、巴两县教育专款。三、营业税准自本年一月起划归市政府征收。应即由省政府会同商洽交接办法。即日实施。四、前列各项税收，划归市有后，所有在二十八年度内，中央补助该市政府之经临各费，二十九年度应一律停止。五、市区营业税划归市收，省地方收入减少之部份〔分〕，应由四川省政府自筹抵补，不足时再由中央酌予补助。上列各项除分令财政部、重庆市政府遵照外，合行抄发重庆市政府原呈，令仰遵照办理。具报。此令。等因。查川省财政，自新县制实施，已将屠宰税及房捐两项全部收入，拨归县有。田赋一项，已将随粮带征之国难费九成，全予额免。而各县地方民众对于原有月征，尚在呼吁请减之中，办理已感困难。今渝市营业税又奉令拨支，川省整个财政不免根本动摇。查川省营业税，本年度预算已增列为一千一百万元，渝市约占一千万元。据报载，渝市府本年度经费，经核准为六百万元。如果将渝市年收一百万元之营业税划交，连同原有市税、捐，预算约一千一百余万元，收入似嫌过丰。川省短收部份〔分〕，虽经明定由省自筹抵补，不足再由中央酌予补助。但省收入削减过巨，筹备维艰，中央究应补助若干，亦未明白确定。而本省支出数字又日具庞大，将来筹划进行，实感万分困难。究应如何办理,亟应提早决定办法,以资应付。是否有当？理合提请公决。

提案人:委员兼财政厅长甘绩镛

二十九年一月三十一日

19. 四川省财政厅关于加强专员县长催征田赋责任提案（1940年11月12日）

查本年田赋短收,为数极巨,影响预算不小。本厅前会拟具催征效率办法,提经大会。九月二十七日第四二六次会议议决:"准由县补助催征费,并变更奖金办法,以资鼓励。"关于另订简切有效之滞纳惩处办法一节,亦经议决:"由本厅先与高等法院洽商,拟定实施办法后,再行提会。"本厅遵照决议,除前者,业已通令各县局遵照外,后者亦与法院会商决定办法,正签请兼理主席鉴核中。

兹复查田赋之催征,仍须动员保甲为之协助,始可事半功倍。欲动员保甲,则非各县政府认真督饬,不易收功。惟就本厅考查所得,各县政府能与征收机关一致协作者,有之;而以责非专属,漠然视之,更所在多有。似此情形,实为征收田赋之大碍,影响省库收入,良非浅鲜。而财为庶政之母,又值需用浩繁之际,果使财政陷于崩溃,则一切庶政,亦均无法推行。本厅职司度政,忧心如焚,辗转思维,拟明令将催征田赋事项,列为县政中心工作,与其他要政并重。责成各县县长,负责督饬保甲,认真催科,不得故为轩轾,贻误税收。否则,予以严惩。至各区专员,职在监司,对于辖区税务,亦与有责,并应严予考核,实行奖惩。是否有当？即祈公决!

提案人:委员兼财政厅长甘绩镛

20. 西康省会各界征收田赋实物宣传大会标语及宣言（1941年11月25日）

(一)大会标语

一、田赋改征实物是抗战建国的中心工作

二、田赋改征实物是平抑物价的有效办法

三、田赋改征实物是调节民食的唯一办法

四、巩固国家财政经济,必须有粮出粮

五、田赋征实是推行国父粮食政策的先声

六、田赋征实是推行国父土地政策的先声

七、有钱出钱、有力出力、有粮出粮

八、有粮出粮是国民应尽的天职

九、争取抗战最后胜利必须有粮出粮

十、打倒倭寇必须有粮出粮

十一、供应军糈必须有粮出粮

十二、地方士绅应协助政府征粮

十三、公务人员应优先完粮

十四、公粮、学粮应优先完纳

十五、倚势抗粮应依军法严惩

十六、阻挠征粮应依军法严惩

十七、倚势抗粮是民众的公敌

十八、阻挠征粮是国家的罪人

十九、征粮舞弊应依法严惩

(二)大会宣言

我国自发动争取独立自由的神圣抗战以来,举国上下同仇敌忾,与倭奴作殊死斗争。使敌人蓄养数十年之精锐,消耗殆尽;使敌人整个财政经济濒于破产,以至敌人欲和不能,欲战不可。总而言之,敌人因我之坚苦抗战,早已深深陷入泥沼,而不克自拔。推其所以致此之由,原因虽多,而我国足食、足兵,实为杀敌致果之主要因素。正庆胜利之曙光已露,民族之复兴可期。殊知自去年以来,粮食价格突飞猛进,素称粮食自给自足之我国,居然发生严重粮食问题。政府虽竭全力以平抑粮价,无如未能掌握大量粮食,以资调节之故,成效殊鲜。军糈既因之时虞匮乏;民食亦因之常感恐慌。在此情势之下,不特震撼了整个国家财政经济基础,抑且予抗建大业以严重打击。政府为征集大量粮食平抑粮价,以求抗战必胜,建国必成起见,始决定恢复我国田赋征收实物的古制。且中枢迭经计议，审虑至周，具有最大决心，务使各省一体遵行。无论任何困难与障碍，均在所不计。本省为抗建重要后防，粮食管理为最紧要之中心工作，自应遵照国策，努力实行，以共赴军事第一、胜利第一之目标。不过改制之初，一般民众容或不尽明了。兹特提出二点，望我全康同胞深切注意，踊跃输将。

一、征收标准本年第三次全国财政会议明白宣言

在改征实物方面，则以各地产量丰啬互异，价格不一；而收益之多寡，粮额之重轻，又各有不同，故于征收标准，迭加研讨，规定田赋征收实物。以三十年度田赋正、附税总额，每元折征稻谷二市斗为标准（至产麦区，得征等价小麦；产杂粮区，得征等价杂粮）。此项征收标准，原意即不在加重人民负担，而在本一般租税原则，以平衡国家预算。换言之，以战前粮价而论，粮民如完一元粮税，决非售谷二市斗，即可缴纳，而政府乃按此种最低标准，即可获得大量粮食，以平抑粮价，立法至善。本省奉令征收实物之初，朝夕筹维，所定实施计划，系国策、民力双方兼顾，事关抗建大计，望我全康同胞，深切注意，踊跃输将！

二、利害问题

蒋委员长在本年第三次全国财政会议开幕时，曾昭示我们："我们一般同志、同胞，必须明了粮食问题，不仅是抗战建国成败之所系，而[且]是我们一般国民，尤其是殷实富户生死之所关。如果目前这个粮食问题不能解决，不仅是关于抗战与建国的问题，而且是社会问题，亦无法解决。如此，试问我们一般有田有粮的人，在旁人都没有饭吃的时候，你一人、一家能安全吃饭吗？你们现在一切生命财产，完全是由我们国民政府、国民革命军来保障的。不然，如果你们不听政府命令，不拥护政府的政策，那你就是自撤藩篱，就要受敌伪宰割，要作不自由之民，作亡国的奴隶，连到子子孙孙，永远要作外国人的奴隶牛马了"。我们见了这种训示，真使我们不寒而栗，真使我们热血沸腾。尚望我全康同胞，凛此意旨，踊跃输将。

总而言之，争取抗战最后胜利，必须有钱出钱，有力出力，有粮出粮，而有粮出粮，尤为目前迫切的要图。所谓出钱、出力、出粮，际兹民族危急存亡之

秋,很可以只问有没有,不问该不该。何况,完粮纳税,平时已属人民应尽的〔义〕务,战时更何待言?我全康同胞爱国素不后人,值此日益迫近,民族解放行将到来的时候,尚望本国民天职,踊跃完粮,俾前方士饱马腾,后方民食无虞,以打倒日本帝国[主]义,完成抗建大业。国利民福,胥于是赖!特此宣言。

西康省各界田赋征收实物宣传大会印发

三十年十一月二十五日

21. 四川省政府关于加强土地移转推收训令(1942年1月10日)

令区督导员、县政府、田赋管理处、区行政督察专员公署:

查各县土地移转,新业户应于契约成立后,申请推收。由推收机关派员勘丈,将移转面积、赋额,分别推收,更正册籍。如新业户须先税印新契,即同时备具投税及推收两种申请书,经征机关于收税后,代将推收申请书转送推收机关办理推收,以期手续简便,曾经《四川省土地推收暂行章程》暨本府三十年四月财二字第五五七三号训令明白规定。又,土地移转,除将原载粮额就原征册办理推收外,同时须将新编地籍册及新科则征册,所列事项,分别推广,切实登记,不得偏废,亦经本府三十年田三字第六九号训令通饬,遵照。各在案。乃近据调查报告,各县多未切实遵办。或未将推收法令普遍宣达,人民尚不知土地移转必须申请推收;或推收机关以勘丈推收,更正册籍,事务甚繁,遂置不过问。即有申请,亦搁置不办;或经征机关只知税契,并不拨粮,亦不通知推收机关补办推收。故各县多有旧册已经推拨,新册未予更正;或新册已办推收,旧册粮名,仍然未改;甚或旧册、新册均未推拨过户。种种现象,不一而足,以致此项征购粮食,率多通知单无法送达。稽考旧册,则诡户堂名,仍多虚立户柱;依据新册,则产权业已移转,户名未予更正。新册、旧册均不适用,影响征收甚巨。本府设立土地推收处,厉行推收制度,督责告诫,迄今一年有余,不啻三令五申,乃各县泄沓因循,至于此极。阅悉之余,殊堪痛恨。查简易清丈或土地陈报完成各县之地籍册,及实行新科则县份,其根据地籍册编造之新科则征册,原为地籍、赋籍之重要根据,关系綦重。其中所载系前办理清丈或陈报时之土地情况及业户应纳赋额,而民间产权之时有移转,亦如户口之常有异动。户口异动,既须办理登记。产权移转,如不切实办理推收,则清丈或陈报所得成果,清厘完竣之地籍、赋籍,必将因产权之频频转移,不久仍复趋于紊乱。兼之三十一年田赋,迭奉中央明令,应利用陈报成果征收实物。责限既严,已得成果。如不迅予整理,届时必将无所依据,贻误菲轻。现在各县推收事务,一律移交县田赋管理处接办,机关统一,人事一致,同时办理契税与推收,联系密切,尤感便利。推收要政,亟应积极推动,万难再事搁置不问。兹再明白申告如下:

一、凡属简易清丈及土地陈报完成县份,民间产权移转,除依旧册推拨粮额外,并应就新编地籍册及新科则征册,分别更正登记,办理推收,不得再有偏废。

二、凡实行新科则后移转之产权,如未分就新册、旧册办理推拨者,应即依据税契底册,查明地籍、户名,赶速分别补办推拨,限日完成,不得稍有遗漏。

三、正办土地陈报县份,究应如何便于业户投契、税印时,陈报处即可同时办理更正登记,用期捷速之处,应由各该县田管处商同陈报处详订办法,切实办理。

各县田管处现有专司,经此项通令之后,倘仍不将推收事务认真办理,从前未办推收,赶限补办,将来一有贻误,定即以该处长及该主管推收人员是咎。各督导员,并应随时严密考察督促,毋任仍前违误,致碍要政进行。除分令外,合亟令仰该员(处、县、署),即便遵照(知照)。仍将奉令日期及遵办情形报查。

此令!

22. 隆昌县田赋负担过重之情形暨应请减少派额理由书(1943年6月□日)

一、原来科则失平之情形

查川省东西南北各区粮税之轻重,因袭于满清雍、康时代所订之科则。

当时厘定科则之标准,以明末流寇为祸之轻重为衡。就各区受祸比较,以川西为最,川东次之,川北收复较早,受祸较轻,川南一带则受祸最轻。故当时厘定简则,受祸轻则赋重,受祸重则赋轻。此种情形,钧处吴副处长致华之论著,题为《四川田赋不均之研究》,论之至详。兹就原著所列川省各区中田每亩税率比较表,照抄如次:

区 别	中田每亩平均税率	每粮一两占中田亩数	备 考
川 东	0.00861	116	
川 西	0.01151	86	
川 北	0.01988	50	
川 南	0.02067	48	

就右〈上〉表观之,川东每正粮一两约占中田一百一十六亩;川西约八十六亩;川北约五十亩;川南约四十八亩,是川南田赋负担为全川之冠。隆昌隶属于川南,在明朝时为富顺之龙桥驿,明末改县,由富顺、荣昌、内江等县划地组成,故粮额飞拨特重。现计中田每五十亩(即收租一百石),承粮已达一石六七,即约当正粮一两七八。其负担之重,可以概见。兹再就邻县地积、人口、税率及一征税银,列表如左〈下〉:

县 别	人口数	总面积(市亩)	粮额(两)	税率(元)	一征税银数(元)
隆 昌	315000	1141000	6725	10	65958
荣 昌	338000	1349000	2308	23	53430
富 顺	763000	3309000	12280	14	168480
内 江	540000	2399000	7137	16	115767

右〈上〉表系依据钧处所编"川省各县地积人口财政及征购粮食概况",所列总表填列。以一征税银计算,隆昌每一市亩约担负税银六仙;荣昌每一市亩约担负税银四仙;富顺每一市亩约担负税银五仙;内江每一市亩约担负税银四仙八厘。足证隆昌田赋负担较邻县为重,即较全川各县为特重矣。

二、现在征购负担过重情形

查隆昌田赋负担历来特重情形，前已言之。兹再就新新新闻三十一年九月十八日所载，三十一年度邻县征购粮食数目，列表比较如左〈下〉：

县 别	一征税银数（元）	三十一年度征购总额（市石）	每税一元担负征购数（市石）	备 考
隆 昌	65958	181821	约2.8	
荣 昌	53430	96062	约1.8	
富 顺	168480	337173	约2.0	
内 江	115767	240831	约2.1	

就上表比较，每税一元担负悬殊，而隆昌特重。尤以荣、隆两县比较，隆昌一征税银与荣昌相差不大，以人口、面积而论，已属不平。今征购数目，隆昌竟比荣昌几于增多一倍，尤属不平已极。是隆昌负担重上加重，民命何堪？查其加重原因，是否计算错误，不得而知。且查全川粮额，各县沿革不同。如新都、彭县、荣、威、江安、绵阳等县，有大、小粮之分；岳池更有有捐粮、无捐粮之别，其税率全不相等。即以荣、隆两县而论，隆昌每粮一两，税率约为十元，而荣昌每粮一两，税率则为二十三元，相差在一倍以上。是摊派征购，数目似不能以税率悬殊之粮两为标准。隆昌征购数目奇重，是否两元并重所致，抑有其他原因？此应请详查更正者也。

三、请求减少派额之理由

窃查中央征派粮食之本旨及历年省参议会提议，均以力求平允为原则。隆昌去年派额过重，旅省同乡会曾推举代表吁请核减。当时以时间过迟，恐牵动全局，无法更改。同乡黄参政员肃方转示民从，以奉石厅长信函，决定从三十二年起负责办到县与县平。县人仰体苦衷，忍痛输将，依限扫解。殊闻今年仍以去年派额为准，只实行土地陈报新科则，俾户与户平，而县与县之间，仍然悬殊。民闻此消息，各乡推举代表入城会议，始由各机关、法团具呈，邀恳核减派额。今隆昌田赋及征购负担过重情形，既如前述，应恳钧处从今年起，以全川各县土地陈报测定田亩多寡、等级为摊派之标准，俾县与县平。如土地陈报今年未办理完全，即请在预备粮内挹注，对隆昌特别减少派额，以昭大信，而示平允。无任感祷之至！

中华民国三十二年六月□日

公　债

1. 委员长电四川省政府令短期内募足救债（1937年10月）

省府奉蒋委员长沁日（九月二十七）电令，略谓："抗战期间，军需浩繁，需款接济，急于星火。各省市认购救国公债，极形踊跃。粤、浙两省于指定数外，并另认购千万元以上；粤、皖、滇等省，且先垫款汇解。体国公忠，至堪佩慰。川省所购救债，望将已募获之款，先行汇交总会，转解济用。余债并望严令最短期内募足，扫数解清，以济急需。"云。

（载于民国二十六年十月《四川月报》第十一卷第四期）

2. 四川省政府令有力负担将士均须认购救债（1937年11月）

省府顷查救国公债，关系抗战需要。凡属国民，均应节衣缩食，勉力承购。殷实绅商，尤应踊跃输将，以资倡导。不得假借任何事故，冀图规避。

兹查各县地方，每有不明大义之徒，藉口优待出征将士条例规定，即谓连长以下家属，可免购债。不知公债性质，系属有息，还本付息债款，与其他捐款迥然不同。且此项条例法意，亦系专应贫苦下级干部家属，无力担负救债者而设。其有余力担负者，应本爱国热忱，勉为认购。若谓凡有一人参加出征，则其家属即概免派，则长期抗战之中，成年男女，均有调服兵役义务，概予豁免，何款可筹；抗战军需，将何从出？殊非立法本意。至于其他奸狡之辈，无论以何种方式，意存避免，均应一体摊派，严行催缴。倘敢违延，即予加派，以儆效尤。并得视其情形轻重，酌予相当处罚。省府兹特令饬各区专员公署、各市县、自贡警察局、金汤设治局等遵照，并转饬所属一体遵照云。

（载于民国二十六年十一月《四川月报》第十一卷第五期）

3. 四川省财政厅长刘航琛等发起礼品救债化运动（1937年11月）

四川财政厅长刘航琛暨营业税局副局长涂重光、丝业公司总经理范崇实、财厅办事处股长蒋伯庄等，为求私人所耗费之一分一文，均得用作抗战经费，充实抗战力量起见，特发起购救债作礼品运动。以后凡私人之冠婚丧祭，应送仪礼之资，均移购救国公债。私人并无损失，国家增厚力量。如全国上下均能开风响应，则涓涓之水，可成江河，抗战经费，当又多一来源。刻刘厅长等已实行此种办法矣。

（载于民国二十六年十一月《四川月报》第十一卷第五期）

4. 劝募救债四川分会编制通俗歌词（1937年11月）

一、前线的将士固守战场，后方的援助应如水潮。莫把钱财空用掉，借与中央买枪炮，齐向敌人扫，赶走日本强盗，把我们的国家保。战事平息三年后，中央偿还救国公债了。到那时，吐气扬眉多荣耀，家亦保住，国亦保住，钱又收回了。你看这是多么好！

二、你买几张，我买几张，涓滴积为江河，且莫嫌钱少。不论发簪、手圈、戒指、耳坠，凡是金银都好。只要你有多少，就买多少。四万万颗心儿一条，何愁日本鬼子打不倒？

三、奉劝各位同胞，国亡家破的惨痛，令人当不了。救国趁早，民族的危机不待了！不管你有多有少，凭着自己的力量，一角、一分的凑积都好。抗战的胜利，全靠着人人的力量来担保。这次救国公债的推销，就可看全国民气的兴浅。快快购买，大家踊跃！

5. 四川省政府规定结束救债办法（1938年2月）

省府以救国公债劝募委员会四川分会已于二十六年十二月底结束，关于救债未完事件，已移交省府及中、中、农各行分别办理。现准财政部电催扫解债款，并将所募总数报查。乃规定下列办法，通令各县遵办。办法如下：

一、各市、县局已收未解之款,限奉文五日内尽数补解,不得迟延。

二、所有先后已解之款及扫解之款,应照省分会二十六年十二月训令各支会规定各项,造报解款清单,克日呈核。

三、已解债款,应照省府二十六年十二月代电善后办法,分别办理,并将购债人花名及所缴数目,造具清册,速呈备核。

四、债款无论解交何处,均应将回单或收据一并检呈查验,以凭记账,另由省府给予收清指令为凭。如解款时,领有银行或邮局正式填发救债收据者,亦应一并呈验登记,以杜重复。

五、各市县解款已足派额,或解派额半数以上者,其出力人员得择尤〔优〕呈请奖励。至单独认购在五百元以上者,应查明专案,呈由本省府特给奖状;在一千元以上者,并加给奖章,以资鼓励。

(载于民国二十七年二月《四川月报》第十二卷第二期)

6. 四川省1939年建设公债条例(1939年8月31日)

民国二十八年四川省建设公债条例二十八年八月三十一日公布

第一条　四川省政府为办理交通、生产、建设事业,发行公债,为民国二十八年四川省建设公债。

第二条　本公债定额为国币七百五十万元,于民国二十八年九月一日照票面十足发行。

第三条　本公债利率定为年息六厘,每年十二月三十一日及六月三十日各付息一次。

第四条　本公债第一年只付利息,自第二年起开始还本。每年十二月三十一日及六月三十日各抽签还本一次。每次抽还数目,依还本付息之规定,至民国四十三年六月三十日全数偿清。每次还本,于期前一月,在重庆执行抽签,由财政部、审计部派员监视。

第五条　本公债应还本息基金,指定在四川省田赋正税收入项下划拨,由四川省政府令饬财政厅,依照还本付息表所载每期本息数目,按月平均拨交中央银行重庆分行,收入本公债基金户账,专款存储备付。并指定民国二十四年四川善后公债基金保管委员会，兼办本公债基金保管事宜。

第六条　本公债票分为万元、千元、百元、十元四种，均为无记名式。

第七条　本公债指定中央银行重庆分行及其委托之银行为经理还本付息机关。

第八条　本公债债票得自由买卖抵押，凡本省公务上须缴纳保证金时，得作为替代品。其中签债票到期息票，并得用以完纳一切省税。

第九条　对于本公债如有伪造或毁损信用之行为者，由司法机关惩治。

第十条　本条例自公布日施行。

7. 西康省1940年地方金融公债条例（1940年4月29日）

民国二十九年西康省地方金融公债条例二十九年四月二十九日公布

第一条　西康省政府为充实省银行资金，活泼地方金融，发行公债，定名为民国二十九年西康省地方金融公债。

第二条　本公债定额为国币五百万元，于民国二十九年五月一日按照票面数额十足发行。

第三条　本公债利率定为年息六厘，自发行日起算，每年十月三十一日及四月三十日各付息一次。

第四条　本公债偿还期限定为十五年。自民国三十年起，每年四月三十日及十月三十一日各抽签还本一次，每次还本数目依还本付息表之规定，至民国四十四年十月三十一日全数偿清。

前项抽签，于每次还本到期前二十日，在省政府所在地举行，并由财政部、审计部派员监视。

第五条　本公债应还本息，指定西康省田赋及营业税全部收入为基金，由西康省政府财政厅依照还本付息表所列每期付还本息数，预先按月拨交西康省银行，收入本公债基金保管委员会户账，专款存储备付。如有不敷，由西康省政府财政厅另在其他省税收入项下，随时如数拨补足额。

本公债基金保管委员会，由财政部、审计部、西康省政府、西康省政府财政厅、西康省银行及银钱业商会各推派代表一人组织之。其组织规程，由西康省政府拟订,呈请行政院核定。

第六条　本公债指定康定西康省银行及其委托之银行,为经理还本付息机关。

第七条　本公债债票分为万元、千元、百元三种,均为无记名式。

第八条　本公债得自由买卖抵押。凡本省公务上须缴纳保证金时,得作为替代品,其中签债票及到期息票,并得完纳本省一切地方赋税。

第九条　本公债债票由西康省政府主席及财政厅长签名盖章,钤盖省政府印信。

第十条　对于本公债如有伪造或毁损信用之行为者,由司法机关依法惩治。

第十一条　本条例自公布日施行。

（原件存中国第二历史档案馆）

8. 四川乐至酢户倪和兴等反对摊派同盟胜利公债及同盟胜利美金公债呈（1943年7月）

情民等煮酒,原为农人副业,赚糟饲豕,图粪培农,并非通豁大邑之酢户,专赖此营生。兼之近年以来税率加重,每月二千余元,较资本已占三分之一,销市又疲,折本甚巨。迭次具呈请辞,而税收机关又不允准,民等已无法可设。兹又奉派美金公债每一酢户三十元,合国币六百元,应遵□□。惟民等酒业折本尚勉力纳税,而保甲又已派出国币、美金两债,均以胜利在即,忍痛输将。今又加酢户美金公债,实难担负。是以缕呈困难,协请钧座鉴核体谅,免除酢户美金公债,以恤商艰,均沾至德。

谨呈
中华民国国民政府

四川省乐至县宝林乡酢户　倪和兴　协和祥
　　　　　　　　　　　　　同合祥　陶正扬
　　　　　　　　　　　　　熊万和　陶治国
　　　　　　　　　　　　　石作之　德国祥

（原件存中国第二历史档案馆）

(二)金融

概 况

1. 财政部与重庆银钱业公会为救济川省金融来往电(1937年7—8月)

(一)重庆银钱业同业两公会电(7月31日)

南京。财政部长孔钧鉴：

窃查川省金融素称枯窘，益以位居入超(据报载地方税局发表之统计，近四年中川省入超竟达一万万数千元)，对外贸易年须解付巨款，兼之地方财政入不敷出，时赖借垫，以资周转。宜乎省内利率不易降低，都市流通通货日见单薄。比年以来，幸经省府之整顿与中央之监理，渐已步入正轨。然而，行庄资金即已多数变为政府之债券，且因本年旱灾重，田赋缓征，金融业所垫赈款及借款为数复达五百万之巨。其所以维系市场于不敝，而两会同业尚克为社会地方尽一部分责任者，则端赖(一)法币银行之融通，(二)省外投资之利用而已。顷者，中日事件日趋严重，外省资金不断调回，债市一再陡跌，子金逐步高涨(本月息达二分四以上)。不特行庄调运资金感受莫大威胁，而夙称民族复兴根据地之川省整个市场，亦有濒于破产之憧憬。两会同业心所谓危，难安缄默，伏维钧座综持财政，体念金融，际兹国难严重期间，对于后方金融如川省之危急情形，自当仰蒙鉴察，特予顾及。可否转知中、中、农三行，对于渝市同业，凡有商办之事，尽量予以协助？其资金一项，在合理条件下，尤望特别融通，俾资活动，而挽危急。临电不胜迫切待命之至。

四川重庆市银钱业同业两公会同叩。世。印。

(二)财政部电(8月7日)

电。重庆银钱业同业两公会览：

世代电悉。所呈川省金融危急情形，已迭据刘厅长、关特派员电陈到部。业由部函令中、中、农三行量予协助，并经三行放款二百万元，以资维持矣。仰即知照。

财政部。〇。钱。印。

(三)重庆银钱业同业两公会电(8月8日)

急。南京。财政部部长孔钧鉴：

窃查川省通货紧缩及金融危急情形，属会曾于七月三十一日以世代电陈述。在案。果也，七底比期，市面情形益趋严重。虽经钧部关特派员及川省府刘财政厅长出面维持，往复筹商，迄未获有具体办法。幸蒙委员长行营顾主任目睹市面危急情形，命令中、中、农三行协力维持，准以善债及建债各半配搭抵借现款二百万元，以资活动。原冀紧急措置，立挽危机，孰意市面枯窘过甚，杯水车薪，仍难救济。是日，同业利率竟达三分以上，犹有无从用进之苦。于是本市四川建设银行总行因周转失灵，遂致停业清理。而其他同业之同感头寸不敷，惧为建行之续者，尤属不乏其人。此在比期次日（即八月一日亦即星期日）延期抵解中。关、刘两当局所以复有第二次之紧急措置，临时通挪一百余万元，以填补抵解差额，始得勉告无事。而存户提存之风忽起，此后两会各同业尤有难于应付之势。事实俱在，钧部谅早洞悉，固非属会等故作危词，耸人闻听也。伏查此次症结所在，固不外为通货之缺乏，而推厥原因，实又由于国家之事故。两会同业所以仲望于政府者：

（一）各省外银行资金之调回，其缺少之筹码为数甚巨，应如何设法补充。

（二）善后、建设两债券之价值跌落过巨，应如何设法维持。

（三）川政府借用行庄之款计一千六百余万，应如何归还而已。

属会等于补充及维持之方法，亦尝反复筹商。兹特贡其愚忱，惟钧部采择焉：

（一）拟请钧部特准本市同业，以生金或标金配搭公债，向中央银行领用法币二千万元。

（二）拟请特准饬知法币银行对于川省公债，按照钧部规定最低限价，以八折尽量抵押。其建债一项，总额仅三千万元，尤恳照国债一律办理，勿加歧视。

盖川省为民族复兴根据地，本市又为西南重心，其金融情形在此危急期间，政府统筹兼顾，实有予以救济及维持之必要。其一项所陈，实因通货缺乏，市面周转不灵。而钞票自来必须请领，所有银元，业已搜索殆尽，金子尚易寻觅，且可充作外汇之需。兹如先准以赤金标金合价领钞，不特通货可供活用，而流通证券亦可安顿一部。而获领之现钞，即可弥缝省外调回之资金，此应恳钧部特准饬中央银行照办者，一也。至第二项所陈，因川省公债虽蒙钧部照统债先例各别限价之规定。第公债用途既少，即有限价，亦虑交易清淡，有行无市。需款之行庄虽欲低价售出，亦苦无人承受；苦无抵押之道，限价直接交易。窃闻钧部对于统债，有令中、中、交、农各行按票面七折尽量抵押之令。川省善、建两债，若蒙一体待遇，或准如属会等条陈之意见施行，则川债立收维持之效，此应恳钧部特准转饬中、中、农等行遵办，又一也。至第三项所陈，业已恳求刘主席赴京面为请求，亦望照准。

窃以吾国值此强寇压境，大战前夕之际，在人民，固当以生命财产全部贡献于国家。但必使之完整贡献，若于事前先行破坏，则关系国家及军事前途，实为重大。此属会等区区之愚，所以不避冒渎之嫌，而敢缕陈者也。伏乞立电示遵，不胜迫切待命之至。

重庆市银钱业同业两公会同叩。齐。印。

（原件存中国第二历史档案馆）

2. 刘湘等会拟维持渝市金融办法呈及蒋介石批（1937年8月12日）

（一）蒋介石批：

准照此办法，由三行押款，以五百万元为度。此后关于金融、军费，应由川省府切实整理税收，力谋自给，以免牵动整个军事为要。

中正

八月十二日

（二）刘湘等呈

查重庆流通筹码原感不敷，自华北事变发生后，（一）公债因跌价抵押折扣减小。计善债约差六百六十余万元，建债约差三百万元，统债追证差金约四百万元，共计一千四百万元。（二）外埠银行调回申、汉款项约一千余万元。（三）特货押款到期未能兑付者，约三百四十余万元（连同未到期者共计二千一百九十余万元）。（四）七月底各行提存约四百余万元，总计筹码差额数在三千万元以上。不但重庆市面原有筹码为之一空,即邻近各埠之筹码,亦多数运渝应付交项。而上述各种公债押款虽改低押价,仍鲜承押之人。以事属仓卒,无从容应付之余裕,金融遂发生极大恐慌。虽经中、中、农三行借出二百万元,勉渡七底难关,而八月半比期瞬息即至,如不事前筹维,恐慌之程度将愈深,其困难将较七月底为甚。兹经会同商拟维持渝市金融办法如下:

(一)公债押款由财部函令中、中、农三行照常承做(建债请按票面四四折,善债按票面五折受押)。

(二)合于银行定章之票据(如附有棉纱、匹头、食盐等货物提单、栈单、仓单之票据),由财部函令中、中、农转抵押或重贴现。

(三)准以生金六成、善债四成搭配押借,其生金按市价九折、善债按票面六五折计算。

(四)特货押款应由省政府负责催促加额,提前清还。

(五)川省军政各费,应从节省不必要支出做法,并由财政特派员会同财政厅努力增加收入。

以上五项如奉核准施行,川中金融,当可维持安定。其所需数目约为七百万元至一千二百万元,嗣后亦不致时生困难。此外,更有必须注意三点:

(甲)川省银行辅币券发行,应依法办理。

(乙)行营及川省政府应努力制止投机,防止资金逃避,并安定人心。

(丙)行营及川省府应负责禁发不合法之票据,并取缔滥发本票。

以上所拟办法,是否有当?理合签请鉴核示遵。

谨呈

委员长　蒋

刘　湘

职　徐　堪

顾祝同

八月十二日

(原件存中国第二历史档案馆)

3. 刘湘要求按原商定办法救济渝市金融代电及财政部签条(1937年8月15日)

(一)刘湘代电

急。南京。邱代表译呈委员长蒋钧鉴：

○密。昨飞返川，查悉川中金融情形，因沪战爆发愈形紧张，成都等处亦同感恐慌。而川中各埠所有银行，其总行均在重庆，故救济各埠之资力来源均出于重庆。前与财部及三行所商放款最高额一千二百万，照现势估量，实有贷放足额之必要。

又，下游避地来川者不少，其所携游资势须金融安定，始能流入市场。窃计在此类资金加入周转时，川中市场当不至继续恐慌。伏乞钧座，谕知财部函令三行，照原商定办法及数额办理，以维后方。不胜感祷，仍候电示祗遵。

职刘湘叩。删。省财。印。

(二)财政部签条

遵查原电所称川省金融紧张各节，当属实情。关于维持渝市金融一案，前于八月十二日由本部徐次长会同刘主席、顾主任商拟办法五项，规定生金及省债押借折算价格。呈奉委座亲批：准照此办理，由三行押款，以五百万元为度。复经本部分函中、中、农三行，并分电顾主任、刘主席在案。该项押款数额既巨，值此沪战爆发，三行能否照数承做，已属为难，万难再议增加。川省对于前项押款，既亟盼成立，自应就原准押款数目，由省径商三行洽办，以期简捷。

财政部签

(原件存中国第二历史档案馆)

4. 四川各地银根奇紧(1937年8月)

灌县：灌县之经济重心，大部份〔分〕在农产方面。近值青黄不接，农村乏活动经济之养料；城市一切商贸，亦大呈萧条景色。金融枯窘已极，每一月期之短借利率，普遍增至三分。

自流井：自井七底比期，金融界因受四川整个金融不景气之影响，并渝帮行号，挪款接济渝、万，而致该市金融顿形枯窘。子金涨至三分有奇。各行号亦无大量现款贷出。

　　内江：内江每年当阳历正月、六月之时，糖房例应交付青山蔗价，因之银根必紧。今年阳历六月下旬，适逢七底比期，该县箭道街大明粮号遂以不能支持而倒闭，负债约五万元。

　　广安：广安自中日关系愈形恶化后，货物陡涨，渝各行庄收交困难，以致影响广安各业。如洋纱已涨价一倍；匹头，如安安布，每皮由十一二元骤涨至十七八元；其他苏广杂货，亦因来源断绝，同时涨价。市面借贷行息，由一分几涨至三分几，尚无款借出云。

（载于民国二十六年八月《四川月报》第十一卷第二期）

5. 四川省政府拟定战时管理银钱业办法（1937年10月）

　　省府为救济全川金融财政起见，前会根据经济专门委员会所请扩大贴放范围办法，转呈中央。兹为切实改进金融起见，又拟定战时管理银钱业办法，电令渝、蓉两地银钱业公会，首先实行。办法如下：

　　一、合并小银行、小钱庄。

　　二、增加各行庄资本额。

　　三、防止资本逃避。

　　四、实行调查各行资本，完成管理计划。

（载于民国二十六年十月《四川月报》第十一卷第三期）

6. 泸县商会关于金融枯窘代电（1937年11月13日）

　　四川省第七区视察员办公处、四川省第七区行政督察专员兼泸县县长冯钧鉴：

　　近日市面现钞日稀，金融流通形成奇紧。究其根源，由于渝城发行代券，银行及商户收集现钞，运输牟利，影响所致。倘不早为制止，听其长此收运，市面金融，深为可虑。合应电请钧座，设法制止，稳定金融，而安市场。实为公便。

泸县商会叩。元。印。

7. 成都市政府宣布维持金融办法（1938年1月）

去年十二月下旬,成都市银价大跌,由廿千下跌至廿三千四百。安乐寺市上,铜币缺乏,各街钱商,亦多停止掉换。甚有少数钱商,将市牌收藏,致使市面顿感铜币恐慌。米价因而涨至廿三元以上。一般劳苦民众,莫不感受痛苦。市府乃决定制止办法五项,分别函令并布告市民周知。兹志该项办法如次：

一、凡铜币数量超逾百钏者,不准私运出城。

二、令市商会,召集各以铜本位交易之货业商人劝告,应将售入铜币尽量到市调换法币,不得勒积居奇。

三、令饬油、米、钱业公会督饬各钱店,每日核定价值,尽量掉换,不得私行增减。如有收藏价牌,冀图操纵者,查出即予严惩。

四、钱业商人及有关行业人等,应在银钱总市公开交易,不得私作对手生意。

五、请中央银行将铜辅币尽量兑出,以资流通。

（载于民国二十七年一月《四川月报》第十二卷第一期）

8. 四联总处转陈内江支处考察该区行庄放款子金过高并拟订平抑利息三项办法函（1942年2月18日）

前准贵司移送石孝先君函：陈报内江县办理粮政情形。据称："当地米价逐月上涨,一般物价均较陪都及其他城市为高。其原因系由于该地子金过高,应请设法调剂。"等语。嘱查照核议。等由。当经由本处函饬内江四联支处,查明该地子金过高之原因及其实际情形,并嘱拟陈平抑当地利息之对策。去后。兹据该支处二月四日函陈："兹谨将职处对于本案核议意见分陈如次：

（一）内江子金实际情形

查内江为产糖中心区,附近各县之糖类均集散于此。食粮不能自给,其他日用品亦赖外地输入。平时需要资金已属巨数,加自抗战以来,物价飞涨。一般商号与人民,分〔纷〕向银行、钱庄及绅富借贷,以购物品,而图厚利。又查资金之周转,除国家银行以低利借贷外,商业银行在三十年度上半年,其放款子金在月息四分以上。自经银行公会议决,子金不得超过三分六以后,其子金在表面上盘旋于三分五左右。至钱庄与绅富放款之子金,最高有七分之多,最低亦在五分之上。此乃子金过高之实际情形也。

(二)子金过高是否即为物价高涨之原因

抗战以还,糖销颇形呆滞,而输入之支出,则远过于输出之收入。资金之需要既如是之殷,利率当循供需原则而上升。加之一般人以重利取得之资金,颇多经营囤积。推波逐浪,以助长物价之特别上涨,私获厚利。而商业银行与钱庄因鉴于商人得善价而获厚利,乃认为高利之不为过。于是子金愈求其高,而商人以高利之资金囤积货物,依照成本势须涨价。是以物价愈涨,子金愈高;子金愈高,物价愈涨。二者相互因果,遂造成本地物价远过其他城市之现象。

(三)对于平抑利息之对策:

甲、平抑物价。(1)取缔囤积,用政府力量。(2)限制放款。一、信用放款以不放为原则,否则亦须严格紧缩(信用放款无对象易入囤积之途)。二、物品押款应以本地物产为限。但个人或假借商号名义者,不予押款;有囤积嫌疑者,不予押款;虽工厂而未经登记者,不予押款。

乙、严格限制比期存款子金(商业银行与钱庄资金来源上,一部分为比期存款。查商业银行存款之子金在三分左右;钱庄比期存款之子金在五分以上。成本既高,自不能不贷放高利)。

丙、监视机关公款之处置(公款应依照政府命令妥存国家银行,不能移存商业银行)。

以上办法,虽非绝对有效,但或可为相当之纠正。是否之处,尚祈鉴核。"等情。到处。查核该支处所拟平抑利息对策三项,尚具见地。相应转请查照。酌核办理。为荷。

此致:

财政部钱币司

（原件存中国第二档案馆）

9. 成都市商会陈请政府开放银行信用放款业务呈暨财政部批 (1942年7—8月)

（一）成都市商会呈（7月28日）

窃本会顷据成都市各商业同业公会主席纷纷到会声称：川省僻处西陲，现为抗战后防重镇，幅员辽阔，交通不便，所产物资不敷需要，常恃省外输入，以资调剂。频年因抗战关系，工厂内移，人口激增，尤需大量物资，以供应用。其间运输出入，恒赖少数商人。惟川省既非通商大埠之区，市场均属中小商人，并无所谓资本家者。历来行商坐贾，大都凭银行信用贷款，以为周转。且其业务，生计所关。商人重信用如生命，而银行则察其业务，考其事实，信用贷款仍按期收放，未尝偾事愆期。是故一般商人与银行往来密切，渊源久具，已成为历史之事实。兹公会等准接成都市银行商业同业公会，奉转财政部渝钱稽字第二九二五四号训令，颁发管理银行抵押放款办法暨管理银行信用放款办法，规定："工商各业信用放款，数额在五千元以上者，应以经营本业之厂商，已加入各该同业公会，持有会员证，并取据两家以上曾在主管官署登记之殷实厂商，联名保证其到期还款，并担保借款系用于增加生产，或向集散市场购运必需物品销售者为限。放款期限最长，不得过三个月；每户放款不得超过该行放款总额百分之五；各户总计不得超过百分之五十。同时贷款应填具借款用途申请书及营业概况表，以备抽查。"等语。窃以国家抗战，缩紧金融，管理放款，系属财政正当办法。惟市廛商情与国家经济物资，亦确具密切关系，似亦不能轻易忽视者。如抗战数年以来，后方所需之五金业、匹头、颜料、药品、交通、印刷等器材，以及其他种种需要物品，以其运输困难，来源不易，因而价格飞腾，影响民生。政府虽经迭次评价，然不能根本解决，仍复上涨。今为适应社会需要，限制价增，亟须奖励商人远道抢运，以备接济。惟商人资金有限，银行放款又复加以限制，即如照规定办法，五千元以下贷款较易办理，试以目前物价之比较，商人运输号激之开支，五千元何能补助营业,更何以资周转而为生产事业之增加耶?商人无利可趋,势必停贸。资源日减,物价更增。默察社会民生,关系匪浅。今照规定手续办理,果能专为增加生产而贷款?以目前物力、人力之艰难,恐生产亦非三个月内可能周转偿款。事实如斯,似更应加以考虑。其他非生产营业,确为货业商人平时赖信用贷款维系业务者,实占商人中之多数。今贷款限制,周转失灵,来货日减,物价益增。社会固受整个需要之影响,而商人本身将何以支持?米珠薪桂之消耗,势必至停门歇业。市廛动摇,隐患堪虞,殊为杞忧。大会领导群商,深知实际情形。是特请求层转开放管理银行信用放款办法,以维民生,而安市廛,不胜盼祷之至。等情。前来。本会复查所称,自属实在情形。查川省为农业区域,商场物资,生产不足供给,恒赖大多货业商人远道购运接济。其资本不充裕者,尤居多数,平时专以银行信用贷款为周转。今信用贷款规定管理限制,商场蒙受重大打击。不特物价益涨,而货业商人无以接济,倒闭失业随之而起。影响所及,实非浅鲜。何敢壅于上听,理合据情转呈钧部,俯念民生物资,迅予开放管理银行信用放款办法,以维民生而安市廛。仍祈指示祇遵。

  谨呈
国民政府财政部

成都市商会主席 王斐然

常务委员 钟云鹤

邝鹤霄

吴仲谦

胡信诚

(二)财政部批(8月25日)

  呈悉。兹就原请扩大银行信用放款限额,延长期限,简省保证手续各节,分别核示如左〈下〉:

  (一)查银行承做放款,应以采取抵押办法为原则。惟以我国商业侧重信用放款,积习相沿,由来已久。本部前颁之管理银行信用放款及抵押放款办法,业予兼筹并顾,对放款数额之限制,亦已从宽规定。前据重庆市银钱业同业公会呈请将信用放款限额扩大，等情前来。为体恤商艰，并引导其资金运用趋向生产事业起见，又经规定所有对于生产建设事业之信用放款，在票据使用办法未经公布施行前，暂准视同抵押放款，并入抵押放额计算。经指令遵照，并分饬各地银钱业同业公会转知各会员行庄在案。所请扩大银行信用放款限额一节，自毋庸再予另定办法。

（二）查银行放款，应扶助正当工商事业之发展，并以资金运用灵活为原则。部颁管理银行信用放款办法第二条，虽定放款期限为三个月，但请求展期者，仍得由银行依照第三条之规定，查明情形，展期三个月。对于特种厂商之放款，并得依照第四条之规定，不受期限之限制。原称需要物品，由远道采运而来，往返需时一节，虽属事实，但部定办法早已斟酌情形，分别规定。对于工商各业之正当需要，足资适用，自未便准将放款期限一律延长。

（三）查信用放款既无确实押品足资保障，原办法规定由依法登记，取得合法身份之殷实厂商具名保证，原为增加放款安全起见。至借款各户，限于加入同业公会之厂商。一以杜绝非法商人囤积居奇；一以加强公会管制力量。与国家总动员法之规定正相符合，对较正当商人并无不便。所请简省保证手续一节，应毋庸议。

综上各节，政府在严密管制之中，对于经营各业之正当商人，仍尽量予以便利，各地商人业已遵办。该公会领导各业，仰善体此意，晓谕各业，遵照办理。是为至要。

此批！

（原件存中国第二历史档案馆）

10. 吴兴周考察成都区银行业务报告（1944年10月19日）

甲、考察工作简报

兴周奉令考察成都区银行监理工作，抽查银行业务，历时二十余日。曾在成都、灌县两地实地考察。除在灌县驻留四日，彻查该处稽核张志光受贿案件外，其余工作时间全在成都。赴蓉之前，曾预定主要目标三项：一为对于该区监理工作之进行与银钱业务之实况，增进了解之程度，以补文书报告之不足。二为对于部颁法令,考察实际推行情形,并予以必要之阐导,以补命令之所不及。三为明了银行监理制度运用之实况,调查工作人员之成绩,推究制度本身之利弊得失,以为统筹改进之参考。

本部各区银行监理官办公处组织规程,对于处内员额多寡,及内部分工办法,均无明文规定。成都区办公处成立于上年四月,距离考察之日方一载有半。所有内部分工之实况,工作人员之优劣,人事经费与业务配合之程度,以及工作进行之步骤,推行政令之方法,与夫监理工作之效绩,均在注意考察之中。曾于在蓉之日,与缪监理官及各专员稽核个别谈话,查询其志趣识见,与到职以来之实际贡献,及工作上之期望。同时调阅文卷,搜集资料,参合所闻所见,以明推行工作之一贯方法与步骤,察其成败得失之所在,进而推究其内在原因,以为改进之依据。并曾与处内同仁集体谈话一次,说明本部建立银行监理制度之目的与工作同仁努力之途径。另曾举行小组会议两次,窥察其困难之所在。并于研究法令检讨得失之中,认识工作人员之理解程度,以为督导考核之参考。所有该处提出之问题与工作过程中感受之困难,凡在兴周职责范围之内者,均已分别解答,并协助其解决。其余不能遽为决定者,当于下文陈候核夺办理。

银钱两业公会与银钱业放款委员会,为银行、钱庄之自治组织,亦为推行政令之辅助机构。必使主持人治事有方,以渐进之方式,逐步强化其领导同业之力量,加重其奉行命令之责任,然后政令推行,易收水到渠成之效。兴周在蓉期间,曾赴公会实地考察,查询工作情形,调阅文卷、簿籍,并与两会负责人多次谈话,解释重要法令,宣达本部意旨。同时交换意见,以谋上下沟通,兼备工作参考。

中央银行为金融业务之神经中枢,控制市场活动之领导机构,兼以成都中央银行经理为该市四联分处与银钱业放款委员会之主席,对于银行监理工作之成败,有决定性之力量。诚能由该行充分运用其法定特权,强化其控制手段,巩固其众星拱北辰之地位,并与该区银行监理官办公处加强联系,相辅并进,必能提高效率,以收事半功倍之实益。亦曾于在蓉期间,与该行杨经理延森多次商讨,各抒所见,以谋中央银行力量之高度发挥,进而左右银钱业务活动之趋势，增进其配合国策推行之程度。

就兴周三年来从事银行管理工作之体验，深觉此项工作之成败，系于方针是否正确，步骤是否稳健，机构是否健全，工作人员之精神与认识是否符合事业之要求。而干部人员有无不淫、不移、不屈之操守，尤为工作成败之重要关键。必使是非不乱，赏罚分明，而后贤者可进，不肖者必退，全盘工作始能作有计划之推进。此次在蓉考察，对于人员之任使，工作之配备，悉在精心访查之中，丝毫不敢忽视。除违法失职之人员，经查有实据者，已报蒙核准移送法办外，其余干部人员，均经一一加意考核。惟以留蓉期短，观察不尽精当，或不能遽作定论。但就个人所见，据实陈报，自为考察人员应尽之职责。倘可存备黜陟、调迁之参考，尤幸此行不虚。

此行另一使命，为抽查银行业务。本部抽查银行与办公处之检查工作，性质不尽相同。抽查之目的，在明了历次检查是否详实，所拟检查意见及监理官审核意见是否大公无私，历次办理是否精神一贯，临时检查与表报之经常审核是否互相引证。并应从纵的观点考察银行头寸与资金运用之一贯方针；从账表、簿据上考察其遵行法令之程度；从总分行文书往来及历届会议记录上推究其改进业务之诚意与效果。兴周在蓉期间，除涉及人员操守各案，均亲魁各该行庄查核，由徐稽核传纲襄助办理外，至于在蓉抽查之行庄、公司，则由兴周指示应行注意事项，并借用本部印发成都区银行监理官办公处之空白检查命令，填交徐稽核实施检查，由徐稽核另编报告呈核。

乙、监理工作概述

一、全区银行分布概况 成都区银行监理官办公处辖区以内，现有行庄二百二十五家，其中总行、总庄八十七家，占全数百分之三十八，分支行庄一百三十八家，占全数百分之六十二。如以资本来源而论，占有公股者一百五十四家，计全数百分之七十；全属商股者一百零一家，计全数百分之三十。若就地域分布情形而言，以成都市之行庄六十四家为最多；雅安之十四家次之；射洪县太平镇之十一家又次之。

成都非后方工业据点，亦非农产品集散市场。惟因交通运输关系，与西安、重庆脉胳相通，形成商品转运枢纽及资金调拨中心之一。益以其在川省政治上之地位，消息灵通，官商云集，积多年之商业繁荣，而抬高其金融上之地位。据兴周在当地银行公会之调查，成都市之会员银行，在二十六年年底为十家，二十七年十二家，二十八年十四家，二十九年十六家，三十年十九家，三十一年二十四家，三十二年三十七家，三十三年九月底四十七家。虽近两年来银行之增加，以银号、钱庄增资改组之原因为多，但历年添增之趋势，已甚明显。设非本部迭次明令限制，而任其自然发展，其后果如何，自属不难想象。

二、办公处分工概况 成都区银行监理官办公处元桥，与四联分处及银钱业放款委员会同在一处办公。房屋无多，除办公所需外，尚有一部分无眷同仁留处住宿，勉能容纳。全处办事人员，除监理官及专员外，计稽核八人，办事员十一人，雇员四人。分总务、审核、督导、检查、调查、编讨等六组。其中属于总务组，分办文书、会计、庶务者九人，属于其他五组者仅十二人，担任检查工作，不属任何一组，另无其他经常工作者二人。检查报告例由雇员誊写；核拟办法，撰拟文稿之事，多由办事员承办。处中重要公务，诸待推动，而多数稽核拱手无为。部中有令多录令转行银行，来呈多据呈转报。职员来处签到，到后即退者有之。监理官对于检查报告之审核意见，在稽核坚持之下，由专员就稿删除者有之。监理官交办之件，稽核退回不办，或竟在文件上注明"此件不能承办"者亦有之。日常事务虽在劳逸不均之状况下，并非无人经办。但主动之精神不足，积极之措施甚鲜。散漫弛懈，渐成风气。询之监理官，则谓一二稽核骄横傲慢，不听指挥，声言稽核对部负责，渐成对峙之局，询之三数稽核，则谓缪监理官与同仁接触之机会太少，精神上不能由相互了解而结为一体；行动上不能由认识相同而步伐一致。究其实际，缪监理官并无基于个人恩怨排斥部派人员之意念，而部派人员亦无结成一体对抗监理官之事实。但精神离散，积时既久。成败与共之观念逐渐消失，自动负责之精神无从培成，似属事实。除于个别谈话之际，向有关各员推诚开导，分别劝勉外，已于处内小组会议席上，提出改进办法，公开商讨，获得结论。并经缪监理官同意，付诸实施：（一）处内分六组办事，责权过于分散，工作易失联系。今后改为三组。办理总务者一，办理业务者二。（二）各员工作就其性之所长，为比较固定性之重新分配，使人有专责，事有专属。所有催理积案、核拟办法及重要文稿之撰拟，改由稽核主办，办事员襄助。期于实际运用之中，逐渐养成分层负责之习惯。事务人员办理文件收发者二，办理庶务者亦二，并力谋紧缩，移其员额，以济业务上之需要。(三)由监理官领导僚属按时到公，谨守纪律，勤考核，明奖罚，使有过者改，有功者勉。所有办事人员，各备工作日记簿一册，为监理官考核之参考。(四)办公处以往未尝召开小组会议或业务检讨会，今后必须定期举行，藉以交换经验，沟通声气。一以增进精神上之维系，一以研讨工作之改进。(五)专员稽核虽对本部负责，但必受监理官之监督指导，明大义，识大体，竭诚合作，共求事业之发展。监理官领导同僚，自必开诚心，布公道，随时接触商讨，使精神意志打成一片，进而谋工作之积极开展。

三、银行检查概况 成都区各行庄二百二十五家，除中央银行十一处不属检查范围外，其余二百一十四家，业经办公处派员检查者一百四十五家。散布于成都、华阳、三台、射洪、江油、金堂、眉山、郫县、新津、新都、绵阳、广元、灌县、天全、康定、雅安等十六县市，占全数百分之七十二。尚未开始检查者六九家，散布于大邑、中江、什邡、丹棱、平武、西充、邛崃、安县、松潘、南部、茂县、梓潼、崇庆、彭山、彭县、温江、盐亭、新繁、蒲江、彰明、苍溪、阆中、广汉、绵竹、德阳、剑阁、双流、甘孜、荥经、理化、汉源、富林等三十二县，占全数百分之二十八。该处成立迄今，已一载有半，而若干行庄，尚未经初次检查，似属出人意外。但经费不足，员额有限，工作进展受其牵制，亦属事实。专就该处检查行庄分配情形而论，较之其他各区，尚无逊色。但照本部向例，检查行庄以二人会同办理具报为原则，一个单独承办为例外。惟在成都区则单人检查之时多，会同检查之时少。为节省人力、经费着想，固亦未可厚非，但为便利检核，防范流弊起见，仍有考虑余地。究应如何斟酌人、事、时、地、经费五者，妥为配置，似可发交该处审慎筹划。

就办事迅速观点以论该处检查银行情形，大体上虽无可议，然亦有待改进者。查该处自上年五月七日起，至本年五月十六日止，计共检查行庄二百三十九次。其中开始检查之日，距离缮送报告之日，在三个月以上者十二次，在两个月以上者四十三次,在一个月以上者十五次。以此统计,则其中四分之一均于开始检查以后历时一月以上,始有报告送核。尤以稽核陆鸿猷、康培根、陆希翎、陈守谦等四人为最。再就报告送核与公文转部日期而论,计距离三个月以上者一次,两个月以上者四十四次,一个月以上者十六次,统计延期在一个月至三个月以上者亦占四分之一。查其原因,据称多系缮写积压所致。经于该处小组会议席上建议两点:(一)稽核奉到检查命令以后,除因调阅关系卷宗,或基于其他公务上之理由,陈经监理官许可者外,应即遵赴检查,不得误延。(二)检查报告一式两份,统由原检查人撰缮,但因其他急要公务,限于时间,得报由监理官斟酌缓急,发交雇员清缮,当经一一同意。

稽核人员到职之初,法令未娴,经验不足,一旦派赴外县单独担任检查工作,苟不于初次出发之前,对于应行注意事项及执行工作之态度与方法,予以周密详尽之指示,则基本训练与工作上之必要准备,均感不足,事后查究,大错已成,于公于私,均属不幸。因鉴于该处稽核张志光到职不久,遽赴外县独任检查工作之偾事,故附陈之。

四、报表审核概况 审核银行定期报表,为经常考核业务工具之一。截至考察时止,该区各行庄中已送定期报表者计二百零三家,从未造送者计二十二家。其未送报表之行庄,以各县合作金库及县银行占数最多。虽造送报表之行庄,表类多不齐全,且多迟延时日。但就上年年底造送报表,行庄仅五十余家之数字比较,似觉进步已多。

尝就该处收发文件统计,自上年四月成立时起,至本年九月底止,该处收文计五千三百七十九件,发文一千五百二十一件。收文件数超过发文四倍以上。查其原因,系因大部分收文,原系银行定期报表,误于承办人员,未经审核指示,故发文件数特少。近因此项审核工作,改由稽核余念馥承办。两阅月来,锐意清理,尚少积压,故发文件数逐渐增加,今后当可更求进步。

就审核报表工作技术而论,有堪资注意者二点:一为清查漏送限期补造之事,须有专人负责查催,毋任银行疲玩,使审核工作流于松懈。二为报表审核与检查工作及检查报告之审核,必须增进联系,务使前后一贯,毋流于空疏,毋陷于矛盾。在蓉时曾向缪监理官及承办人员研讨及此,惟事涉工作分配与内部工作联系,有待该处善为运用。

五、一般政令推行概况 本部于设置各区银行监理官办公处之初,预定各处工作进行之步骤。首在清查区内银钱行庄,置于全面管制之下。凡非法设立,业务不健全者,分别查明取缔。次为加强银钱行庄之自治组织,增进其领导地位,使成为协助政令推行之有力工具。再次则就合法成立之行庄,督促业务改进,俾能遵照法定原则,运用其资金,构为抗战建国大业之助力。该处秉承部定方针,分头实施。平日对于部令之转行办理,力求迅速,于银行普通存款准备金之督缴,催促尤力。三十二年五月区内各行缴存之准备金为一五六七八五五元二三[①],十二月增至二七〇三三七八七元九〇[②];本年七月增至四六五七四七六四元〇七[③]。虽逃缴之数仍多,而该处对此用力特勤,确属事实。但就整个工作而论,似觉本末先后,尚有斟酌余地,而推行政令之方法与步骤,亦待锐意讲求。兹分别陈之:

关于清查区内行庄者 该处初步调查工作早已竣事。对于私擅设立及违法经营之行庄,亦已先后报由本部分别明令取缔。该处对于部令停业清理之行庄,例于录令转行遵办之外,并令银钱业公会通知会员行庄停止往来,一面转请地方政府照案执行。惟查其结果,各行庄例不公告清理,更不于了清债权、债务后具报备核。市内且有二、三行庄,奉令之初,暂时停顿,旋复修理门面,大张市贴者。询其原因,据称系因成都市政府仅以公文转知了事,未尝依法监督清理。致令市区以内仍有明令停业之行庄公开经营业务,延续至今,已在一年以上。不特有伤政府威信,且恐各行庄效尤违玩,为推行一般政令之莫大障碍。曾于在蓉之日,建议缪监理官:(一)面商市府余市长,决定会同监督清理之步骤与手续。(二)由该办公处登报公告,催促其债权、债务人迅洽清结。(三)由该办公处令行各该行庄为同样之公告。(四)每一行庄派定稽核一人,会同市府人员督促,依限清理完竣。以上各项,已由缪监理官着手办理。似此奉行部令,当更切实有效。如属可行,拟请由部分行各办公处依照通行。

关于银钱业自治组织者 该处督导工作亟待加紧推进。按成都市内该业

[①][②][③]原文如此。

之自治机构有三,一为银行公会,一为放款委员会,一为钱业公会。公会有经常办事之人员,而无一贯开展之业务。放款委员会有审核放款之重大任务,而无健全有力之工作人员。银行公会讨论之问题,多限于购买会址及摊债、摊借之事。放款委员会则例不开会商讨,仅由经办人一人汇集申请书表,转送正副主任委员等签字,徒重手续,不详内容。关于贷放比例之执行,银行资金统筹运用,更不在该会注意之中。致令躯壳虽存,精神全丧,殊与部令设置原意不合。已建议缪监理官,嗣后领导两业公会,定期举行座谈会,宣达法令要旨,研讨遵行步骤,并听取业务上之意见,转报本部参考,以提高其协助政令推行之兴趣,促进下情上达之便利。同时召集放款委员会负责人,明定办事细则,切实执行审核任务,毋使流于形式,浪费人力、财力。以上两项,已由缪监理官同意照办。

关于改进银钱业务者该处最大之表现为银行直接公开经商之事已渐敛迹。各行庄账务处理,亦正求锐意改进。但部颁法令,虽经该处分令督促遵办,惟考其实际,信用放款仍占放款总数百分之八十以上,银行资金投放于生产建设事业者仅得百分之二十。承兑汇票之推行,徒具形式,实际上业已变为银行保证信用放款,与合法商业行为失其联系。各行庄中利用科目,假借汇拨手续,逃避存款准备金者尤多。且有银行负责人,面报缪监理官,请求罚款,以免缴存者。凡此种种,均有待于不断之督促改进。至于收取黑息另造"内账"(即对外不公开之账目)之事,在成都各行庄中,除国家银行外,几无例外。事关银行管制至巨,容另节陈述改进意见。

六、工作人员之考察〈略〉

七、人事、经费与业务之配合〈略〉

丙、建议事项

关于成都区银行监理工作应兴应革事项,已就考察所及,有所陈献。惟就兴周承办银行管理工作之经验,证以此行所见所闻,尚有涉及整个业务之刍见,陈备酌择施行者,计关于机构者三,关于人事者三,关于经费者一,关于业务者二,关于纵横联系者二。谨分别陈之:

(一)关于机构者

一、调整监理官办公处之组织

本部设计监理制度之初,规定由银行负担其经费。为便利初期试办,逐渐求其充实起见,对于各处组织之规定,尽量保持弹性。故于员额多寡、人员官等、内部分科办法,以及银行以外各金融机构之管辖,均无明文规定。揆以实行以来之经验,殊嫌过于简陋,与应负之使命显不相称。且各办公处虽以银行监理命名,但与各地四联分处并肩而立,不特对三行、两局业务未能充分监督指导,即对各地合作金库,亦多未实施检查与审核其报表。目前各地信用合作社成立渐多,无银行之名,而有经营银行业务之实,如久置监理范围以外,似于金融政策之推行亦多不利。为便利国策之实施,兼顾事实上之要求,似可将各监理官办公处与各地四联分支处合而为一,改称金融监理委员会。明定监理范围,为区内一切经营金融业务之机构,不以银行、钱庄为限。委员会由部指定四行两局及其他人员兼任委员,另派专责人员为主任委员,受本部之监督指导,使银行监理工作进为整个金融之监理工作,逐渐促成金融行政之完整,增强管制之效率。万一基本性之调整窒碍难行,似亦应修正现行办公处组织规程,确定监理范围,充实员额,明定官等,规定处内分科办法,增加必要经费,使能勉应业务上之正当需要。除关于经费一节另陈意见外,究应如何改组充实,敬请先作原则上之考虑。

二、确定县乡银行业务之主管机关

县银行之大使命,在配合新县制之推行,建立健全之地方自治基础。本部以往方针,在运用省府力量,倡导县银行之推设。其业务监督指导之事,由中央银行特设县乡银行业务督导处办理。监理官办公处成立以后,对县银行业务内容,职掌上不能置之不问。但员额、经费、法令方面又未尝有充分行使职权之配备。就成都区情形而论,在业已给照之县银行卅八处中,未经初次检查者廿六,从无报表送核者九。据缪监理官云,各县银行多为豪绅把持,作囤积居奇之机构。其中双流、盐亭、丹棱、眉山等县银行,均违法被控。办公处人员、经费所限,遇有部令饬查县银行事项,多转行中央银行县乡银行业务督导处办理。督导处另无分支机构,例皆函请当地中央银行经理代办。中央银行经理则恐开罪豪绅，又请另行派员查办。似此事权不明，责任不专，如不彻底调整，实难为积极性之一贯措施。在蓉时，曾闻省府张主席即张群对各县银行现况不满，已令财厅草拟管制督导计划。另据报告，陕省财政厅，对省内六十余县银行，且已进一步强化其稽核机构。自省银行调整方案通过以后，究竟县银行之存在，有无重新考虑必要，倘一仍旧贯，继续推设，又如何与省银行强化联系，避免业务重复。其直接主管机关，应为中央银行，抑为各省政府，抑为监理官办公处。又如何在明定事权，确定责任之前提下，健全其组织，明定其隶属关系，拟请先作原则上之考虑。

三、调整稽核室工作范围，使机构员额与工作繁简相称

照司内分工办法，稽核室对各区银行监理官办公处负监督指导之责，同时又处于直接监理重庆区十个县市银钱行庄之地位。试与其他全国性之管制工作一加比较，深感室内之配备与业务上最低限度之要求，相差悬殊，捉襟见肘，穷于应付。前年改司为署之议，未获实施，因简就陋，自非得已。但照本部工作计划，早应于上年度内指派人员分赴各区巡回稽核，只以人员有限，除从事一般设施之筹划、各区检查报告之覆核与监理工作之督导外，尚须分派人员驰赴各区巡回考核。深感内外兼顾，煞费筹度，迁延逾年，尚未着手。此次考察成都一区，自幸虽不虚此一行，惟其他各区究应如何普遍督导考核，同时使内部工作照常积极进行，实为问题之关键。兴周之意，认为缩减工作内容与充实机构员额，似应择一而行。倘员额不增，机构不变，而工作范围仍如现况，以本部直辖之重庆区而论，银行、钱庄三百零二家，以每家每年检查一次，依照前文（第十四页）之估计，已需稽核二十人，而内部经常审核之各级人员尚不在内。再加以综理全国监理工作之任务，欲求免于偏废，益觉彷徨无所从。究应如何妥筹调整，使工作繁简，与机构大小勉相适应，俾能提高监理工作之效率，对本部为较大之贡献，敬请考虑。

（二）关于人事者〈略〉

（三）关于经费者〈略〉

（四）关于业务者〈略〉

〈中略〉

八、改定利率管制办法，彻底扫除隐账

目前银行管制之最大困难，为银行两套账册之存在，一套对内，一套对外，使业务真相无从彻底明了，致管制工作流于空虚。此种情形，一般通称为假账，其实公开之账簿，固未必伪造，但有一部分账目隐匿于所谓"内账"册上而已。考其动机，一在逃税，二在掩护高利存放，三在隐藏不法业务，四在经理人员藉此取巧运用。查目前简化稽征已付实施，逃税之动机已不存在，至于隐藏不法业务与经理人员之暗中利用，原非银行股东与董事、监察悉愿苟同。徒以市场利率，远在中央银行规定以上，依照规定，则业务衰萎；不依规定，则政府不以为是，经理人员乃以此为藉口，取得董监、股东之同意另立账册。倘利率政策长此不改，不特（一）账目既不公开，使管制工作流于空虚。且（二）一部分存款不见于"外账"，存款利息所得税收入减少。（三）国家银行利息与商业银行利息相差悬殊，银行人员之间弊端百出。（四）机关存款流入商业银行，使公库法之执行增加困难。（五）商店吸收存款，赖以取得若干便利。据兴周意见，在目前物价不稳定状态下，强求利率平抑，于理既有不通，于势亦有不行。为合理管制起见，似可改由公会参照市息，议定利率，由中央银行于可能有效控制之限度内，略予增减，挂牌公告，所有公私银行，一律以此为准，但得在一定限度以内，酌予升降。一面另将现行低利贷放办法，分别审核修正，使官商银行步骤一致。至于应行扶助之生产事业，当不妨利用贴补办法，不必以银行低利为弥补之工具。如此办理，于理似无不合，于势虽嫌变张过巨，究非绝不可行。且促使银行隐造"内账"之主要原因既不存在，当可再进一步制定处罚银行伪账、隐账办法，严格执行。或于督导银行业务，转移社会风气，不无相当作用。原则上如有可采，自当慎筹办法，先经国防最高委员会核定。

九、审定存款准备金之给息标准与统筹运用办法

各银钱行庄缴存中央银行之存款准备金，现由中央银行按每年一分五厘计息，蓉渝各行庄，以央行给息远在成本以下，赔累太甚，迭请本部转商提高。此次在蓉考察，亦经银钱两业公会理事长代表同业恳切陈述。据银行人士指陈，各行庄向央行拆借月息在三分以上，而款存央行利息不及其半。言

外之意,似于政府政策不无误会。但据央行意见,该行所有存款,从未有给息达一分五厘者。今此规定已属格外体恤。双方意见不易接近,各行庄以成本所关,不惜以假借科目,或届期汇拨,或移载"内账"等方式,企图减缴,影响法令推行甚巨。再查中央银行自集中收受存款准备金与举办票据交换以来,控制一般银行业务之力量渐增,诚能以逐渐推广重贴现业务之方式,增加一般银行对中央银行之依赖性。不特中央银行地位日高,且本部监理工作亦易收事半功倍之效。但照中央银行规定,各地分行对于申请转抵押、重贴现案件,于法虽属相符,仍须逐件向渝请示定夺,文电往返不免缓不济急,于中央银行力量之发挥良多阻滞。为适合中央银行集中控制之一贯方针,勉应各行庄之正当要求起见,如不将存款准备金利息提高至与央行拆息相近之程度,似可允许当地中央银行(在办理初期当不妨指定一二分行试办)在不超过收存总额范围以内,依照中央银行法之规定,对一般银行之正当需要,以重贴现、转抵押之方式,参照存款准备金给息标准,提高二厘至五厘,随时为必要之接济,仍由各该分行事先拟具实施方案,报经中央银行核准施行,事后将办理情形报备查考,以资兼顾。可否转行中央银行酌核办理,敬请核夺。

(五)关于纵横联系者〈略〉

右〈上〉陈意见,陈义不敢过高,但求切合实际。事涉工作上亟待切实解决之问题,亦为贯彻政令之基本条件。见闻所及,未便缄默。如能排除荆棘,粗定基础,则监理工作前途,尚有可行之道也。

吴兴周 三十三年十月十九日
(原件存中国第二历史档案馆)

国家金融垄断组织的扩张

1. 中国银行设立石桥办事处(1937年12月)

简阳石桥,为沱江上游水陆重镇,成、渝要卫。凡沿江各县运输交通,均以此为重心。内江中国银行有鉴于此,目前租定该镇南华宫,设办事处,闻年底开幕。现值简阳糖业出产正丰,糖房亦正开幕,但因销路阻滞,银风奇紧,农村经济,亟待维持。如中行早日开幕,市面金融周转活动,该县农、商均可救济云。

(载于民国二十六年十二月《四川经济月刊》)

2. 四联总处关于摊汇款项比例公函(1940年2月)

合字第5854号民国二十九年二月□日发

事由:据陈以准中、农行函,关于四行摊汇之一切汇款,请照中央、中国各三五,交通二,农民一之比例数以办。理合转陈核示。等情。经提18次理事会议,函达知照由。

案据渝分处总字第12号函陈:以准中国、农民银行函,为四行贴放款项向系按中央、中国各三五;交通二;农民一之比例数分机关。于四行摊汇之一切汇款亦应照上项比例办理。等由。经提出职处委员会第3次会议,议决:转陈总处核示。记录在卷。理合陈报钧核。等情。到处,当经提出第18次理事会议,议决:暂照中央四成,中国三成,交通二成,农民一成比例办理。如各行钞券来源加多,可斟酌情况随时核定。等语。记录在卷。除电中、中、交、农四总行查照,并分函各分支处知照外,特录案函达知照。

此致

成都分处

3. 四联总处为增高存款利率事致各分支处函(1940年9月7日)

合字第9770号 二十九年九月七日发

事由:函为第45次理事会决议通过增高存款利率办法,希查照办理由。

查第45次理事会讨论事项第二项,关于增高存款利率,以便吸收游资一案,经决议,办法如次:

存款种类	增高利率标准
一、同业存款	照各行原订利率增高至四厘止
二、活期	照各行原订利率增高至四厘半
定期	照各行原订利率增高至一分止

三、储蓄存款

　　甲、小额活期储蓄存款　　　　照各行原订利率增高至五厘为原则

　　乙、小额定期储蓄存款　　　　一年以上者以一分为原则

　　以上甲乙两项标准,得视各地情形斟酌增减之。

　　丙、甲种节约建国储蓄券　　　存满半年,增加红利合满八厘;存满五年者,增加红利合满一分一厘;存满十年者,增加红利合满一分二厘。

　　丁、乙种节约建国储蓄券　　　一年以上者,到期另给红利合满利率一分;三年至四年一分另五毫;五年至七年一分一厘;八年至九年一分一厘半;十年一分二厘。

　　等语。记录在卷。除分函及分行外,合特录案函达,查照遵办为要。

　　此致

各分支处

4. 四联总处为奉委员长手令于四川各乡镇限期分设各行储蓄支行函(1941年1月3日)

合字第12385号民国三十年一月三日发

　　事由:奉蒋委员长手令:各银行对于四川各乡镇,应限期分设各行储蓄支行。等因。业经提出第67次理事会议,议决非核定办法四项,希即转知办理具报由。

　　案奉蒋委员长十二月十四日手令,开:各银行对于乡镇间游资之收集未见成效,且未尽努力,尤其对于四川各乡镇,应限期分设各行储蓄支行。务将此项计划分区、分期、分行,作有程序成立之报告呈阅。等因。查关于吸收游资一案,本处前于第45、53两次理事会议先后通过"四行普高简易储蓄处办法"暨"推进简易储蓄业务补充办法"两案。先后分转各行局,转饬办理,如期完成。在案。兹奉令前因,遵经提出第60次理事会,议决非核定办法如后:

　　一、应由邮政储金汇业局依照第45次理事会通过之加强机构原则五项,

先就四川各乡镇普遍设置邮政储蓄机构。其四川境内已设有邮局地点,应优先举办储蓄业务,并逐渐普及其他省区。

二、邮汇局吸收储金及售出储券所得之款,可移购四行局发行之甲种储蓄券,以减轻邮汇局之负担。但邮汇局购券地点应以设有四联分处之地为限,四行并应按照垫款比例承售。

三、各行局应速将推行简易储蓄处之地点及承办行查报,并由总处督促各分支处对于当地四行克速切实指导,协助筹办报核。

四、中央信托局、中国、交通、农民三银行所辅设之合作金库应督促同时尽量吸收乡间游资。其分区、分行程序,即按照农贷分区地域,由各行、局就其负责之区域内拟定之。

以上各项决议,除转陈委员长鉴核,并分函外,合即检发"四行普设简易储蓄处办法"暨"推进简易储蓄业务补充办法"各一份,希即一并查照。关于决议有关各项,转知当地四行,并切实指导协助,克速筹办具报为要。

此致

各分支处

附件二〈略〉

5. 成都四联分处为蓉市放款限额事致总处代电及总处复电（1943年6月）

（一）成都四联分处代电

重庆。四联总处:

壬。密。前奉(0403)渝秘放(33533)号电:"以为适合当地经济情形起见,所有前规定放款以五万元为限额一节,得斟酌当地情形,量为伸缩,拟定数目报核。"等因。查核蓉市经济情形及工商业状况,五万元之限额实不足应需要。经与银、钱两业公会往复磋商,结果拟定□以二十万元为限额,方敷正当需要。谨请转请财政部,迅饬核示遵办。

蓉分处(0626)总联(669)。

(二)四联总处复电

成都分处：

总联669号电悉。关于蓉市银钱业放款委员会，拟定各商业行庄放款送审限额为二十万元一案。顷经转准财政部，电复：以本案业经核改为一十万元。请查照转知。等由。即希查照转知为要。

总处。(0724)。渝。秘。放。

6. 抗战以来国家银行在川之分布①(1943年)

抗战以后，内地工矿、交通诸业亟待开发。政府为谋贯通内地金融脉络，适应军事需要，发展后方经济，除已于八一三沪淞战事发动后，由财政部命令中、中、交、农四行，就各该分支行所在地，设立联合贴放委员会，办理当地贴放事宜，以为发展经济之助外，爰于二十七年八月，拟订"筹设西南、西北及邻近战区金融网二年计划"，规定：凡后方与政治、交通及货物集散有关之城镇乡市，倘无四行之分支行、处者，责成四联总处，至少指定一行前往设立机关。更于二十八年九月八日公布"巩固金融办法纲要"，规定扩充西南、西北金融网，以活跃地方金融。四联总处为奉行政府功令，适应业务上实际需要，于廿八年十月改组。复于二十九年三月增订第二、第三两期西南、西北金融网计划，重行规定四行在西南、西北设置分支机关，宜力求普遍周密，凡与军事、交通及发展工商业有关，以及人口众多之地，四行至少须筹设一行。如地位极关重要，各业均形蓬勃，而人口锐增，汇兑储蓄等业务特别发达之地，得并设三行乃至四行，以应事实上之需要。至若随抗建发展，地位日趋重要之处，得随时指定四行中之一行，前往筹设，以应必需。

经四联总处规定筹设步骤，分为三期依次进行。预计应在二十七、八两年内设立，限于二十八年底完成者为第一期；应在三十年内设立②，限于二十九年底完成者，为第二期；应在三十年内设立，限于三十年底完成者，为第三期。此三期内，四行在四川应行筹设行处之地点，计第一期分布六十二处；第二、三期

---

① 本件选自张与九著《抗战以来四川之金融》，载于民国三十二年十二月十五日《四川经济季刊》。

② 原文如此。"三十年"疑为"二十九年"。

各分布二处,共预计六十六处。截至三十一年底,四行在四川境内实际增设行处之数,计重庆市二十五处,其他县市九十一处,共达一百一十六处。

中中交农四行战前战后在四川境内分支行处数目比较表

	中央银行 前	中央银行 后	中国银行 前	中国银行 后	交通银行 前	交通银行 后	中国农民银行 前	中国农民银行 后
四　川	3	21	11	30	—	16	16	24
重　庆	2	4	3	5	—	7	2	9
总　计	5	25	14	35	—	23	18	33
全川现有行数	30		49		23		51	

中、中、交、农四行战前在川境内分支行处共三十七处,抗战后增设一百一十六处。增设之数为战前总数之三倍。抗战后,四行在西南、西北增设分支行处之总数为二百八十九处,四川一省即占一百一十六处,占西南、西北增设总数百分之四十。

就四行在川增设行处之多寡比较,中国银行居第一位,增设三十五处;中农行居第二位,增设三十三处;中央银行居第三位,增设二十五处;交通银行居第四位,增设二十三处。

上表所列抗战前后设行数字相加,并不等于实际现有四行在川行、处总数,以各行处略有裁并故也。例如中央银行抗战前设立之重庆分行,廿九年元旦,即并入该总行业务局,其所有重庆第一发行分局,抗战后亦未算入分支行数目内。中国银行抗战前设立之渝关庙街与四牌坊两办事处,自二十八年五四大轰炸后,即并入该行渝分行。中农行抗战前设立之渝大梁子分理处,抗战后并入渝分行。又,中农行抗战前在资、内、泸设立之农贷所,移入农贷业务,未列入分支行数目内。

7. 中国农民银行自流井支行关于富顺分处改组办事处公函 (1945年6月15日)

事由:为敝属富分处改组办事处,定七月一日成立,检奉印、押,并奉洽各点,希查照由。

径启者:

敝属富分处奉总处函示,升格为办事处,即将改组就绪,定于七月一日成立。兹据该处函送印鉴、押脚各一百五十七份前来,除分别函送外,兹有奉洽各点逐一列后:

一、所有汇解款项及代理收付,自七月一日起,请记该处账。如函到前已记并行账者,均请自行冲转。

二、本年度下期联行利息,统由该处结算。

三、附奉该处印鉴暨押脚各一份,自七月一日启用。前富分处所送印、押同时作废,并请径寄同件。在未届期前,仍沿用富分处印、押。

四、该处电报挂号6573,"农字"并台挂号1381,"富字"来电,请尽可能由本行电台拍发并台邮转较为便捷。

以上四点,统希洽照为荷!

此致

者分处

中国农民银行自流井支行(关防)

8. 四川省国家银行统计表(1945年)

银行名称	二十六年六月	三十四年底				
		共计	总行	分行	支行	办事处
合　　计	32	114	4	15	11	84
中央银行	6	21	1	11	—	9
中国银行	11	46	1	1	3	41
交通银行	2	18	1	1	5	11
中国农民银行	13	29	1	2	2	23

材料来源:二十六年六月材料根据四川省概况,三十四年材料系统计处之调查。

国家银行控制下的商业行庄及其他金融机构

1. 川康平民商业三银行合并(1937年9月)

二十四年实施新货币政策之际,财政部长曾发表宣言谓:首将改善中央银行之组织,以巩固币制。其次,一般银行制度,更须改革健全,以供应正常工商业需要。尤以商业银行资金之充裕,活动能力之增加为甚。迄今二年,中央银行改组为中央准备银行,已在积极计划中。惟商业银行因公债统一,地产呆滞,营业遂日渐不振,识者辄引为金融业之隐忧焉。

查我国商业银行,除十数大规模者外,多数之资本均在一百万元以下,甚有在五十万元以下者,其不足供应正当工业之需要,至为明显。有提倡银行合并之说者,但响应无人,致成空论。考其原因所在,技术之困难固甚多,而主要症结,殆在人事,而不在技术。

民国二十一年,新加坡之华侨、华商、和丰三大华侨银行,鉴于非合并营业不足以发挥金融力量,主持者均以事业为重,人事上又处置得法,遂在短时期以内,合并成功,深得中外人士之赞许。

国内方面,除上海之江浙银行并入中汇银行,太平银行并入国华银行外,闻风继起者,尚未有所闻。政府虽督促有心,但以时局多故,未惶着手,且自动合并,似较以政治力量予以变更为佳也。

沪战后,此种要求,日益迫切,遂以川康殖业、重庆平民、四川商业三行之合并开其端。上述三行之总行均设于重庆,设立历史均在五年以上,十年以内,其董监事互有兼任者,分支行所在地点亦多相同,其营业趋向无甚差异,自可断言。故三行之合并,盖势所必然也。益以董监事多有兼任者,人事上问题较少,技术上之问题亦得迎刃而解,故其合并自易于成功。

三行合并之新名为"川康平民商业银行股份有限公司",至为恰当。三行总分支行之债权务,均移交新公司办理。九月二十一日已开始营业。资本总额定为四百万元。总行仍设于重庆,以原重庆平民银行总经理宁芷屯氏为新总经理。上海之分行设宁波路190号,川康殖业银行旧址,现暂移蒲石路石屯办公,电话为77564号,其经理则以川康殖业银行分行原经理张树霖氏连任。〈后略〉

(载于民国二十六年九月《四川月报》第十一卷第三期)

2. 重庆证券交易所八、九月期货延期交割(1937年10月)

重庆公债买卖临时管理委员会,九月下旬训令重庆证券交易所及经纪人公会,略谓:前据交易所呈称:现在银钱业限制提存,影响交割。交易所与经纪人间,经纪人与委托人间,种种纠纷,难于枚举,事机迫切,请求标示办法。等语。又,据经纪人公会呈请饬令交易所,即日办理交割。等情。前来。当经电请财政部核示。去后。嗣奉部电:饬由本会就近请求行营。等因。复经察酌当地情形,在遵令限制提存及绝对维持限价之原则下,拟具办法十项,签请行营核示。在案。兹奉指令:准如所拟办理。惟查此项办法,系在万不得已之中,授用沪市八月交割先例,参照渝市目前情况,斟酌拟定。使买、卖两方,均有相当裨益。即交易所与各经纪人间,如有应收、应付之款,亦能相当应付。所望该所、该公会等,体念时艰,勉顾大局,分别恪遵办理。一俟渝市金融较为安定活动,即行办理交割。俾能及早结束,以免影响市面。是为至要!

办 法

(一)所有在交易所尚未了结之八月半、底,九月半、底四个比期之期货,一律延期至十月十五日交割。

(二)所有延期交割之交易,由买方照买入价格之数,按月息一分五厘计算,贴给卖方利息(例如:买入价格每万为七千六百元,按月息一分五厘计算,每一比期应贴息五十七元,其余照此类推)。

(三)所有贴给之利息,一律于十月十五日办理交割时,由买方连同原价一并加入计算,付给卖方。

(四)未了结之八月建债期货,债票上之第二期利息三百元,应归买方所得。交割时,如缺第二期息票者,应由卖方贴回买方三百元。

(五)已在交易所抵账了结者,卖方不得要求贴息。但其前已提供保证之债券或证据,准予先行发还。

(六)已在交易所抵账了结者,交易所应退还经纪人之保证金、追证金。如原交系代用品,即由交易所如数发还。如原交系现款,即由交易所开给原经纪人抬头支票,由经纪人持向原存款行庄,转为该经纪人活期存款,照活期存款交付办法办理。

（七）各经纪人退还委托人之保证金,亦照上条办法办理。

（八）各经纪人应交易所之追证金、差金等款项,亦照上条办法办理。经纪人如不照交,即由交易所在应退款项内先行扣抵。

（九）在十月十五日以前,如有自愿抵账了结者,准其向交易所冲抵。

（十）除向交易所冲抵未了交易之外,无论是否经纪人,均不得在交易所以外,私行暗盘交易,破坏限价。并责成交易所及经纪人严行查禁,否则一经查实,即行呈请行营法办。

（载于民国二十六年十月《四川月报》第十一卷第四期）

3. 四川省金融公司登记表（1937年12月）

公司名称	营业种类	股份总银数	本店地址	支店地址
金城银行股份有限公司	银行业务	7000000.00	上海	重庆、成都
太平保险股份有限公司	各种保险	5000000.00	上海	重庆
聚兴诚银行股份有限公司	银行业务	4000000.00	重庆	成都、重庆、万县
川康平民商业银行股份有限公司	银行业务	4000000.00	重庆	成都
浙江兴业银行股份有限公司	银行业务	4000000.00	上海	重庆
川盐银行股份有限公司	银行业务	2000000.00	重庆	成都、自流井
四川美丰银行股份有限公司	银行业务	1200000.00	重庆	成都、重庆
四川建业银行股份有限公司	银行业务	1000000.00	重庆	
重庆银行股份有限公司	银行业务	1000000.00	重庆	成都
安平保险股份有限公司	各种保险	1000000.00	上海	重庆
重庆和成都银行股份有限公司	银行业务	600000.00	重庆	
自流井裕商银行股份有限公司	银行业务	500000.00	自流井	
重庆证券交易所股份有限公司	公债库券及其他有价证券买卖	200000.00	重庆	
丰盛保险股份有限公司	各种保险	200000.00	上海	重庆
永美厚银号无限公司	存放款汇兑	200000.00	重庆	
江津县农工银行股份有限公司	银行业务	100000.00	江津	白沙镇
北碚农村银行股份有限公司	银行业务	100000.00	北碚	重庆
华安水火保险股份有限公司	水火保险		上海	重庆

材料来源：根据四川省统计处调查材料编制。

4. 重庆证券交易所准备复业(1938年2月)

重庆证券交易所于一月二十五日在渝开第四届股东大会,到九百余权(原共一千一百余权),人数约二十余人。首由常务理事康心之报告二十六年营业状况及停拍后经过情形。据称:交易所从一月一日至八一三,约开拍两百天,每日平均百余万。已开拍之善债,成交者共二万四千一百六十八万五千万;建债六千三百七十六万三千二百万。八一三停拍,迄今尚有一百一十余万,未能依□价了结,小有争执,惟短时间内可望了清。次由张监察报告二十六年度决算案。除去各项□提外,股东红息,可望得一分四厘二。再次为选举修补理事、监察案。当公推何说岩为理事,载矩初为监察。末则讨论二十七年度营业方针及根本大计案。经多数股东讨论结果,仍决定继续营业。惟为避免开业后之种种障碍计,责成理、监于开会后三个月内,向各方接洽妥善,始行开业,否则,再召开大会讨论一切。①

(载于民国二十七年二月《四川月报》第十二卷第二期)

5. 四川省政府关于筹设农工银行训令(1939年9月1日)

令财政厅、秘书处:

案查本府委员会第三三五次会议议决委员兼财政厅长甘绩镛提议:为准四川省临时参议会函送参议员石体元提"筹设农工银行扶助生产事业"一案,请查照办理。等由。拟先饬省行今后注重农、工业之救助,一俟库款稍充,再行筹设。是否有当,提请公决一案。合行录案,令仰该厅遵照办理(秘书处知照)为要。

此令!

计抄发本府委员会议决案一件

决议:照甘厅长所拟意见通过。

主席　王缵绪

---

① 本段文字的数字表达方式维持档案原状。

附：提案

案由：

为准四川省临时参议会函送参议员石体元提"筹设农工银行扶助生产事业"一案，请查照办理。等由。拟先饬省行今后注意农工业之求助，一俟库款稍充，再行筹设。是否有当，提请公决由。

理由：

查农工银行为活动农工业金融之枢纽，际兹抗战建国时期，本省地居后方，扶助生产事业实发展国民经济之要图。兹准省参议会函请筹设农工银行一案，尚不无相当理由。唯查照原案办法，资金第一期暂定五千万元。拟拨合作金库一千万元；由国家银行认股一千万元；由省政府、省银行合拨股本一千万元；由各商业银行认股五百万元；饬由各县人民认募一千五百万元。是在着手之先，势须先与各方妥洽，始能进行。而进行有无困难，尚不可必现。省行正拟增加资本，同时，如更欲投资农工银行，省库财力有限，恐为事实所不许。拟先饬省行今后注重于农工业之救助，一俟省库稍充，再行筹设农工银行，俾资兼顾。是否有当，理合提请公决。

四川省政府委员兼财政厅长　甘绩镛

6. 四川省银行为不再重复认购川康兴业公司商股致省政府呈（1941年9月29日）

案准重庆市银行商业同业公会新字第22号通函，以"准川康兴业公司筹备委员会徐委员堪等函嘱代为劝募该公司商股"一案，经提会决议：由各会员行代为劝募，附送简章章程。嘱为踊跃应募，俾达预期一千万元数额。等由。准此。查川康兴业公司之创办旨在促进生产，扶助实业。本行自极乐予匡劝，俾克早观厥成。惟是本行过去投资本省工商企业股款，早已超过原有资本一倍以上。曾经奉令必须先行呈报钧府核准，方能办理。此次川康兴业公司招股简章第四条后半段载明，钧府业经认购官股700万元在案。本行改为隶属钧府管辖之官营事业，似可不再认购商股，以免重复负担。准函前由，理合备文呈祈鉴核，指令祗遵。

谨呈

四川省政府

四川省银行董事长　潘○○

总经理　杨○○

7. 成都震亚信托股份有限公司申请成立呈（1943年1月23日）

窃民周从秋等以抗战六年，胜利在望，欲求抗建大业之加速完成，社会供需之调剂，裕如信托事业，亟应有所组织。爰拟于成都地方发起组织震亚信托股份有限公司，专以办理一切信托事务为业务。额定资本为国币200万元，分为2000股，每股国币1000元。除由具呈人等认定200股，计国币20万元外，其余1800股，拟向各界招募。现设筹备处于成都市会府东街85号，并定自本年二月一日起至同年三月底止为招股期限。理合遵照公司施行法第二十三条规定，备文并附具营业计划书、营业概算书、发起人姓名、经历、认股数目清册及招股章程，呈请钧厅鉴核，准予备案，以利进行，并乞示遵！

8. 财政部为聚丰钱庄申请设立南充、新都分庄批示（1943年4月）

具呈人：聚丰钱庄

三十二年四月十二日呈一件。为增资手续业经办竣，请准予设立南充、新都分庄由。

呈悉。

该庄增资手续既办理完竣，原请设立南充、新都两分庄各节，兹核前呈各件，尚无不合，所请应予照准。仰仍取具基金存放处所、证明书，连同开业日期一并报部查核。

此批！

9. 成都市银钱行号一览表（1943年）

行号名称	负责人 经理	副理	襄理	重要职员 会计	营业	出纳	文书	地址	备注
聚兴诚银行成都分行	陈梓林	王孟良	李东坦	李成德	李东坦	江熙臣	罗兰生	华兴正街	
重庆银行成都分行	赵丕休	胡骏一	李明诚	周秀元	胡明鹏 高见华	雷必霞 傅蔚然	杨永伯	春熙路	
美丰银行成都分行	沈仁波		魏文海	魏文海	李子琴	徐昌贵	傅化成	中暑袜街	
四川省银行成都分行	周潜川	赵星洲 杨宗序	岳宗穆 官庚	官庚	岳宗穆	熊本固	张汝愉	暑袜街	
川盐银行成都分行	夏声言		杜澄宇	杜澄宇	韩继贤	黄仲至	黄仲至	中新街	
川康银行成都分行	衷玉麟	马骏声	孙谦牧 何又密	吴永强 李显阁	马骏声	徐秉璋	吴克恭	中新街	
金城银行成都分行	邓君直	周子能	叶钢宇	魏永灏	周子能	何扬波	洪子筠	中暑袜街	
四川省合作金库	冯左泉		顾竹淇	姚卿廉	袁新民		顾益生	春熙路	
邮政储金汇业局成都分局	沈养义	郑对鋆						暑袜北一街	
和成银行成都分行	殷静僧	柴子仁	陈孝慈	陈孝慈	赵镜波	柴子仁	陈维智	北新街	
西康省银行成都办事处	沙善之		任立之	贺锡昌	向敦厚	李祖璋	任立之	华兴街	
上海商业银行成都分行	唐庆永		曾经晖	陈家丰	郎伯洪	叶懋芬		南新街	
成都商业银行	黄康侯		刘孟良	罗淑玉	刘梦良	吴子材	邓伯先	北新街	

续表

行号名称	负责人			重要职员				地址	备注
	经理	副理	襄理	会计	营业	出纳	文书		
通惠实业银行成都分行	叶汉卿	邓微心		李顺诚	唐敦甫	章稚雲	吴子祥	上华兴街	
					罗逸先				
大川银行成都分行	萧寿眉		谢季甫	刘毅元	高建华	张必成	张小筼	北新街	
山西裕华银行成都分行	李自箴			杨鸿宾	史克勤	乔居康	季泰宸	提督东街	
济康银行成都分行	孙卓章	骆述禹	廖翔初	廖翔初	骆述禹	王成基	曹知生	北新街	
长江实业银行成都分行	程英祺		朱良辅	蓝世荣	卢季徐	王世瑛	王世瑛	暑袜街	
陕西省银行成都办事处	常文轩			董化舒		宁本务		玉泉街	
亚西实业银行成都分处	黄克齐	刘雅声	刘孟良	黄启弗	刘孟良	杨晴碧	丁肇歧	暑袜北三街	
同心银行成都分行	葛天民	周健枢	熊澡德	许文烈	熊澡德	衷建华	赖北久		
福川银行				刘敬之				西东大街	
四明银行成都支行	张楚	金鸿湘		张祖壬	洪达人	叶伯□	张楚	下北打金街	
兴文银行成都分行	张丽生		李瑞鸿		李瑞鸿	陈伯平	陈伯平	城守东大街	
中万利银号	胡新之			胡勇为	胡新之	胡勇为	陈乔松	北打金街	
成益银号	陈清极		解晏清	方维厚		苏子尊	苏子尊	西东大街	
惠川银号	林泽伯		许雲亭	罗伯祥	何秉煜	陈少康	林耀修	南新街	

续表

行号名称	负责人 经理	负责人 副理	负责人 襄理	重要职员 会计	重要职员 营业	重要职员 出纳	重要职员 文书	地址	备注
和通钱庄	萧翼之		樊国政	樊国政	张黎阁	王泽民	刘岁为	北新街	
永美厚银号	康茂萱			吴君□	张之铭	周伯埙	殷毓朴	南新街	
华丰银号	陈谷生		叶汉卿	王秉莹	李营帆	陈隆泉	李超仁	北新街	
信华银号	朱叔宇		陈仁杰	李剑欧	曾庆馀	张润芝	魏文玉	中新街	
汇通银号	杨茂如	夏肇康		龙天骥	夏肇康	刘俊常	宋承宾	上中东大街	
涪泰银号	陈文明		谢季甫	李星庚	唐荫安	温厚玉	邹荣卿	北新街	
万丰银号	刘正甫	何秉煜	陈宗贵	徐允文	何秉煜	卢诚常	陈宗贵	暑袜街	
光裕钱庄			杨子慎	杨子慎	胡志诚	王效伯	彭嘉谋	南沟头巷	
豫康银号	周耀伦		王辑五	魏森滋	刘柄权	罗明轩	王辑五	南沟头巷	
取成银号	邹剑尘		李昨非	吴荣熙	邹剑尘	罗文祥	李昨非	上中东大街	
昌泰银号	莫鑫源	周子骧	侯于东	王植言	裴野堂	黄孝虞	饶明剑	中新街	
克胜银号	萧增熙	何鹏商	尹孝苾 苏汝□	陈克让	苏汝□	张少曼	陈翔鹤	中东大街	
胜利钱庄	刘季□			郑睦烈	郑睦烈	赵润生	张善之	中东大街	
永通银号	龙自凯		马绍荣	邓辉	刘定祥	李近舟	张伯宜	南新街	
其昌银号	王作宾	王德卿 李东岩	萧立真	邹信昌	王德卿	黄炳初	萧立真	沟头巷	

续表

行号名称	负责人			重要职员				地址	备注
	经理	副理	襄理	会计	营业	出纳	文书		
大中银号	朱泽霖	总经理 方浚川	吴鹏霄 方润川	张聚星	李业成 罗家璋	吴鹏霄	曾炳坤	大科甲巷	
族昌银号	彭朴真	总经理 彭蒲□	协理 彭国棠	彭德辉	彭黔安	彭述凡	彭诚父	东安里	
福利银号	胡尚辅	黄雲章	黄至诚	胡搏九	黄志诚	罗焕廷	李竹铭	半边街	
裕丰银号	岳崇武	傅晏林	徐士英	胡人文	赵啸凡	陈思奇	李明叔	提督西街	
植光钱庄	郑祖荫			梁冰天	何秉煜	郑祖佑	陈祖湘	正科甲巷	
中原银号	刘仲卿	总经理 陈梦雲	谢泽民	谢泽民	刘仲卿	任芬	熊承显	提督东街	
振华银号	颜伯华	彭兴武	高忠权	王世坚	高忠权	夏述禹	杨盛礼	湖广馆街	
新亚银号	周思骧	曾念慈 周自天	厉知行	邱继伯 包宗怀	袁智敏	孔肇鲁	张樾□	北打金街	
亚通银号	庞乃平		周伯纯	陈新国	覃知普	周伯纯	戴警吾	北打金街	
华孚银号	张希杜	葛利民	庄范孙	庄范孙	葛利民	马鹤筹	艾孝先	南新街	
鑫丰钱庄	何平	熊藻德	夏汉卿	朱勋群	熊藻德	夏汉卿	黄梅羹	兴隆街	
恰益银号	王退思		闵仲康	蒋时敏	闵仲康	谢升章	严叔慈	中新街	
华康银号	刘荣乡							暑袜北二街	
隆信银号	刘孟良							正科甲巷	

材料来源:根据四川省统计处调查材料编制。

10. 成都市银行与中央信托局合办小工业贷款事项公函及四联行成都分处复函(1944年4—5月)

(一)成都市银行公函(4月29日)

径启者：

敝行为扶助本市小工业之发展及日用品之增产起见,现与中央信托局洽妥联合举办小工业贷款。

查二十九年颁布之修正地方金融机关办理小工业贷款通则,规定利率以月息一分二厘为限。现以为时已久,经济情况变迁,市面利率与当时相校悬殊过□,而中央行挂牌折息增至月息三分二厘。复查蓉市国家银行工厂贷款亦在月息三分左右。故敝行一方酌衡实情,防止套息,流弊一方。本地实扶助小工业,增加产品之主旨。对于举办上项小工业贷款之利息,拟定为月息二分八厘,以从权宜,而利进行。相应函请酌核示复为荷。

此上

中中交农四行联合办事处成都分处
成都市银行

(二)四联行成都分处复函(5月4日)

接准贵行四月二十九日函：为扶助本市小工业贷款起见,拟与中信蓉局合办小工业贷款,并请将原规定月息一分二厘改为月息二分八厘,请核复。等由。经本处常会议决：查中信局与成都市银行联合举办小工业贷款系为维持小工业起见,自应予以协助。所定月息二分八厘当属允当。应即函知中信局洽商办理。等语。记录在案。除函知中信局给照外,相应函复。即希查洽为荷。

此致

成都市银行

货 币

1. 中央银行调法币入川（1937年10月）

自实行法币政策后，全国金融愈趋安定。四川金融，虽曾受战之影响，一度呈不稳现象，终因政府与金融界本身之极力设法维持，得安然度过难关。最近，财部于战时之后方金融，特别重视，除准中、中、农三行在渝设贴放委员会，尽量办理贴放事宜外，并令中央银行发行局，调大批法币来川，以资周转政府。闻该行重庆发行局调运来川之法币，迄今已达九千余万元，以作川滇黔三省金融周围之需云。

（载于民国二十六年十月《四川月报》第十一卷第四期）

2. 财政部令四川各地不得拒用交通行法币（1937年12月）

财政部顷电川省府，略谓：奉委座电令：据报成都商人抗不行使交通银行法币，饬即核办，并转川省府维持。等因。希查明见复。并请令知总商会转饬各地商会，晓谕商民一体收用。等语。省府准电后，已代电成都市商会，查明蓉市商人，何以不用交行法币，克速具复，以凭核转。并电知各地商会，饬商人一体收用云。

（载于民国二十六年十二月《四川月报》第十一卷第六期）

3. 西康省银行发行藏币节略及财政部参事厅钱币司关于藏币发行办法修正案（1938年）[①]

西康省银行发行藏币节略

一、西康金融现况概要 藏币为西康通用本位币，兼可行使西藏。我政府一切收支，以其单位过小（重量三钱二分适合法币四角四仙八星），且为维持法币本位计，历视藏币为特殊辅币之一种（因其非十进位且不能通行全国），无论收或支，虽实际系藏币授受，而计算登记，仍须照法价折合法币本位。盖西康社会经济现滞于农牧时代，康民生活简陋，藏币颇适合一切支付工具，历

[①] 原件无成文时间，财政部批示时间系1938年5月19日。

史悠久，康藏行使成习，在康藏金融上并居主要地位。故法币（无论硬币或纸币）迄今仍不能通行西康乃至西藏也。

藏币来源：清末由四川铸造，协济边饷。民元至民十九停铸。民二十年、二十四年虽将藏币机械由川运康，因财政困难，生银缺乏，时作时辍，出品数量极微，仍不能应需要于万一。藏币来源久缺，金融日渐枯窘，几有大量交易，每以物易物行之，致使全康社会经济，萎缩日深，不但各种产业不能繁荣，即人口劳力，亦有减无增也。

熟审西康金融重大问题之关键，不外一面藏币极度缺乏，一面法币（无论硬币、纸币）不能遽行通行康藏。审情度势，宜呈请财部特许西康省银行发行藏币券，以调济全康金融，而作推行法币之过渡整理办法也。

二、数额及种类总额藏币贰百万元，照法定价格，合法币八十九万六千元（藏币重量每元三钱二分合法币四角四仙八星）。分每张十元、五元、一元、半元四种，每种多印十分之五，作掉换破滥〔料〕之用。

前项藏币卷〔券〕分两次领用，每次壹百万元。如不敷用时，得以法律增加数额。

三、发行机关西康省银行。

四、用途以放低息农贷为主，工商业及垦牧投资为辅。

五、集中康藏现有藏币（即硬币）本券为不兑券，凡完纳粮税，发放官俸、军饷及一切官款出纳、商民交易，均一律照法价行使，并与法币同时并用。而为无限清偿，在推行藏币券期中，康行应将康藏现行流通之藏币，设法集中银行，不再使流通市面，以为向财部领钞基金。

六、领钞换回藏币券销毁前项集中之藏币，俟有相当数额，而法币又能在全康勉为通行时，即由康行将集中之藏币呈缴财部，以法定价格（四角四仙八星），十足领钞。仍以法定价格限期换回藏币券，并通令在康省内禁止藏币行使，改以法币为本位币，以十进位角票为辅币，以符中央统一币制之至意。

七、呈请财部特许各点

1. 在中央统一币制推行法币期中，各省本不应发行以省为囿之兑换券，更不应发行与法币不同单位之不兑换券。惟西康情形特殊，藏币事实上久为康藏主币。因文化、民俗及种种经济关系，法币不能即时替代之际，欲调整全康金融，集中银币，逐渐推行法币计，如不能发行少数之藏币券以作过渡，法币将永不能行使西康，全康金融将永陷于枯窘之象也。

2. 准本券为不兑换券，由财部印刷局印制，由康行缴印制税，并依法缴税。

3. 康行领券时，特准免缴六成现金准备，四成保证准备。

4. 藏币券与法币只许与省外汇[兑]上作法定比价之兑换，在康省内一切收支，无论公私，应与法币一律作无限清偿，不得拒绝使用。

5. 康行为藏币呈缴财部领换法币时，请免"收兑杂银杂币简则"第三条之规定，价格十足领换法币。康行亦须照法定价格，十足以掉换藏币券，缴呈财部销毁。

6. 在相当时期，全康一律禁止行使藏币，通行法币。

财政部参事厅钱币司关于
西康省银行发行藏币券办法修正案

第一条　西康省银行为调整西康地方金融，发展经济及推行法币，统一币政起见，呈由财政部核准发行藏币券。

第二条　藏币券发行总额定为贰百万元，以法币四角四分八厘折合藏币一元为法定比率。

第三条　藏币券准备金之现金准备六成，以收回之现藏币充之，保证准备四成，以农产品充之。全部交存当地或附近中央银行，或中央银行指定之银行保管。但现金准备六成中，得由中央银行转存该省行三成。其保证准备之农产品，如有短缺时，并得以现藏币抵缴。

第四条　藏币券印制及缴纳准备金，应依照财政部颁行之省银行或地方银行印制辅币券暂行规则办理。但为顾念该地情形特殊起见，应准每次领用券额以一百万元为限。其第一次领用券一百万元之准备金，得于第二次领券时缴存。

第五条　藏币券与法币之兑换及与省外之汇兑，概由西康省银行负责办理。

第六条 在西康省境内公私款项及一切交易,藏币券准照法币同样行使。

第七条 藏币券行使期限定为三年,在行使期内,应将现在流通之藏币陆续收兑,论值兑换法币,再以法币逐渐收回藏币券予以销毁,期满一律行使法币。

第八条 本办法自财政部核准之日施行。

(原件存中国第二历史档案馆)

4. 成都商业银行领钞专函及成都四联分处批(1939年4月)

(一)成都商业银行专函(4月13日)

径启者:

敝行之设原以活动地方经济,扶助中小农工商业为职志。开幕以后,各业之请求抵借者日益增多,徒以资力所限,未能尽量应接。而四川为抗战与复兴之根据地,出产丰饶,富源充足。惟因限于资力,致产业落后,输出业犹极幼稚。且人民之拥有不动产者,以无处抵押现款,虽欲努力拓殖兴输出事业,而缺乏现金,有志未逮。遂致产业无从发达,土货更现停滞。去年财政部颁布《改善地方金融机构办法》,本在弥补此缺憾,徒以川省地方情形特殊,至今尚未实施,良为可惜。

敝行为谋地方产业之发达,推广土货之外销,以增加外汇筹码,而利抗战建国起见。爰根据上项办法之规定,填具请领一元券及辅币券申请书,附增加业务方案,专函贵行。敬希转呈财政部核准施行,并祈赐复,不胜感荷之至。

此致

中央银行成都分行

附申请书及增加业务方案各一纸〈略〉

(二)成都四联分处批:(4月24日)

成都商业银行商请领钞事,俟合作金库领钞事解决后,再定。

5. 四川省财政厅关于查禁奸商操纵铜币及救济辅币缺乏提案（1939年12月26日）

查国家制发铜辅币，原为便利人民交易。视社会之需要，定调节之数量，物价赖以平衡，金融赖以安定。乃本省近因铜价高涨，奸商牟利，纷纷将市面流通之铜辅币囤积、私运销毁，致使各县俱感辅币缺乏，公私交受其病。本府前奉准行政院财政部令咨查禁、惩治办法，迭经通饬遵照。复据简阳、资阳、秀山、营山、富顺、丰都、彭山、达县、大竹、蒲江、古宋、蓬溪、合川、隆昌、乐至、罗江、巴中、阆中、广安、綦江等数十县，纷请救济前来，亦经分饬严禁奸商操纵，并分别函令中央银行暨省银行，查照县情，酌量运送辅币数千元或一二万元，前往接济有案。嗣以辅币缺乏，殆成全川普遍现象，而省行非制发辅币机关，接济数量有限，不足以应付各县需要。中央银行在川所设之分支行、处，又不普遍，所发辅币又不易流入各县。当经提请本府委员会议，议决：令饬省行迅以法币一百万元陆续向中央银行请领一分、五分、一角、二角等种辅币，分发各县分支行、处，普遍兑换，以资救济。并经准据中央银行暨省银行函呈查照办理。各在卷。然因大利所在，奸人贪心虽遏，终不惜以身试法。而各市、县政府对于取缔囤积、私运、销毁铜辅币办法，或则晓谕不周，或则查禁不力。本府虽迭经三令五申指示救济钱荒办法，而铜辅币之逃匿、销毁，迄未稍戢。若不立予设法救济，势将演成严重恐慌，危害民生，何堪设想？爰于本月十三日复行遵照，前奉准行政院财政部令咨关于查禁囤积和私运、销毁铜辅币人犯所应依据惩处之法令，分别抄发各区专员公署，转发各县政府暨成都、自贡两市政府，令饬遵照，切实查拿奸商操纵，录案布告周知。并转饬所属各区暨保甲人员一体遵照，剀切晓谕。如经查获有囤积、私运、销毁铜币等情事，即予遵照规定，分别严惩，毋稍瞻徇。唯查铜辅币缺乏，主因厥在铜价高涨，新旧各种铜辅币，实价均较面价为高。政府虽则严法以绳，并尽量多发，流通市面。而奸商之操纵渔利，仍未能免，况财部是否愿意增铸一分铜辅币，亦属疑问。是辅币缺乏之紧张局面，迄未松弛。如将现行流通各铜辅币收回，改铸削减重量，使每枚铜辅币平等或低于生铜之现价，似可暂时免除奸商之渔利。但因铜价涨落无定,收换尤感困难。兹拟咨请财部,采下列二项办法：

一、印发辅币券流通全川,渐及全国。共分五分、二分、一分三种,并多印发五分券,节省成本。通令行使新券后,所有各种铜辅币概禁使用,即以之换领新券。违者,没收旧有铜币。逃漏部分,虽未能全数收换,但收换所得之利益,对于财部不无小补。

二、如前议窒碍难行,则拟咨请财部会同经济部,实施铜业管理,禁止人民售卖生铜。铜业商人亦不得擅自向民间收购生铜,以杜铜元熔化后之销路。并严禁铜料外运出口,以免资敌。

如是,则铜料销路既窄,销毁铜币之风,或可稍弭。是否可行,理合提请公决。

提案人：委员兼财政厅长　甘绩镛
二十八年十二月　日

三、抗战时期四川的工农商业

(一)工矿业

概　况

1. 四川省政府开发全川矿产(1937年9月)

省府以国防资源,矿产为重,而煤、铜、钢铁、石油四种,尤为军需工业及动力发源所必需。川省对于上项矿产,均有相当蕴藏,亟应开发,以应非常时期之需要。刻正根据资源委员会所提采炼国防矿产议案,着手办理。兹将采炼办法,撮要志次：

甲、煤矿

一、由政府遴选矿冶技术人员,分赴产煤密集区域,指示经营矿窑。并为解决排水、通风、采掘、运输等问题。其有涉讼纠纷,并予设法排解,俾得尽量增加生产。

二、应由政府减免土煤之地方税及营业税，俾得减低成本以求外销。

三、就川省已具规模之煤厂，如江合、天府、宝源、燧川、石燕、东林各厂，由政府加以人力及财力之接济，俾得尽量发展。

四、由四川省政府向中央实业部承租南川蕴盛场及犍为张沟、屏山黄丹等国营煤矿区，从事采办该地烟煤，以供燃料及炼焦冶铁之需。

乙、钢铁

一、应请政府派遣技术人员，驰赴綦江、荥经、广元、灌县暨川东南产铁区域，指导土法铁厂，使其尽量增加产品。

二、由政府投资或招商承办，就前二十四军威远铁厂废址，完成十五吨位容量之热风化铁炉，收熔附近铁矿。

三、通知抗敌后援会发起人民贡献废铁运动，交由重庆电力炼钢厂，熔炼钢料。

四、就綦江、涪陵各地，筹设大规模之土法化铁炉，熔炼附近矿石，以增加铁产量，藉供炼钢原料。

丙、铜

一、应请政府派员指导各地制造铜筋方法，加以统制收买。

二、通知抗敌会，发起人民贡献废铜运动，汇集于各专署所在地，从事提炼。

三、由政府通令各关卡，严禁制钱、废铜出口。

四、于产铜著名地带，如荥经前聚坝、赵隽碧鸡山，由政府设立土法改良之炼钢厂，以资接济。俟有成效，即行招商承办，另于他处创设。

丁、石油

一、与中央资源委员会川省石油探勘处，切取联络，除该处已探之巴县石油沟、达县陈家场外，再就产油各地，普遍钻探，以凭采取。

二、由省府与金融界合作，购储外商运川之油。

三、令知路局，采用木炭汽车。

四、严禁非因紧要事故乘用汽车。

五、犍为沫溪凤来厂,现有干馏煤炭之设备,应由政府查明实况,予以人力及财力之补助。

六、犍为屏山下东桥一带,所产含油页岩,储量甚多,油质亦富,应请政府派员查明,设计提炼。

七、征求已著成效之汽油代用品(如前重庆新民代汽油公司出品),由政府加以奖励培植,俾得尽量发展。

(载于民国二十六年九月《四川月报》第十一卷第三期)

2. 军事委员会第三部为保护美籍油矿师入川查察油矿致四川省政府电(1937年12月22日)

成都。省政府刘主席勋鉴:

设密。据周作民函陈:"派赴甘肃调查油矿之美籍矿师卫勒萨东偕同孙健初、史悠明共四人行将告竣。该矿师等学术优长,拟请其由陕入川,查察四川油矿,沿途军警妥为保护。"等语。查前由顾维钧、周作民等组织公司开办油矿,曾经实业部核准在甘肃、青海、新疆三省内择地工作。有案。兹拟因便调查四川油矿,事属可行,请准饬属保护通行。但该公司尚未取得四川省内探矿权,所谓查察者,自与钻井试探不同,并希注意。

军事委员会第三部部长翁文灏。养。印。

3. 省政府设立四川地质调查所(1938年2月)

省府以本省矿产蕴藏丰富,际兹抗战时期,亟应设法开发,以应需要,特决定设四川省地质调查所,办理关于全省地质矿产调查及矿山之钻探等事项。该所组织条例,业经拟定,并已委定李昱春为该所所长,于二月内在渝组织成立。一俟三月份分组完竣,即可出发工作。兹将该所组织条例志次:

四川省地质调查所组织条例

第一条 四川地质调查所直辖于四川省政府。

第二条 四川地质调查所所掌事务如左<下>:

一、关于四川全省及邻接四川边境各处之地质矿产调查及地质图与矿产图之测制；

二、关于矿山之钻探及开采、设计事项；

三、关于矿业统计及矿业资料之编纂；

四、关于关系地质之实业设计及研究事项。

第三条　地质调查所设左〈下〉列各组馆：

一、事务组；

二、地质调查组；

三、钻探组；

四、化验组；

五、图书馆；

六、陈列馆。

以上各组馆，其相互关系如次：〈略〉

第四条　地质调查所设所长一人，技师八人至十人，副技师六人至十人，助理技师三人至六人，事务主任一人，事务员六人。各组馆设主任一人，由技师或副技师兼任之。

第五条　地质调查所得酌用练习生若干人。

第六条　所长承省政府之命，综理全所事务，监督指挥所属职员。

第七条　技师、副技师、助理技师，承所长之命，分任调查、研究、编辑、钻探、测绘、化验各事务。

第八条　事务人员，承所长之命，办理文书、会议庶务各事项。

第九条　地质调查所对于政府机关之咨询或请托调查事项，应优先办理，并得应实业团体之请求，代任地质矿产之调查或研究。

第十条　地质调查所，关于地质矿产调查与学术研究，得与关系机关协商合作。

第十一条　地质调查所得派员往外国研究考察，或参加国内外学术或技术会议，但应先呈请省政府核准。

第十二条　本条例自经省政府核准公布施行。

(载于民国二十七年二月《四川月报》第十二卷第二期)

4. 内江工业调查（1938年5月6日）

一、制糖业

本县农产品以糖为大宗，种蔗十四万旧亩。以去年度计，经营糖房及漏棚业者，共计八百四十七家，年产糖清四千一百七十四万二千七百零二斤；制出白糖一千零八十三万零二百五十斤；水糖九百四十四万零二百五十斤、桔糖九百零一万六千三百斤。至于糖之价格，现上等白糖每百公斤三十元；中等二十七八元；下等二十五六元。水糖上等十一元；下等十元。每年运销外县者，在十五万包至二十万包，每包重二百五十斤。水、白、冰各种糖品，除少量（百万斤以内）运销贵州外，其余全销江津、渝、忠、丰、涪、万各县。惟桔糖一宗，独销湘、鄂两省。

二、火柴制造业

本县火柴事业，有光明火柴厂，厂址在西门外对河太白楼。暂定资本一千元，视营业发展，逐渐扩充。厂内设经理一人，会计一人，技师一人，工徒十人。出货种类，有安全、硫化磷、硫黄三种火柴。安全火柴所用之材料为赤磷、洋硝；硫化磷火柴材料为硫化磷；硫黄火柴原料为黄磷、硫黄。所出各货品，尚能适用。

三、服装业

本县城厢内外，经营衣业者，统计有二十三家。内制造制服者，三家；便衣、制服兼制者，十□家；制造便衣者，九家。每家工人最多者八九人，少者两三人。

四、制鞋业

城厢内外经营鞋业者，统计二十七家。内制造草鞋者，六家。其中有两家无技师，只有工人三、四人；其余四家，各雇技师一人，工人五、六人至八、九人之多。制便鞋及操鞋者，二十一家，每家雇工人二、三人至六、七人不等。

五、碾米业

本县谷米，大多用人力碾成，间有另藉畜力碾成者。城厢现有两家米房，置有简单碾米机器，每日能碾米二十余石。

六、印刷业

本县印刷业统计七家。内铅印兼石印者两家,各置有铅印机一座,各有资本约五千元。其余五家均系石印。

七、锯木业

经营锯木业者,统计十二家。所有材料,多系柏木、杉木,间有用杂木作器者。每家所制货器,以日常所需之家具为主。

八、制酒业

此间经营糟房制酒者,计城区共有八家,东区桦木镇五家。所制之酒为火酒、水酒两种。所用材料,除高粱及杂粮外,大多以漏水烤酒为大宗。年产酒量二百余万斤。

九、织布业

经营织布业者,共有五家。内以铁机织布者,计三家。各有铁机七、八部。以木机织布者,计两家。各有木机三部。所织成品,以各色花布为最多,宽窄布匹次之。过去本县计有大织布厂三家,各有铁机数十部,但现在均已停止未做。

十、棉纺业

内江素以产糖著称,棉花产量极微,尚不足四乡农妇纺织供应衣料之用。城厢现在尚无有经营是业者。

(载于民国二十七年五、六月《四川月报》第十二卷第五、六期)

5. 四川省棉纺织推广委员会造具推广各县木纺机(七七手纺机)第二次统计表(1939年12月)

县名	部数	县名	部数	县名	部数	县名	部数
三台	4356	合川	392	丰都	109	泸县	113
中江	904	江北	251	涪陵	65	高县	14
蓬溪	587	江津	493	古宋	49	江安	91
射洪	1029	綦江	296	纳溪	101	庆符	59
遂宁	796	南川	44	合江	125	南溪	29
巴县	935	开县	156	叙永	48	宜宾	179

续表

县名	部数	县名	部数	县名	部数	县名	部数
璧山	388	万县	197	富顺	103	乐山	224
永川	499	奉节	53	隆昌	397	犍为	13
简阳	599	温江	123	雅安	8	武胜	87
仁寿	172	西昌	37	茂县	4	南部	225
夹江	16	荣县	298	巴中	109	广汉	45
彭山	32	内江	99	达县	67	绵阳	166
眉山	93	资阳	48	阆中	299	盐亭	133
铜梁	152	资中	53	广元	97	乐至	503
大足	195	崇宁	16	苍溪	59	潼南	127
荣昌	498	新都	17	罗江	124	安岳	109
井研	185	华阳	129	梓潼	39	仪陇	82
威远	92	成都	156	金堂	109	西充	162
营山	99	南充	798	邻水	45	渠县	48
蓬安	452	长寿	87	梁山	69	大竹	195
岳池	130	垫江	99	广安	514	德阳	187
合计				21373部			

附注:

四川省政府建设厅鉴于纱布缺乏之恐慌,与中央合办四川省棉纺织推广委员会。推行手纺织机械开办以来,各地闻风兴起,竞相仿制采用。在九月统计全川推行七七手纺机数,达15389部,本月统计,已达21373部。每部平均每日出纱以一斤计,日可出纱21373斤。推行实已有相当之进展。至全川旧式单头手纺机,估计在二百万部以上,日可出纱五百万两。

本表材料来源大部分系本会(四川省棉纺织推广委员会)推行之数字。余系本会推行后,该地不在推广区内,自行仿造,估计所得之数字。

6. 蓉郊咏霓湾工业概况(1942年10月3日)

(成都通讯) 原料缺乏与交通困难,为成都工业发展之二大阻碍。以现时情况言,烟煤来自嘉定、彭县、灌县。利用板车运输,在蓉市售价每吨达一千二百元。至若化学用品,单以碱论,每吨黑市价格达十万元。此外,铁每吨六七千元;水泥每桶二千余元,均不能与陪都相提并论。故当局在后方发展工业,未将蓉市划为重工业区,只就轻工业方面,可就地取资者(原文如此,"者"字疑为"源"字)发展之。盖蓉市及其四周,固为一大消费市场也。成都工业将来较有前途者,为纺织业与面粉业。以目前情况言,成都新式工厂约二十余家。包括电力厂、染织业、玻璃制造、化学工业、造纸、制革、炼钢、面粉各部门。其中稍具规模者,为建国造纸厂、建川电化炼钢厂、建国面粉厂及启明发电厂。尚有在建筑中之申新纺纱厂。此数厂将来均集中于城郊某地,现已改名为"咏霓湾",纪念经济部翁部长也。

启明电力厂为蓉市惟〔唯〕一发电厂,现电力为三千基罗瓦特。其中三分之一已移于咏霓湾之新厂。自去年十月一日起开始发电。今后此成都之工业区,可无虞动力之缺乏。蓉市电价之高,目前可以说甲于全国。普通用户每度竟高至五元,工厂用电每户定价为每度二元,尚需加一部分煤费,此因煤之来源困难所致。

建川电化厂为后方唯一之民营炼铜厂,系西康省籍之参政员张仲篪所经营。自廿九年七月起开工,产品以八号至三〇号铜线为主。每月产五吨至六吨,全供军政、交通两部需要。现因供不应求,正计划扩充。已在滇订购机件,正启运来蓉。预料将来每月产量可增至二十吨。今后,并将制造丝棉线与胶线。因树胶为后方所无,拟试自桐油中提炼。铜之来源,大部系川康铜业管理处所供应,一部系自行收买废铜。炼化之精铜质地约可至九九九二或九九九三,因此制造弹壳亦属适宜。

建国造纸厂经两年之筹备,迄今已全部完成,日内即可开工生产。其产品以道林纸为主,兼以目前印刷纸张缺乏,故拟制两面光土报纸,其质地较嘉乐纸为优。全部生产能力,日可出三至四吨,仅次于中央造纸厂。

造纸之机械,一部分系自武汉运川者,其中如压光机及烘干机,尚镌有"大清国度支部官纸厂总办刘世珩、李经滇监造"字样,是已为五十年前旧物矣。为张之襄公在两湖总督任内发展新式工业时所购置,自民国十七年武汉大水后，即弃置未用。抗战后，工厂内迁，由工矿调整处拆运来川。经中国银行投资合营，资本额为六百万元。自民廿九年初开始筹备，用费已达一千二百万元。其机件中除由武汉运来之一部份〔分〕外，余均系自行设计，由后方各工厂所制。

造纸原料以旧竹、废木、稻草为主。成都平原遍地茂林修竹，来源似不致困难。但在此非常时期，大量采购不刺激其价格上升，亦属难事。此外，按照该厂生产量，每日约需□三□。以目前黑市价格计算，即需三十万元。故该厂决计自行提炼。

建国造纸厂现任总经理为赵学海，总工程师为陈彭年。陈氏在法习造纸业多年。过去在沪主持江南造纸厂，极著成绩。

面粉业在成都因将近小麦播种，面积尚广；当地消费量亦高，确属可发展之事业。现有建成、兆丰两厂，日可出千余袋，百分之八十销于市区。惟麦价时生波动，未能统筹管理，遂使经营斯业者感受困难。而头号面粉价格亦提高至一百九十元，恐仍难遏制上涨。

正在建设中之申新纱厂，预计在明年一月间可开工。先设五千纱锭，将来再扩充至一万锭。开工后，每日可出纱十件。目前成都棉纱价格高涨，甘支纱每件黑市已售至四万元以上。物资局虽设专员在此管制，未能生效。甘支纱每包为一万三千元。农本局规定以纱易布办法，实行以来，仍有不少困难。盖私运来蓉均未能到农本局登记，而物资局专员办公处管制又极困难，遂任黑市之存在。而一般小手工业者因购纱困难，恒迁怒于农本局。福生蓉庄前数日，该庄即发生一件小风波，业已平息。目前，蓉市黑纱来源未绝，加强管制，划一价格，确属当今之要图。（九月廿七日）

（载《中央通讯社参考消息》1942年10月3日，原件存第二历史档案馆）

7. 李紫翔著《抗战以来四川之工业》（节录）（1943年）

〈前略〉

五　四川战时工业的新面貌

四川战时工业的蓬蓬勃勃的兴起，最主要的原因，是战区工业的大规模的移植，已如前所述。而迁移的工业的种类，原先亦是基于四川当局的希望和工矿调整处的计划，所以各种工业的配置，大致尚称完备。后来因为客观需要和利润的引诱，旧工厂的复工，新工厂的创建，不知又经过了多少改组、合并和分立的选择。曾经有一个时期，经营工厂成为一个最时髦的运动，不单是资本所有者，即是有经验的技工，亦多有合伙的或独立的设立工厂者。一时小规模的工厂，风起云涌，对于机器、原料和技工的争夺，造成过空前工业的繁荣。同时，其间各工业和各工厂的盛衰起伏，变化亦多。这种种演变，如果能具体的详细记载下来，对于我国战时工业以至在整个工业发展史上，都是极有价值的经验，可惜现在尚不能做到。我们现在所能做到的，是依据经济部统计处最近发刊的三十一年之《后方工业概况统计》，对于四川战时工业作一个初步的概略的分析。《后方工业概况统计》尚是我国一册最完全的、唯一的工业调查，凡是后方各省一切稍备规模的工厂，可以说都已搜罗在内，尤其是四川工厂的调查，更较周尽完全，统计的准确程度，或不免稍行减低，但这并不妨碍我们作一般的考察，亦不影响我们的结论之一般的正确性的。

现在我们即依据《后方工业概况统计》所供给的材料，先来对四川战时工业作一鸟瞰式的考察：

第十三表　四川战时工业统计（一）

类　别	厂数	百分比	资本（元）	百分比	动力百分比
总计	1654	100.00	1130012285	100.00	100.00
水电工业	29	1.75	82747292	7.32	26.57
冶炼工业	66	3.99	183296000	16.22	13.55
金属品工业	68	4.11	17638900	1.56	1.10
机器工业	332	20.07	141532436	2.52	7.83
电器工业	63	3.81	33220600	2.97	1.39
木材建筑工业	22	1.33	3144100	0.28	0.32
土石品工业	47	2.84	29267800	2.59	3.35
化学工业	370	22.37	409557243	56.24	30.67

续表

类 别	厂数	百分比	资本(元)	百分比	动力百分比
饮食品工业	163	9.86	57371850	5.08	3.67
纺织工业	263	5.90	148010974	13.09	10.80
服饰品工业	54	3.27	6262426	0.55	0.01
文化工业	158	9.55	14490664	1.28	0.51
杂项工业	19	1.15	3472000	0.30	0.19

上表的统计数字已经告诉了四川战时工业的配置情形，现在特别值得提出说明的有下列几点：第一，与战前的工业比较，则厂数由115家增至1654家，即增加1325%；资本由2145千元增至1130012千元，即增加53138%。此可见战时工业在数量上的空前发展。其次，战前工厂每家平均仅有资本18652元，战时工厂则平均有638200元。战前工厂大半是使用人力，而战时工厂则多有使用动力。此可表示战时工厂的质量的进步。只是每厂的工人平均数，战前为1132人，战时仅有6542人，似乎战时工厂的规模反不及战前似的，其实亦不尽然。战时工厂为了符合疏散的目的，固然多采收了小型工厂的形式，但其中亦有不少二三十人以上的大工厂，而为战前所没有的。对于各厂工人数量增减问题的合理解释，是战前工厂多数是织布厂、火柴厂、缫丝厂的手工工人，人数既多，流动性亦较大；战时工厂多属机械工业的技工，且因动力的普遍使用，例如每厂使用的动力平均达数十匹马力，则每一工人的生产力，或每一工厂内的规模，自不能从工人数量上表现出来。此外，还有一个特征，证明战时工业在质量上较战前已有较大的进步，甚至于可以说有了本质不同。即现在有的工厂已经普遍的分配于各个工业部门之内，而基本工业的各部门所占的比重，恰好与战前颠倒了过来。如厂数的百分之五八·九四，资本的58.94%，工人的44.84%，以及动力设备的84.50%都是属于基本工业之各部门的。所以就四川工业的各部门的配置而论，虽然战前和战时都有不平衡的畸形现象，但是战前的偏重是在轻工业，而战时的偏重却已转到基本工业上面来了。第二，就1654家工厂在13个工业部门的分配看：在厂数上以化学工业居首，机器工业、纺织工业、饮食品工业、文化工业、金属品工

业、冶炼工业、纺织工业[①]、机器工业、水电工业、饮食品工业等次之。第三,我们现虽不便对各业厂的设备作具体的比较,但就平均资本来看,则第十四表所示,与上述分析又不尽相同了。

第十四表　四川战时工业统计(二)

类别	每厂平均资本额(元)	每人平均之动力数(匹)
统计	683200	0.57
水电工业	2854045	8.04
冶炼工业	2778738	1.13
金属品工业	259396	0.24
机器工业	426303	0.44
电器工业	527311	0.32
木材建筑工业	142914	0.29
土石品工业	621719	0.41
化学工业	106912	1.18
饮食品工业	351975	0.41
纺织工业	562779	0.15
服饰品工业	115971	0.02
文化工业	91713	0.09
杂项工业	182737	0.05

从上面改制的统计表观察:则资本方面,以水电、冶炼和化学三个工业部门每厂平均资本均在总平均额之上。更以水电工业、冶炼工业最多,每厂都有二百七十八十万元;土石品工业、纺织工业、电器工业、机器工业次之,都在40至60余万元之间,而以文化工业资本最少,每厂尚不到10万元。不过我们在这里应说明一点,即因各厂开办的迟早和币值不断变动的关系,法定资本额是不足以代表其实际资产的,换句话说,开设较迟的,资本数额较大;开设较早的,资本额虽小,而实际资产却可在资本的数十百倍以上。所以我们这里的分析,只应当作一种比例或趋势看,才不致与实际相距过远。工人方面,以

[①]原文如此,出现两处"纺织工业"。

纺织工业、杂项工业、冶炼工业及土石品工业最多。每厂平均在百人左右。动力设备方面，如将包含以发电为业务的水电工业除外，则冶炼工业最多，每厂平均有百数十匹马力，化学工业、土石品工业次之，各约有数十匹马力，纺织工业、机器工业、电器工业又次之。从每一工人分得的动力数看，以冶炼工业、化学工业最多，每人平均在一匹马力以上，其他各工业均不及一匹马力，即机器工业、电器工业及土石品工业也不过0.32至0.44之间。总而言之，从各方面的分析看，四川的战时工业，是以小型为其特征的，这些工业的规模，不用说不能和工业先进国的英美等国比拟，即较战前在通商口岸的工业规模，亦是相关颇远的。

为了对于这些战时工业的发展过程，求得进一步的认识，我们特依各厂的设立时间，制成下列的开工年份统计：

第十五表　四川战时工业设立时期百分比（以各业之总厂数为100）

类别	二十五年以前	二十六年	二十七年	二十八年	二十九年	三十年	三十一年	年份不明者
总计	13.12	2.00	5.44	10.76	15.72	21.22	19.59	12.15
水电工业	31.03	10.34	6.90	17.24	6.89	13.80	—	13.80
冶炼工业	4.55	—	12.12	9.09	12.12	22.73	13.63	25.75
金属品工业	32.36	1.47	2.94	10.30	23.53	14.70	14.70	—
机器工业	5.72	1.21	6.02	12.95	19.58	23.79	26.81	3.92
电器工业	4.76	6.35	6.35	11.11	19.04	25.40	25.40	1.59
木材建筑工业	18.18	4.55	9.08	27.27	9.08	9.08	13.67	9.09
土石品工业	19.17	6.38	12.76	6.38	12.77	21.27	14.89	6.38
化学工业	14.06	2.43	4.05	10.00	13.16	29.19	11.62	6.49
饮食品工业	5.52	1.23	4.91	3.68	9.20	25.15	41.72	8.59
纺织工业	21.68	1.14	2.28	13.68	13.30	15.97	21.68	10.27
服饰品工业	11.11	1.85	3.70	16.68	12.96	31.48	18.52	3.70
文化工业	13.29	1.27	7.60	6.96	5.69	2.53	4.43	58.23
杂项工业	15.79	—	15.79	10.53	5.26	15.79	26.31	10.53

从第十五表的各厂开工年份统计中,给了我们对于四川战时工业发展过程的几个明确认识:第一,从总的方面观察,在1654家工厂中,二十五年前开工的仅有217家,约占13%,其他85%左右的工厂都是二十七年以后开工的。这是充分表示了四川工业的战时色彩。二十六年这一时期,我们可以把它看成战时工业的准备阶段,而水电工业的比数的开始增加,或者可以视为准备阶段的一个特征。开工工厂普遍增加的趋势则起于二十七年,如该年开工工厂占总数的5.44%,较上年几增一倍半。嗣后逐年增加,以三十年21.22%达到最高潮。自二十七年至三十年四年之间,每年较上一年增加之比数均在5%左右,此或可以视为四川战时工业之发展的最大速度。三十一年比数开始下降,表明工厂的开设已渐达饱和状态。第二,从各个工业部门观察,二十五年前开工的,以水电工业、金属品工业最多,各占30%以上;纺织工业、土石品工业、木材建筑工业次之,各占20%左右。二十七年开工的家数以机器工业20家为首;化学工业15家,文化工业12家次之。而占各工业部门之最大比重者,以冶炼工业、土石品工业为首,各占其总额的12%以上。二十八年度开工的工厂,以机器工业43家,化学工业37家,纺织工业36家为最多;在各工业基础的部门比重上,以木材建筑工业的27.27%,水电工业的17.34%为最大。二十九年开工的,以化学工业82家,机器工业65家为最多;在比重上以金属品工业的23.16%为最大,机器工业及电器工业的19%以上次之。三十年开工的工厂,以化学工业的108家居首,机器工业的79家次之;而在比重上占其总额20%以上者,有服饰品工业、化学工业、电器工业、饮食品工业、机器工业、冶炼工业及土石品工业等。三十一年开工的工厂,较上年增加的只有饮食品工业、纺织工业、机器工业、木材建筑工业及文化工业;在比重上亦以前三者为最大,其他工业,除电器工业及金属品工业维持旧状外,均已在迅速减少的趋势中,而水电工业更无一家新设者。在减少趋势的部门中,如与上年相较,则为化学工业减少17.57%,服饰品工业减少12.96%,冶炼工业减少9.11%,土石品工业减少6.38%。从上述工厂开工的趋势看来,一般可以说基本工业的各部门都已达到了饱和阶段,与民生日用有关的轻工业,则犹有发展的余地。基本工业是已感生产过剩,轻工业则为生产不足;前者是销场问题,后者是原料问题。换句话说,一时兴起的战时工业,又复触到经济条件的种种问题,似乎预示着战时工业已到了应该转变方向的新阶段了。

我们在前面已将各工业的资本作过一个分析和比较,结论说,小型工业是四川战时工业的特征。不过那是就一般的平均数而作的初步分析。实际上各业、各厂的平均资本,都颇受少数资本较大工厂的影响,多数资本微弱的小型工厂,却为平均数所掩饰起来了。下表资本分组的统计,就是给我们对工业资本的组成一个更明确的认识的。

第十六表　四川战时资本分组百分比（以各业总厂为100）

类别	5000元以下	5001至10000	10001至50000	50001至100000	100001至500000	500001至1000000	1000001至5000000	5000001至10000000	10000001至50000000	50000000以上者	资本不明者
总计	6.17	10.21	28.90	12.64	19.17	5.50	6.41	1.57	1.15	0.18	8.10
水电工业	3.45	3.45	24.14	3.45	17.24	3.45	3.45	13.79	10.34	—	17.24
冶炼工业	—	4.55	7.58	3.03	19.70	3.64	10.61	1.50	6.06	3.03	30.30
金属品工业	5.88	7.35	35.30	13.24	27.94	1.47	2.94	2.94	—	—	2.94
机器工业	2.41	9.34	36.45	15.66	23.19	4.82	2.11	0.90	—	0.30	4.82
电器工业	26.98	11.11	19.05	9.52	15.87	6.35	—	1.59	1.59	—	7.94
木材建筑工业	22.73	—	22.73	13.63	9.09	27.27	—	—	—	—	4.55
土石品工业	8.51	8.51	19.15	17.02	6.38	12.77	17.02	2.13	2.13	—	6.38
化学工业	4.59	5.68	22.45	12.97	25.14	6.49	12.16	2.16	0.81	—	7.57
饮食品工业	6.14	22.70	33.74	8.60	11.66	0.61	7.97	0.61	3.68	—	4.29
纺织工业	11.03	6.84	23.19	15.97	17.87	7.61	7.61	1.90	0.38	—	7.60
服饰品工业	1.85	16.67	50.00	12.96	—	—	14.82	—	1.85	—	1.85
文化工业	3.16	20.25	41.14	8.22	8.87	1.27	1.27	—	—	—	15.82
杂项工业	5.26	5.26	21.06	21.06	36.84	5.26	—	—	—	—	5.26

从工业资本分组的统计中,使我们认识四川工厂资本的大小。数量最多的是1万至5万元的一组,共有工厂478家,占总数的28.90%,次多的为10万至50万元的一组,共有工厂317家,占总数的19.17%。计算50万元以下的工厂,共有1275家,占总数的77.09%。其中5万元以下的小厂,亦有745家,占总数45.28%八。如果在工厂总数中,除去资本不明之134家工厂,则50万元以下工厂之比数更升为83.88%,5万元以下工厂亦升为49.33%。再就各工业部门观察,则以冶炼工厂的资本较大,其在5万元以下者,仅占12.13%,50万元以下者亦仅占34.23%;次为水电工业、杂项工业、化学工业、土石品工业及纺织工业,5万元以下工厂,各约占总额的30%至40%之间,其他工业均在45%至70%之间,而以服饰品工业最高,竟达到68.52%。其50万元以下之工厂,除冶炼工业外,以水电工业最低,但亦占到其厂数的一半以上,其他均在60%至90%之间,而以金属品工业之89.89%,机器工业之87.05%为最大。按常理说,机器工业的固定资本是相当巨大的,何以在我们的统计中,机器工业资本在5万元以下竟达到48.20%,在50万元以下者更占87.05%?此中理由,除了工厂规模较小的原因外,主要似乎还是由于机器工业大多属于内迁工厂,一切固定资产的估价,多是按照战前的物价水准计算的。另一方面,资本在1000万元以上的工厂共有22家,仅占总厂数的1.33%。其中,亦以冶炼工业所占比数最高。而在三家5000万元以上资本的工厂中,冶炼工业竟占二家,另一家则为机器工厂。其他各工业部门的最大资本,木材建筑工业及杂项工业止于50万至100万元的一组,文化工业止于100万元至500万元的一组,金属品工业止于500万元至千万元的一组,水电工业、电器工业、土石品工业、化学工业、饮食品工业、纺织工业及服饰品工业的最大资本曾达到1000万元至5000万元之间。我们觉得在资本分组的考察中,值得特别指出的一个现象,倒不在于一般工厂的资本之微小,而在各厂间的资本大小的差异之巨大。如以机器工业为例,最小的资本在5000千元以下,而最大的资本竟在5000万元以上,相差竟达到1万余倍。这或者可以说明我国战时工业虽以小型工厂占优势,但是大规模的集中经营,亦已经被认为是一种最经济的和最省力的方式。考察各厂设立的时期,这种较大规模的工厂,颇有日见流行的趋势。这里仍须说明一句,即因币制的变动和资本升值问题未获解决,使我们的资本分组统计,每与各厂实际资产相距甚远。例如纺织工业中的一家2000万元资本的纱厂,却是去年设立的备有纱锭2000枚的小型纱厂,其他有23万纱锭的大型纱厂,虽时值已达数万万元,但它们的法定资本尚只是几百万元。所以我们的资本分组的分析,亦只在求得一个大概的概念罢了。

我国近代工业的发展史中,最先是采取"官办"或"官督商办"的经营方式的,但因官僚作风从内部腐蚀的结果,除有独占性的军火工业和交通事业外,无不遭受失败。待国民政府在南京建都后,国营事业又渐抬头,而抗日战争的发展,使得公营(包括国营、省营、国立银行经营)方式更获得片面重要的地位,成为我国战时工业最主要特征之一。下列两表就是从公营、民营在工业中所占的比重上来作观察的。

第十七表 四川战时工业公营民营统计

类别	厂数 合计	厂数 公营	厂数 民营	资本数(元) 合计	资本数(元) 公营	资本数(元) 民营	工人数 公营	工人数 民营
总 计	1654	156	1408	1130012285	711337004	418675281	20347	87831
水电工业	29	14	15	82747292	70861037	12386255	689	1368
冶炼工业	66	18	48	183296000	159411000	23885000	1523	5933
金属品工业	68	1	67	17638900	—	17638900	552	2464
机器工业	332	12	320	141532436	82602760	58929676	1059	10939
电器工业	63	7	56	33220600	23800000	9420600	1221	1487
木材建筑工业	22	—	22	3144100	—	3144100	—	676
土石品工业	47	4	43	29267800	8100000	21167800	513	4628
化学工业	370	25	345	409557243	300801133	108756110	1987	14164
饮食品工业	163	5	158	57371850	8050000	49321850	480	5030
纺织工业	263	53	210	148010974	56991074	91019900	10896	33417
服饰品工业	54	2	52	6262426	560000	5702426	420	2647
文化工业	158	15	143	14490634	660000	13830664	1034	2514
杂项工业	19	—	19	3472000	—	3472000	—	2564

第十八表　四川战时工业之公营民营百分比

类别	厂数 合计	厂数 公营	厂数 民营	资本数（元）合计	资本数 公营	资本数 民营	动力设备 公营	动力设备 民营
总计	100.00	9.43	90.57	100.00	62.95	37.05	28.12	71.79
水电工业	100.00	48.28	51.72	100.00	85.03	14.97	15.94	84.06
冶炼工业	100.00	27.27	72.73	100.00	86.97	13.03	86.80	13.20
金属品工业	100.00	1.47	98.53	100.00	—	100.00	37.33	62.67
机器工业	100.00	3.62	96.38	100.00	58.36	41.64	13.11	86.89
电器工业	100.00	2.12	88.88	100.00	71.64	28.36	20.44	79.56
木材建筑工业	100.00	—	100.00	100.00	—	100.00	—	100.00
土石品工业	100.00	8.51	91.49	100.00	27.68	72.32	7.44	92.56
化学工业	100.00	6.76	93.24	100.00	73.45	26.55	26.37	73.63
饮食品工业	100.00	3.07	96.93	100.00	14.03	85.97	29.63	70.37
纺织工业	100.00	20.16	79.84	100.00	38.50	61.50	9.37	90.63
服饰品工业	100.00	3.71	96.29	100.00	8.94	91.06	—	100.00
文化工业	100.00	9.49	90.51	100.00	4.55	95.45	5.31	94.69
杂项工业	100.00	—	100.00	100.00	—	100.00	—	100.00

上二表关于公营、民营工业的统计和百分比，已给它们的地位作了一个明确的比较，用不着再来重复说明。这里所要着重指出的有几点：第一，公营工业的地位，在厂数中只占18.83%，但在动力设备中却占28.21%，在资本中更占62.95%。如前面我们所分析的，四川工业大多是小型工业，那么少数的较大规模的工厂，大半都属于公营的了。以资本为例，民营工厂每厂平均资本仅及279489元，公营工厂平均则达4559853元，约大于民营工厂的十六倍。民营工厂的平均动力为29.82匹马力，而公营工厂则达112.51匹马力，约大于民营工厂的四倍。此可见公营工业已处于领导的优势。第二，公营工业的此种优势，在基本工业中更显得优越，特别是在冶炼工业的资本和动力的比重上都占到86%以上。其次，在水电工业、化学工业、电器工业和机器工业的资本中，亦占有58%至85%的优势地位。反之，在一般轻工业中，公营工业的地位甚低，或竟没有地位，而民营工业仍占着绝对的优势。此可见国营工

业的重点所在,及国营、民营工业范围的事实解答了。不过有一个例外,即纺织工业的棉纺工厂,除湖北、湖南各有一厂外,在战前都完全属于民营工业的范围,但在战时公营部分却已居到相当重要地位,并且还有日益发展的趋势。这是工业建设中一个值得重视的问题。

在四川战时工业的一般考察中,我们仍应与全后方的工业作一比较,以明四川在整个战时工业中的相对地位。下面的统计,就是为这个目[的]而制作的。

第十九表 四川战时工业在全后方之地位

类 别	厂数 全后方	厂数 四川	厂数 四川对全后方之百分比	资本数（元）全后方	资本数（元）四川	资本数（元）四川对全后方之百分比
总 计	3758	1654	44.01	1939026035	1130012285	58.28
水电工业	123	24	19.51	143414236	82747292	57.69
冶炼工业	155	66	42.58	302319526	183296000	60.62
金属品工业	160	68	42.50	23304200	17638900	75.69
机器工业	682	332	48.68	337597611	141532436	41.92
电器工业	98	63	64.29	93044850	33220600	35.70
木材建筑工业	49	22	44.90	5668362	3144100	55.47
土石品工业	122	47	38.52	64400276	29267800	45.45
化学工业	826	370	44.79	559220372	409557243	63.24
饮食品工业	360	163	45.28	83435600	57371850	68.77
纺织工业	788	263	33.38	290508705	148010974	50.95
服饰品工业	147	54	36.73	2044040	6262426	56.70
文化工业	224	158	70.54	21422441	14496644	67.67
杂项工业	24	19	79.17	3645816	3472000	95.23

在全后方及战区二十个省区的战时工业中,四川在厂数、工人及动力设备方面都占到44%左右,在资本方面更占到58.28%。这说明四川已成为全后方最重要的一个工业区域,各厂平均资本亦较其他各省为强大。在各个工业部门中,除杂项工业及文化工业外,厂数方面,以电器工业所占比数最高,竟

达64.29%。在资本方面,首推金属品业,占75.69%;而占50%以上者,有化学工业、饮食品工业、冶炼工业、水电工业、木材建筑工业、纺织工业及服饰品工业等。而冶炼工业与化学工业之地位尤见重要。总而言之,无论从质上或量上看,各重要工业部门的一半以上的工厂都集中于四川。四川工业在全后方的这种相对重要的地位,一方面证明它在抗战期中,在军、民用方面所尽的巨大贡献;另一方面指示它在战后西南、西北建设工作中的可能负起的重要任务,这是我们在检讨四川工业的现状后应该有的一个认识,并且应该珍重这种已有的成绩而继续加倍努力。

〈中略〉

六　结论

上面我们已对四川战时工业发展的各方面,作了一个粗略的介绍和分析。由于时间和篇幅的关系,我们尚不能对战时工业所含有的问题作详细的检讨。在这里,我们只能提出下列几个一般的认识:

第一,从四川的工业史上说,这种战时工业之一时的蓬勃的发展,无论在质上或量上都已开创了新的一页。这在四川经济的发展上,或在全国各地的平衡发展上,无疑的已经投下了一个深巨的影响。短短的四五年的时间,使工业落后的四川"迎头赶上"的走完了东南先进省区五六十年的迂缓发展的过程。

第二,从全后方战时工业上说,四川工业无疑的已占到最大的和最重要的地位。这种工业生产的品质和数量,虽然距离战争的需要仍然极远。同时,假如有了更善的计划和努力,我们自必还有更多、更好的成绩,但是这些战时工业迁建的完成,终应在我国经济史上写下在工业建设符合于抗战国策的目的下"自力更生"的空前奇迹。

第三,四川及后方各省战时工业建设的初步成功,我们自然不应对它作出夸大的评价,其实,除了某些工业的技术的进步外,一般的犹还在战前的标准之下。但是,另一方面,我们亦不应妄自菲薄的以为这些战时工业,在战后都无存在的余地,或是幻想战后工业建设,完全是一种"另起炉灶"的方式,可以从外国搬来各种各样巨大而进步的工厂。我们应该从国防经济和民生经济的观点上,正确的认识我们的战时工业,是由抛弃买办经济和农业经济政策改变到国家工业化经济政策的起点。

第四,我国战前工业的轻工业部门的畸形发展,它的缺点,我们已在抗日战争中深刻地痛苦地被体认了出来,但是战时工业的过于偏重基本工业的结果,我们亦正在日益严重的经受各种工业不能互相配合的弊害。如果说,没有基本工业的轻工业,是一种无根的树木,那末,没有轻工业的基本工业,却是一棵无枝叶的树木。两种现象虽是不同,而对于一国工业的发展,都会是一种阻力。这在检讨了四川战时工业的概况以后,使我们觉得对于"计划经济"应有进一步的实际认识。

最后,我们应该特别指出的,四川的战时工业究竟还是一种外来的移植,并且是由战时的许多条件所培养起来的。这种移植的工业,本质上虽和帝国主义者在殖民地设立工厂不同,但是一个工业经济的建立和发展,不但要在各个工业部门有适当的配合,而在与农业、交通、商业及金融等整个社会经济有机构成的诸方面,亦都要有合理的调整和改革。这种种调整和改革,自然不是一时轻易实现的,但是必须有了整个经济以及各个经济部门相互关系的深切认识,并须定下实行改革的计划和步骤,才能使移植的工业发荣滋长起来。不然的话,工业的移植,是和一栋房屋的迁建,是绝对不能同其性质和结果的。

(载于民国三十二年十二月十五日《四川经济季刊》第一卷第一期)

8. 李为宪关于成都工业的考察报告[①](1944年3月6日)

(一)机器业 该业考查六家,规模以四川机器公司为最大,资本三千万元,其中以川康兴业公司一千二百五十万元,四川省政府一千万元为最多,民生公司亦有三十万元,因为官商合办,故为特种公司。设备中滑铁炉有二部,小者一吨,大者二吨半,在成都尚无出其右者。惜因该公司为前省立机厂、无线电机厂、工业试验所机厂三处之原有资产组合而成,人事复杂,裁减不易,调整亦感困难,以致人事迄未健全,工作未大展开。该公司董事长卢作孚先生

---
① 李为宪为经济部成都工业考察团视察员。

尚有特加整理，以宏省营事业之必要。

该业制造技术无何问题，出品亦尚可用，如蓉光机械社负责人谈成都所用毛纺机有百分之九十为该社所造，现在正在制造厚生毛纺厂所订的梳毛机。宏安机器厂重在制造水利机器，目前正在承造水利局所订的□□式水利机，灌县水泥厂机器亦在该厂订造，过去两月已造三部。建华机器厂所出成品销售且及西安、昆明。惟从该业全体言之，目前仍有极大困难，而以销路为主，兹分述之：

(1)销路困难，生产萎缩。该业最感销路困难者为裕国机器厂、平安机器厂两家。裕国已制成"十五种缝纫机"二百四十部，八开铅印月光机三部，碾米机二部，弹棉机三部，皮包锁二千一百六十只，大多存放库房，不能销售。其中缝纫机货质不在胜家公司之下，价格几廉一半，而以用户未具信心，销售困难。再如八开铅印月光机，经职讯之咪喱印务局经理，亦云可用。又如今日市面所售之公文皮包大多锁不耐用，而该厂较佳之皮包锁反不得售。此种产销不配合情形极宜加以调节。其次平光机器厂研究榨油机、牙膏软管、香烟锡箔、起重机等，均已成功，而以销售困难不敢制造，且已造成之空气压缩机、工部钻床三部、切面机十余部亦尚未销出，以致资金不能周转。平光负责人谈及"每月均为钱忙"之境，深觉工业界人士之艰苦。裕国且因此大为减产，三月前尚有工人二百余人，今仅六十余人，其萎缩情形可以想见。其他，宏安因系承造订货，建华亦以订货为多，故无销路困难问题。此宜有一政府所办或厂家合组之机器品供应社，握有相当资金以资周转，专门接受订货，分配厂家承造或向各厂家订制民间需用物品，转为推销，如此可使各厂家工作分门不虞销售，俾可制造专一与大量而发挥生产效能之目的。

(2)资金短绌，周转不灵。上述裕国减产情形系以产品滞销为其主要原因。平光之榨油机等研究成功不敢制造，固亦于销售困难，实则无款垫购原料乃为不能制造之基因。而蓉光负责人又谓目前不愿再贷款项，因贷愈多利息愈多，物价步步上涨，钱虽在赚货反在折，只望领料制货，此与最近胡庶华先生主张相近。胡先生主张改工业贷款为订货贷款，谓如工厂贷款以后仍不售则今日所贷之款制成货后，明日又无资金周转。因此关于工厂资金问题，政府贷予款项为扶助工业之初步工作,进之则以订货贷款为佳。宏安因系承造先收价款八成,故资金不成若何问题,再能发予原料收回成品。如今日之花纱布管制办法以花控纱、以纱控布,使行之无弊,亦最安善。

(3)材料困难,不能接济。裕国、宏安所用钢铁原料均由重庆运来,往往不能接济,此为交通运输之根本问题,此处不及详论。惟建华以用威远铁,运输较易,成本亦低,尚无材料困难之感,或谓威远铁质料不佳,不适于用,而建华负责人谓威远铁并不低于重庆铁。据其所用经验甚或较优,此殊可为成都机器业者参考,如其未用不宜先存威铁不及渝铁之心理。

(4)技工缺乏,互相吸引。平光所用技工均由重庆雇来,成都雇用困难,技术亦感不够,该厂曾经招考一次,报名者三四十人,仅取一人尚不如意。建华侧重招用学生,去年训练一批四十人,现仅留厂数名,其余均为他厂高价吸收,尤以航空机械厂吸收为甚,去后又无法索回,以是厂中损失甚大。此须国家大量训练技术人材,以资根本解决,各厂亦应有所协商,工厂本身对于员工待遇亦应有良善制度,使其不愿去且不易去,川中宝元通之于员工办法颇可参考。

(二)纺织染业

(1)棉纺织业本业共考查申新第四纺织公司成都分厂、宝兴染织厂、复兴实业社、花纱布管制局成都纱厂等四家,其中成都纱厂只作纺纱,有小型印度纺纱机七套,每套有锭子128个,共有896个锭子,工人40余人,每人每月产纱75饼。厂方深感此种机器易坏,最不适用,现在已难存在,战后必然消灭。现在用此机器每月即要赔钱,现正筹设大型机,两月以后即可完成,彼时尚可赚钱。

申新纱厂系自己纺纱自己织布,全厂有1600锭子,纺齐每月可出布700余匹。

复兴实业社以织布为主,缝军装及制衣刷次之。全厂员警、工人平时在700~900人之间,为成都员工最多之民营工厂。该社创于二十八年,迄三十一年布机由五十部增至350部,又为成都布机最多之织布厂,每月能出布3000匹。今年以布机加多,棉花减少,棉花已与布机之供给失调,布厂均感困难,许多工厂已停闭,该社近来亦成停机减工之象,现仅作五十至六十布机,每月仅能出布四百匹。该社全系手工业生产,所用布机均系木机,每机一人,三日织布一匹,较之申新纱厂所用铁机每日织布一匹要慢三倍。从整个经济着眼,仍以铁机为佳。惟铁机现价每部二万元,木机仅需一千余元,设备铁机需资本较木机只多二十倍,资本成为我国工业建设之第一问题。

宝星染织厂为该厂现任厂长黄明齐先生创办。黄氏早年留学日本,迄今所采生产方法仍多日本式的,民十四年置身教育界,以副业性创办该厂,最初三人合办,有如上海之三友实业社,其间屡经变故,惨淡经营,以迄于今而成,黄氏为成都棉纺业奋斗最显著之一人。该厂初制麻色制服布及蚊帐布,三峡布亦系仿效,该厂蚊帐布今已不制,现在侧重毛巾布及线呢二种,两种花色在成都均居第一。惟以棉纱缺乏,已自购锭子数百,进求自给。

本业女工为多,流动性大,成为极普遍现象。

(2)毛纺织业本业共考查惠通新颖毛棉染织厂、厚生毛织厂、元毛线厂三家。其中惠新以毛纺织为主,棉织亦在推动。今年系代军政部第五被服厂及保安处被服厂制军布,现已在渝订好印度纺纱机一百六十锭,拟于棉织品有所增加。其主要之毛纺织部分,现有三部弹毛机系天津造,为成都第一大弹毛厂。毛都来自松、理、茂等地,品质不及本北羊毛,故成品不及川康毛织厂质料之佳,但售价在川康二分之一以下,亦可谓货值价对。该厂今年共织毛货八千余码,代制军毯一万条。毛纺织以每年阴历二至九月为工作时间,在原料制成成品之后,资金集于成品,没有资金继续购进原料,源源接济,唯有开除工人,停止工作,俟成品脱售再购原料,重新兴工。故该业亟盼政府贷款扶助(该厂资金已由六十万元增至二百万元,仍苦不能周转,如欲周转灵活,谓须资金一千万元)。

厚生毛织厂今年开工,现有资本五百万元,贷款九十五万元,职工二百五十余人。分弹、纺、织三部,弹、纺用电,其余手工。采用松潘羊毛,专制军毯、地毯、人字呢三种。惟地毯价值过昂,销路困难,殊为可虑。兹将最近三月产量及价格列后:

　　九　月　军　毯　三〇〇〇条　每条八〇〇元

十月　人字呢　一〇〇〇尺　每尺二〇〇元

十一月　地毯　一〇〇方尺　每方尺四〇〇元

(3)丝织业本业考查三星丝织厂一家,该厂资本二百万元。今年四月开工,共有五十部机子,每月产绸三百匹。原料系用四川丝业公司及三台等地之丝,今后纯用复兴公司之丝,为成都第一大织绸厂。

(4)染织业本业考查如一染织厂、民康染织厂、蜀江炼染厂、振东精炼染厂等四家。如一染毛呢为主,布亦能染。每日能力染毛呢出一千匹,染军毯出八百床,染布出四百匹。民康专门染布,且以军布为主,航委会及军政部为最大顾主,近在洽染花纱布管制局之布。目前每日能染四百匹,将来设备完善可加一倍,为成都最大染布厂。蜀江以染丝绸为主,布亦能染,现在每日能出货四百匹。振东则专染丝绸,每日能染二百匹。

染织业一般均感资金困难,因染价须染后付款,至期尤受拖延之苦。须先垫款购备颜料、煤炭,而颜、煤随时涨价,染价则需六月乃得调整一次,种种困难亟待资金扶持。

其次,则颜料暨贵而且极假的程度与日俱增,已由20%增至80%,亟须有一检定办法。

(三)化学工业

(1)酸碱业本业考查益友化学制造厂、新中国化学药品厂、建业化学公司等三家。益友、新中国两家规模均小,设备简单。益友在中和场乡下一竹林毛屋之中,是实验性多于生产性,准备在资金、机器均无问题之时,再行大量生产。新中国是一对少年夫妇所办,只造化学原料,而以醋酸为主,成渝两地均有营业处所,规模虽小精神可佩。

建业规模较大,以制硝酸、硫酸为主,硝磺原料处供给。惟因政府将叙南硫矿产区限价过低,只有五元一斤,运至成都亦仅二十元,以致产户改业,产量减少。今年成都附近若干县,仅运到十万斤。该公司一家平均每月即需磺八千斤,硝一千二百斤。今年仅配购得磺七千斤,硝毫未有,相差甚巨。另买私硝及彭县贫铜矿矿砂以资补充。因该种矿砂含铜在百分之一以下,于三十年试烧,其间尚有硫百分之三十以上可用也。

建业每月出产硫酸一百二十坛(每坛七十五斤),由硝磺处发证售运,征税20%。因其手续繁杂,外来商人难以明了,以致影响销场。资金周转不灵,甚望有以扶助之也。

(2)酒精业 本业考查液委会大生酒精厂、中国酒精厂、中央工业社酒精厂、华光酒精厂、信恒酒精厂等五家,产量以中国、信恒两家为大,每日能达一千加仑,中央次之,能达七百余加仑,华光再次,能达六百加仑,大生又次,能达三百余加仑。实际则以资金短绌,原料不能接济,常常停工,真正产量不到二分之一。资金之所以日渐短绌不能周转,一因各厂酒精卖与军政部、交通司或液委会,普通三月订立合同,一次预付价款25%,须垫购原料,成品交后乃能领得款项,资金因以积压,无款周转,遂陷停工。次因酒精平价数月一次,而酒精原料之干酒并未平价,其涨价速度总在酒精之上,各厂资金因以逾难周转,即所谓产品限价原料未预限价也。

(3)肥皂业 本业考查达昌胰皂厂及太平肥皂厂两家。规模以太平洋为大,每月实际出产六百箱,销售以川西为主,所存烧碱尚足两年之用。

(4)玻璃业 本业考查华洋玻璃厂及中央科学玻璃厂两家。华洋厂主李福荣为玻璃业学习出身,技术尚佳,能见物造物。现仅造糨糊瓶、墨水瓶、墨汁瓶、水盂、印泥盒、雪花精盒、围棋等用品,以资本过于缺乏,不能有所发展。

中央厂于廿九年十一月开工,发起人为大学教授及公务员,至今资本已由十余万增至二百四十余万元,职工由十余人增至六十余人,厂址亦增加十几倍,产品以科学仪器为主。航委会、航空研究院最难作之物品,该厂一年余之实验已成功数件。如罗盘面及转变平斜器等,后者过去唯美国、苏联能出,现已制造一百余个。所造烧瓶能达五百度,能烧九次,仅较国外最高水平十二次少三次,精确耐烧,均为该厂特点。惟以资金短绌,所需煤炭逐日零买,因之产量太少,有与四川省教育厅科学仪器制造所合办之必要。盖闻该所经费大,成品差,成本且较该厂须多一倍,实宜加以调整也。

(5)制革业 本业考查庆升制革厂、华西制革厂两家。庆升规模虽大而带有家庭工业性质,比较保守,厂主之大家庭与厂房连在一起。工作分制革、制件两部,制革系机器,工人十余,十月份出品一七〇〇尺;制件用人工,工人六十余,十月份出鞋四二六双,箱四六个,产量仍少。华西规模较大,为完全之新式厂,比较进取,廿九年十一月开办,资本已由五十万增至五百万元,尚贷交行一百万元。每月能制牛皮五百张,羊皮九百张。原料均在本地收购,须经六至八月之时间乃能制成,资金因以压积,常感周转不灵之苦。

(6)造纸业 本业考查建国造纸厂一家。该厂系经济部工矿调整处与中国银行合办,廿九年开办,资本已有〔由〕八十万元增至六百万元,现在尚借工矿处七十万元,中国银行透支三千二百万元。以今日之需要而言,则一万万元亦很不足,现因打浆机及电力不足,每日仅产一吨,所用原料中,烧碱、漂粉均由重庆运来,成本因而较高,将来该厂存在及发展问题,此为主要关键。

(7)制药业 本业考查中央制药厂一家。该厂先由卫生署发出提倡官股五十万元、商股九十万元,成渝各设厂,各就其原料之便利而作。蓉厂纯为手工业,原料什九均为国货,现用玻瓶亦系自造。药品均经检定,编有号数,完全负责,产品已出一〇八种,用于医药、化学试验、其他工业之途,而以原料药为主,月出五六千磅,以葡萄糖为多,即占五六百磅。

(四)电业

(1)电力业 本业考查启明电气公司一家。该公司开办于宣统时代,现有职工约五百人,每月用煤四十四吨,即值二十余万元,每月煤款支出即占全部收入80%,战前仅占30%,故目前收不敷出甚巨。至于电力问题,该公司机器仅发三千六百启罗瓦特,市郊至少须要四千五百启罗瓦特才足供给,目前源无可开,节流亦至有限,彻底解决,只待灌县水电厂之成功及最后胜利之到来。

(2)电器材料业 本业考查建川电化工厂一家。该厂为国内第二大裸铜线工厂,在成都则为第一,所用原料以废铜为主,实际即是铜圆。过去川康铜矿管理处收购废铜,来源不成问题,现因改由财政部收购,碍于法价收不入手,颇感原料缺乏,现仅月出成品二吨余,经常供不应求,急待加以改进。

(五)教育用品业

(1)文具业 本业考查中央文具厂一家。该厂总厂在渝,成都为一分厂。

目前货品均由重庆运来，成都仅加包装，而以推销为主，每月购用华洋玻璃瓶即值五六万元，营业已属不小。

（2）印刷业 本业考查咪唖印务局及启文印刷局两家。规模以启文为大，机器以咪唖为新，对目前印刷工作贡献均大。前次蒋委员长所著《中国之命运》一书成都版即由咪唖代印。惟目前成都印刷业已成供过于求现象，川省府印刷厂所作工作，不到其能力五分之一，西南印书局不到三分之一，启文亦不到二分之一，对于人、物力浪费最大，该业希望有以统制。

印刷业感觉困难之点有三：（一）营业被动与制成品工厂完全不同，有时无工，有时漏夜赶工，闲时工人改业，忙时各厂互拉。（二）各厂争夺营业，以致印刷材料已增加三百余至一千倍。印刷品尚不及二百倍，工人工资更不及五十倍，营业不佳，工人不能维系均由于此。（三）货品印后不能立即得钱，资金因以困难。

（六）饮食品业

（1）面粉业 本业考查兆丰面粉厂及建成面粉厂两家。兆丰现能日产面粉五百袋，惟因今年小春歉收，麦子来源减步，加以今年米价稳定，麦价已达米价之九成，食米较之食麦合算，麦粉销路遂以减少，故仅作昼班，未能尽量生产。每月可制麦子四千双石以上，现仅月制一千八百石。该厂为修整机器，特另设一天成铁工厂，且耗四五十万元之实验费，制造磨滚子已获成功，此种自给自足努力工业精神深湛嘉尚。

建成面粉厂每月能产面粉八百到九百袋，亦以未作夜班，平均每月出三百五十到三百六十袋。两厂统税均于今年二月改征实物，财政部派员驻厂征收，折合现价，每厂每月均在二十万元之谱，对于国家收入亦属不少。

（2）纸烟业 本业考查金山烟厂及华泰烟厂两家，均属机制。金山设备甚佳，机器两部，每机每日能出成品两大箱，半日需烟叶二千九百斤。但以资金短绌，成品又受手工纸烟影响，销路不畅，无款垫购原料，最近已陷停工。

华泰机器较易（桂林造），常出毛病，每日仅能出产一二箱。原料系用简阳、资阳两地，善种烟华，包装均用女工，每日能包二十条者已属标准，但亦仅能得工资三十元，尚食自己，工资之廉殊堪惊异。

(七)综述

以上所述各业情形及应改进之点极为简略,条款亦欠明晰,兹仅就各厂家提出意见再略陈之。

(1)工商异科 成都工业界认为欧美各国战时担负以工业为重,工厂损失牺牲为政府的原意。我国因为工业幼稚,不能经受摧残,所以战时担负要使商业、农业及地主多于工业,并再扶助工业发展,乃有物资支持抗战。此种政策无可非议。然政府一切税制均为工商同科,而以商业易于逃税,工业不易逃税,结果工业反受影响,应请工商异科,以达发展工业之初意。

(2)分配工贷 政府发展工业固有重点所在,然成都以其各种条件仍有其相当工业之需要。而今年政府工贷,成都工业几毫未受其惠。目前成都各工厂资金短绌,减产停工已成普遍现象,亟待灌输血液,以图复苏。为发展成都工业计,今后分配工贷更不能如以往之遍枯。

(3)管制原料 政府过去许多物品只管成品不管原料。以现价而言,成品限价,原料未予限价,致有许多工厂大受影响,酒精业为最显著之一例。今后政府管制物资物价均须有整个办法,管此而不管彼,则从整个生产交易而言,只受其害未蒙其利。

以上是否有当,当伏祈鉴核。

谨呈

主　任　李

副主任　黄

视察员　李为宪

(原件存中国第二历史档案馆)

9. 四川省矿权统计表（截止1945年10月底）

面积单位：公亩

矿别	共计 家数	共计 面积	国营 家数	国营 面积	民营 大矿权 家数	民营 大矿权 面积	民营 小矿权 家数	民营 小矿权 面积
总计	1830	59457062	29	16677333	587	39470493	1214	3309236
金属矿	302	4250506	19	3109834	30	911802	253	228870
铁	174	837462	18	651698	1	199	155	185565
金	118	876037	—	—	23	852559	95	23478
铝锌	3	66181	—	—	2	46725	1	19456
铅	3	1466	—	—	1	1095	2	371
沙金	3	11224	—	—	3	11224	—	—
铜①	1	2458136	1	2458136	—	—	—	—
非金属矿	1528	55206556	10	13567499	557	38558691	961	3080366
煤	1464	38034476	6	1963910	508	32991759	950	3078807
火黏土	21	5381647	—	—	20	5381542	1	75
滑石	8	84428	—	—	5	83985	3	443
火黏土大理石滑石	6	17453	—	—	6	17453	—	—
磁土	5	7875	—	—	5	7875	—	—
硫磺	5	7309	—	—	2	6776	3	533
石油夹煤气	3	11505329	3	11505329	—	—	—	—
石膏	3	1829	—	—	1	1579	2	250
苦土石	2	2755	—	—	2	2755	—	—
磁石滑石	2	25314	—	—	2	25314	—	—
石油	1	98260	1	98260	—	—	—	—
石墨	1	63	—	—	—	—	1	63
岩盐井	1	195	—	—	—	—	1	195
方解石大理石磁石滑石	1	8218	—	—	1	8218	—	—
苦土石白云石	1	1267	—	—	1	1267	—	—
磁土火粘石大理石	1	3296	—	—	1	3296	—	—
磁土大理石	1	25140	—	—	1	25140	—	—
天然碱	1	1317	—	—	1	1317	—	—
弗石	1	385	—	—	1	385	—	—

材料来源：根据建设处统计室造送材料编制。

①原件如此。《第四类工矿》绪论谈到矿权时，提到了钢矿，但没有提到铜矿。

10. 四川工厂开工年份统计表（1945年）

年　别	合　计	四　川	重　庆
总　计	2382	864	1518
二五年以前	98	70	28
二六年	26	9	17
二七年	77	15	62
二八年	170	44	126
二九年	248	82	166
三〇年	366	127	239
三一年	609	220	389
三二年	455	142	313
三三年	290	122	168
年份不明者	43	33	10

材料来源：根据经济部统计材料编制。

厂矿内迁

1. 蒋介石关于速办抢移物资及调整工业致张群等代电（1937年9月3日）

京字第二七〇三号

大本营张秘书长、财政部邹、徐两次长、铁道部张部长、资源委员会何代秘书长均鉴：

据蒋百里先生函称："数年来，中央统制金融，其有补于统一工作者，至深且大。今战事一起，则现品（物）之能力，较金融（钱）之力为大矣。钱易集中于都市，而物则胶滞于地方。故统制物产，诚宜从速进行，不可一日迟滞者也。今姑就山东一隅言，棉花年产约一万万元，花生六千万元，烟叶二千万元，牛肉二千万元，蛋与猪鬃共一千二百万元，盐三百万元，煤五百万元，此皆销之国外，可得现金。此外则小麦、丝、布、煤等销于国内各地，为国民生活所必需者，亦不下两万万。今海口封锁，运输停顿，则物产凝滞于一地矣。中央应预备大量通货购买物资,其办法由大本营特派要员于济南,利用中央之四银行与地方之棉花、小麦、花生、烟叶四合作社以统督一切,并与铁道部及军运处合作,先行尽量收买,次求陆续运输,其方向为自东而西,自北而南。多移二物,即可得两倍之果。盖使敌少一资源,即多消费其一度运输与原料也。又潍县、坊子一带,各种工业,现已渐形发达,潍县各铁工厂有相当能力,又在我本阵地之后方,并通青、烟两路,形成资源要点。私意应设一临时机关,直隶于大本营,一方收集物资,使其西移,一方依战时需要将该工业设法调整。不独东省一隅之益。"等语。即希由大本营有关各部与财政部、铁道部及资源委员会迅行妥商办理为要。

中正。江。侍。秘。京二。

中华民国廿六年九月三日南京发

(原件存中国第二历史档案馆)

2. 工矿调整委员会与四川省政府迁移工厂合作办法(1938年2月)

一、四川省政府设法调拨民船约二百艘开至宜昌,并用军队押护。各民船于下放时,尽量装运煤斤,至宜昌后,即作迁移工厂入川之用。

二、民船下放之费用,由船户自理或由四川省政府代为筹划。上运时由工矿调整委员会援助,各工厂付给运费。并由四川省政府与船户商定,以每吨不过四元为标准。关于宜昌、重庆间民船运输之水上保险,由四川省政府商由中央信托局担任,必要时由四川省政府予以担保或自行办理之。

三、工矿调整委员会会同联合运输处负责派员前往宜昌,准备机器卸运堆存之场所及工人临时寄宿地方;与上下起卸之人夫设□,其费用由工矿调整委员会担负之。

四、四川省政府在重庆装卸便利之地准备卸运及堆存场所及工人临时寄宿地方,其费用由四川省政府担任之。

五、工矿调整委员会即行派员入川组织厂矿迁移监督委员会办事处,由四川省政府派员参加,协助筹划及办理征地、建筑等事宜。并对于经工矿调整委员会核准迁移而经过四川之工厂,亦给予方便。

六、四川省政府按公平价格从速办理征收地亩事宜。并为便利迅速复工起见,许在征收手续未完之前,先行动工兴筑。

七、关于征收地亩经费及建筑厂房借款,工矿调整委员会应尽量援助。四川省政府愿行协助时,可协商分任办法。

八、关于迁移工厂之原料问题,由工矿调整委员会约同厂家代表及关系机关人员,并由四川省政府指派熟悉川省特产之人员,共同研究原料之取购补充办法与其金融及运输,设定具体方案,从速进行。

九、已决定迁移入川之工厂,另表开列。此后如有续请迁移之厂家,由工矿调整委员会核定后再行通知。

3. 四川省财政建设厅关于津贴迁川工厂运输保险费提案（1938年3月8日）

(一)省务会议决议

照原案通过。款由财厅支拨。

(二)财政厅提案

为提案事。

查外厂移川在抗战与建设两点,皆有重大意义。本府曾一再去电欢迎。决定来川之厂,据厂矿迁移监督委员会函称,共有五十三家。机械及原料,已有部分抵运宜昌,余则堆积汉口。其所以迟迟未运入川者,因江水枯落,轮船行驶困难,势非用木船上运不可。关于木船保险,现由中央信托局承保。其保率(水险及兵险)为每千元二十元。兹假定总保额为六百万元,则应付十二万元。若照轮船保率,每千元四元零五分之价相较,其昂贵何啻倍蓰！故各厂商一闻此说,群以损失之余,不克胜任,而请照轮船保率,付给保费二万四千三百元,其余之九万五千七百元,恳本府予以津贴。查本府对各厂机件上运,前曾委托渝市兴华保险公司代负事务责任,其损益则由本府任之。现据各厂商请求,是本府付出少数津贴,即变无限责任为有限责任,简单明确,情理兼通。所有津贴各厂商由宜运渝之木船保险九万五千七百元,及撤销委托兴华保险公司事件,附呈述理由如上。敬请公决。

建设厅长　何北衡
财政厅长　刘航琛

4. 省外工厂移川问题近讯(1938年4月)

省外工厂决定移川设置者,据建厅调查,计有四十七所。省府对于各工厂移设事务,决尽力扶助,俾民族工业,得以发展;各项资源,尽量开发。关于:(一)器材运输问题。省府已由交通部水道运输管理处拨下木船一百五十只,代为输运。刻已有部分器材运抵万县,余正陆续起运,预计月内可全部抵渝;(二)器材安置地点。省府已选定北碚为工厂区,并在东阳坝觅定地址约一千四百余亩,约值十三万元。此外,又在猫儿峡、九龙铺等地觅定地皮多幅,准备收用;(三)运输保险问题。省府已介绍中央信托局代办保险事项。保险费为器材价格千分之二十,除由厂方负担千分之四外,其余千分之十六,由省府拨款补助;(四)地亩收用问题。省府已指派江、巴、渝及北碚地方长官,组织评价会,评定地价,使厂方、民方,两得其平;(五)动力问题。省府决将北碚发电厂规模扩大,俾能供给各工厂所需之原动力。至各工厂迁移完竣,对于原料取给、成、渝转销各项事务,闻省府将组织机关代为解决云。

又,省外来渝各国货厂商,为谋发展国货,产销合作起见,特联合渝市国货厂商,发起组织国货厂商联合会。于四月廿一日举行第一次筹备会,当到国货商三十八单位,列席五十余人。当场推选朱聊馥、赵秉仁、贺仙舟、郑祥英、周瀚章、郑星恒、庄茂如七人为筹委,负责筹备成立事宜。

(载于民国二十七年三、四月《四川月报》第十二卷第三、四期)

5. 迁川工厂调查(1938年5、6月)

迁川工厂,迄至现在为止,已有五十余家。正式向迁川工厂联合会登记者,共四十五家。关于机器之搬运,过去因上游轮船,全供差用,颇嫌迟缓,后差运日渐减少,上游轮船,乃以大部吨位,输运各厂机器入川。据联合会主席颜耀秋谈:各厂机器运抵重庆者,已有十余家。上海机器厂且已全部复工。

至部分复工者,则有大鑫机器厂、顺昌机器厂等数家。大成布厂与三峡厂合作,亦已开工。至各厂厂名,据调查有龙章造纸公司、上海机器厂、大鑫钢厂、中央化学玻璃厂、震旦机器工厂、生活书店、华丰印刷铸字厂、康元制罐厂、达昌机器行、永和实业公司、六合公司、永利化学工业公司、青岛华北火柴公司、美亚织绸厂、开明书店、中国实业机器厂、震寰纱厂、华光电化厂、益丰搪瓷厂、精神华机器棉器工厂、亚浦耳电器厂、顺昌公司铁工厂、中华铁工厂、中华职业学校、苏纶纺纱厂、家庭工业社、中国无线电业公司、中法制药厂、申新纱厂、裕华纱厂、大成纱厂、大公铁工厂、丽明印染厂、天原电化厂、鸿新布厂、合作五金厂、公益铁工厂、京华印书馆等数十家。

(载于民国二十七年五、六月《四川月报》第十二卷第五、六期)

6. 翁文灏关于纺织工业等内迁困难折呈(1938年□月□日[①])

敬呈者:

窃查上海及华北一带纱布各厂,抗战以还,多以沦陷敌手,后方湘、赣、鄂、陕、滇、粤等省所余纱锭,仅得四十五万余锭,等于抗战未发生前全国纱锭百分之十六。惟纱布关系军民被服资源,异常重要。为迅筹后方战时生产基础起见,曾于去年十二月间由前工矿调整委员会派员分赴芜湖、郑州办理拆迁纱厂事宜。乃当时因芜湖形势突变,该处中一纱厂未及迁出。至于郑州豫丰纱厂,业于今年四月间拆竣运汉,继续西迁,其机料现已运抵宜昌者,计有三千六百余吨,运抵沙市者,计有四千四百余吨。惜宜渝间运输困难,迄未能运抵重庆,筹备复工。至武汉原有纱厂,因当时地方稳定,纱布需要复工,加紧生产,以应需要,与布置后方工业基础,两者均属重要,宜如何并筹兼顾,实应妥谋善策。前于去年十二月间,奉钧座交下军政部何部长应钦呈请迁移纱厂至后方生产原呈,与职处所定方针初无二致。当于同月廿九日暨本年一月二日迭次召集武汉各纱厂代表,商令迅筹兼顾目前生产与布置后方基础之办法,将各厂一部分纱锭、布机迁移内地,如重庆等处设厂,庶不致对军需纱布之供给骤生影响。并议决裕华、申新两厂各先拆迁二万锭,震寰拆迁一万

[①] 原件无具体月日。

锭。又各厂中惟震寰经济情形，较欠充裕，并经职处由营运基金拨借迁移借款三万五千元以后，迭经派员催促，截至现在，除裕华纱厂拆迁三千锭已达重庆，二千七百锭织机一百余尚在途中；及震寰纱厂拆迁四千锭已达宜昌，三千锭到沙市；申新四厂仅运出织机七十台外，其余尚待拆运器材之重量约有五千三百余吨。其所以不能迅速拆迁之原因，厥有三端：（一）为纱厂因纱价高涨，正可获利，不愿速迁。（二）为运输困难。（三）为原料不敷。兹谨为钧座晰陈之：

查抗战以还，因供求关系，纱价逐渐高涨。本年一月间，二十支纱每包市价，计为三百一十元，至六月十二日已达四百七十元。武汉各厂均亟于目前之获利，而不愿即日迁移。盖迁移以后，即使运输顺利，如期到达，而建筑厂房，装置机器，至少非八个月至一年不能竣工，所受损失，自属甚巨。此为各纱厂在本身立场上，因纱价高涨，不愿迅即拆迁之原因一也。

又，川江在去年十二月至本年五月期内，均在枯水期间，上游仅通小轮，运输能力每月仅六千吨，而各军事机关迁川物资数量甚巨，且因军事关系重要，须优先分配运输，即以兵工各厂而论，先后运达四川之器材，约有四万吨之多，其他机关尚不在内。故所剩吨位以备迁移民营工厂之用者，为数殊微。计自本年一月至五月底止，民间工厂物资，由汉口运出者计一万四千余吨，而到重庆者仅四千余吨，其余大部均滞存宜昌待运。是在办理迁厂而言，纵可不顾前述民间纱厂之利益，勒令拆运，但因运输困难，势必至今仍滞途中，不能到达。豫丰纱厂，即其实例，遑论复厂开工。则在此五、六个月期间，倘使武汉纱厂二十余万锭之工作，因拆运迁移而完全停顿，军民所需纱布之供给，必将更形短绌。此武汉各纱厂感于运输困难未能迅即拆迁之原因二也。

再，查四川全省每年棉产，根据四川棉作试验场之调查，计为皮棉三十万市担。以每万纱锭年需净花四万市担计算，则全川产棉尚不足供给七万纱锭之用，何况民间需用棉絮，为数甚巨，亦断不能悉供纺纱之用，则棉花原料之供给，困难滋多。且川省所产能适用于纺制十六支以上细纱之棉，为数甚少，故欲在四川境内，树立纺织工业之基础，必须同时改良棉种及增加产额。前经饬由农本局及四川建设厅采购"脱籽棉种"运入四川播种,但非短期所能奏效。计惟有由鄂将棉花随各厂同时运川,以应目前需要,亦限于运输困难。此武汉各纱厂因原料供给关系,未能拆迁之原因三也。

窃以纱厂器材繁多,所占吨位甚巨,为迁厂中最困难之工作。即在前述各项困难之外,尚有关于地点之选择、建厂之物料、电力之配置,迄今尚在努力设法,以谋解决之中。

最近汉渝轮只,复经规定在本年七月底以前,专运军、机关物资。虽先后派员参加军政部召集之运输会议中赘述理由,亦仅得拨运一部分外轮运输力量中百分之五。此项运输力量,每月约有二百吨,实不足以供应迁运武汉纺织机料之用。当以事关军需用品,经函商军政部军需署意见,兹准该署复称:"如水运不易,似可趁平汉、陇海路车畅通时,尽量设法运往陕西宝鸡等处。"等由。查工矿调整处核定迁厂地点,系遵奉钧座电令设置后方生产,以川、黔、湘西为主。是以斟酌原料、动力、销场及安全生产等条件,核定各纱厂均迁往四川。军需署所拟陕西宝鸡等处自不在钧令指定范围之内。且姑不论路运能否有此力量,地点是否安全,即动力已无法供给,销场又复弯远,且各厂如裕华、震寰均已一部分迁川,若中途变计,事实上亦有窒碍。倘能于七月底军事器材运输完竣以后,集中力量运输各纱厂机器及原料,或尚可勉赴事机。所有办理纱厂迁移各情形,理合具折呈请鉴核。

谨呈

委员长　蒋

职翁〇〇谨呈

（原件存中国第二历史档案馆）

7. 经济部工矿调整处为中元造纸厂在宜宾租购厂地事公函（1939年6月22日）

据中元造纸厂二十八年六月十三日呈称:"窃本厂奉令迁川,各方加紧工作,搬运机器,建筑厂屋,期于早有出品,以济战时纸荒。业经择定宜宾马鞍石岷江电厂附近为厂址,拟在该处筑厂屋四十余间,需地百余方丈。前经本厂派员向各地主照现行市价，商购或租用。惟有少数地主不明大义，故意抬价，操纵、阻碍本厂工作进行。为此，拟恳钧处转请宜宾六区专署及县府，予以协助，而利进行。"等情。据此，查迁川工厂用地，前经四川省政府颁布协助条例。有案。后方需纸甚切，纸厂亟应复工，俾得早日生产。兹特函介该中元造纸厂厂长钱子宁，前往晋谒，面陈一切。至希贵署予以接谈，诸加协助为荷。

此致

四川省第六区行政督察专员公署

处长　翁文灏

（原件存宜宾市档案馆）

8. 迁入四川工厂数量及名称统计（1940年5月）

1. 迁川工厂数量

类　别	数　量（家）
总　计	152
机器五金业	62
化学工业	26
电器业	13
印刷出版业	12
纺织业	10
食品业	6
文具仪器制造业	4
造纸业	1
其他	18

2. 迁川工厂名称

类　别	名　　称	
机器五金业	震旦机器厂	黄永兴铁工厂
	美艺钢铁厂	上海机器厂
	大公铁工厂	老振兴机器厂
	顺昌公司铁工厂	中国实业机器厂

续表

类　别	名　　称	
	渝鑫钢铁厂	通惠实业工厂
	复兴铁工厂	鼎丰机器制造厂
	启文机器厂	精华机器厂
	合作五金公司	康元制罐厂
	恒顺机器厂	新民机器厂
	洪利发机器厂	毛有定铁厂
	广利机器厂	新昌机器厂
	顺泰机器厂	精勤机器厂
	严富财翻砂厂	刘祥顺机器厂
	协昌机器厂	洽生工业公司
	新上海翻砂厂	源记机器厂
	福泰翻砂厂	永兴铁工厂
	大来机器厂	牲泰机器翻砂厂
	福裕钢铁厂	中国兴业公司钢铁部
	永丰翻砂厂	萧万兴铜器厂
	张瑞生铁厂	长泰翻砂厂
	三北机器厂	明昌机电铁工厂
	姜孚铁工厂	大成铸造厂
	协兴机器厂	曹盛泰翻砂厂
	建国工业社	聚麟铁厂
	四方企业公司	三泰机器厂
	合成机器厂	建昌机器厂
	裕泰机器厂	华兴铁工厂
	馥记铁工厂	周锦昌翻砂厂
	姚顺兴机器厂	建生铸炼厂
	经济铁工厂	周复泰机器厂
	大华铁工厂	盈昌铁工厂
化学工业	全华化学工业社	国民化学工业社
	永兴化学工业社	中法制药厂
	永利化学工业公司	久大盐公司
	新亚制药厂	家庭工业社
	竞成化学厂	中国炼气工业公司

续表

类　别	名　　称	
	建华油漆厂	光华化学制药厂
	永新制成公司	汉中制革厂
	华胜制革厂	江苏合组制革厂
	汉昌渝肥皂厂	友联皮带厂
	江南皂烛厂	柏林制皂厂
	益丰电池厂	光华油漆厂
	华业和记火柴厂	协和兴火柴厂
	瑞华玻璃厂	中亚化学厂
电器业	华生电气厂	华光电化厂
	启新电焊厂	邹荣昌电焊厂
	天原电化厂	中国兴业公司电业部
	电声制造厂	大陆电业公司
	亚浦耳电气厂	永川电气厂
	德泰电镀厂	永安电磁厂
	中华无线电社	
印刷出版业	京华印刷所	申江印务局
	时事新报馆	生活书店
	楚璋印刷所	汉光印书馆
	上海印刷厂	时代日报社
	文华印刷所	振明印刷局
	华丰铸学所	丽华制版所
纺织业	大明染织厂	美亚织绸厂
	豫丰和记纱厂	苏州实业社
	宝星染织厂	维昌纺织公司
	亚东祥记织造厂	裕华纱厂
	申新纺纱厂	和兴染织厂
食品业	冠生园食品公司	振兴饼干厂
	利泰糖果饼干厂	南洋兄弟烟草公司
	蜀益烟草公司	正明泰记面粉公司
文具仪器制造业	中国标准铅笔厂	精一科学仪器制造厂
	复学仪器馆	南京惠民墨水厂
造纸业	龙章造纸厂	

续表

类别	名	称
其他	六合公司	馥记营造厂
	建业营造厂	中国建设工程公司
	毓蒙联华公司	新新实业社
	新昌实业公司	普益经纬公司
	大川实业公司	上海新生牙刷公司
	梁新记牙刷公司	天府矿业公司
	寿康祥锯木厂	峨山机制砖瓦厂
	中奥公司	同济工厂
	中国兴业公司	民康实业公司

材料来源：根据经济部工矿调整处函送资料编制。

"国营"及官商合办事业

1. 全川产棉县份筹设民生工厂（1938年1月）

建设厅以全面抗战展开，外来纱布缺乏，本省纺纱业务，亟待提倡，以资救济。近特向省务会议提议，就本省三台、盐亭、简阳、金堂、射洪、罗江、乐至、长宁、中江、巴中、蓬溪、阆中、仪陇、南部、南充、蓬安、西充、安岳、资中、内江、隆昌、富顺、威远、荣县、犍为、井研、潼南、仁寿、夹江、庆符、遂宁、泸县、合江、宜宾、南溪、江安等三十七产棉县份，设立民生工厂，以纺纱为主业务。此项民生工厂之资本，定为三千元，由产棉各县筹集，列入二十六年度后期补充预算。当经决议，"照原案通过"。省府已令饬建设厅遵照办理。

（载于民国二十七年一月《四川月报》第十二卷第一期）

2. 植物油灯公司在四川成立分厂（1938年2月）

上海中国油灯总公司所发明之植物油灯，早经推行全国，并已在香港、江西、福建、广东、广西等处，先后设厂制造。现由该公司总经理廖馥亚君来川，与省府何北衡厅长商洽成立四川分公司。已于一月在渝假华通公司开成立大会，选定何北衡为董事长，罗国钧、夏国斌、范英士、李孰羡、陶选青、廖馥生为董事,喻元恢、蒋相臣、李永昌为监察。并议决聘请李孰羡为经理,蒋范九为协理,温代荣律师为常年法律顾问。暂设办事处于新丰巷驻渝办事处内。该总公司亦在渝陕西街设立华西办事处,派定陶选青、廖馥生为正副主任,以便接洽华西各省油灯事务。

（载于民国二十七年二月《四川月报》第十二卷第二期）

3. 经济部及四川建设厅等筹组中国药产贸易公司(1938年7月)

经济部及川建设厅联合志愿投资人民,组织中国药产贸易股份有限公司,采用科学方法,精制国药。于七月二十八日在渝川康银行大楼召开发起人会议,计到三十余人,修正通过筹办大纲草案。股本额暂定为二十万元,一次收足,经部及建厅合认四分之一,商股占四分之三。当成立筹备委员会进行一切。除经部、建厅各指派二人为委员外,发起人公推蔡承新、程志颐、徐崚迟、王君韧、李钟楚、沈笑春、康心如、宁芷村、康心之、潘昌猷、戴矩初、周季悔、陈恩义、曹柏年、田习之、孙荫浓、顾一泉等十七人为委员。建厅方面,由何北衡、范英士二人代表为委员。并由筹委中公推七人为常委,组织常务委员会。除由经部派一人担任外,建厅由何北衡代表,其余筹委,推定徐广迟、李钟楚、康心之、周季悔、程志颐等。

（载于民国二十七年七、八月《四川月报》第十三卷第一、二期）

4. 四川酒精厂近况(1938年8月)

经济部与四川省政府合办之四川酒精厂,业已完成。该厂设于内江,资本十二万元,各负担半数。已于七月底开始试机,不日出品。原料用资中及内江两县所产之糖蜜,每月需用六十万斤,由糖商供给。每月出酒精三万加仑,专供工业用途及作汽油之混合燃料。

（载于民国二十七年七、八月《四川月报》第十三卷第一、二期）

5. 内江筹设制糖公司(1938年8月)

内江糖业界及官方筹设之内江大糖厂,近由何北衡、张斯可及资、内、富三县糖业代表五十余人,再度筹商成立办法。已决定定名为"四川复兴糖业股份有限公司",选定何北衡为正主任,张斯可为副主任,李汉文、曾仲海、张翼、张茂均、曾汉文五人为常务委员,负责筹办。

又,该公司为谋糖业发展,金融活动计,决倡办糖业银行。至前在外国购买一千二百吨制糖机,因运输困难,刻已另由四川省甘蔗试验场场长陈让卿建议,暂时以手摇机制糖,一俟运输得便,再为改用大制糖机。

(载于民国二十七年七、八月《四川月报》第十三卷第一、二期)

6. 经济部合办事业机关概况表(选录)(1938年11月15日)

合办事业机关名称及创立宗旨:四川酒精厂。以发展后方工业并供给兵工用途为宗旨。

创立日期:民国二十七年八月十五日开始试车,九月一日开始正式出货(据资委会报告,系于九月六日正式出品)。

股款总额:原定国币十二万元,后增加二万元,共十四万元。

部股与其他官股及商股数额:部股国币六万元,四川省建设厅官股国币六万元,无商股。近资委会复增加股本一万元,并代川省府出资一万元,以谋扩充。

合办事业机关所在地:办事处在内江水巷子。厂址在椑木镇黄荆坝,居资中与内江之间。

负责人:厂长魏岩寿

过去与现在概况:查该厂系于二十六年十一月初旬着手设计,十二月下旬购地建屋,经七阅月之经营,而规模始略具。其厂屋系于本年七月底完成,机器系于八月十日装竣,九月一日正式出货。全厂概况分述如次:

(甲)生产设备此项设备可分两部:(一)计有蒸馏室、发酵室、酵母室内、原料贮藏槽、锅炉室、帮浦室、发电室、装厅室、材料房、贮水槽、酒精贮藏槽、办公室、职工宿舍、工人宿舍等等。至于机器之装置则以蒸馏器为最重要，所采用者，系Guillaum氏式，由民生公司机器厂承铸，计有粗馏塔、清净塔、精馏塔三部，及凝缩器回流管、溶液进管、蒸汽进出管、捕捉器、酒精出管、废液出管、废液试验器、醛液出管、醛液试验器、杂醇油分离器、酒精试验器等足资应付，此外另有卧式锅炉一具，发电机两具，蒸汽帮浦、手摇帮浦及电灯等件，其他研究方面亦有化学分析仪器之一部分及运输车原料桶、消防用具、机器修理工具等之一切设备。居然于半年间完成，正式开工制造亦可谓难能矣。

（乙）原料来源查资中、内江本属产糖区域，今设厂，其间则制酒精原料之糖蜜，依原计划月需六十万斤，其供给是否不虞缺乏，似尚待查。至原料之产地，其属于资中者，则为苏家湾蒙溪口、银山镇等处；属于内江者，则为椑木镇、白马庙、东兴镇等处。

（丙）产量估计据该厂送本会报告，其原定计划与设计之蒸馏器，每日可出酒精二千加仑，即每月可出酒精六万加仑。但因格于经济初期，只能出产半数，最近复得资委会及川建厅之助，增加资本国币二万元，则产量或可达到预期目的云。据调查，每日如仅开日工，可产四百英加仑，惟现出产之酒精浓度如何，实与其销路有关，尚未据详报，已函询矣（报告仅云高浓度，其成分如何，未详而询。资委会对该厂有关系之人，则云浓度恰在百分之九十五与百分之九十六之间）。

（丁）厂中组织及收支计算厂长一人兼总工程师，助理工程师二人，惟工人数目未详。其营业概算亦未报，仅有去年十二月二十三日至本年七月底之收支对照表一纸而已。据表列机械为43726.36元，建筑为39766.92元，俸薪为2835.00元，旅费为2863.94元，工资为583.00元，余为购置邮电文具、租赋消耗、杂支医药等等，合计支出共12070.00元。股本12万元，利息700.09元，合计收入亦与支出相同，惟旅费未免过多，医药支240.98元，亦属不少，杂支未知包括何项，致有480.65元之多，至于银行往来之两万一千余元，是否足敷流动资金之用，当视营业情形而定。

附注：1.原料糖蜜每年产量若干，似应有一详细调查，又价值如何，全年有无涨落，亦应查明,以资营业概算与成本之编定。2. 该厂前拟添加资本国币二万元,据资委会二十六年度工作总报告,系供制醚之设备,并云每日出货一百英加仑,而以制出之醚与酒精俾作汽油替代品之用。不过应考虑者:(一)混合品如何可以替代汽油;(二)制醚机器之原料如何选择;(三)制出醚之成本如何耳。又,酒精在未能实行替代汽油以前,其销路以应顾及而产量自亦不必亟谋扩充矣(前中国酒精公司与西安酒精厂对于销路均曾发生困难问题)。3. 股票收据似存在资委会或并无股票收据,均尚待查明。4. 查该厂酒精厂于本年九月二十二日寄来报告,并未提及制醚一层,而据资委会二十六年度报告及询诸该会对该有关系之人,均云添加资金两万元,实作制醚设备之用,但现在尚未出货。至报告上所云,每日出货一百英加仑者,想仍系就原计划言耳。又据估计,该厂所出酒精运至重庆,每加仑约合一元九角四分,其价值殊觉太高,而销路恐亦未免感受影响矣。

(原件存中国第二历史档案馆)

7. 四川丝业股份有限公司运送机械药品等货过境请免税呈及四川省政府咨(1939年3月)

(一)丝业公司呈(3月13日)

案查本公司去岁向申订购各项机械、药品等货,现经先后运抵安南、海防,候车转运来渝。将来道经云南,该省设卡征收地方税,为数颇巨,影响生产成本殊匪〔菲〕浅鲜。拟恳钧府转咨云南省政府,准予减免地方税,以利生产,不胜沾感之至。所有呈请缘由是否有当,理合检同运货清单二份〈略〉具文,恳予俯赐鉴核,指令祗遵。

谨呈

四川省政府

四川省丝业股份有限公司总经理范崇实
民国二十八年三月十三日

(二)省府致云南省府咨(3月21日)

廿八年建字第5983号

案据四川丝业股份有限公司廿八年三月呈称:"案查本公司去岁向申订购各项机械、药品等货,现经先后运抵安南、海防,候车转运来渝。拟恳转咨云南省政府,准予减免地方税,以利生产。"等情。请附呈运货单一份。据此。查该公司所订各物,全系为供蚕丝试验改进,以期增加出口生产之用,与一般营业图利者,情形有别。据呈前情,除指令外,相应检同原清单一份咨请查照,并盼转饬沿途各关卡,准予减免地方税,俾利生产。仍希见覆为荷。

此咨
云南省政府
计附四川丝业公司运货清单一份〈略〉

主席 王〇〇
二十八年三月廿一日

8. 经济部合办事业机关概况表补编(选录)(1939年10月□日)

〈前略〉

三、川嘉造纸公司

该公司以制造机械木粕、化学木粕及普通用纸为宗旨。当民国二十六年六月间,政府因鉴于国内纸张需用之殷,爰由官商合资组织温溪造纸公司于浙江永嘉县属,嗣因战事及其他种种关系,不克即行举办。二十八年春,由该公司董事长王云五及其他董事等发起,利用温溪资金另在后方重新组织新厂,经商得其他官商方面之同意,故决于四川乐山县创设川嘉造纸公司,资本总额定为一百万元,除温溪造纸公司及其他商股担任七十九万元外,另由本部工矿调整处认缴新股二十一万元。本年四月在香港开创立会,仍推王云五为董事长,部派董事为张兹闿、林继庸、李景潞,部派监察人为王伟,商股董事为钱新之、陈聘丞、金润庠、王云五,商股监察人为陆费伯鸿、杜月笙,总经理为张善扬。该公司所需机器,前经董事会议决,借用本部工矿调整处英出口信贷款项下之一部分,俾向英国厂家订购造粕机器,嗣以欧战爆发后,利用英信贷款购买英制机械,恐无把握。爰由董事会决定将原议取消,另向加拿大购买每日出十吨之木浆机。现正向各厂家询价中,公司厂房正在乐山县马鞍山地方从事测量,积极建造。

〈中略〉

五、自贡电厂

该厂系由本部资源委员会与川康盐务管理局合办,以供给取盐动力,各工厂电力,及其他电力用途为宗旨。资本总额为一百万元,本部资委会认五十五万元,川康盐务局认四十五万元。盖以四川自流井及毗连之贡井一带,为重要产盐区域,其汲取井卤,向系利用牛力或汽力,产量不丰,所费亦大。二十八年四月资委会与川康盐务局,往返磋商,经双方同意合办自贡电厂,择定张定坝沿河地基为厂址,以陇海路连云港电厂原有500瓩机炉及附属机件迁运南来,备该厂之用,预计二十九年二月可装运完成。其所签订合约,现正呈部核办中。

〈中略〉

八、永利化学工业公司

该公司为官商合办以发展制碱工业为宗旨。自"七·七"事变发生以来,天津永利碱厂,为免于资敌起见,当即自行破坏,利用原有人才,改在四川建设新厂。政府补助三百万元,公司自筹二百五十万元,共五百五十万元,以谋恢复。经在四川犍为县五通桥附近道士观地方,勘定厂址,即日兴工建筑,购置机器,期于三年完成。截至廿七年六月,政府已拨补助一百四十万元。总经理为范锐,董事长为周作民,董事为范锐、侯德榜、余啸秋、周贻春、景本白、陈光甫,监察为杨介眉、王孟钟,代理厂长为傅尔攽。至制造部分,拟采用苏尔维法,并参酌该厂改正新法。预计年产纯碱三万六千吨,厂址一千五百余亩,地价约国币十万元,现已设备之铁工机器工具约值百万余元,从国外已购运机器约值英金六万英镑,因已付、未付价款及汇兑关系,细数尚未结算。又,该厂自制机件及建筑厂屋,尚在进行之中,非俟完工,无从核算。该公司并拟筹设制铔及炼焦等厂。

〈中略〉

十八、嘉阳煤矿股份有限公司

该公司系部款及商款所合办,以开采四川犍为、屏山、乐山三县之黄丹及石林一带国营区煤矿为宗旨。二十七年十二月十七日开创立会,二十八年一月一日正式成立。资本总额为国币一百二十万元,分为一万二千股,每股百元,由经济部资源委员会担任四十一万三千一百元,已全部收足,其他商股任七十八万六千九百元,实缴五十四万六千九百元,共收足九十六万元。总公司设于重庆,矿区设矿厂办事处,董事长翁文灏,董事钱昌照、杨公兆、刘燧昌、胡石青、贝安澜、卢作孚、宋师度、康心如,总经理孙越崎。二十七年底,资源委员会因前兴、中福两公司联合办事处所合组之湘潭煤矿股份有限公司迫近战区,故停止开采,决定仍与中福公司联合办事处合作,将湘潭矿机器及材料移动入川,另行组织嘉阳煤矿公司。由本部委办川犍为、屏山、乐山一带国营矿区。二十八年一月开始工作,至七月底共完成直井二口,钻眼八个,轻便线路七公里,直井并已出煤,共计产煤1829.91吨,在此时期中系属草创时期,一切以工程为主,尚无营业可言。

〈下略〉

(原件存中国第二历史档案馆)

9. 经济部关于成立川康兴业股份有限公司致四川省政府电（1940年8月6日）

四川省政府蒋兼主席：

奉行政院阳字第16247号训令开："查川康兴业股份有限公司章程业经核定,亟应从速成立。关于中央认股部分及筹备事宜,并经提出本院第四七五次会议,决议：'中央认股六百万元。筹备事宜由财政、经济两部会商办理。'除分令外,合行令仰该部迅即会同财政部及川、康两省政府,积极筹备进行。"等因。兹派农本局总经理何廉、企业司长庄智焕接洽筹划。除分别电达令行外,电请迅将派定人员名衔,电关过部,以凭洽办。

经济部部长翁文灏。企。鱼。印。

10. 经济部资源委员会在川工厂统计表(1940年)①

类　别	厂　名
电器类	1. 中央电工器材厂重庆电机支厂
	2. 中央军工器材厂重庆电池支厂
	3. 中央电池制造厂宜宾分厂
	4. 中央无线电机制造厂重庆分厂
	5. 万县水电厂
	6. 岷江电厂(犍为)
	7. 自流井电厂
	8. 宜宾电厂
矿业类	1. 重庆炼铜厂
	2. 綦江铁矿筹备处
	3. 彭县铜矿筹备处
	4. 四川油矿探勘处(巴县区及威远区)
化学工业类	1. 四川酒精厂(内江)
	2. 资中酒精厂
	3. 泸县酒精厂
附工业管理机关	1. 川康铜业管理处
	2. 汞业管理处四川分处

11. 川康兴业特种股份有限公司业务报告(1940年)

本公司系行政院长兼理四川省主席时所倡导，由中央与川康两省府暨人民合资组成，负有开发川康资源，助成经济建设之使命。自成立以来，已历一载。用将业务进行情形，概述于次：

本公司章程揭橥业务范围，原甚广泛，举凡农、林、工、矿各生产事业之经营，与产品之购储运销，以及代办调查、设计、保险、招股、募债及训练专门技术人才等事，靡不赅括无遗。惟于去年三月本公司成立之时，适值国际局势急剧变化，当时情形，已非昔比，经营对象，亦应变更。爰经董监联席会议决

---
①原件无时间。此为考证时间。

定初步业务方针：以吸引游资及扶助并提倡民营事业为主。旨在适应当前环境，切合实际需要，促进川康经济建设。迨实施之后，复因市场金融之变动，原定扶助民营事业之方式，如代募股本及公司债介绍贴放款押汇，与办理保证等事项，均有相当困难，未能一一举办。其较简便易行而又为各方申请所侧重者，厥为垫款代办原料一事，计已办理者，如：

（一）代中国植物油料厂购办桐油，垫款三百万元；

（二）代中国建筑公司购办桐油，垫款九十六万元；

（三）代四川丝业公司购办春茧，垫款六百万元；

（四）代民治纺织公司购储羊毛，垫款九十万元；

（五）代恒顺机器厂购办元铁钢锭及灰口铁等，垫款一百万元；

（六）代渝鑫钢铁厂购办冶铁机器，垫款二百万元；

（七）代大华实业公司购办酒精原料，垫款二百万元；

（八）代嘉乐造纸厂购办白煤及水渍棉花，垫款一百二十万元；

（九）代四川公路局购办车肥肉机油，垫款九十九万元；

（十）代三才生煤矿购办钢轨，垫款四百万元；

（十一）代四川电话管理处购办瓷头等，垫款二十五万元。

以上十一单位，共计由本公司垫款二千二百二十四万元。其所垫各款，均系直接、间接有关国防、民生。取息既低，各厂商所得原料，复因物价节节上涨，成本无形减轻，固已获得扶助之效益。惟本公司到期收回垫款，则因货币购买力变动之结果，势难保持原值，且办理数月，仍不能树立本公司事业基础，殊不足达成所负使命，于是转而注重于产业投资。

爰又于三十一年八月，拟具改进业务方案，提经董监联度会议通过，随即详为规划，逐次实施，其已办理者，如：

（一）设立四川机械公司

系就四川省立机械制造厂，无线电机制造厂，及四川工业试验所所属机械厂接收办理。复又收购天藏机器原有重要机器，加以扩充。资本定为三千万元，由四川省政府认股一千万元，以上列三厂全部资产作价抵拨，并补拨现款凑足之。本公司担任一千二百五十万元，经济部及重庆各银行分担七百五十万元。先后制造及修理小型动力机、无线电机,及农工水利各种工作机着手,逐渐求其发展,以应社会需要。

(二)设立四川农业公司

资本定为六百万元,由四川省政府认股三百万元,以四川农业改进所所属骨粉农具等厂全部资产作价抵缴,并补拨现款凑足之。本公司亦认股三百万元。经营农产品、畜产品之生产、加工及运销,并供应农民所必需之肥料及农具等业务。

(三)投资四川丝业公司

本公司前曾垫款六百万元,收购黄茧,后该公司增资为三千万元,并由本公司投资八百五十万元,藉以增加生产,促进外销。

(四)设立西康毛革公司

资本定为一千万元,由西康省政府与本公司各认股五百万元。已在康定设有洗毛厂,又在雅安设有毛织厂及制革厂,并经营羊毛生皮之国内外运销业务。

(五)成立炼油厂

由本公司拨款三百万元,独自经营。将重庆大陆化学制造公司所办炼油厂全部资产及设备,作价收买,加以扩充。所需重要原料如桐油等,由本公司就原已储备者,源源供给,提炼代汽油及代柴油、煤油等,并拟作炼制油漆等试验,以期树立战后桐油工业之基础。

他如外销物资中之生丝、桐油,向在出口贸易中占重要地位。在此抗战时期,交通困难,外销停滞,亟宜设法救济。除关于生丝已如上述外,本公司为维护桐农利益,保持抗战资源,曾经陆续购储,备供各厂家炼制代汽油,而为其另谋出路,使此种生产事业之基础,不致因一时特殊环境而致根本动摇。并已与永利化学工业公司及重庆各炼油厂家合作,由本公司供给炼油之桐油原料,期能增加出品,裨益交通。且本公司对于各炼油厂家,尽量予以便利,油价既仅照成本及交油时之市价酌定,而应付款项,又可从领油之日起,三个月内分期偿付。是本公司虽未直接贷款,而各厂家所得之实益,正复相同,诚一举而数利具矣。

此外，交通及工业所需器材，亦为本公司经营之对象。盖以近年后方工业，日见发达，若干厂家因种种关系，不能于适当之时机，以适当之价格获得所需之器材，而致生产受其影响。当兹外来物资日益缺乏之际，亟应酌量储备，转为供应，此实有助于后方生产事业之发展。本公司在法令许可及主营机关同意范围之内，业经择要进行，如与民生实业公司合作，购储交通器材，计值约一千万元，又受四川机械公司之委托，代购五金器材约值一千二百万元。

综上所陈，均为本公司成立以来业务进行之概况，计三十一年度自三月开业日起，至年终结算止，共获纯利一千二百七十万七千九百五十八元三角六分（详见损益计算书）。本公司所营业务，既须与国家经济政策、川康两省政府之建设计划，以及民生之急切需要，力求适当之配合，又须顾及本公司之资本，使其不受亏折。矧以时局之剧变，金融之波动，既应针对当前环境，为切合之措施，而将来之事业，亦不能不于此时植其基础。本公司同人怀于任务之艰巨，兼筹并顾，颇费周章。虽经勉力图维，规模粗具，但终未达到预期效果，此当为各方所共谅也。

今后业务，仍当本既定方针，继续筹划进行。对于已办事业，应设法加以扩充整理，使其日益发皇，并加强联系，以收能力合作之效。其他尚待开发之资源与可创办之事业，实其繁伙，宜先择其与国计民生有密切关系者，着手准备，次第兴办。如煤矿为解决后方工业及民用燃料之主要条件，拟即选择若干适当地区，分派专门人员实地探勘。并向主管机关取得采矿权，以备依次开采。其次，如化工、纸浆、榨油及其他纤维工业，如所需工具能设法获得，均当次第举办。他如动力、垦殖亦应着手调查，预为筹划，藉便将来作大规模之经营。本公司所拟办之工矿事业，均应与国内专家，切求联系，故拟与其他机关合组技术委员会，延揽专才。除供咨询本公司有关各项技术问题外，并交办其他有关经建之设计研究工作。将来对于本公司业务之发展，必有极大之助力。至于川康境内若干产品，如桐油、羊毛、猪鬃等，或为外销之重要物资，或为国内工业之重要原料，仍当酌量购储，广为供应量，俾得货畅其流，物尽其用。又，川康两省工矿事业，尚在发轫之中，各工厂所需器材，如需本公司协助者，得与其合作，为之代办。此项购料价款，或由本公司暂垫，事后陆续收回；或转向银行做押汇、押款，于取用时，备款购还。并得由本公司供给原料，托其制造，而向其征收制成品，俾机器之生产量，得以充分利用。再，信托业务，亦拟着手办理，使基金周转趋于灵活。凡此所举各项，均为今后之中心业务，容当斟酌缓急，逐步推进，要以促进生产，裨益建设为依归。所望各股东及社员人士予以扶维匡助，使本公司能次第完成所负荷之重大使命，则幸甚矣！

附资产负债表、损益计算书〈略〉

12. 经济部拟三年来四川省民营钢铁事业（1943年）

一、钢

〈上略〉

（一）中国兴业公司

该厂为民营工厂中规模最大者，设有一吨摩尔式电炉一座，冶炼高炭工具钢、合金钢及铸钢，惟因为电力供给不足，炭精电极来源不易，非必要时不开炉冶炼，故日产仅二至三吨，日可出钢二炉。总计三十年至三十二年共产钢品六三八吨，其历年产品数量如下表：（单位吨）

年度\数量\种类	高炭钢锭	低炭钢锭	弹簧钢	黑风钢	镍铬钢锭	铸件	合计
三十年	30.835	271.909	—	—	—	45.708	348.452
三十一年	62.629	78.209	0.644	0.390	—	32.178	174.050
三十二年	66.603	1.112	11.883	1.466	2.207	28.755	112.026

该厂十吨马丁炉于二十八年秋开始装建，因交通困难，机件材料不易配制。自太平洋战事发生后，国际交通路线断绝，国外器材难以运入，乃设法利用国产材料为代替品。至三十一年七月底，始全部完工。复因煤气炉用煤焦结，屡经试验，结果以犍为之黄丹煤较为适合，至十一月十日始正式产钢。冶炼最高纪录每月可产钢四百八十余吨，平均每日出钢二炉，每炉平均冶炼时

间约七小时十分(三十一年纪录)。兹将马丁炉逐月产量列下:〈表略〉

计开炉十四个月,产钢2496.74公吨,平均每月产钢208公吨,大部铸成钢锭,以供轧制各种圆条方钢之用。其所产钢料之化学成分及物理性质试验如下表：

化学成分

种类	碳(%)	锰(%)	硫(%)	磷(%)	硅(%)
低炭钢	0.10—0.35	0.30—0.80	<0.055	<0.045	
中炭钢	0.40—0.55	0.50—0.80	<0.055	<0.045	
高炭钢	0.75—1.25	0.25—0.50	<0.04	<0.03	0.40—0.50
弹簧钢	0.50—0.60	0.60—0.90	<0.05	<0.045	1.80—2.20

物理性质

种类	抗拉力	延长率	弯曲角
低炭钢	55000—65000 #/□″	25%	180°
中炭钢	68000 #/□″	25%	180°
高炭钢	85000 #/□″	14%	90°

该厂复装设一吨半贝氏麦炉一座,另备炉壳三个,轮流冶炼。自三十一年一月正式出钢以来,常受电力供给不足之影响,计产钢八百余吨。冶炼最高纪录,月产钢一百六十余吨,平均月产七十吨左右。自马本炉开炼后,贝士麦炉几乎已停炼。兹将三十一年贝士麦钢产量列下:〈表略〉

轧钢厂设有五列三重十吋轧钢机一组,以五百马力电动机带动,并有七五〇公斤汽锤一座,以锻制及轧制三分至一吋半之竹节钢、圆、方、六角、八角等各形状之钢条。每月约可轧钢料六十吨,以供兵工、交通建设器材之用。三十一年九月曾试轧十六磅钢轨,成绩甚佳。三十二年计划添设三重十八吋轧钢机一座,拟轧制三十二磅钢轨、角钢等。现正兴工建造中。〈后略〉

(原件存中国第二历史档案馆)

民营工矿业与工人状况

1. 阆中县总工会关于丝业公司统制产茧剥夺工农生计致经济部呈（1939年2月）

为据情转请核夺事。案据缫丝业工人代表李国安、王先贵、孔蕙兰等三十九人为失业痛苦，难维生活，请转呈层峰，明令取消丝业公司统制收茧事。缘阆中地瘠民贫，山多田少，出品除桐油外，每年惟产丝茧。在昔极盛时期，曾达制丝三千余担之巨，调剂农村金融，维持工等生计。自民初迄今已有廿余年之历史。工等直接赖以谋生者在三千人以上，而间接者更难数计若干人。故工等视地方产茧有如生命线之重要，其关系之密切，想为执政当局所洞鉴。去年春初，蚕桑改良场来阆推广改良蚕种，工等方幸政府顾念边瘠不遗在远，以为蚕种改良后，对国家民族及工等生计必有更大裨益，曾竭力鼓吹，以冀改良蚕种得以顺利推动。殊知将届鲜茧登场，丝业公司突宣布统制产茧之省府法令，并由县府严厉执行。无论私人及原有工厂擅买白茧者，即以若干倍处罚；蚕农隐匿，不售与该公司者，均治以同一之私买官茧罪。当时工等为尊重省府法令，只得静候解决，延至茧市已阑，仅由该公司给合作社洋二百四十圆，即将所产原料扫数他运，致工等有技无作，饥寒交迫，谁实为之。若不谋相当解决，前途殊难设想。兹经调查所得，始悉该公司在名义上为官商合资经营，实际上则受少数人之操纵，作种种动听言辞，以蒙蔽政府，藉统制力量以抑制茧价，而饱其欲壑。爰将不宜统制产茧之理由，略陈于后，以供采纳。

（1）抗战建国纲领第十八条载明："鼓励轻工业的经营，并发展各地之手工业"，及二十三条中"严禁垄断操纵"等，而该公司藉政府力量，以极低廉之价垄断产茧，致川北各木机制丝工厂被迫停工，失业工人直接、间接在四十万人以上。在萌芽中的轻工业与仅有的手工业，何能禁此摧残？其不合于统制者一。

（2）蚕农饲蚕，工人制丝，原为解决衣食问题，经该公司统制后，农民即不能以自饲之茧缫丝制衣，自己劳力所得无权享受，违犯者即治以"私买官茧"罪，较之私运烟土罪尤为严重，科以罚金，动辄倾家破产。且缉私爪牙到处排布,骚扰磕索,更不堪设想。至其所得之茧尽数运往他处缫制,不顾陷产茧区工人于失业。产茧区工人虽多方要求工作,仅不过以"政府已经在想办法"相给,工人失业、农民苦扰。其不合于统制者二。

(3)蚕种亟须改良为目前应推广的要政。因白茧缫丝较黄茧每担可节省茧量三分之一,价值即应当高于黄茧三分之一。去岁虽由省府规定价格,但仅与黄茧相等。如系自由贸易,白茧价格即可维持高三分之一的比例,蚕农售茧能较黄茧多得三分之一的价值,其改饲白种自不成问题。故统制产茧,实与改良蚕种之政策背道而驰。其不合于统制者三。

(4)丝业公司所得利益是否有益国计民生。据查,公司组织庞大,骈枝赘疣,名目殊难悉数,消耗自必浩繁(职员薪支每月有由数十元至数百元之多)。去年每担丝之利润平均在三百元以上,经中饱和巨量挥霍后,甚至有折本之虞。究其内容,不过是乱用私人,靡费公币,藉统制以作剥削压迫之工具。其不合于统制者四。

以上四端,殃民误国,若无适当之解决,危害民生,影响后防,治安问题殊难维系。工等管见及此,不敢不告甚。冀我贤明政府鉴此危机,毅然收回统制产茧成命,俾工等工作产品得以与丝业公司出品作品质优劣及消费繁简之竞赛,则战时生产之增加当可保证一日千里。若谓为齐一出口品质起见,则尽可于丝质内容规定标准,严格检测,以期划一不科学之臆断。认为木机出品即系劣等,遂据为颟顸统制之理由,吾人殊难同意。大会为工等代表,特具文呈请转呈层峰,收回统制收茧成命,俾工等不至失业,感激当无已也。等情。前来。据此,查该代表等所呈各节,实属实在情形,惟事关数千工人失业,职会未便缄默,理合具文呈请钧部俯赐核夺。可否饬禁该公司垄断收茧,用符抗战建国纲领第十八条及廿三条朗载明文,指令祗遵。

  谨呈
  国民政府经济部部长 翁

        常务理事 陈绍尹印
             李翰屏印
             敬禹谟印代

中华民国二十八年二月□日

（原件存中国第二历史档案馆）

2. 四川省财政厅救济资中糖业提案（1940年1月31日）

案据资中县糖商代表张斯可、蔡军识等呈称：所拟（"所拟"二字为衍文）去冬糖价，骤涨骤跌，遂致商、农两造〔遭〕酿出评价纠纷。因县府顾及蔗农利益，评定糖清价格每千斤四百四十元；水糖每千斤一百八十元。于农固属有益，但以物价低落之人承卖，糖商告贷无门，开支无着，情形至为惨苦。该县糖房计有八百余家，其中劳工数十万人，工资无由获得，行见滋扰环生，地方治安，社会秩序亦将无法维持。等情。经核，尚属实情。本府职责所在，未容坐视。亟应设法救济，以安后防，而维秩序。兹拟具救济办法两项于次：

（一）除已由成都省银行换借六万元外，拟饬省银行按照一般抵押借款手续，准以糖产品抵借五十万元。

（二）由省政府电请财政部，转请中、中、交、农四行酌予贷款，以资救济。

以上两项办法是否有当，理合提请公决。

提案人：委员兼财政厅长　甘绩镛

二十九年　月　日

3. 仁寿县冶铁小工厂资金不敷申请贷款致成都四联分处呈（1940年8月）

窃继沛住居四川仁寿县汪家乡油房沟，于民国二十八年在仁寿县属立石桥铁厂坡加入仁寿县立石桥钢铁产销合作社，充当社员，开办冶铁工厂。分组合办已历年余，产铁在三万担以上，前向省农行贷款，业已还清本息，有案可查。

近因物价飞涨，矿炭树各价，工食、力钱等颇感资金不敷运转。查仁寿本地现未设有地方金融机关，钱业只有合作社，并未成立同业公会；又查敝社本组生产之钢铁成品不但能供军用，且为后防生产建设之母，适与政府颁布小工商业贷款通则第二条及各条适合。只得邀同全社理监事负责证明，另由殷实工场保证,拟定业务实施计划书,呈请钧处鉴核,并恳派员查勘。准以月息八厘放款18000元,以资周转,充作营业经费。此款于一年内由本组产品货价拨还本息,一并偿清。谨请四川省农民银行转中中交农四行联合办事处钧鉴。

保证责任:仁寿县立石桥钢铁产销合作社第二组冶铁社员合利号经理刘继沛

负责证明:仁寿县立石桥钢铁生产运销合作社理事主席　胡经纬

　　　　　　　　　　　　　　　　　　监事主席　欧啸陵

　　　　　　　　　　　　　　　　　　会　　计　欧才培

　　　　　　　　　　　　　　　　　　司　　库　李光远

附呈业务计划书一份〈略〉

通讯处:四川仁寿县汪家场邮转

4. 乐山县缫丝业职业工会为丝厂停办工人失业请求救济呈 (1941年7月□日)

窃查乐山县为产丝县区,去年新茧登市,每公斤价在五元左右。今年生活较去年增高二倍以上,乃新茧登市,每公斤不满六元,厥后价值递减为四元零,为三元零,仍无人收买。饲蚕之家,为有愤激,致将茧口剪破制作张棉,或更抽丝作打草鞋之用。蚕丝一贱如此,殊堪浩叹。缘本年经济部贸易委员会富华公司止办,天增公丝厂停闭,四川丝业公司第六厂亦告结束,营蚕丝业者,只凤翔丝厂一厂。该厂工资刻薄,前经县总工会于四月十九日召集各厂暨缫丝业织工会代表,并请由党政机关临场指导,会同开会,议定之工价,每两一角九分五厘,无伙食之工人由厂方津贴食米三斗(合夹斗一斗五升)。凤翔丝厂经理刘元舫,恃其为旧式官僚,不知生产为何事,罔恤工人,亦不遵照议案,仅给工人每两工资三角,并系用旧秤称量,不给米贴。工人每日少者仅能缫丝六七两,多者不过十一二两。平均以工人每名作十两计,每日得工资三元,每月除照厂方规定,扣除三日不作工,实计每月仅得工资八十一元。计工人每日约需食米一斤半,每斤市值三元左右，缫丝工人惶惶终日，不能谋求一饱，生活何能安定，生产事业何能进步？故本会会员（即缫丝工人），上年人数为一千五百名，今年报到登记者仅八百余名，或已改作别项工业，或正流离待救。况凤翔厂原料不满百担，所容工人不过三百余名，为时不过四月，转瞬又秋茧登市，更不知情形如何演变。总之凤翔丝厂经理刘元舫一人造成之罪恶，直接祸毒于缫丝工人者尚小，其影响丝业，有关生产建国，有关外汇暨国际贸易，而缫丝业工人与蚕丝产户若溺若焚，伫待政府设法救济，问题实大。查蚕丝原为我国出口品之一大宗，自敌寇以人造丝倾销，夺我市场，致我在国际贸易上蒙受重大损失。我贤明政府忽起直追，对于树艺桑株，改制蚕种，均竭力倡办，颇多进展。抗战军兴以还，政府抗战建国，齐头并进，对于蚕丝业之促进，如农业改进所，如制种场，新运会之实验区，每年耗资数百万元。独于丝业工厂之促动，与丝业工人之救济，犹嫌尚未十分重视。本月十二日，钧团莅临凤翔丝厂参观，本会工人因为工作时间暨种种关系所限，未获面呈，兹经开会决定，由本会备文呈请钧团请予鉴核，并恳早赐解决，实沾德便。

谨呈
行政院康昌旅行团
　　示令请交县总工会转

　　　　　　　　　　　　乐山县缫丝业职业工会常务理事　周玉龙印
　　　　　　　　　　　　　　　　　　　　　　　监事　岳云贵印
　　　　　　　　　　　　（原件存中国第二历史档案馆）

5. 四川省执委会经济部工矿调整处等关于救济永川停闭铁厂收容失业工人函呈（1941年12月—1942年2月）

（一）四川省执行委员会公函(1941年12月24日)

案据永川县执行委员会电恳转请设法救济停闭铁厂，以收容失业工人。等情。前来。除指令外，相应抄同原电送请查核办理，仍盼见复为荷！

　　此致
经济部

附抄送原电一件

主任委员黄季陆(印)

永川去岁收获欠佳,一般估计只足对成,除上季军粮粟购去三万石外,今年又采购军米在四万五千石,复每月济渝米一万二千石,他如乡镇保甲长、小学教师之俸米每人六升,国民兵团之米津先后耗去数字在军米之四倍以上。以永川出产之不丰,人口有卅九万之多,本县民食似有不足之虞。今岁五月,全国粮管局在永川采购济渝食米一万五千石,而粮管会当局乃擅自又增派至四万余石,并大势〔肆〕封仓,有一石或数升者,或仅存少许葫麦者,均被查封,甚至勒令穷苦车夫、小贩,均被摊派食米数斗,勒令缴纳,全县粮食搜刮几尽。风声所及,远近骚然,米价飞腾,由十元涨至十六七元之多,市上几成绝米之象。所有东西山煤铁各厂,亦因无米维持,纷纷停业,其他小厂不计外,如永兴、钰鑫、永和三大铁厂均放工停业,以是工人失业者在数千人左右。近城之东山、复兴场、茶园一带已集聚失业之人二百余人,他如大足界之龙永双路铺聚集抢米在五六百人之多,虽经政府派队威胁解散,而隐忧终难消灭。在政府方面,亦无正当办法处理。职会为谋彻底消弭隐患计,用特电请钧会,转函经济部设法救济,使各厂恢复,以谋收纳失业工人,免成流匪,以靖地方。

(二)经济部工矿调整处呈(1942年2月7日)

案奉钧部本年元月二十二日(卅一)职字第零一一三二号训令,以准中国国民党四川省执行委员会函据永川县执行委员会电恳设法救济该县停闭铁厂事,并抄同原附抄电一件,饬酌办。等因。奉此。遵查炼铁工厂等设于永川境内者计有成贤、上川、永荣、永和、永兴、福昌等六炼铁厂。上川因工程设备尚未完成,开工有待。业经前钢铁管理委员会予以协助,向四行贷款三十万元,俾其购备原料,增加设备。福昌经协助完成后开工来久,即以匪患停工,已函该区行政专员公署请予防护。永荣系中国兴业公司钢铁部主办,迄在顺利进程中。永兴、永和近已开工。至于成贤铁厂,则以工程设备简陋,且系独资经营,生营成本过高,而成品品质并不优良,业早停工,近正筹备复工。本处对上开各厂今后自当继续督导协助,使其努力生产,以应军工需要。奉令前因,理合将扶助该厂等经过情形、以及各该厂工作近状,具文呈报,敬祈鉴核备查。实为公便。

  谨呈

经济部

工矿调整处处长翁文灏印谨呈

（原件存中国第二历史档案馆）

6. 万源县总工会等关于民营铁厂倒闭工商失业情形致国民政府呈(1942年4月20日)

  窃籍县位于吾川东陲,岩邑山庄,地瘠民贫,全县民众赖以维持生活者以冶铁生产为大宗,总计有铁厂六十七家。年来因物价飞涨,办厂成本过高,而收买铁板者又复限制官价,因此厂商血本赔尽,毫无余力进行,现经停闭者已达百分之八十以上,下余之少数铁厂虽在勉强进行,亦系苟延残喘,停可立待。当兹抗战时期,冶铁生产上关国计,下系民生,其重要莫可伦比。而籍县此种畸形现象,令人百思而不得其解。兹以工商失业,迫于饥寒,用特检同倒闭铁厂一览表具文呈请钧座鉴核。伏祈体念边民,酌予救济,则籍县民众同沾再造之恩矣。

  谨呈

国民政府主席林

  附一览表一份

万源县总工会理事长 谢 辉

万源县商会主席 冯声高

万源县财委会主任委员 彭子介

万源县民众教育馆长 娄和亮

万源县立初级中学校长 陈茂材

万源县冶制工业同业工会常务理事 高宏声

万源县煤矿工业同业工会常务理事 贺永松

万源县铁器业同业工会常务理事 文守仁

中华民国三十年四月□日

万源县现经倒闭铁厂牌号姓名一览表

场 别	厂 名	经理人	备 考
城守镇	鼎荣成	文守仁	
	鼎盛祥	杨业昭	
	复兴昌	左松云	
	恒泰昌	曾耀光	
	协和	冉希韩	
	协盛公	杨盛明	
	永兴盛	邓子谦	
	恒泰祥	曾烈光	
官渡乡	协和永	马启心	
青花乡	玉鼎祥	蒲正直	
	鼎玉祷	蒲玉生	
	复兴	张书仁	以上计倒闭铁厂共四十八家,各厂每年共产铁约在捌百万至壹千万左右,计铁厂倒闭而失业者约在四万人以上,因每厂约可维持千余人生活。
	兴泰	胡杰村	
	万胜	吴平阶	
	维新祥	王遐龄	
固军乡	新兴源	黄树勋	
	协兴胜	龚子余	
	生生铁厂	朱咸虎	
白沙乡	三义兴	袁天德	
铁矿乡	同兴盛	龚宾如	
	信义公	龙达三	
	义顺源	杨子煜	
旧院乡	秘通	张书毓	
	鑫昌	徐恒山	
	义和福	贺升平	
白羊乡	协兴荣	王勉之	
	复兴公	胡瑷	
	一心诚	王雨林	
	大冶亭	黄宏谟	
石塘镇	实有恒	王子平	
	仁厚永	刘星五	

续表

场别	厂名	经理人	备考
	仁厚福	方应堂	
	两仪生	高武杰	
	集广益	刘伯英	
	复兴永	周诗和	
	太和祥	董成良	
	福星正	王和齐	
	富顺乾	周诗轩	
	新兴	周诗杰	
长坝乡	鼎立祥	王惠之	
	义和公	魏毓齐	
	同心荣	魏沛然	
	同心昌	何占廷	
	信义公	魏坤元	
竹峪乡	大道生	李亚东	
丝罗乡	万达	高元初	
三溪乡	鼎昌祥	陈子方	
合计	停闭铁厂共四八家		

（原件存中国第二历史档案馆）

7. 岳池县棉纺织工业职业工会关于福生宝庄拥纱不发织工破产恳请政府救济呈（1942年8月31日）

窃本会前以福生宝庄违反成约,拥纱不发,职工破产。等情。具呈物资局请其电令发纱救济一案,静候迄今未获批示。究系如何原因,无从悬揣。谨将声明经过,维大府一垂察焉。缘本县棉纺织工业多系贫苦之家赖此以谋生活,自物资统制,洋纱绝源,而一般织户行将歇业。适值广安福生宝庄岳池办事处公布以纱掉布办法,于是依照规定,向该庄声请登记,出具保证,认织棉布者计达一百四十余家,同时推举代表驰赴广安与该庄主任金维淳、朱豁然洽商,毫无异议。讵知织户完清登记手续后,迭经催促,仅领得该庄所发洋纱四十饼、土纱三百余斤,只够十张织机开工之底纱,其余无纱开工者一百三十余家。嗣复几次催发,并由本会遣派代表成长青等,将织成宽布三十二匹,雇力押运至广,实行掉换业务,促其履行源源发纱救济之原议。殊该庄主任是何居心,只将送去之布收讫,仍不发纱。经代表成长青等再四要求,岩延半月之久,仅发十张织机之纱,而其余织户一百三十余家仍然无纱开工,徒唤奈何。本会以该织户等破产堪虞,特向物资局呈请作主,而又久不奉批。第是向该庄登记出具保证之织户胥赖此织造工业维持全家生计,舍此别无生产。故多于登记后雇用工人准备开工,今因该庄违背原议,握纱不发,演成失业之惨,不惟本身上坐以待毙,而所雇之工人又多工资、伙食之消耗,损害之大,诚有不堪设想者。至岳池县办事处主任董鸿儒不忍织户失业,虽欲履行前议,然无权责,终属爱莫能助。如该庄认为纱关重要,不能轻发,亦应于织户登记之时予以拒绝。乃既不拒绝于先,突忽中途违反,设局欺骗,于斯已极。似该庄此种行为,匪〔非〕特影响近代交易间之信用,且大乖大府维系手工业之本旨。本会以织户破产可悯,特此代为请命,仰乞大府俯赐鉴核,准予令物资局迅饬广安福生宝庄暨岳池办事处,按照本县出具保证织户名额源源发纱以资救济,而免失业。伏候令遵。

  谨呈

国民政府主席　林

岳池县棉纺织工业织业工会常务理事　张杰轩

王德轩

赵干卿

中华民国三十一年八月三十一日

(原件存中国第二历史档案馆)

8. 中江县烟业公会及卷烟生产合作社关于苛税摧残卷烟破产工人失业情形呈(1943年5月□日)

(一)卷烟生产合作社呈

  窃查本县卷烟工业向称发达,自抗战以还,经济转变,物价飞涨。所有卷烟必需之叶烟,而本县历无出产,概系商贩自本省新、什、绵各县运售。各卷烟工人不过终日孜孜于技术,藉以维持生活者,男女妇孺不下数万人,往昔尚可勉渡难关。自专卖机关设置以后，所订专卖利益按级课税，遵奉财政部通案，全国一律无问销场售价之畅涩，而税额无伸缩之余地，致使一般贫苦工厂因而倒闭停业者不知凡几，失业工人之呼饥号寒者，比目皆是，形成本县当前之最大危机，隐忧堪虞。谨胪陈如次：

一、货价税额悬殊至巨。查财政部烟类专卖局中江区办事处最初公布之专卖利益，一、二级征税四百元，三、四级征税八百元，其余各级照此递增。以中江卷烟售价而论，一级专利之卷烟每万支连税售价不及八百元，除成本、人工而外，则稀微盈余已成问题，遑言主动性是，致停工歇业者日趋渐众，赖以此项卷烟技术生活之贫苦妇孺因而失业绝生，危机四伏。

二、国产土制各有等差。查财政部订规之专卖利益，凡属烟类均适用其规定。而舶来品之输入，各省国营或官商合办之烟草公司出品，均系机器制造，精良神速而百倍于手工业者，售价又复高于人工卷制之土雪茄烟。今专卖机关不察地方实况，未审出品良窳，拘泥于通案强制，以执行造成倒悬之势。且营贸卷烟者，历有年所，又不遽予改弦更张，其个中艰苦何能言状。

三、鉴别土产、国制分区核税烟类之品名既繁，土产与国制者各异。课税，以平衡为主；收入，以裕库为先。今专卖推行土产、国制，未予划分，致工厂停业者日众，产量数额日减。专利虽较前突增数倍，而实际收入，恐不能与往昔之统税并驾齐驱。拟恳转详有关机关，明白划分土产、国制，按各地各种烟类之市场价格，分区核定税额，俾国库大量之收入，贫苦沾复活之膏露，国计民生两相利赖。

综上各情，不过陈述本县卷烟业艰苦之梗概，其他隐衷地、罄笔难书。兹钧座受命临莅民间之疾苦，上达为题用，敢不避铁钺，缕陈清听，理合具文呈请鉴核，转详有关机关采择施行，以安民命，而利税收。

谨呈

视察员　苏

理事主席朱良心　监事主席程洪九
劳工代表李子　益黄雨亭　王炳照
烟厂代表唐青云　余润生　卜新楷
李文科　周佐轩

(二)烟业公会呈

窃中江地居川西北一隅,因交通不便,工商业随之凋零,较之邻县,自属瞠乎其后。故城市居民大多利用妇孺工人,以有限之资本经营手工土叶卷烟,而工人出卖全家老小劳力,获取区区代价,用维生计至为艰苦。况自抗战军兴,百物昂贵,生活高涨,成本过高,销路疲滞,工商两方更感谋生不易。自卅一年六月,政府为增辟税源,实施专卖以来,既纳统税,复缴专利,资本既属有限,担负又骤增数倍,大多不能维系,相继歇业,与时俱增。各同业以生活所关,迭经呼吁核免税额。职会以政府新颁法令,势在必行,审慎再四,未便据情转恳,只有婉劝同业勉力负担,以应国家需要,体谅时艰,可谓至尽。今忽奉财政部烟类专卖局中江办事处增税训令,领悉之余,寝食难安。当经职会召集同业会议,均以烟业在层层纳税之下,现状已属难维,力主恳请缓增税额,以苏民困,而维生计。职会盱衡社会情形,确属实在,除代表同业列具理由,分别转请财政部烟类专卖局中江办事处及中江临时参议会,呼吁转请缓增税额外,兹值贵视导员莅临本县视察社会行改之便,佥以此为中江社会重大问题为社会秩序所关,谨再历述理由,恳请转呈。分述如次:

1. 手工卷烟非雪茄烟可比。中江土叶手工卷烟,自民念六年开办统税之际,在政府规定征税原为六等,税额过高,同业公会以小本经营负此重税,何能胜任,曾经报请县党部及税务当局,并派代表向财政部陈述疾苦,深蒙曲于体谅,于六等之外另定甲、乙、丙三级。因税额较轻,而中江各牌卷烟大多完纳三级。去年在未实施专卖以前,财部税务署对土叶手工卷烟曾有西式与笔杆式两种规定(仿西式指方烟,笔杆式指圆烟),仿西式税高而笔杆式税轻,与从价征税之规定不符,手工业前途大有障碍,复经中江税务负责人及烟叶〔业〕代表向绵竹分局请愿,即蒙采纳,变通办法。于此可见,中江土叶手工卷烟素蒙政府体谅,确非雪茄烟可比,应请缓征税额,以维商艰者,一也。

2. 税高则销路疲滞,影响税源。查民念九及卅两年为中江土叶手工卷烟极盛时代,计大小厂户五百余家,彼时税额较轻,而每月税款收入达六千余万元。自实施专卖以来,税额倍增,而专利数字又与税额相等(核定十二级,从二百元起码),两相比较,每月应收专利与统税在二百四十余万元。撰诸事实,中江烟类每月收入尚达到百万,其税轻而收入反多,税增而收入反少,其故安在?盖成本高而税额又高,以致销路疲滞,多处被迫歇业。今又提高税额,由十二级固定为四级,则厂家何能担负?势必相率一致停工。生产既成问题,税源益形闭塞,直接有碍工商业之生计,间接断绝国家之财源。权衡利害,不啻天渊。此应请缓增税额,以增加手工生产,充裕税源者,二也。

3. 税轻厂多,税高厂少。查中江土叶手工卷烟,每增税一次,在无形中即减少厂户若干。在过去极盛时代,经税务处登记有五百余家之多,因种种关系,由五百余家减至四百余家,由四百余家减至三百余家,景象萧条可见一般〔斑〕。当去年六月实施专卖之际,经烟类专卖局中江办事处登记,只有二百六十余家,自八至十二月底,始克登记完毕。次奉令推销节约储蓄券,复经职会登记,仅存一百六十余爱。如税额再增,而厂户必再减少,似此税源壅塞,税款收入反不如前,有损国计。此应请缓征〔增〕税额,以维持厂家营业者,三也。

4. 社会问题。查中江廿八年以后,频年灾旱奇重,家产收入不丰,工商因之萧条。每当青黄不接之际,各乡镇饿民遍地嗷嗷待哺,而吃大户、抢青苗之事层见叠出,甚至无食者,或卖妻鬻子;或投水自杀;或悬梁自缢;或饿殍载道,触目伤心,良堪浩叹。惟我城乡附近饿民虽多,而能安靖无事者,实因卷烟工业维护之力。盖城区内外赖此维持生计者,经县府调查在五万人之多,故当窘迫之时,卷烟厂户莫〔不〕尽量接收贫苦妇孺劳工,以维生活,可谓尽到相当责任。值此抗战紧张之际,后方重于前方。社会秩序安定,则抗战之人力、财力始能源源不缺;反之,则因劳工失业,被迫铤而走险。后方治安莫保,前方何能单独抗战?胜败之机,所关匪浅。此应请缓增税款,恢复厂户,以免贫民失业,影响社会秩序者,四也。

5. 卷烟税款贡献国家甚大,当此非常时期,战费、政费、国家开支甚为庞大,自应开辟财源,以备供应,而人民踊跃纳税,固属义不容辞。查中江卷烟业如能恢复原有厂户,则贡献国家税款,每月必在二百万元以上,以年计之,即达二千余万元。以家庭之副业及妇孺劳工血汗之所积,每年贡献数字之大,已超过中江全县。田赋征实之数字,恐任何财团、银行及大规模之工厂,其资本超过若干者,有之,其能贡献国家者,未必有如是之巨。若能减轻税额,则原有厂户势必次第设法恢复,以资培养税源,增加抗战力量,争取最后胜利。此应请缓增税额,培植手工业元气,以期挽回得权者,五也。

6. 中江手工土叶卷烟材料向系仰给外县。查叶烟系会郡所产,距中江二百余里,既无河道,又无公路,纯系旱脚肩运,在产地购货,每担已纳公卖费一百七十元,运回中江,每担运费又需二百余元。在去岁年关,每担未到千元,现在已涨至千九百余元,成本又高,而税额又增加数倍,以有限之资本,当无法进行。应请缓增税客,稍轻担负,而利进行者,六也。

以上六端,确为中江手工卷烟业之苦况,迭经呼吁转恳,虽蒙政府有相当之体谅,然仍百不反一,徒负提倡手工生产建设,加强经济动员之初旨。职会体察时艰,心所为危,难甘缄默,理合具文请贵视导员察核。恳予转呈四川省政府社会处黄处长鉴核,准予转咨社会部,转咨财政部转令烟类专卖局,参酌部颁法令及中江实际情形,准予令饬中江办事处查照,维持原案,暂缓增加税额。庶于国家之法令无背,于民生两相兼顾。抗战前途实深利赖,迫切陈词,不胜屏营待命之至,实沾德便。

谨呈
四川省政府社会处视导员　苏

中江县烟业公会理事长　王质诚
常务理事　刘砚群
何聚文
周梓元

（原件存中国第二历史档案馆）

(二)农业

概　况

1. 灌威茂松筹设林场(1937年11月)

建设厅长何北衡,以都江堰及其上游松潘、茂县、理番等地之岷江流域,沿岸沙泥疏松,筑堤难坚,故时有冲溃之患。曾将沿岸造林计划呈准省府。刻已令委林宝恕赴灌,在灵严山下,竹林寺一带,划地造林,名为四川省第一林场,林宝恕为场长。现已辟地约二百亩,尚在继续开辟。据林场长言,本年至少须育成苗木五十万株,逐年增加,一二年之后,即可在沿岸造林。预计五年,必有成绩。

又,当局为保障水利计,决在灌境设第一林场;威州设第二林场;茂县设第三林场;松潘设第四林场。第二、三、四林场即将陆续创办云。

(载于民国二十六年十一月《四川月报》第十一卷第五期)

2. 乐山县农民所得所付物价指数(1942年)

(一)乐山农民所得物价指数

(二十六年平均＝100)

(加权综合法)

单位	基期价格	权数	基期价值	物品
				一、食物作物
市石	4.17	0.120	0.500	稻
市石	8.04	0.152	1.222	小麦
市石	7.04	0.004	0.028	大麦
市石	8.21	0.076	0.624	玉米
市石	10.29	0.003	0.031	蚕豆
市石	10.54	0.002	0.021	豌豆
			2.426	类总数
				类指数
				二、油料作物

续表

单位	基期价格	权数	基期价值	物品
市石	9.79	0.429	4.200	菜子
市石	11.88	0.019	0.226	黄豆
市担	9.58	0.352	3.372	花生
			7.800	类总数
				类指数
				三、工艺作物
市担	0.64	0.040	0.026	甘蔗
市担	21.58	0.150	3.237	叶芋
			3.263	类总数
				类指数
				四、牲畜
只	13.71	0.820	11.242	猪
只	0.48	0.200	0.096	鸡
			11.338	类总数
				类指数
				四、畜产品
十个	0.21	0.734	0.1541	鸡蛋
			0.1541	类总数
				类指数
			24.982	总和数
				总指数

(二)乐山农民所付物价指数

甲、生产类

（加权综合法）

单位	基期价格	权数	基期价值	物品
				一、种苗
市斗	0.42	0.330	0.139	稻
市斗	0.80	0.010	0.008	小麦
市斗	0.70	0.004	0.003	大麦
市斗	0.82	0.040	0.033	玉米
市斗	1.03	0.380	0.391	蚕豆
市斗	1.05	0.030	0.032	豌豆
市斗	1.19	0.040	0.048	黄豆
市斗	0.98	0.001	0.001	菜子
市斤	0.10	1.290	0.129	花生
			0.777	类总数
				类指数
				二、肥料
挑	0.130	0.130	0.017	大粪
市担	3.190	0.050	0.160	油菜枯
			0.177	类总数
				类指数
				三、农具
架	1.88	0.040	0.075	犁
把	0.58	0.320	0.186	锄
把	0.27	0.040	0.011	镰刀
挑	0.45	0.240	0.108	箩筐
张	0.44	0.480	0.211	晒毯
挑	0.34	0.050	0.017	粪桶
根	0.10	0.060	0.006	扁担
个	3.38	0.020	0.068	风车
架	2.88	0.020	0.058	水车

续表

单位	基期价格	权数	基期价值	物品
			0.738	类总数
			0.680	类指数
				四、役畜
只	31.08	0.070	2.176	水牛
只	20.75	0.050	1.038	黄牛
			3.214	类总数
				类指数
				五、饲料
市担	0.25	0.060	0.015	谷草
市担	—	0.430		米糠
			0.015	类总数
				类指数
			4.920、4.862	总和数
				总指数

(三)乐山农民所付物价指数

乙、消费类

(加权综合法)

单位	基期价格	权数	基期价值	物品
				一、食物
市斗	1.07	45.120	48.278	米
市斤	0.15	51.000	7.650	猪肉
市斤	0.09	1.900	0.171	牛肉
市斤	0.25	8.400	2.100	菜油
市斤	0.19	12.900	2.451	猪油
市斤	0.10	30.700	3.070	盐
市斤	0.13	9.400	1.222	红糖

续表

单位	基期价格	权数	基期价值	物品
市块	0.05	0.360	0.018	豆腐
市两	0.04	5.000	0.200	花椒
			65.281	类总数
				类指数
				二、衣着
市尺	0.05	12.300	0.615	白土布
市尺	0.11	0.300	0.033	白洋布
市尺	0.06	21.300	1.278	毛蓝布
市斤	0.40	0.200	0.080	棉花
顶	0.44	0.400	0.176	瓜皮帽
双	0.44	1.400	0.616	布鞋
双	0.21	1.600	0.336	洋袜
			30128、2.792	类总数
				类指数
				三、燃料
匣	0.01	20.000	0.200	火柴
市斤	0.27	1.300	0.351	桐油
			0.554	类总数
				类指数
				四、杂项
条	0.22	1.700	0.374	毛巾
市两	0.03	4.900	0.147	丝烟
市斤	0.22	13.200	2.904	叶芋
盒	0.06	1.200	0.072	纸烟
刀	0.10	0.750	0.075	草纸
块	0.12	0.700	0.084	肥皂
			3.618	类总数
				类指数

续表

单位	基期价格	权数	基期价值	物品
			72.904、72.568	总和数
				总指数
			二十六—三十年四月：38.912 三十年五月：38.854 十三年六月起：38.518	农民所付总和数
				总指数

材料来源：四川省统计处根据上报材料编制。

3. 四川主要农产品年产价值（1939年12月16日）

（成都十四日电） 川省主要家产品年产价值，据川农业改进所统计，共为1176495000元。计皮革：2315000元；橘柑：4050000元；茶叶：4075000元；蓝靛：2315000元；羊毛：4603000元；猪鬃：482000元；丝：20000000元；芋叶：27675000元；棉：57400000元；桐油：65000000元；蔗糖：98700000元；麦：166700000元；稻：716655000元。

（载《中央通讯社参考消息》1939年12月16日，原件存中国第二历史档案馆）

4. 四川省主要农作物种植面积、产量统计表（1945年）

（一）种植面积

作物种类	二十七年	二十八年	二十九年	三十年	三十一年	三十二年	三十三年	三十四年
冬季作物								
小麦	19337	16529	15162	16800	20139	17890	17210	17287
大麦	11018	10945	9481	9681	9846	9485	10051	9665
燕麦	—	1246	1162	1232	1019	1037	1063	1082
冬荞		987	982	736	1028	805	880	846
青稞	—	395	474	453	508	319	373	419
蚕豆	7516	9217	8751	9313	9229	9217	9765	9233
豌豆	10302	10300	9115	9661	9574	9774	9503	9210
油菜籽	7477	8366	12558	8908	6758	6795	6957	6526

续表

作物种类	二十七年	二十八年	二十九年	三十年	三十一年	三十二年	三十三年	三十四年
苕子	1428	1210	1422	1449	1232	1398	1190	1546
夏季作物								
籼稻	42110①	34459	24887	28379	20353	28269	28097	29068
糯稻	—	3547	3300	3072	3296	3189	3067	3199
玉蜀黍	11540	13233	12157	13963	13487	12749	13690	13117
高粱	3882	4406	4782	4036	4486	4537	4974	5039
黄豆	5576②	4087	4250	3557	3775	3783	3233	3399
绿豆	—	1899	2190	1899	1758	1887	1561	1761
红苕	12883	10950	9182	10606	10402	9602	9186	9475
洋芋	81	860	797	784	785	621	854	1051
花生	554	1400	1637	1506	1575	1556	1447	1489
芝麻	118	806	1038	761	803	671	771	821
棉花	2812	2757	3965	2404	2226	3210	3287	3331
甘蔗	1388	1226	1490	958	720	841	939	922
伏荞	488	421	426	285	271	271	276	414
小米	84	348	319	293	350	352	348	256
叶烟	57	933	1020	902	777	736	827	925
麻	41	333	383	344	317	270	297	294
饭豆	—	53	80	703	660	717	606	602
蓝靛	35	50	82	216	227	244	322	391

注：二十七年夏作中籼稻42110千市亩包括糯稻种植面积在内；二十七年黄豆5576千市亩中包括绿豆种植面积在内。

(二)收成当十足年百分比(略)

(三)产量

单位：千市担

作物种类	二十七年	二十八年	二十九年	三十年	三十一年	三十二年	三十三年	三十四年
冬季作物								
小麦	37734	26056	21684	22121	31758	25191	26380	24255
大麦	19623	13409	10495	9878	11951	10483	11821	10427

续表

作物种类	二十七年	二十八年	二十九年	三十年	三十一年	三十二年	三十三年	三十四年
燕麦	—	1407	1100	1090	1052	1013	1057	1069
冬荞	—	952	777	551	941	747	788	646
青稞	—	587	688	641	803	438	586	596
蚕豆	10679	11772	8748	10074	10228	10377	11487	9428
豌豆	15854	13941	9707	10013	11093	10741	10974	9701
油菜籽	8791	7883	10928	6566	5697	5764	6079	4777
苕子	—	—	1049	960	1022	1056	974	1073
夏季作物								
籼稻	123573	131729	60718	77614	82763	78172	95466	98151
糯稻	8717	11602	7885	6780	7488	7621	8986	9466
玉蜀黍	14430	26080	17717	21149	22767	19719	27513	25046
高粱	4235	9159	8731	7473	8112	7318	10080	9739
黄豆	4464	6052	5077	3371	4339	4059	4363	4597
绿豆	—	2065	1656	1199	1332	1393	1529	1752
红苕	78102	51208	46343	58957	47319	47248	51734	54148
洋芋	285	3159	2663	2564	2571	2129	3446	3707
花生	726	2265	2573	2367	2196	2081	2310	2229
芝麻	47	452	547	410	320	301	388	430
棉花	449	410	319	210	215	318	354	358
甘蔗	41258	17106	23432	14115	9288	11542	15004	13307
伏荞	296	323	268	215	180	212	229	334
小米	—	362	306	274	349	324	327	281
叶烟	—	1425	1306	953	884	923	1084	1206
麻	—	407	420	345	302	288	344	383
饭豆	—	—	—	574	526	639	614	600
蓝靛	—	—	—	728	678	813	1165	1526

材料来源：根据农业改进所统计室造送编制。

5. 四川省牲畜数量统计表（1945年制）

单位：千头

年别	水牛	黄牛	马	骡	驴	猪	羊	鸡	鸭	鹅	兔
二九年	3338	2221	318	154	71	16522	4373	30951	12273	1404	4474
三〇年	2878	2227	405	176	46	15312	5038	20261	11424	1323	3611
三一年	3328	2286	245	94	44	15574	4959	28566	11432	1162	3060
三二年	3311	2454	415	179	77	15141	5200	28779	11506	1472	4255
三三年	3187	2937	509	294	126	16074	6307	29036	12423	1957	5916

材料来源：根据农业改进所统计室造送材料编制。

（原件存四川省档案馆）

农业金融

1. 四川农田水利贷款会派员查勘水利工程（1938年3月）

四川农田水利贷款委员会，为积极推动兴办农田水利起见，已商请导淮委员会派顾问许心武及工程师、测量员等多人，前往查勘新津、彭县、眉山，整理通堰工程，及绵阳双合场，遂宁、潼南、安岳之安居河，阆中七里坝，射洪大榆坝等灌溉工程。现正由导淮委员会组织测量队前往测量、设计，以便提前兴工。农贷委员会除派工程师刘乃桐随同许顾问等查勘以上各县外，并往三台、中江、盐亭、仪陇、苍溪等县查勘灌溉工程。另派工程师吴沐往绵阳、绵竹、梓潼、剑阁、昭化、江油、彰明、安县、广元等县查勘；派工程师文水绥往隆昌、荣昌、内江等县查勘；派工程师段毓云往武胜、璧山、蓬安、南川、綦江、巴县、江北、合江、合川、岳池等县查勘；派助理工程师陈兆龙往安岳、乐至等县勘查。并为节省时间起见，对于以上各县较小工程，先行贷款，即由所派工程师指导兴工，再行补具各项手续。其较大工程，仍须经过正式测量、设计，方可拨款兴办。

又，行营以川省本年须增加粮食产量三分之一，以应需要，现拟将农田水利贷款委员会改组，将基金增为四百五十万元，邀农本局参加，并补助基金三百五十万，以便扩大办理全川农田水利事宜。至该会委员，亦已内定左应时、宋文田、徐仲迪、盛绍章等，即以左应时为主任委员云。

(载于民二十七年三、四月《四川月报》第十二卷第三、四期)

2. 四川农合会筹设各县合作金库计划纲要(1938年5月)

甲、原则

一、求农村资金借贷合理化；

二、吸收农民资金；

三、建立农民自有、自营、自享之金融制度；

四、统一农村贷款方式。

乙、办法

一、各县合作金库依据实业部颁布之合作金库规程办理之。其已成立之各县合作分金库，则依该项规程变其名称及组织。

二、各县合作金库之股本总额，每县定为国币十万元。先由所在各县合作社及合作社联合社尽量认购，不足之数，由省合作金库或当地政府及其他不以营利为目的之法团认购提倡股本。

三、前项提倡股本，以后由合作社及合作社联合社逐渐增股收回。

四、各县合作金库业务区域内之合作社及合作社联合社借款事宜，由各县合作金库直接办理之。

五、各县合作金库之业务进行事项，除省合作金库与农本局合办者，应照合约办理外，悉由省府合作金库秉承省合委会之意旨，指挥监督之。

丙、步骤

本省幅员辽阔，交通不便，欲于最短期间，普及全省各县合作金库，就人力、财力而言，势所不能。兹应合作事业发展上之需要，权衡缓急，定分区推行之县份如左〈下〉：

第一期(自二十六年十二月一日起至二十七年六月三十日止)推行县份计十五县(其已设有分金库者，着手改组)：达县、灌县、合川、遂宁、三台、新都、威远、丰都、宣汉、南川、南部、巴中、永川、万县、南充。

第二期(自二十七年七月一日起至同年十二月三十一日止)推行县份计

十五县:简阳、温江、阆中、绵阳、眉山、西充、乐山、广元、南充、邛崃、涪陵、郫县、綦江、奉节、广安。

第三期(自二十八年一月一日起至同年六月三十日止)推行县份计十五县:金堂、南溪、江津、资阳、荣县、广汉、什邡、崇庆、雅安、崇宁、资中、宜宾、泸县、成都、华阳。

第四期按合作事业之进展,成立其他各县合作金库,逐渐普及全省。

(载于民国二十七年五、六月《四川月报》第十二卷第五、六期)

3. 四联总处为松潘绵羊生产贷款事给成都分处代电(1940年5月29日)

蓉分处览:

查四川省农业改进所函送松潘绵羊生产贷款实施计划,经提奉本总处第30次理事会,决议:"(一)贷款总额40万元,各行局合同放,由川省府负责保证;(二)一切购货、运输、换羊等工作统由农业改进所负责办理。由代表行中农行派员稽核;(三)还款期限可至借款之第二年起,分四年摊还。即第二年还十分之一,第三年还十分之二,第四年还十分之三,第五年还十分之四。每年全部利息应予结清"等语。记录在卷。特此电知。并抄发原计划书一份〈略〉,盼即遵照,就近洽办,具报为要。

秘书处。艳。渝。文。印。

4. 成都四联分处为四川农业改进所以国库补助费作抵透支贷款致总处请示电(1940年11月22日)

重庆。四联总处:

联密。四川省农业改进所本年度开办桑苗圃及种棉防疫等事项目,据称已奉行政院第473次会议通过,国防最高委员会核定由中央补助一百一十五万元,刻已领过一十五万元。惟各该事业均须乘农时举办,而应领经费,按期请领缓不济急。拟请以前项补助费一百万元向四行作抵,透支三十万元。各等语。查该所称各项事业须乘农时举办确属实情。前项补助费系由农林部领发。可否准予照办？祈电示遵办。

成都分处

5. 成都四联分处四川省农业金融促进委员会检发县农业金融促进委员会组织通则函（1941年1月15日）①

案奉四联总处阳渝农代电，内开：查本总处前为推进农贷（照录原文至），即希查照办理具报。等因。查本会业已遵电组织成立。关于各县农业金融促进委员会，亟须筹备组织，克期成立，以资推进。除分函外，相应先行检附县农业金融促进委员会组织通则一份函达。查照。会同当地县党部青年团分团部、县政府青年团分团部、县政府、县党部暨组织通则内第二条规定之各行局代表各机关负责人员，从速组织，并将当然委员及聘请委员名字报会，以凭核转为荷。

此致

各县县长

各县党部书记长

各县青年团分团部书记

四联成都分处
四川省农业金融促进委员会

附：

县农业金融促进委员会组织通则

第一条 中国交农四行联合办事总处为改进农业金融起见，设县农业金融促进委员会。

第二条 本会设委员若干人，除县党部书记长、青年团分团部书记、县长、四行及农本局代表、地方农业金融机关、县合作指导机关及县农业改进机关负责人员为当然委员外，另由四联分处聘请委员一人至三人，报请四联总处备案。

第三条 本会设正、副主任委员各一人，由省农业金融促进委员会就委

---

①该日期为拟稿日期。

员中指定之。主持本会事务,并报请四联总处备案。

第四条　本会每月开会一次,遇必要时,得召开临时会,均由主任委员负[责]召集之。

第五条　本会开会时,得临时邀请有关人员列席。

第六条　本会之职掌如左〈下〉:

(1)关于推进农贷办法事项。

(2)关于调查农村经济事项。

(3)关于改良农村生产事项。

(4)关于促进农民组织事项。

(5)关于辅导农民团体事项。

(6)关于宣传农贷办法事项。

(7)四联分、支处及省农业金融促进委员会,交办及咨询事项。

(8)本会委员建议事项。

第七条　本会决议事项,应报请四联分处或支处及农业金融促进委员会备案。

四联分处或支处及省农业金融促进委员会,对于前项决议事项,得修改之。

第八条　本会设秘书一人,由主任委员就当地农贷机关代表中指定一人兼任之。

第九条　本规则经四联总处理事会通过施行。修改时,同。

6. 四联总处视察四川省农贷报告书(选录)(1942年8月)

第一章　总述

第一节　组织及行程〈略〉

第二节　贷款事业之概况

四行局在四川全省农贷数字,截至本年四月底止,总计贷出额为二亿五千一百一十五万余元,结余额为一亿七千二百六十五万余元。其中以合作贷款占最大成数,约为85.20%,农田水利贷款次之,约为13.60%,农业推进贷款最小,约为1.2%。此次视察所经各县,贷款均相当普遍,亦即四行局在川省农贷事业比较集中之区。

兹就视察所及,将有关贷款事业之各种情形,概述于次:

一、合作贷款事业

对于各种合作社之贷款,一部分由行局直接贷放,一部份系透过各县合作金库,由金库转放于合作社。而各种合作社之组织管理,则由地方合作行政指导机关负责办理。关于合作事业进展之状况,此次系就三方面视察,即:(1)为合作行政,(2)为合作金库,(3)为各种合作社。

地方合作行政机关,省设合作事业管理处,主司全省合作社之组织、登记、训练、指导等事。县合作行政,特设县合作指导室专管其事,每县合作指导员一二人至七八人不等。其主要任务,为下乡实地指导各合作社之组织,及社务业务之经营。目前因各县合作行政经费之困难,指导员待遇之菲薄,旅费缺少,实际下乡指导工作,多陷于停顿。省合作事业管理处有鉴于此,正在积极设法调整之中。各县合作指导人员颇有能刻苦耐劳,对于合作事业多感兴趣者,苟能使其安心工作,普遍造成风气,则各种合作社之质量自然日渐提高,于贷款事业当便利不少。

各县合作金库之股本及其运用资金,几全部为行局之提倡股及透支款。合作社认缴股金均甚微少,存款亦不甚多。金库主要人员,多由辅导行派充,其性质有类于银行之分支行处,然依其组织,辅导行并无完全之管理权。故各县合作金库之组织,未甚健全,弊窦自亦难免。物价高涨以后,金库支出日益增多,年来几无一库不遭亏损。

合作社之发展,各县颇不一致。此次视察各县中,多者已成立八百余社,少者仅数十社。各社社员数,有多至数千户者,亦有社员仅数人者。现在新县制合作组织,正在积极推行之中,将来各种合作社之数量,自有普遍增多之趋势。合作社之组织,过去几全为信用社,近来新成立者,则以生产运销消费社较多。就各个合作社之社务、业务考察,经营合理健全者,尚不甚多。大概有一二热心公正者,主持其间,社务比较上轨道,业务亦能相当开展,否则非有名无实,即为地方土劣所把持,合作徒具虚名,社员未能蒙受实利。

因此，银行对于合作社之贷款，自不能不有所选择。就此次视察之统计，放款社数约占总社数百分之六〇强，大致堪称妥当。惟合作贷款之用途，殊难切实稽考。盖合作社在其申请借款时，所填申请书表上注明之各种借款用途，固未必完全确实。待各个社员实际运用借款时，亦未必能照原定计划，暂时不移作其他用途也。然就一般情形言，仍以用于农业生产方面者为多。

二、农田水利事业

对于农田水利事业，上年四行局贷款一千七百万元，兴修新旧工程，计大型堰渠十五处，小型塘坝一千余处。嗣因三台、遂宁、洪雅、峨眉等处工程尚未完工，工料费用高涨，原计预算，已不敷用，本年春，复增拨贷款九百万元。水利局亦积极努力昼夜赶工，所有各处工程，均得于五六月间一律完工放水。在本团视察时，除小部分零星工程，尚在整理修筑者外，主要建筑物，大致均已完成。已经灌溉田亩面积约计七十余万亩，以后陆续整理，灌溉面积自可逐年增加。依照预算估计，可能灌溉面积，总计可达二百五十余万亩。四川省水利局现仍注全力于农田水利事业。一切设计规划，以及各工程处工务所之工作，均称努力。经全部勘察测量设计完毕之工程，凡十余处。川省府已决定以上年征实超额三千余万元，全数拨作兴办农田水利事业之用，水利局拟以省款兴修一小部分，而大部分工程仍拟贷款举办。此项设计，除工程浩大或材料困难之处所，应详细斟酌外，其余似宜及早决定，洽定贷款新约，积极进行，使川省农田水利事业得继续有更大之发展。

三、农业推广事业

农业推广贷款，过去为数无多，上年仅有四川农业改进所等贷款一百余万元，为推广早粮种子、收购麦种、棉种、制造骨粉及繁殖绵羊等之用。

四川农业推广机构，省设农业改进所主司其事，各县有农业推广所之组织。省农业改进所颇具规模，分设场所亦复不少。其各种改良种子、牲畜及药剂、肥料，在研究试验时，均属相当成功。惟实际推广成绩，或因数量过少，推而不广；或因农民守旧及其他原因，推而不动，成绩自然未免逊色。至各县农业推广所，因经费缺少，人力薄弱，多数似形同虚设。

第三节　农贷之得失〈略〉

第四节　今后之农贷问题〈略〉

第二章　合作贷款

第一节　贷款机构及其工作

本团此次视察之各县，其农贷办理方式，可分三种：（一）行局直接办理贷款者，有内江、资中两县。（二）行局辅设合作金库贷款透过合库者，有成都、灌县、郫县、广汉、金堂、绵阳、三台、射洪、遂宁、乐至、温江、眉山、夹江、洪雅、璧山等十五县。（三）省库辅设县合作金库，由行局供给资金者，有峨眉、乐山两县。以上三种机构，农贷人员配备及工作情形，概约如左〈下〉：

一、行局直接办理

内江、资中及其邻近之简阳、资阳、荣昌、隆昌等四县，自二十六年起，划为中国银行贷区。中行于内江设有支行，受渝分行之管辖，办理辖内六县农贷。另于资中等五县份，设有中行办事处。内江支行农贷，系置专员一人，各县置主任辅导员一人，辅导员或助理辅导员五人至十人，分任外勤工作，内勤工作另有专人办理。现六县外勤人员共有四十四人，内江一县计占九人，该县全县划分为九区，每区设中心工作站，城厢区由主任辅导员兼管，其余八区，各派辅导员或助理辅导员一人，常住中心工作站，办理区内各社业务之辅导，及贷款调查、监放、复查等工作。每一区辅导员，辅导社数，多者为四十四社，少者为二十社，平均约为三十社。如以贷款数额计算，截至三十一年四月底止，中行在内江县贷款结余为二千二百八十七万六千元，平均每一辅导员，负责办理之贷款数额为二百五十四万一千七百七十元（详参考资料二十九）。就一般情形言，中行办理农贷，人员充实，对于辖区内合作社之业务，具有明确清晰之认识，对于贷款调查监放复查等工作，颇能认真办理。惟以中行工作人员与县合作指导室人员，双方联系未尽密切，地方情形较为复杂，感情难尽臻融洽，致各社社务、业务之辅导工作，未能彻底执行。

二、行局辅设县合作金库

灌县、郫县、成都、绵阳、温江、眉山、夹江、洪雅等八库，原由川省库辅导设立，广汉、金堂、遂宁、三台、射洪、乐至、璧山等七库，原由农本局辅导设立。在三十年度中，各库先后移归中国农民银行接收辅导，认购全部提倡股本，并供给透支资金。（原有省库辅导各库，省库搭放透支资金一成，农行供给九成，双方定有九一搭放协定。）农行现行辅导办法，系划川东、川西两管辖区，每一管辖区，按地址、交通及机关分布情形，复划分为若干辅导区。以渝行为川东管辖行，蓉行为川西管辖行，各办事处为区辅导行。管辖行设有农贷股，辅导行处设有农贷员。上述十五库中，属于川东管辖区，由渝行直接辅导者，有璧山一库。由南充办事处辅导者，有射洪、遂宁、乐至三库。属于川西管辖区，由蓉行直接辅导者，有成都、灌县、郫县、温江、广汉、金堂六库。由绵阳办事处辅导者，有绵阳、三台两库。由乐山办事处辅导者，有眉山、夹江、洪雅三库。惟绵阳合库，农行以其与绵阳办事处同在一地，业已实行行、库合并办公。

各库组织，理监事由农行派驻或聘任，工作人员由农行委派，函请理事会任用。除三台一库现尚有工作人员八人，金堂库设有分理处一处，共有工作人员六人外，其余各库多为三人至四人（详参考资料四）。本库视察各库时，有郫县、乐至、温江、眉山四库缺少营业员，夹江一库缺少会计员，眉山库经理请假离县。各库人员一方面须应付日常存汇业务（各县合库业务概况详附件四、五、六），一方面须办理贷款事宜，各库于合作社申请贷款拥挤时，为便利贷款之监放，多利用各乡镇之场期，同期发放数社之贷款。贷款社数最多为绵阳库，计三百六十五社，三台次之，计三百一十五社，射洪再次之，计二百九十七社，最少者为洪雅库，计六十三社。余多在一百至二百社之间。贷款金额最高者为金堂库，计一百七十六万四千九百四十八元（截至本年四月底）。最低者为璧山库，计十八万零九十元（截至本年五月底）。十五库贷款，总计为一千一百三十四万零二十五元。平均每库约占七十五万六千元。其中仅少数合库，能切实认真办理贷款调查、监放等工作；人员亦能不拘职位，轮流下乡；对于合作社之业务情形，比较明了。至于各库审核贷款手续，尚不一致。原由农本局辅设之各库，合作社均系直接申请借款，由库径行调查审核贷放。原由省库辅设之各库，合作社申请借款，系由县合作指导室核转，尊重指导室之审核意见居多。此习惯上办法不同之处，合库与社员社之关系，及贷款用途之核放与监督，在程度上亦因之颇有差别。

就各库一般工作情形而论，以广汉、金堂、射洪三库较佳，遂宁、成都两库新调经理尚未到职，工作极待整饬。乐至库经理，对于合库业务殊欠熟悉。眉山库情形最劣，该库自三十年六月发生舞弊案后，赃款虽已追回，但地方人士及各合作社对之不免减低信仰。

（以上各县合库情形详参考资料九至五十）

三、省库辅设县合作金库

峨眉、乐山两库，系由省库认购提倡股本辅导设立，由交通银行与省库按九一搭放比例供给透支资金（交行九成，省库一成）。两库组织，大致与上述十五库同，惟未依法向县府办理登记手续，理、监事会亦从未举行会议。按川省库于全省先后辅设县库有七十七库，内有六十七库已于三十年度中分别移归中国（六库）、中农（六十一库）两行接收辅导；其尚未移交仍由省库自行辅导者，仅交行贷区十县库。交行以投资关系，派有会计员驻库办公；然因无完全之辅导权，对于各该库之业务及贷款，仅能作消极之控制，未便作积极之管理，一般情形不免常感脱节。峨眉一库，为本团视察十七库中，过期贷款占全部贷款额百分率最高，贷款纠纷最多，以及地方舆情对合库业务经营最不满者。乐山库情形稍佳。（以上各库情形详参考资料五十一至五十五）

第二节　合作行政〈略〉

第三节　合作事业〈略〉

第四节　贷款概况

一、数字比较

截至本年四月至五月份，统计视察所经之十九县，贷款总额为四千八百四十万零一百七十五元（详附件四）。内中行贷放之资、内两县贷款，共计三千五百十一万一千元，占十九县总贷额72.54%。农行辅设灌县等十五县合库贷款，共计一千一百三十四零二十五元，占总额23.43%。省库辅设之峨眉、乐山两库（交行贷区），共计一百九十四万九千一百五十元，占总额4.03%。资、内为战时后方主要糖产区域，与自贡盐区均具特殊性质，非他县普通情形所可比拟，贷款数量特巨，自非偶然。其余各县贷款最高者，约近二百万元,最低者不及二十万元。贷款在一百五十万元以上者,有金堂、乐山两县。在一百万元以上一百五十万元以下者,有绵阳、广汉两县。在九十万以上一百万元以下者,有郫县、三台、乐至、夹江、温江等五县。其余灌县等六县,均在五十万元以下。就大体言之,以上十七县,虽种种情况不同,贷款推进进度,相差尚非悬殊。就贷款性质言,资、内两县贷款,属于蔗糖生产、加工、运销及利用设备者,约占95%以上,信用放款不及5%。其余各县情形,均属相反,大多数信用放款占贷款总额90%以上,用于特产产销贷款者,寥寥无几(参见本章第七节)。绵阳一县,在三十年度中贷出者,有消费业务(乡镇社)贷款二十余万元,占全部贷款约20%。

十九县贷款总额四千八百四十万零一百七十五元之贷放社数,计三千一百六十三社(缺成都一县,详附件四)。贷款社数,约占现有总社数62.89%。未贷款社数最多者为三台,计五百五十一社。其次为遂宁,计二百十社。再次为资中,计一百九十三社。如按百分率计算,各县贷款社数仅占已有社数之比例,则最低者为璧山,贷款社数仅占已有社数23.37%。其次为峨眉、三台及遂宁,各为36.23%,36.37%,及38.59%。再次为夹江及乐山,各为47.20%及47.96%。绵阳贷款,最为普遍,已成立社数为三百六十六社,贷款社数为三百六十五社(参见本节),仅一社尚未贷款。各县中合社未贷款之原因,除因(1)组织欠健全,社业务为少数人操纵。(2)业务停顿,尚待整理改组。(3)信用欠佳,挪用贷款延不清偿。(4)社员认为贷款额度太低,或其他原因,不愿申请贷款者等外,亦有因三十年度贷款机构停顿,或贷款紧缩,资金不足以应需要而未贷款者。三台县迭经向农行申请增贷,未贷款社数最多,情形较可注意。该县位于川北,人口众多,小自耕农及半自耕农占大部分,土地远不及川西及川南饶富,干旱频仍,农民生活甚苦。二十八年及三十年该县大量推动合作组织,请求农本局大量贷款。农本局亦曾注重该县贷款之推进,派赴三台合库工作人员,最多时达二十四人。徒以该局资金不足,仍未能大量放款,适应农需。三十年合库转移辅导,工作一度停滞。本年度农贷,又趋紧缩,贷款不能大量增加。最近贷款额虽可达二百万元,惟以三台合作社数量之多,社员之众,物价之昂,实际上仍感不足。

二、贷款办法

各县贷款办法，均能遵照四联总处规定贷款办法纲要及准则办理。信用贷款期限大多为一年及十个月，间亦有六个月、八个月者。产销贷款则因产品生产、加工、运销，经历时间长短不同，贷款期限差别较巨。最长者为资、内蔗糖生产贷款，期限定为一年半，最短为乐山之蚕丝产销贷款，至长三四个月（如蚕丝销售发生问题，自又不同），惟每年须贷放春秋两季贷款。川西各县美烟产销贷款，期限原定为一年，以销售问题，本年多延期数月。

合库放库利率月息一分，行局直接放款利率为月息九厘（均包括合作行政补助费一厘）。但有少数县份之合作社，对于三十年度贷款增息一厘之用途，似尚未甚明了。

社员贷款额度，各地相差颇巨，惟贷额不敷，各地均有要求增贷之举。资、内贷额最高，本年度蔗糖生产贷款，每一社员贷款最高额度为一千元以上。乐山、峨眉及成都附近各县，每一社员贷额为二百至三百元。川北各县多为一百至一百五十元。而绵阳各社，每一社员平均贷额四十五元，为数最低，此因新制保社社员之增加，贷款受紧缩政策之限制，致三十年度平均每一社员贷额为八十元，本年竟减低至四十五元，亦有最低只贷二十元者。以现在物价之昂，此极少数额之贷款，何济于事。恐无法用于生产，反增各社员之无谓消费，似亟应由贷款机关与行政机关，双方切实商洽改进者也。此外中行在资、内蔗糖生产及加工贷款，按资金之实际需要时期，规定分两次至三次贷放。温江等一部分合库，对于各社贷款，实行整借零还办法，均为贷款办法中之可取者。

三、过期贷款

十九县贷款总额四千八百四十万零一百七十五元中，过期尚未收回之贷款，总计为四百四十三万四千四百五十四元，占总额9.16%。过期未还贷款社数，共为七百三十二社，占贷款社效23.14%。分别言之：各县过期贷款占贷款额百分率，最高者为峨眉，计54.46%；其次为三台，计31.71%；再次为灌县、遂宁，各为24.70%及22.95%。过期社数占贷款社数之百分率，最高者为灌县，计77.80；其次为三台及峨眉，各为66.35%及64%；再次为资中、眉山、遂宁,各为37.65%,32.73%,32.53%。各社信用最佳者,首推射洪,本年度中毫无过期贷款。此种情形当归功于合作组织基础健全,及指导人员合库工作人员工作均甚努力之结果。其次为内江,过期贷款为贷款总额之1.30%,过期社数为贷款社数之0.95%。再次为郫县,过期贷款所占百分数为1.41%,过期社数所占百分数为5.77%。

过期贷款原因,约有下列数种:(1)少数人操纵把持,作有计划之挪用贷款。如资中县联社之挪用各社贷款是。(2)合作社组织太不健全,贷款为少数人把持利用,或职员舞弊延不还款。如峨眉、眉山及资中之一部分过期贷款是。(3)合作社组社时人选未加考虑,致为地方土劣操纵,故意延不还款,以图肥己。如峨眉、眉山、夹江、温江、璧山、金堂等县之少数过期贷款是。(4)一般合作组织基础欠佳,未养成良好信用风气。如灌县过期贷款数额所占百分率计24.70%,并非最高,如过期社数则占贷款社数77.80%(贷款一百零八社,过期八十四社)。显示各社多有过期还款之恶习。灌县与郫县为邻,俗习颇似,但郫县因合作社组织较有基础,历年信用良好,而灌县则反是。足证合作组织之良否,与贷款信用有绝大之关系。(5)因紧缩贷款或停止贷款,致引起各社误会。认为还款后,不能再获得借款,或还款而保留一部分尾数,以备扣抵认购合库之股金者。如三台、遂宁过期贷款多属之。两县过期贷款金额所占百分率均非常高,而社数特多,且每社均有尾欠,此由于一度停止贷款所致。至于合作组织未臻健全,过去合库工作人员催收不力,亦有以致之。

除上述各种原因外,由于灾害、产品滞销、经营业务未能获利等情形而延期还款者,尚不多见。过期还款中以三十年及二十九年放出者最多。在二十八年以前放出之旧欠,仅少数地方有之,为数亦甚微,倘就过期贷款中约略估计,整个十九县贷款呆账数额,至多当不超过总贷额11%。盖大部分延期款项,仍保持有极高之偿还能力。倘全部过期贷款中剔除资中挪移贷款2663204元不计外,则过期贷款百分率即降至3.66%,由此可见一斑。〈下略〉

(原件存中国第二历史档案馆)

7. 四川农业特种股份有限公司为制造新式农具申请贷款致中中交农四联总处公函（1944年1月18日）

农甲字第23号　三十三年一月十八日

事由：为本公司农具厂请贷款五百万元一案，函请查照，速予决定，以利进行由。

案准经济部工矿调整处成都专员办公处本年一月十四日工矿（33）蓉字第65号通知开：案查该公司为农具厂扩充设备，请借款五百万元一案。经本处奉令派员调查，并检同原呈、借款用途表一份，呈奉经济部工矿调整处批令。开："呈及原附件均悉。该公司所请借款一节，业经据情核转四联总处。仰即转知径洽为要。"等因。奉此，合行通知。仰即径洽为要。等由。查本公司成都农具厂制造新式农具供应农村，其目的在减轻劳力，增加生产。惟因资金短绌，难于大量制造，一切设备亟待扩充。兹准前由，相应函请贵处查照。速予决定，以利进行，而益农村。至为公便，并希惠复为荷。

此致

中中交农四联总处

8. 四联总处为规定增加农贷利率事致各分支处函（1944年5月1日）

农字第46250号　三十三年五月一日发

查各种农贷利率前照规定自三十二年九月一日起各照原订利率增加三厘，并订定实施办法三项，先后函达知照。各在案。兹准中国农民银行总管理处函：以各种农贷利率虽经上年增订，但较之现时市场一般贷款利率仍至低微；且农贷资金既须全赖吸收存款挹注，确感不敷。成本甚巨，况农产价格现正继续增高。如农贷利率过低，实有引起农民延不还本，囤积物资之流弊。兹为减少行方损失，发展农业金融，并防止农民囤积农产物品起见，拟自本年四月一日起：（一）将原订各种农贷利率一律再增加月息一分；（二）或将各种农贷利率规定以在月息二分以上为原则，由农行因时因地参照实际情形。分别厘订以上两项办法究以何者为宜，请即核复，以便遵照。等由。到处。经提出本总处理事会，决议：查中农行以市场利率变更，农贷成本增加，请提高各种农贷利率平衡收支一节。核，属必要。应准一律增加一分，连原定利率最高不得超过月息二分五厘，作为战时补救办法。除呈行政院备案，并函复暨分函查照外，相应函达知照。

此致
各分支处

9. 潼南县农业推广所为贷款收购晚稻以备推广呈（1944年7月13日）

窃查近数年来，旱灾频仍，民食维艰，国课征借，亦受影响。尤其潼南辖境，如柏梓、文明、朱家、崇龛、大佛、观音、桂林、太安之属，坝多沟少，水源缺乏，遭罹旱灾至为惨重。本所为谋救济起见，曾于去年拟具推广晚稻实施计划，呈准施行在案。本年径向泰安乡特约农家邓继先商购浙场晚稻10市石。又由三台运回60市石，推行上列灾重区域。顺利推行已告结束，大有供不应求之势。尤以本年夏至前后两度大雨，得此晚稻补救特多，预计秋后可望增产稻谷4000市石以上。拟在收获后收购100市石，准备来春推广其余二十余乡镇。奈何物价高涨，需款至巨，是特呈请钧所协商中农银行，介绍贷款30万元，以备收购而利推广。农村得蒙救济，亦沾感无既矣！

谨呈
所长　胡
　　　　漆

主任　陈祖濬（印）

农业改良推广增加生产

1. 四川省战时增加粮食生产办法（1937年10月）

此次抗日战争，实系我国民族兴亡关键。在"持久战"的战略之下，战争的期间，必到侵略国的国力极度疲惫，难以延续，我军得到最后胜利乃止。故物质的供应，不亚于输送枪械子弹。后方的工作，亦等于前线作战的紧张。是以增加粮食生产，实为积极抗战政策之一。本"物力"贡献国家之旨，在四川除应开发之地下资源外,尤应致力增加地面粮食生产。

抗战区域,若干田土,悉已变作战场,不能生产。农民中之壮丁,或应征为兵,或投入工厂,农业的劳动力为之减少。但平时仰给外粮的若干重要城市,现已断绝来源。同时,前线大军云集,急需粮食,为数又甚大。吾川安居后方,土地广大,人民众多,气候温和,农基最固,发展不难,亟应从事生产粮食,以供需要。

吾川今年始而天旱,栽插愆期;继遭霪雨;益以螟患。水稻收获,据各县呈报,各方见闻,平均估计,至多不过常年之六成。时届来春,所谓青黄不接之际,诚恐不特无以供给前方,甚至省内尚有粮食恐慌之虞。况目前中枢机关学校,他省人民,迁移来川者,络绎不绝,是则今后粮食之需要,当必倍蓰于平时。故谋本省粮食供给之安全计,亦应积极增加粮食生产。

依据上述各点,参以第一次世界大战给予吾人之经验,对于粮食生产政策,权其收效迅速,简便易行者,计有左〈下〉列数项:

(一)粮食生产地面之推广

(甲)增加冬季粮食作物面积

按四川稻麦改进所调查统计,去年川中八十八县冬季作物栽培之土地使用,其面积分配百分比如下:

小麦	一九
大麦	一四
燕麦	二
豌豆	一一
蚕豆	九
菜子	一五
苕子	五
其他作物	六
水田休闲作物	一九

兹就此数字,加以检讨。除小麦、豌豆、蚕豆为吾人需用之粮食外,余如

菜子,虽非粮食作物,然为民食及燃灯所需要。燃灯固可用现在难以出口之桐油代替,但菜油又可提炼汽油,且其油粕乃速效之有机肥料,复能补助生产。又如苕子,系绿肥作物,亦颇有栽培之价值。其中显然犹可斟酌腾挪者:一、为缩减大麦、燕麦之栽培地面。(按:大麦、燕麦均为家畜饲料。依精密之研究与试验,猪生产人食品干物一磅,须消耗大麦十二磅;鸡生产人食品一磅,须消耗谷物及粉十四磅;羊食下廿四磅干饲料,生产一磅人食品;牛所消耗之饲料与所生产之肉,约为六四与一之比)。二、利用休闲地,增种豌豆,既得粮食,复因根瘤细菌作用,可改善地力。三、在其他作物中,如马铃薯一物,更可提倡种植。至若改各水田为旱地,以增加小麦栽培面积,亦属善策。但不可不审慎者:甲、须择排水优良之田地,用杜日后黑穗病害;乙、须考量水源供给如何,俾来年仍得以种稻;丙、须注意刈尽稻杆,以免将来发生螟患。

(乙)减少夏季工艺作物面积

夏季工艺作物中,棉花的生产,仍应依旧保存。其他如芋草、麻、高粱、落花生、芝麻等,均当酌量缩减。即以所余之地,增种粮食作物,如玉蜀黍、甘蔗、大麦、水稻、黄豆等类。

(二)增加每亩生产量

我国农业,皆沿袭旧法,故生产力极低,比诸日本,每公顷耕田之生产量(公担),相差甚远。例如以稻米言,中国为5.6,日本则为35.7。至吾川每亩之生产量如何,正确的数字,尚待吾人调查。

(甲)改良品种

改良品种,于农业为根本之事,但须有长时期之试验,始能见效,吾人只宜委诸研究机关,徐徐图之。目前在改善种子方面,可以收速效者,为引用异地良种,向各县试验一度,察其生长情形及收获结果,再为推广。如江苏帽子头水稻、金八二九〇五小麦是。

(乙)增进地力

增进地力,在农业上不特费少易行,且收效迅速确实。据言,农业生产赖种子改良而增加者,为20%,其赖施用适宜肥料而增加者,则为30%。由是观之,可知增进地力如求收效之鸿大。为今之道:一、为提倡种植绿肥植物,如成都平原的苕子之推广；二、为利用残根败叶，污泥杂草，制造堆肥；三、为处理骨骼，制造磷肥。凡兹三者，其在农民本身，亦甚了解。政府当为之切实指导者，要在苕子种地之选择，堆肥，骨粉之制造使用。其使用方法，尤为重要。譬如混合堆肥，人皆知其为迟效肥料，所以施用起来，常常用作基肥。但是：一、作物的生长期间，有长有短。生长期间长的，可用未十分腐烂的；生长期间短的，则要十分腐熟的；二、施入土中的深浅，视土壤而不同。粘重土壤应施得浅，轻松土壤可稍深一些；三、气候温和的程度，也有关系。在温暖的时季或地域，不妨取用腐熟程度低的，若是在寒冷的季节或地域，则应采十分腐熟的；四、至于施用量的多寡，则随施用目的、腐烂程度、作物种类，以及土质等种种条件，而有不同。

(丙)改善耕种方法

最近，赵莲〔连〕芳先生发表意见：一、在不积水之田，应尽量种植冬绿肥作物。二、在生长期较短及灌溉优良之区，应劝导种植早、晚二季之双稻季。三、在温度、水利不宜种植二季之区，应试种早、晚嵌稻，期获丰收。(按：早、晚嵌稻，即为双季稻。在四川自廿四年行营令行试种以来，经川大农院及川省稻麦改进所试验，已获惊人成绩，其增收量比较单季稻，约高25%。)

(丁)防除病虫害

川产粮食作物，水稻的螟害，因去冬高温的影响，在今年却特别厉害，且分布甚广。至小麦、玉蜀黍等黑穗病，更流行有年。据专家意见，预防螟害之道有三：一、凡冬季放水种植之稻田，务清洁田面(如前述，低刈杆)，或深为冬耕；二、采用立秋以前出穗之稻为种子，即中熟穗种；三、播种及插秧，都宜提早。至黑穗病之方：一、教导农家，应于无病之田，选留种子；二、病穗初发现时，即由农妇孺于田间拔起，焚烧之；三、冷水温汤浸种，政府技术人员与学校教师，宜携带温度计，及时帮助农民处理。

(戊)整顿水利

四川农田，有水地方，则须防洪，无水地方，则须灌溉，真所谓不与水争，即无农业也。迩来政府固已竭力振兴水利，然以财力有限，今年始拨出百万元之水利贷款；人力方面，亦只能于最大工程地方，帮助测勘设计。回忆廿四年冬季,蒋委员长倡导征工服务,省府亦定有修凿堰塘单行法规,俾资办理;同时,对于根本预防水旱之造林事业,亦有实施规则。端盼各县,各就地宜,因势利导,切实推行。近尔各县有因奉令紧缩经费之议,竟将测候所、苗圃事业停废者,似沉稍欠妥当。战时经济,乃是一种制裁自足经济。其政策不外:一、如何限制无谓浪费;二、如何节省正常消费。〈中略〉,在欧战时期,英国对于粮食问题,即提倡国民自动节约运动,待至战争延长,实施统制后,而节约运动,仍有力的推行着。故目前,吾川即不妨扩大省府节约运动之范畴,将粮食亦纳于其下。

(三)减少食物之抛失

(甲)改食白米为糙米

当世莫不知悉者,普通一市石稻,可出糙米五市斗;若造精熟白米,往往须减到4.6乃至4.1市斗之间。又,近来大城市食米制法,多趋用机器,此项机器调制之白米,不特缺乏调制标准,紊乱市价,其于米稻损失,成分亦高。

(乙)改食白面为连麸面

提高白面粉率,德国曾于欧战时行之。此类制粉厂力求改进,政府从技术上辅助之。而吾人立可实行者,即改食白面为连麸面。

甲、乙两项之实行,不啻间接增加生产,且其所合之蛋白质及生活素较多,对于吾人的营养价值亦大。

(四)减少食物之糜用

(甲)常人每以多食为强壮之征,殊不知于营养方面,毫无利益。在宴会场中,食更讲求丰富,但其有损健康,暴殄天物,则为尤甚。

(乙)酿酒及乳牛牲畜饲养,消耗粮食,为数不少。据中央农业实验所估计,稻米一项,供人食用者,占80%,供家畜饲料者,占4%,供种子用者,占8%,其他用途占8%。依照莲芳先生解释,所谓其他用途,多为酿酒消耗。

(五)改变食物之种类

吾人用食,各因地方或习惯之不同,或食米,或食玉蜀黍,或食马铃薯,或多食肉脂。惟吾人所需要者,并非米、面等,乃其中所含之养料,如淀粉、蛋白质、脂肪等是。故吾人可以多食马铃薯,少食米,或多食豆类,少食肉脂,仍得同样之营养。据中央农业实验所估计,全国食米之成数,为28%,食麦之成数为16%,食杂粮之成数为56%。故于此,亦可窥测减食粮食差许之一论。倘多数人能自动变更或数种会食,当亦能生调节之效力。

2. 四川省政府派员指导粮食生产(1937年11月)

省府以四川省战时增加粮食产量办法,业经颁发各县府,饬即遵照办理在案。兹为加强办法之实施效率计,特再制定四川省政府为谋各县增加粮食产量派员宣传指导办法,令派稻麦改进所长杨允奎等十九人,由省分赴各县,实施宣传指导。兹将路线分配、指导人员、宣传指导事项与方法,分志于下:

(甲)路线分配及担任指导人员:

一、新都、温江二县:杨允奎;

二、广汉、德阳、什邡、金堂四县:陶然;

三、新繁、彭县、郫县、崇宁四县:彭家元;

四、大邑、双流、崇庆三县:黄大夫;

五、简阳、资阳、资中、内江、隆昌、荣昌六县:陈让卿;

六、新津、彭山、眉山、青神、乐山、犍为、邛崃、蒲江、丹棱、洪雅十县:魏文元;

七、仁寿、井研、荣县、威远、富顺五县:刘式民;

八、遂宁、蓬溪、南充、乐至、射洪、安岳六县:常得仁;

九、盐亭、中江、三台三县:王惠□;

十、泸县、纳溪、江安、南溪、合江、江津六县:汪维瑛;

十一、巴县、江北、璧山、铜梁、大足、永川、綦江七县:李贤坤;

十二、长寿、涪陵、丰都、忠县、万县五县:张汉民;

十三、梁山、开江、宜宾、达县、渠县、大竹六县:张蜀翘;

十四、四允、蓬安、营山、仪陇、阆中、南部六县:张文明;

十五、绵阳、安县、彰明、梓潼、剑阁、罗江六县:刘绍民、刘新维;

十六、成都、华阳二县:刘伯景;

十七、合川、潼南、武胜、岳池、广安、邻水六县:方维桢、叶正平。

(乙)宣传指导事项

一、粮食与战争之关系；

二、四川现时粮食之生产状况；

三、中央现已公布之战时粮食管理条例，食粮资敌案件没收食粮及罚金处理规则，食粮资敌治罪暂行条例暨战时小麦、杂粮紧急措施纲要；

四、省府战时对于粮食之筹划与现时后方统制委员会对于食粮统制工作之措施。

五、人民应如何积极增加生产；

六、人民应如何自动节约消费；

七、县府应即成立粮食调整委员会〇〇县分会，以为办理粮食统制□□之准备。

(丙)指导宣传办法

指导员应先到县城合同县长办理左〈下〉列各事：

一、召集机关、法团、学生，宣传增加粮食在生产及节约之意义和办法；

二、召集有关人员成立粮食调整委员会〇〇县分会；

三、于成立粮食分会中，商定该县暂时调整粮食工作，增加粮食生产办法；

四、就机关、学校、法团人员或地方人士中，举其热心而具农业科学知识者，于指导员去后，即照省府二十六年建字第1929号训令附颁办法，分组分赴四邻，切实指导。其费用每人每月以一元为度，即在该县农业调查费预算项下支发，但总额不能超过六十元；

五、指导员在办竣左〈下〉〔右〈上〉〕例各事外，更应利用经过路线，下乡演讲，指导农民。

(丁)其他事项

一、指导员到达时，该县政府应尽量陈述或提供有关该县粮食材料，备其参考；

二、指导员每年在一县，应有工作日记，返省以后，连同工作报告，呈报省府建厅查核；

三、各县经办增加粮食生产进行情况，限于指导员去后三周内，将经办情

形呈报省府,以凭考核;

四、各县县长办理此项之成绩,应列为考成之一。

(载于民国二十六年十一月《四川月报》第十一卷第五期)

3. 松茂灌等县增加农产(1937年11月)

茂县第十六区专员谢培筠,以该区所辖之茂县、松潘、理番、汶川、懋功、靖化等县,皆在西陲山区,地面九石一土,农作物产每年只能收获一次,数量甚微。兹值国战当前,后方各地之一切生产,亟应努力,使之增加。谢专员特于十月份令各县府区署,认真督饬管地耕农,将就土宜,多种玉蜀黍、小麦、大麦、豆类等各种粮食。并尽力开荒,完全播种最易生长成熟之马铃薯云。

又,灌县县境,岷江南岸之玉堂、中兴、石羊各场,为特产川芎、泽泻两宗药材之区,皆系农田栽种。年产川芎约一百六七十万斤,泽泻五六十万斤。均在冬季下种,翌年之夏季收获。今年夏季新产之川芎,运销出口者甚少,现堆存如山,市价大跌至十八九元一百斤,尚无人购买。兹又届新苗下种时期,各乡耕农,听联保甲长转奉县府增加粮食生产之命令,复经劝导,知芎、泽两药材将来销之难旺,所有田亩遂多改种豆、麦云。

(载于民国二十六年十一月《四川月报》第十一卷第五期)

4. 四川省稻麦改进所绵阳试验分场刘绍邦速成堆肥试验呈(1938年4月30日)

案奉钧所二十七年四月十九日土字第一号训令开:查本所前经饬办速成堆肥试验一案,逾时已久,合行令仰该场速将该场示范、试验经过及结果详情具报来所,是为至要!此令。等因。奉此,兹谨将试验经过详情分呈于后:

一、在分场试验者

(1)三月二十六日在西宅茅屋下用落叶、□秆、野草554斤,粪水200斤,草木灰10斤,菌种一罐,依照试验方法堆积。三月二十八日,即开始发热,以后逐日增加,至四月四日起,热度渐减。四月八日尚有微温,堆顶有水汽凝结,当其发热最高时,温度约达70度C〔℃,下同〕以上。至四月十八日,则无温度发生矣,其腐熟标准与本试验实际腐熟情形比较详另表。

(2)三月二十六日,在西宅茅屋下用染有粪泥稻秆225斤,落叶、蔓草105斤,垃圾(含有土粒)280斤,总共610市斤,加粪水200斤,草木灰10斤,菌种一罐,依法堆积试验。至三月三十日起开始发热,温度不甚高,以手测之,约40至50度C(℃)。四月八日温度即减低,此后则与日减至四月二十日,则全无温度发生。本试验结果为半腐熟。

(3)四月六日用苕子500斤,粪水200斤,菌种一罐,草木灰15斤,依法堆积。四月七日起发热,逐日上升,热能炙手,约在70至80度C〔℃〕之间。至四月十二日,温度渐减,此后逐日低降,直(至)四月二十八日(即截至报告时),其温度尚约有30度C〔℃〕上下。其腐熟程度近于全腐熟。

(4)四月六日堆积材料地点同前。四月七日起发热,温度逐日上升且有大量蒸汽发出于覆草之上。至四月十二则温度渐减,此后则逐日下降,至今日尚约在30度C〔℃〕上下。最高时在70至80度C〔℃〕之间,结果近全腐熟。

(5)四月六日堆积材料地点同前。四月七日起温度即开始发生,四月十二日渐次低降。温度最高时约在70度上下。至今温度仍未全减,尚在30度C〔℃〕上下,结果近于全腐熟。〈下略〉

5. 四川省政府为西充县政府恳请转饬四川稻麦改进所发给优良麦种训令(1938年6月7日)

令四川省稻麦改进所:

案据西充县政府二十七年五月二十二日呈称:"窃查职县冬季农作,原以小麦为主,无如品种不良,收获不旺,遂至常年食用仍多仰给邻县。当此抗战期中,后方粮食大都运济前方,若不力谋自给,恐来源一断,而民生堪害矣。兹值收获杂粮之际,稻麦改进所收得优良麦种必多,理合具文呈请钧府予转饬该所,大量发给优良麦种下县,俾便转发推广,而资救济。指令祗遵。"等情。据此,除以:"呈悉。查稻麦改进所去年秋季在广汉等35县推广之金大2905号小麦,现已收获完竣,正由该所派员分往各推广区收回管理。查酌麦种数量及□适应情形,另行订定第二步整个推广办法。于今年秋季,届时分发籽种植,从事推广。所请大量发给优良麦种之处,仰候转饬稻麦改进所统筹酌办可也。"等语指令饬知外,合行令仰该所即便遵照,统筹酌办。

此令!

6. 四川省农业改进所农业化学组签呈推广速成堆肥法(1938年9月13日)

查抗战期间,欲增加粮食生产,以介绍优良品种及增加肥料来源为要图。本组在稻麦改进所时,代为农民解决肥料问题起见,有元平菌之推广,及速成堆肥之指导。一年以来,有显著成效。即于垃圾、草秆及农家一切废物内加用元平菌,在夏季一个月内,冬季两个月内,即可腐熟完成。较之普通堆肥,非五六个月始能腐熟者,[此法]既可利用废物,而时间上亦甚经济。且所制成之堆肥,效力较优,无异增加农民之肥料不少。今拟派农业推广技术人员、训练班学员赴各区、县实习,以便推广菌化速成堆肥法。合将决定推广区之县名列表附呈,恳请转呈省府令饬各该县,于本所推广实习员到达各该县时,予以协助,俾易推行为荷!

此上

所　长　赵

副所长　杨

附各推广区县名表一纸〈略〉

农化组主任　彭家元(印)谨签

7. 四川省政府为奉委员长令多种杂粮增加粮食生产训令(1939年4月1日)

令各县县政府:

二十八年三月二十八日,案奉委员长二十六日十八时令一利电开:"查长期抗战,军食至为重要。国军给养,如米、麦不足时,应以杂粮为补助品。仰饬属县,除稻、麦外,应多种杂粮为要。"等因。奉此,查抗战期中,亟应多方设法增加粮食生产,以充军粮而裕民食。曾经本府制定"四川省战时增加粮食生产方案",通饬遵办。在案。惟现值春耕正忙,预备播种夏作之际,对于一般农民应行切实劝导者：

（一）夏季工艺作物如麻芋、甘蔗、高粱、落花生等须视当地粮食供需情形,应劝酌减其栽培面积。□□当地田地,土宜改种水稻、甘薯、玉蜀黍、荞麦、黄豆、马铃薯等粮食作物,□以甘薯、玉蜀黍宜多种植。

（二）甘薯与玉蜀黍可以间作；又黄豆与玉蜀黍无论土内或田埂,亦可间作。

奉令前因,除分令外,合行令仰该府遵照。录令布告,并指定专人分别转饬各区联保、学校,迅向当地农民指导,免误农时,而利生产。仍将遵办情形具报查考为要。

此令！

8. 四川省农业改进所为推广经济林饬各地采集林木种子训令附省农业改进所森林果木组呈（1939年10月2日）

令本所岷江林管区、林业试验场、川北森林事务所：

查林木种子采集,为该区、场、所重要工作之一,不仅供本机关播种育苗,尤其须大量推广各县,以应需求。刻正值采种季节开始,合亟令仰该区、场、所积极及时进行采种工作,并特别注重各项经济树种。仍饬将办理情形暨采集结果,按时具报来所,以凭查考为要。

此令！

附省农业改进所森林果木组呈

所长　赵○○
副所长　杨○○

附：省农业改进所森林果木组呈

查二十九年度,各县推广所均将"育圃造林"列为各所中心工作之一。又,前奉省府转经济部令明年将行大规模推广经济林之营造,□□种子之供给须急行充分预备,以免失时。本所各林业机关本列有种子采集之计划及预算,惟恐未能极端〔积极〕执行,有误需要。拟请通令各场所（岷江林管区、林业试验场及川北林务所），应于本年秋季开始，力行采集种子，并特别注重经济林种，并将进行情况及采集结果按时具报，以凭查考。是否可行，谨请鉴核。

9. 四川省农业改进所推广养鱼饬令选址训令（1940年1月27日）

令成都、华阳、乐山、宜宾、泸县、江津、三台、内江县农业推广所：

案查本所在合川设立养鱼实验场刻已将届一年，因该县山岭纵横，缺少天然池沼，发展之效，难期顺利进行。拟选择本省其他适宜地点，分别养鱼，以收经济建设之宏效。特制定各县可供养鱼地点之条件三则，通饬各该推广所遵照，切实调查，详为具报来所以凭核办。分令外，合行检附上项条件，令仰该推广所即便遵照查报。是为至要。

此令！

附选择养鱼地点条件一纸

附：

各县选择养鱼地点之条件

一、位置须与河南道相近，并须池水得灌放随意；饵料得充分供给；而又船只出入便利之处。其在降雨时，水量骤增致有泛滥之虞者，切宜避去。但能用人工预防者，仍可应用。若有相当倾斜地点，而水又系自高处流向低部之处，则尤为适宜。

二、水质以中性为最好，弱碱性及微弱碱性亦可用，但均须充分含有养〔氧〕气者。

三、以能利用天然池沼为最好；或有相当低地，稍微加工整理即可应用者，亦属妥善。

10. 财政部贸易委员会为蚕丝、桐油、羊毛增产经费报销事致四川省农业改进所代电（1941年11月17日）

四川省农业改进所公鉴：

案准四川省政府建设厅建设会字第6299号公函，以贵所二十九年度领用本会蚕丝、桐油、羊毛各项增产经费，尚未报销，已令知贵所迅速呈报。等由。查本会二十九年度拨付贵所办理蚕丝、羊毛、桐油增产经费共1865600元，经已先后付讫。关于每月经费报销，依照合约第九条规定，其报销正本须送贵所上级机关核销，副本送由本会查核。叠经催请办理，迄未送到。现已年度终了，亟待结束，务希迅将各项经费报销造齐，分送建设厅暨本会查核，以清手续。相应电达，即希查照，迅速办理为荷。

财政部贸易委员会。增。（1117）。印。

11. 四川省粮食增产委员会为三十一年继续办理粮食增产工作致四川省农业改进所公函（1942年1月29日）

三十一年一月二十七日奉农林部沈部长□□电："查粮食增产关系军粮、民食，本年呈准赓续办理。仰准备妥速推进，免误农时，至工作计划，经费分配，另令饬遵。"等因。奉此，查本省三十年度粮食增产工作，仰承贵所劝助最力。兹奉前因，相应函请查照，仍然继续协助推进，以利抗建为荷！

此致

四川省农业改进所

主任委员　陈筑山
副主任委员　胡竞良
赵连芳

垦　务

1. 四川可垦区域调查（1937年11月）

省府电内、实两部，谓本省可垦区域，西南有宁属及雷、马、屏、峨各县；东北有通、南、巴等县；西北有北川及松、理、茂等县。利于农垦或农林垦面积：

宁属一百万亩,可容垦民二万户;雷、马、屏、峨五十万亩,可容垦民一万户;通、南、巴等县十五万亩,可容垦民三千户;北川及松、理、茂等县十万亩,可容垦民二千户。

（载于民国二十六年十一月《四川月报》第十一卷第五期）

2. 四川省政府奖励商民垦殖雷马屏峨(1938年1月)

省府去岁拟定开发雷、马、屏、峨及宁属计划,拟另设专员,从事大规模开发。最近因全面抗战展开后,省经费支绌,刻已将开发四川边区计划,改订为:

一、奖励商民,多设垦殖社;

二、于雷、马、屏、峨、松、理、茂及宁属等县,增设农合分社,并增拟农贷款项;

三、由上述各县组设屯垦队。

关于第一项,已由省府令边区各县尽量奖励拨助。刻各县商民,正筹备成立。关于第二项,俟农合训练所毕业之学员,仅先分别派往边区各县筹办农贷。即由该管县府,合壮丁、保安队等合组屯垦队,保护农民垦殖。以免如过去,每设垦社,即受夷人焚毁或掠之扰。

（载于民国二十七年一月《四川月报》第十二卷第一期）

3. 西康省农场在川招雇垦民及农工(1938年2月)

西康省立农牧试验场为开发边地,建设后方,增进生产起见,特派该场垦殖系主任陈彤甫至川招收垦民、雇农及石匠。据谈,康省可垦荒地极广,而已耕之地甚少,农产有限,兼以交通阻塞,致粮价高昂。故特到川于汉源、雅州、成都等处,招雇农工六十名至八十名,从事开垦,增加耕地;石工百名,修筑省道,以利交通。农工等之眷属,如能同往,旅费概由该场供给。

工人到工后,每人每月给工资十二元。一年后,考核成绩优良者,得领地开垦。每人可配地十至十五市亩,并配以住宅、农具及牲畜,概不取费。至石工方面,路费概由该场垫支。若工程系包工制,该项费用即在包工费内扣除;

点工制,则自川起程日起算,每日工资暂定为法币八角。

(载于民国二十七年二月《四川月报》第十二卷第二期)

4. 四川省政府制定垦荒大纲及实施规则(1938年2月)

省府为增加粮食生产计,决定推行垦殖事业,已将四川省垦荒大纲及实施规则先后制定,并经省备会议通过,通令各县施行。兹录志如次:

四川督垦荒地大纲

第一条　四川省政府为督促人民承垦荒地,从事种植,增加生产,以作长期抗战之充分准备,特依照督垦原则第一条之规定,参酌地方情形,制定本大纲。

第二条　本省推行垦殖事业所准备之荒地,以左〈下〉列区域内之官荒为范围:

一、通江、南江、巴中、城口、万源;

二、北川、平武;

三、松、理、懋、茂、汶及靖化;

四、天全、芦山、宝兴、金汤;

五、昭觉、冕宁、宁南、盐源、盐边、会理、越秀;

六、雷波、马边、屏山、峨边;

七、南川金佛山;

八、酉阳、秀山、黔江、彭水;

九、永川、荣昌、铜梁、大足、璧山、泸县、隆昌等县间之东西山;

十、合川、邻水、武胜、广安、岳池等县间之华蓥山;

十一、昭化、广元、剑阁。

第三条　凡属前条区域内之私荒,应自行开垦,其垦竣期限,与官荒同。逾限不能竣垦者,其未垦部分,应由该管县政府另订办法,代为招垦。

第四条　凡属左〈下〉列各款,一经呈准有案,请领荒地设定垦权者,均为承垦人:一、农户,二、农产合作社,三、经呈准有案之公司、商号,四、经特许之机关、团体。前项个人或法人团体,以取得中华民国国籍者为限。

第五条　本省垦殖事业之督促,分奖励与限制两种:

甲、奖励之实施事项如左〈下〉:一、给予土地所有权,二、豁免保证金,三、展缓如期或提前竣垦地升科之年限,四、扶助垦区内水利、交通工程,五、保障垦区内治安,六、特免一定期限内垦民之征工役,七、借助活动资金及推行低利贷放。

乙、限制之实施事项如左〈下〉:一、竣垦年限之确定,二、分期进行事项之考核,三、缴付地价之等级,四、逾期未垦之处罚,五、私荒未垦之时限。

第六条　本省限垦荒地实施规则、荒地清理规则及证书式样另订之。

第七条　本大纲经省务会议通过施行,并呈报行政院暨军事委员会备案。

四川省承垦荒地实施规则

第一条　本规则依据四川省督垦荒地大纲第六条之规定制订之。所有省内荒地承垦事项,悉依照本规则办理。

第二条　凡合同于大纲第四条规定各款之一,请领指定区域内官荒者,须备具呈请书,呈由该管县政府,转呈省政府核准,并报部备案。

第三条　呈请书须记载左〈下〉列事项:

一、承垦人之姓名、年龄、籍贯及住地,若系公司、商号或法人团体,则为发起人及经理人之姓名、年龄、籍贯、住所,其设有事务所者,并记其设置地点;

二、承垦土地名,所在区域及地形略图;

三、承垦面积亩数;

四、境界四至地名,指定某荒地一部分者,并记其于隅;

五、种类:江河湖海涂滩地,草土或树林地。

第四条　凡以私人名义承垦荒地亩数,至多不得超过一千亩;团体或公司承垦荒地亩数,视其资本多寡,由主管官厅核定之。

第五条　垦人提出呈请者,经核定后,应照左〈下〉列标准缴交地价,由省政府发给承垦证书,以为取得垦地所有权之根据。但贫苦农户无力缴纳地价,经查属实者,得展缓至垦竣后,照章补缴。一、产草丰盛者为一等,每亩五角,二、产草稀短者为二等,每亩四角,三、树木未经伐除者为三等,每亩三角,四、高低干泽不成片断者为四等,每亩二角,五、卤斥砂碛未产草之地为五等,每亩一角。

第六条　承垦管业证书须证明左〈下〉列各事项:一、第三条第一款至第四款之事项,二、核准发给之年月日,三、地价。

第七条　承垦地除水利、交通工程外,因亩数多寡,预定竣垦年限如左〈下〉:一、草地。不足一千亩者一年;一千亩以上,不足三千亩者二年;三千亩以上,不足六千亩者三年;六千亩以上,不足一万亩者四年;一万亩以上,不足一万五千亩者五年;一万五千亩以上者,参酌情形核定。二、树林地。比照草原地各加一年。三、斥卤地。比照草原地各加两年。秋荒竣垦年限同。

第八条　承垦人于受领证书三个月内,须立界标或开界沟。并于每届一年终了,将依据年限分期计划进行之情形,呈由该管县政府转报省政府查核。前述树立界标、界沟之期限如有逾越,或未能依照分期计划实施开垦者,得由该管县政府查明,呈由省政府撤销其承垦管业权。但因天灾地变及其他不可抗力,经申明核准者,不在此限。

第九条　届竣垦年限,尚未竣垦者,除已垦部分外,该管县政府应查明呈省政府撤销其承管垦业权,另换管业证书。但因特殊情形呈准延长期限者,不在此限。

第十条　承垦管业权得继承或移转之,但须呈由该管县政府转呈省政府核准。

第十一条　本规则第四条所规定之价,得因提前竣垦而核减,其标准如左〈下〉:一、提前半年者,减百分之五,二、提前一年者,减百分之十,三、提前两年者,减百分之十五,四、提前三年者,减百分之二十,五、提前四年完成者,减百分之二十五,六、提前五年完成者,减百分之三十。前项核减地价,统于竣垦时,由省政府核明发还之。

第十二条　承垦人所领垦地,依据核准限期竣垦三年升科。其提前垦竣者,于三年后得延长其提前之期间。

第十三条　承垦人垦期内之水利、交通等事项,除技术方面得请求协助外,并得依其性质,向本省特设之贷款机关呈请贷款。

第十四条 承垦人于垦区内秩序维系,除必要之自卫设备外,得呈请该管县政府派队镇摄。

第十五条 凡承垦之农户或公司、商号,以及法人团体所招致之垦民,均于垦竣期内,免除国民服工役之征调事项。但以能遵守核定计划,实地进行者为限。

第十六条 本规则经省务会议通过施行,呈报行政院及军事委员会备案。

（载于民二十七年三、四月《四川月报》第十二卷第三、四期）

5. 四川省垦务委员会为成立检送组织规程并请刊登公报公函 （1939年12月12日）

敬启者：

本会奉命成立,现已租定城西外营门口房屋,于十二月一日开始办公。除另文函呈外,兹特送上府颁本会组织规程一份,请转交编译室刊登公报,免另行文。嗣后公报出版,并希按期惠赐一份过会,用资参阅。□□感荷！

此致

四川省政府秘书处

附本会组织规程一份〈略〉

6. 四川省垦务委员会关于拟定垦民登记办法致四川省政府呈 （1940年4月5日）

查本会各垦区、局、处即将次第设立,关于垦民登记事宜亟应积极办理,以便移送垦殖。□依据非常时期难民移垦条例之规定,并参酌本省实际情形,拟定垦民登记暂行办法,垦民登记表及垦民登记证。是否有当,理合具文连同暂行办法、登记表、登记证,呈请钧府鉴核,指令祗遵！

谨呈

四川省政府

附呈垦民登记暂行办法、垦民登记证及登记表各一件〈略〉

兼主任委员　蒋〇〇
副主任委员　陈〇〇

7. 四川省建设厅关于设置雷马屏峨垦务局提案①(1940年1月31日)

查雷、马、屏、峨四县向以荒区广大资源丰富著称,并经本府于前颁督垦荒地大纲时,划为督垦区。在案。兹为应事实上之急切需要,拟即设置垦务局以资策进各该县垦务之实施。谨胪陈理由如次:

(一)该四县境内过去因政府介办私垦,暨军区屯垦,迄今已有垦社二十余所。所有各该垦社之立案事项,垦区境界、地籍、地权、垦种实施各问题,均亟待设置专管机关,就近分别予以整理督导。

(二)该四县现时遗留之可垦荒地,几经派员调查,不下六十余万亩。亟应继续招垦,从事垦殖。欲完成此项任务,亦须筹设机关专责办理。

(三)委座饬订之川南、川北各荒地十年垦殖计划,在川南一隅,既以雷、马、屏、峨为主要。故欲按期完成,亦应及时设置该区专管机构,俾得逐步实施。在本年度内并已拟定安插难民一千人。

至该局本年经费(开办及经、常〔临〕两费),定为五万元,已列入本厅垦务经费概算。除组织堆积及详细预算,即饬垦委会另拟提会外,所有拟请成立雷、马、屏、峨垦务局各缘由,是否有当,理合提请公决。

提案人:建设厅长陈筑山

批:雷、马、屏垦务机关经费五万元,暂列入廿九年度概算。本案交垦务委员会核议。

---

① 该提案未列入省务会议。

8. 四川省政府关于请中央补助川省移垦事业费致成都四联分处公函(1940年7月)①

径启者：

查本府前请中央补助川省移垦事业费一案，奉委员长蒋辰个侍秘渝电开："密。据呈垦务委员会工作报告及各项册报均悉。关于十年垦殖计划部分，可不与本年度事业相混，以免牵滞。关于本年度移垦事业费，请由中央补助78万元一节，兹据行政院寒三代电复称：据川省府转送垦务委员会所拟概算，列事业费1115000元。其中生产贷金468000，可向四行总处洽贷。尚需事业费647000元，依照补助各省移垦经费成案，七成补助，计452900元。等语。据此，是中央补助及贷放之款已有相当着落。希即切实筹办，并径电行政院呈商，请拨可也。中正印。"等因。奉此，除中央补助452900元，已向行政院请领外，兹派垦务委员会办公室主任黄达夫，前往接洽生产贷款事宜。相应函达，希烦查照为荷。

此致

四行联合办事处成都分处

兼理主席　蒋中正

水利建设

1. 四川省水利局关于筹拨都江堰岁修款项提案及省务会议决议(1937年11月11日)

(一)省务会议决议

1. 去年都江堰岁修工程所需款项，本府曾允于省库充裕时拨发。现因省库支绌，暂缓支给。

2. 岁修工程费用由财、建两厅会同清理旧案，从前在省库支给者，仍由省库开支，其余由用水各县平均分提。

(二)水利局提案

查都江堰岁修工程需费甚巨，上年曾经本府允在省库项下拨发数万元，

---

①收文时间为7月8日。

不足之敷由用水各县分担。嗣因省款支绌,未予实行。现届冬令水落,岁修工程又将开始。如仍责令各县独任其难,似与本府顾念农田,维护民食之旨不无违逆。且现在全面抗战日益展开,川省为增进生产计,水利关系尤为重要。无论省库如何支绌,均应由本府设法拨助一部,余仍由用水各县分别负担,庶足以慰群望而策进行。惟究应如何筹拨及拨给数目若干,应请公决。

提案人:四川省政府委员嵇祖佑
十一月十一日

2. 涪江易家堰开工(1937年11月)

三台沿涪江水利工程,前经水利局派测量队勘测,费时六星期之久,方行完竣。计培修旧日永成堰及计划兴筑易家堰。刻经三台筑堰委员会已将工程用具、收买沿堰土地办法及征集民工等,筹备妥善,定十一月一日兴工。该堰由葫芦溪起,刘家营止,长三十余里。堰工完成,可灌良田数万亩。

(载于民国二十六年十一月《四川月报》第十一卷第五期)

3. 四川之农田水利振兴工作(1938年5月)

关于农田水利建设目前进行之计划,据农本局总经理何廉谈,约如下述:重庆行营、川省府及农本局,合组农田水利贷款委员会,办理川省农田水利。贷款总额定为三百五十万元。技术工作由经济部导淮委员会负责。该会已于四月一日在蓉成立。工作步骤,先择定简阳、新津、眉山、仁寿、阆中、射洪、遂宁等县为第一期实施灌溉区域。查勘其区域内可以施工灌溉地段,即进而测量设计。设计完毕,乃兴办贷款施工。同时,并在各施工区域组织水利协会,以为贷款之对象。为求速效,各区分队进行,使各队技术工作完竣,即行施工。一方另进行他区测量。导淮委员会工作人员,已于四月十五日出发。据报,今年秋收以前,可将设计工作完成一部,一俟收农隙时,即行实施。其贷款以施工性质而别,分为开渠、筑坝、挖塘、筑山谷水库及其他有关灌溉之水利工程。

(载于民国二十七年五、六月《四川月报》第十二卷第五、六期)

4. 四川省建设厅签呈都江堰工程经费摊筹情形（1938年7月26日）

敬签呈者：

窃查都江堰工程除岁修经费历由本府拨款办理外，其余各县地方工程经费在二十六年度，系由用水十四县摊筹，共数为二百一十三万余元。本年三月三十一日，内江开堰用水，各县县长暨各县水利人员，在灌举行堰工讨论会时，并曾议定"二十七年度工程经费，照二十六年度摊筹办理"。等语。记录在卷。现在二十六年度工程已陆续结束，二十七年度工程及经费亟应早为筹办，以资应用。兹经职厅查酌实际需要情形，暂定摊筹总额为十万元。至各县分摊数目，则以各该县灌溉亩数为准（详附表），并拟订工程进行暨经费摊解办法一份。理合签请钧座鉴核，并恳援照上年成例提交省务会议，议决施行。

谨呈

主席 王

附拟呈二十七年都江堰流域各县地方水利工程进行暨经费摊解办法一份

建设厅长何北衡（七月二十六日）

附：

二十七年度都江堰流域
各县地方水利工程进行暨经费摊解办法

一、本办法根据二十七年三月三十一日都江堰堰工讨论会决定，复经本府七月日第次省务会议议决酌订之。

二、本年度都江堰岁修工程，除由省政府仍拨库款七万五千元办理外，所有各县地方水利工程，悉依本办法之规定办理。

三、本年度应需工程经费暂定为十万元，必要时待斟酌情形增筹之。各县分摊数额如左〈下〉：

  1. 灌县：15500元 2. 温江：14000元 3. 双流：8500元

4. 崇庆：9300元　　5. 新津：3300元　　6. 彭县：1300元

7. 崇宁：5300元　　8. 郫县：10800元　　9. 成都：7600元

10. 华阳：9200元　　11. 新繁：5000元　　12. 新都：5500元

13. 金堂：2800元　　14. 广汉：1900元

以上合计：100000元。

四、前项应摊筹之款，或在粮税项下附征，或按亩摊收，由县政府召集各机关、法团就该县适宜情形，会议定之。连同经费摊筹报告表，呈报省府查核（表式另附〈略〉）。

五、前项摊筹之款，限于二十七年九月底一律照额清解。属于第一区各县（并入新都实验县），解交温江专署；广汉、金堂两县，递解本府，存待拨用。

六、本届各县工程应领经费，照上年度查勘安工办法，以水利局安工表为准。但有重要关系工程，经省府核准办理者，不在此限。

七、各种工程单价规定如左〈下〉：

1. 河方工：每市方五角五分（即一百立方市尺）。

2. 笼工：每条一元四角（长三十市尺，直径一市尺七寸，篾宽一市寸。立分短笼，不得用其他各形长笼）。

3. 埂工：每市方一元三角（即一百立方市尺应除去天然埂基，照实破方数计算）。

4. 桩工：每根七角（木料挖槽、栽工等费一并在内，长度七市尺至九市尺，直径四市寸至七市寸）。

八、各县工程得照安工总数，另发百分之五事务费。一切工具暨员工、夫役，旅费、津贴、工食及办公等费，均在此款内开支。得到安工表后，即照额拟造预算书，呈由省府核准，饬领应用，工竣核实报销。

九、各县工程安[工]由水利局派员，会同各该县水利人员办理。如关系两县以上工程，应通知关系县份共同安工。一切图表式样，统由水利局规定制发，以归划一。

前项安工图表共列五份，分配如左〈下〉：

1. 呈省府二份（经省府核准后，转发一区专署一份）。

2. 由局交县政府二份（县府提存一份，转发承包人一份）。

3. 水利局存留一份。

十、已安定之工程，非经呈准，不得变更。

十一、本届工程采取包工制。其承包人应觅殷实商号担保，填具认状，照安工表承办。如因工巨期迫，得调派民工协助，但民工工作仍以包工制行之，其领队人即为承包人。前项认状，由水利局统制，函送各县备用。

十二、各县县长负统筹该县各地工程事宜之责。必要时得组织某某县二十七年度水利工程办事处，以县长兼任处长，于工竣后撤销之。

十三、各县水利会人员受县长（或处长）监督、指挥，负工程实施责任。至监工及事务人员之多少，得视工程之繁简，由县政府（或工程处）酌定，委派之。

监工规则及监工日报，由水利局制送各县政府，转饬遵照办理。

十四、各县办理本届工程所有承办人员原职姓名、担任事务及开工日期，应由县政府（或工程处）呈报本府备查。

十五、各县工程由水利局派工程人员巡视、指导办理。其旅费由局担任。

十六、外江流域各种工程完成限期如左〈下〉：

1. 河方及栽椿工程二十八年一月二十八日。

2. 埂方及竹笼工程于上列同日完成水脚，外江开水后一月内全部完成。

十七、内江流域各种工程完成限期如左〈下〉：

1. 河方及栽椿工程二十八年三月二十五日。

2. 埂方及竹笼工程于上列同日完成水脚，在内江开水后一个月内全部完成。

十八、各种工程未经省政府派员验收者，不予核销。

十九、如有左〈下〉列情事，分别惩处之：

1. 拖欠解款，屡催逾限者；

2. 逾限未能完工者；

3. 偷工减料或擅行变更工程者；

4. 侵蚀或克扣工款者。

二十、遇有左〈下〉列情事，分别奖叙之。

1. 应摊工程经费能提前清解者；

2. 工程艰巨而能如限完成者。

二十一、本办法如有未尽事宜，由四川省政府以命令行之。

二十二、本办法自公布之日施行。

5. 阆中县关于七里坝水利灌溉工程测量经过情形致省政府呈（1938年8月11日）

本年八月四日，案奉钧府廿七年建字第一六九七〇号训令，为检发指示单一纸，饬将本县应举办水利计划概况及查勘经过情形，呈府候查。等因。奉此，遵查本县水利计划，业于民国廿六年拟呈第十四区行政督察专员公署核转钧府核示，并奉钧府廿六年建字第二〇七八三号训令，饬遵。各在案。其中关于兴办七里坝水利一项，该坝之黄连垭、张公桥两利用合作社，曾合组水利委员会，拟从事兴办。估计灌溉区域约一万亩左右。意在嘉陵江畔，马啸溪地点安设汲水机。迭次开会讨论，结果佥谓购置机器及种种消耗，不合经济原则，乃改由县属涧溪口下面之倒流水地点，开渠引水。惟该处之水面高与七里坝之地面，高比差是否可能，业须确定。乃由该会负责人购置简单测量仪器，从事测量。结果比差甚微，无法引渠。复恐仪器不良，精度欠差，乃请钧府转饬水利局，派员携带精良仪器，来县测量。于本年二月，即由导淮委员会派马工程师国屏，携带水准仪一具，来县测量。费十余日之力，结果实不可能。迨至六月，复由导淮委员会派有勘测嘉陵江水利工程测量队一组，来县复测。其结果，据该队张技正云："开渠引水，决不可能。如在经过该坝小溪之上流建筑水库，尚能办到。俟回会后，即派测量队来县详测"等语。现该测量队业已来县工作，详密测量。

奉令前因，理合将本县水利计划及查勘经过情形，具文呈复钧府。俯赐鉴核候查，指令祗遵！

谨呈

四川省政府

阆中县长 涂〇〇

6. 四川省政府扩大兴办水利(1938年8月)

省府为增加粮食生产,适应抗战需要起见,决于本年下半年度,扩大兴办水利。关于兴办计划,现已拟就。拟办事项,分水文测量、水准测量、整理三台水利工程等项。关于水文、水准测量及河堰堰工岁修、防洪抢险等项经费预备,约共二十二万余元。请农田水利贷款现有三百余万元,各县均可请求水利会转向农田水利贷款委员会贷用。兹将兴办水利计划志次:

一、测量

兴办水利,须有各项测量工作。材料("材料"二字为衍文,应删)本省各主要河流,自二十五年起,共已设立水标站十个,流量站六个,实不敷用,故本年度决定设置如下:

(一)水文测量

增设水量站六个,水标站二十二个。除测量流速,观读水位外,并观测气象。

(二)水准测量

岷江(由新津测至宜宾)、沱江(由金堂赵镇测至灌县)、嘉陵江(由三台测至重庆),均安设永久石质标志。

二、工程

本省各河流域堰工,除办理岁修及防洪抢险工程,保持有灌溉外,注意扩充灌溉面积,以增加粮食生产。在本年度决定设备如下:

(一)修理三台水利工程

该处作坝,原计划灌溉二万三千余亩。在干渠完成时,已届栽插时期,各农民多所观望,实际仅栽插二千余亩。各月测得进水口流量,足供原计划亩数之灌溉。但因新修渠道堤堰土质疏松,放水以后,不免部份〔分〕冲塌。故决定切实整理,并管制各坝水量分配,以达到计划目的。

(二)贷款举办各县开渠筑路工程

甲、眉山滩工程,约灌田三万亩;

乙、绵阳袁公堰工程,约灌田一万三千亩(附带设水电工程);

丙、雅安大兴场工程,约灌田九千亩;

丁、夹江木城街工程,约灌田一万亩;

戊、射洪大榆坝工程,约灌田一万五千亩。

(以上四〔五〕处共约七万三千亩,业已测量完竣,正设计中,决定在雨季以后,督同贷款兴工办理。)

己、眉山韩家场工程,约灌田八万亩;

庚、绵阳龙门、青义、高水井三坝工程,约灌田五万亩;

辛、洪雅止戈场至三宝场工程,约灌田二万四千亩;

壬、遂宁安溪河工程,约灌田十万亩。

(以上四处,共约二十五万四千亩,业已作初步查勘,正派员测量中。决定于本年度测量设计完成,于明年春季贷款兴工,可得到部分之完成。)

(三)业经调查兴工办理水利工程地方,及旧有塘堰废弛须整理者,计二十九处,共约灌田廿六万余亩。决定本年度陆续测量设计,仍贷款办理。

(载于民国二十七年七、八月《四川月报》第十三卷第一、二期)

7. 都江堰工程处为堰工短缺致四川省水利局代电(1939年4月14日)

成都。水利局邹局长鉴:

查都江堰工本届因受调训壮丁及兵役等影响,工作殊为不小,以致开水后,仅将水脚笼完成,其上部及石笼尚待大批堰竹以资接济。前据副工程师陈树人报称:山场竹料确已砍足,惟运竹夫多系当地居民,即因应壮丁训练,雇用殊感掣肘。职处曾函请灌县县府,暂缓调训水磨沟联保所有东岸四保人民应壮丁训练。去讫。兹准覆函开:"查社会军训系政治部规定,敝府未便擅自决定。兼以壮丁检阅团现已出发,行将抵灌,各区联保正应加紧训练。业经奉令转饬遵照。在案。惟贵处函嘱之件,关系堰工工程,亦属重要。俟转请上峰核示,再为决定"等由。准此。并据办事员刘文波回处面称:最近运竹工人更形缺乏,几有辍工之势。转瞬洪水暴发,诚恐将已筑未成之工淹没,难于继续施工,贻害之巨,何堪设想。谨此电开,伏祈示遵。

处长李玉鑫。寒。印。

8. 四川省政府关于派水利人员到梓潼县测勘训令(1941年4月9日)

令四川省水利局：

案据第十三区行政督察专员公署呈转梓潼县政府呈请选派水利工程人员到县测勘，并分令代制新型灌溉，以增生产。等情。前来。除以"呈悉。候令四川省水利局迅予派员前入，会同梓潼县政府召集有关堰民代表实地详勘，妥筹办理。至代制高地灌溉汲水机，应候查勘后，针对需要，径向该局洽商制造。仰即转饬该县政府遵办为要"等语指令印发外，合行抄发原呈，令仰该局即便遵照，迅予派员前往会勘妥办，具报查核！

此令！

计抄发原呈一件。

兼理主席　张　群

附：抄十三区专员公署原呈

本年三月十四日，案据梓潼县县长于笙陞呈称："查潼江流经县属，引以灌溉者，计有重华、开化、宏仁三堰，溉田约有万亩。但各堰工程窳小，该江余水尚未尽行利用。故每岁夏秋洪涨之际，排泄不遑。设于该河上游能寻得储蓄之地，留待引用，则县城东外万亩以上之平原，即可利用是项余水及蓄水而成良田。又，该河下游一带滩流亦多，堪极引用水利局新型高地灌溉机。惟上项可以利用之水，工程较大，须先行测量，始能设计兴工。但非专门人员难期收效。理合具文呈恳钧署，转请省府选派水利工程人员到县勘测，并分令水利局代制该项新式高地灌溉机模型，以凭伪造。是否有当，伏候核示令遵"等情。据此，查该县山多田少，所拟蓄储水量及高地灌溉办法尚属可行。除指令外，理合转请钧府鉴核示遵。

谨呈

四川省政府兼理主席　张

四川省第十三区行政督察专员　钟礼道
秘书韩光　钧代行

9. 四川省水利局所办灌溉工程粮食增产月报表

1941年8月

工程名称	灌溉方式	工程单位	灌溉田亩 工程完成%	各种农产增收折合稻谷市担 完成%×田亩×每亩可增担	备考
绵阳龙西渠	自流灌溉	自流渠一道	17500 100%	78600	按每亩增产4.5担计算
绵阳天星堰	自流灌溉	自流渠一道	13000 100%	52000	按每亩增产4.0担计算
眉山醴泉渠	自流灌溉	自流渠一道	18000 100%	6000	水源充裕暂按3000亩受益每年亩增收2.0担
青神鸿化堰	自流灌溉	自流渠一道	20400 100%	10200	整理旧堰工程按每亩增收半担计算
乐山楠木堰	自流灌溉	自流渠一道	1600 100%	6400	按亩增收4.0担计算
彰明涪济堰	自流灌溉	自流渠一道	4000 100%	18000	按亩增收4.5担计算
三台郑泽堰	自流灌溉	自流渠一道	45200 100%	144200	永成堰12200亩按增1.0担，郑泽堰33000亩按亩增4.0担
金堂广汉北泽堰	自流灌溉	自流渠一道	6000 100%	6000	整理旧堰工程按亩增1.0担计算
绵阳涪翁堰	自流灌溉	自流渠一道	9000 88%	7920	整理旧堰按每亩增1.0担计算
雅安青衣渠	自流灌溉	自流渠一道	2800 98%	2744	利用已成渠道蓄水按亩增1.0担计算
峨眉熊公堰	自流灌溉	自流渠一道	3000 2%	—	
洪雅花溪渠	自流灌溉	自流渠一道	34500 79%	27255	利用已成渠道蓄水按亩增1.0担计算
遂宁南北坝	自流灌溉	自流渠一道	33500 8%	—	
各县堵水坝	蓄水灌溉	163座	65308 78%	127500	新旧堰工平均一委按2.5担计算

续表

工程名称	灌溉方式	工程单位	灌溉田亩 工程完成%	各种农产增收折合稻谷市担 完成%×田亩×每亩可增担	备考
各县蓄水塘	蓄水灌溉	1600户	91051.5 54%	73800	新旧堰工平均一委按1.5担计算
共计			364859.5	560619	
累至七月份增产为：				559350	
八月中净增量：				1269	

材料来源：四川省水利局根据调查材料编制。

10. 四川省农田水利工程统计表（1939—1945年）

（一）已完成工程

民国二十八年至三十四年六月底止

年别	开渠 工程数	开渠 受益面积（市亩）	筑坝 工程数	筑坝 受益面积（市亩）	挖塘 工程数	挖塘 受益面积（市亩）	其他 工程数	其他 受益面积（市亩）
总计	26	380100	233	113325	3876	161262	13	11000
二八年	3	59800	49	21505	—	—	1	—
二九年	2	24400	80	46477	1204	64428	5	3000
三〇年	3	34000	8	2830	463	14637	5	8000
三一年	6	107800	43	19238	1175	46995	1	—
三二年	6	105300	47	9255	1034	35202	—	—
三三年	6	48800	3	420	—	—	1	—
三四年	—	—	3	13600	—	—	—	—

(二)施工中工程

民国三十四年八月底止

工程类别	工程名称	工程地址	工程数	受溢〔益〕面积(市亩)
总计		—	8	119082
筑坝	小计	—	2	35000
	三台东山六坝	三台东山寺	1	22000
	三台大围坝	三台刘家营	1	13000
开堰	小计	—	2	20900
	灌县导江堰	灌县北门外	1	7900
	彰明长青堰	彰明青莲场	1	13000
灌溉工程	小计	—	2	37182
	巴县梁滩河	巴县歇马场	1	30000
	内江大小清流	内江	1	7172[①]
高地灌溉工程				
	华阳沙河堡	沙河堡大观堰	1	16000
电力灌溉工程				
	犍为清水溪	犍为城南	1	10000

材料来源:根据水利局函送材料编制。

(三)商业

概 况

1. 灌县山货药材跌价(1937年8月)

灌县出口之各种山货药材,除川芎、泽泻两种为藻地之特产外,其余如麝香、羊毛、羊皮、牛皮、野牲皮、贝母、羌活、大黄、木香等等,悉来自松潘、茂县、理番、懋功、靖化各县。前因山洪暴发,各县山路被冲毁,一时输运维艰,价格曾趋上涨;嗣以华北战起,住灌各地货商、庄客,纷纷接电止汇、止办,故各货交易停顿,市盘大跌。惟羊毛、牛皮两特,销运较旺,价格上提。七底,羊毛每百斤售至八十二元,牛皮每百斤六十元,一律以现货现款交易,不做期盘。川芎销市,向以在华北各为最,营口且有川芎交易市场。今

---

①原件如此。经核,应为"7182"。

既战事爆发,灌县特产之川芎,忽少人买。六月川芎新货,每百斤曾卖至三十七八元,今则狂跌,每百斤只能谈价二十二三元。自沪战发生,更跌至二十九元乃至十九元,仍少买主。至松潘、懋功两县物产之贝每〔母〕,七月已开挖新货,产量颇丰。松潘今年产有一百五六十挑(每挑一百零二斤八两),懋功今年产有七八十挑(每挑一百零二斤八两)。八月初正大批运抵灌城,寄于各药材行栈销售。七月间新贝母市盘,松贝每百斤一千〇五六十元,懋贝每百斤八百五六十元。但近以所到太多,复受华北战事影响,银根枯窘,故八月八日市盘,松贝百二十元①,懋贝七百二十元,成交不多。沪战发生后,更趋跌价矣。

(载于民国二十六年八月《四川月报》第十一卷第二期)

2. 内江市面萧条(1937年11月)

内江商业向称繁盛,尤以苏货、疋头,销路特旺。但近月以来,因沪战爆发,以各货来源断绝,商人乘势居奇,高抬市价。前售八九角之物品,今已售至一圆四五。然,内江因受旱灾影响,种稻愆期,收获仅有两成。人民生活,尚待设法维持,何充裕金钱,购买物品?以致市面萧条,空前未有。茶社酒店,亦少有人出入。东场之"锦江村"、大西街之"三江饭店",平时高朋满座,今已先后关闭。许多商店亦有继续停贸之说云。

(载于民国二十六年十一月《四川月报》第十一卷第五期)

3. 四川省水利局关于管理碾米限制碾白程度减少粮食消耗提案及省务会议决议(1937年12月13日)

(一)省务会议决议

1. 原则通过。

2. 由省府通饬各县斟酌情形,限期停止碾售过白熟米;并努力提倡一日两餐,以节省粮食。至省会管理碾米办法,另定之。

---

①原文如此,照录。

(二)水利局提案

拟请实施管理碾米,限制碾白程度,减少粮食消耗案。

查战时粮食之重要,已由统制会粮专会详细提出。本府为谋增加米产,减少消耗起见,曾令一区专署转饬所属各县,限制碾米成色。惟当时环境尚非十分严重,而人民之认识与习惯,亦须有相当之宣传、指示及纠正手续,然后糙米畅销,达到要求。遂暂用缓进办法,徐谋推动。现在国府移渝,表示长期抗战之决心;而下游产米、积米之区域,复相继失陷。对于食用糙米(亦称健康米,因其存留胚芽,补益营养)运动,其急进性业已增加。盖:

1. 产米、积米之区域相继失陷,政府复具长期抗战决心,向省外采办运输之路线又生问题。设不早为计及,一旦发生缺米,实属无法补救。

2. 川省本年春、夏两季均遭大旱,各县粮食积余殊微,至为明了;而省外人士源源入川,人口递增,消耗之量绝对加多。若不未雨绸缪,临渴掘井无济。

3. 出川部队数逾十万,前方给养采办一〔倍〕感困难,必须输出接应,民间无存,无从购备。

据粮食调整委员会调查,限制碾米成〔程〕度,可使每石谷多出米五升以上。管理办法若果彻底及于全川,其数良巨。即以成都平原而论,有水田520万市亩,每亩产谷四市石,计共为2080万市石。刻秋收甫逾三月,估计尚存谷一千万市石。米碾(注:此处颠倒,应为"碾米")即日实施管理,尚可多出米五十万市石之数,军糈民食不无补益。

总之,限制食米碾白成〔程〕度,可以增加出米数量;可以促进人民健康;可以实行消费节约;可以加强抗战能力。时至今日,似应决心实施。惟必须对市民作普遍宣传;对碾房具〔俱〕严密稽核。双方兼顾,方易收效。而事之举办,又需经费,即如第一步管理成都平原水碾,希望在本年度内多出米五十万市石,约需宣传及管理费一万元以上。所述是否有当,敬请[公决]。

提案人　委员稽祖佑

4. 四川省各县同业公会统计(1937年12月)

县别	公会数	会员数(家)	县别	公会数	会员数(家)
总　计	628		叙永	15	399
成都市	108	13219	合江	12	502
重庆市	14	1007	古宋	17	361
自贡市	21	2421	涪陵	16	635
新津	15	461	丰都	10	185
新都	27	756	奉节	2	173
资中	20	887	开县	12	312
资阳	2	75	巫山	7	109
内江	27	1401	大竹	19	835
荣县	25	699	渠县	8	588
威远	19	2967	长寿	13	168
江津	14	459	南充	9	330
合川	6	239	武胜	20	1266
荣昌	24	1084	安岳	16	642
璧山	6	125	潼南	8	306
铜梁	36	521	乐至	6	—
眉山	3	46	什邡	1	34
青神	7	188	金堂	4	568
乐山	1	312	广元	9	287
屏山	1	14	阆中	2	89
犍为	18	564	昭化	1	57
南溪	4	175	达县	13	562
庆符	4	150	开江	3	254
泸县	1	37	宣汉	2	39

材料来源：各县政府填报。

5. 雷马屏峨四县设置边民商场办法（1940年3月1日）

一、四川省政府为使得雷、马、屏、峨四县边民互市起见，特订定本办法。

二、雷、马、屏、峨四县县政府，得于各该县边民互市场所，设置边民商场。

三、边民商场内，设平价委员会，负责筹设及管理商场事宜。置委员五人至七人，均为无给职。除主任委员由县政府指定商场所在地之乡、镇长充任外，余由主任委员聘请当地公正士绅及商人与优秀边民充任，并呈报县政府备查。

四、每次集市之前，应由平价委员会将银钱、米粮、油盐、布匹、土货等市价，或交换标准，先行议定，悬牌公告，以利交易。

五、市场一切交易以新制度量衡为标准，由平价委员会购置度量衡新器各若干，具以供使用，并不得收取任何手续费。

六、凡边民请求介绍买卖物品者，平价委员会应即照办，并负责代付物价。其自由买卖者，亦不得加以限制，但应随时稽查，以杜欺诈操纵之弊。

七、平价委员会办公费，由县政府斟酌规定，经呈准后由县款开支。

八、平价委员会各项章则，由县政府斟酌当地情形，拟订施行。

九、本办法自公布之日施行。

6. 国家总动员会议关于成都棉纱黑市猖獗致物资局公函（1942年7月16日）

据成都经济检查队本年六月二十八日，报告蓉市黑市棉纱交易情形。到会。除饬该队速与贵局驻蓉办事处洽商，化装侦查方法，务获破案，俟复报前来，再另函达外，相应抄同原情报函请查照，令饬该地棉纱管制为荷。

此致

物资局

抄送情报一份

　　　　　　　　　　　　　　　　　　　　吴铁成
　　　　　　　　　　　　　　　常务委员　陈　仪
　　　　　　　　　　　　　　　　　　　　贺耀组

附：抄情报

蓉市黑市棉纱交易日益猖獗，每包价格竟高至二九〇〇〇元。查成都近日以来，棉纱黑市交易益形猖獗。虽经政府三令五申禁止在案，奸商等均置之不理。迭经本队严密调查，悉所有成都市内之棉纱黑市，均在上中东大街沁园茶社九龙巷、龙翔茶社等二处为最著。沁园茶社于每日午前九时起开始暗中交易，龙翔茶社于每日午后四至六时为交易最盛之时。某交易者遂以有介绍人（即经纪），双方合作成交，然后临时指定地点交货。若于交货后发生问题，则卖主不负任何责任。目前该二处之黑市已成为公开秘密，致棉纱每包价格已高□□□□□□□。如需查获此等奸商、黑市交易，必须化装与之交易，始能有效。

（原件存中国第二历史档案馆）

7. 四川省政府为抄送叙永县参议会请放宽信用放款限额提案致财政部咨（1942年12月22日）

案据叙永县政府本年十月三十一日财字第九零三号呈称：案准叙永县临时参议会秘字第四四号公函开：径启者：本会于九月十五日召开第一届大会，经参议员郑子湘、袁昭明、钟述祖等提议：请财政部将管理银行放款办法金额限制一条，酌予变通，以救济边区商业案。当即交付分组审查委员会审查。审查意见为：是否可行，送请县府转呈核办。复提交大会讨论，经众决议：照审查意见通过。等语。记录在案。相应照抄原提案函达贵府，请烦查照办理，仍希赐复为荷。此致。等由。附抄送原提案一件。准此。除函复外，理合抄同原提案，具文呈请钧府，俯赐鉴核示遵。等情。附抄呈原提案一件。据此，除以"呈附均悉。仰候转咨财政部核复，再行饬遵。此令。附件存"。等语指令外，相应抄附原呈提案一件，咨请贵部查核赐复，俾便饬遵为荷。

此咨

财政部

抄送原提案一份

兼理主席　张　群

附：原提案

案由：请财政部将管理银行放款办法金额限制一条，酌予变通，以资救济边区商业案。

提案人：何叔鹏，袁昭明，靳晓耕，钟述祖，郑子湘

理由：查财政部最近新颁管理银行抵押放款办法及信用放款办法各一种，其作用系为加强管制，切合实际须〔需〕要起见，自应遵办。惟查第二条所定"每户放款，不得超过该行放款总额百分之五，各户统计不得超过百分之五十"。此种办法，在本县商场，殊难遵办。良以叙永僻处边区，商场狭小，商号家数不多，商人资本薄弱，平时购运必需贷〔货〕物，多赖银行钱庄调剂，以资短期周转。但叙永各行庄，过去放款，向无抵押，且对数额与时间上，均无严格限制，故商人贷款较易。若照部颁管理银行信用放款办法第二条之规定，则此地银钱业，恐非停止其放款业务，不足以符功令。何则？按前条规定，每户不得超过百分之五一节，在渝各地商号林立之区，固易办到，叙永市场商号不多，而资本较大，能取信于银行请贷款者，尤属有限。兼之近来各商为节省开支计，多为数家并为一家，因此商号家数愈少。况油、糖商需款之日，未必即匹纱商需款之时。各邦〔帮〕商号万难同时向银行贷款。如同时向一行庄贷款之商号，不能满二十家，则该庄之贷款，无论如何不能符合百分之五之限额。此其一。至于信放各户，合计不得超过该行放款总额百分之五十一成，尤难办到。盖叙永市场，素无仓库业与保险业，各行庄亦以此地经营仓库业颇有折本之虞，而未敢试办。故各行庄过去放款，只有信放而无押放。欲求其信放，各户合计少于押放，以符百分之五十以下之限额，事实上决难办到。故各行庄，为遵守法令计，只有停止其放款，不仅影响其自身之营业，对商场原动力之影响尤大。虽法令上有五千元以下不受限制之规定，但现今百物价高，购运一次物品，动以十万，数十万计。若资本短少，须贷款以济急需者，即将无法进货，其业务亦非陷于停顿不可。似此情形，不仅商人身受痛苦，而于国计民生，影响尤大。盖恐商业衰微，间接影响国税收入，直接影响抗战饷糈，而后方人民日用物品之缺乏，尤在其次矣。亟应请求变通办法，以资救济，而维商业。

办法由大会函请叙永县政府,据情转呈财政部俯念商难,将新颁管理银行信放办法第二条,每户不得超过百分之五,各户总计不得超过该行放款总额百分之五十一项,对于边区银行,准其变通办理,暂不限制,以维边区商业,而免影响国计民生。

审核意见:是否可行,送请县府转呈核办。

决议:照审核意见通过。

(原件存中国第二历史档案馆)

8. 四川省管理牙业行纪规则(1943年5月31日)

第一条 本规则依照"非常时期管理牙业行纪办法"第十二条之规定,并参酌本省地方习惯定之。

第二条 凡在本省境内经营牙业、行纪者,除法令别有规定外,悉依本规则管理之。

前项所称牙业、行纪,包括一切代客买卖,居间介绍,抽收佣金之牙行、牙纪及各业经纪行户。

第三条 凡设立牙行或充当牙纪,均须填具申请书及取具三家殷实商户之保证书,呈由该管县市政府核准,转呈省政府发给执照。并将所领执照,缴呈主管税务稽征机关验讫,方可申请核发营业调查证。

前项申请书及保证书应各具二份,由县、市政府提存一份,并以一份转呈省政府核办。

第一项之申请书及保证书式样,另订之。

第四条 前条执照,每年更换一次,应载明牙业、行纪之营业年度,所营货品种类及由省政府核定之每年最高营业额。

该领执照,应缴纳执照工本费,连同粘贴执照应需印花,呈由县市政府随案缴呈省政府财政厅核收。前项执照工本费之数额,由省政府以命令定之。

第五条 凡具备左〈下〉列资格者,得申请领照,充当牙业、行纪。

甲、年在二十岁以上者。

乙、家资殷实者。

丙、品行端正，素具信用者。

丁、未受破产之宣告及徒刑之宣告者。

第六条　申请书应载明左〈下〉列事项：

一、牌名。

二、所营货品种类。

三、营业场所。

四、经纪人姓名、年龄、籍贯。合伙组织者，合伙人姓名、年龄、籍贯。

五、资本总额。

六、营业年度。

七、每年最高营业额，由县市政府切实估计填入。

八、佣金数额。

九、其他。

第七条　本规则公布后，其已设立牙行，均限于本规则公布后，一个月内，遵照第五条、第六条规定，办理请照及登记手续。

第八条　牙行或牙纪请领执照，应使用本名或表明其本名。其为合伙组织者，亦同。

第九条　省政府得指定某业应停发牙纪执照，或限令改领牙行执照。

第十条　牙行因地方习惯，业务行规各有不同，应于申请领照时，附具业务规则，呈由县市政府核准施行。

第十一条　每一牙行及每一牙纪应于领照后，始得经营业务。并应按照申请执照所指定之货品营业。一照一行，一行一货，不得分设兼带及擅改货品。违者，酌予有期间或永久停业之处分。

所营货品，如依非常时期法令指定管理时，牙行、牙纪同受管理法令之拘束。

第十二条　牙业、行纪应于县市乡镇集中交易地点，设置固定营业场所。不得游行兜揽，或露天营业。如须迁移时，应呈请县市政府批注执照。但因迁移而变更行政管理时，应重行申请领照。

第十三条　牙业、行纪所取佣金，最高额不得超过买卖额百分之三。于交易成立后,向卖方抽收之。

牙行应听买卖货者自动投行请求介绍。如有强拉介绍,勒缴佣金及私自增加佣金,或巧立名目情事,予以有期间停业之处分。

第十四条　牙行应于领照一个月内,向商会登记,并加入本业同业公会。牙纪应于领照后一个月内,向本业同业公会登记其姓名、住址、开业日期及所颁布执照号码。

第十五条　经完成登记程序之各商业同业公会,得备具申请手续,申报县市政府,呈由省政府转报经济部,核准设立牙行部,经营牙行业务。但佣金应较当地习惯减少二分之一,并应将所得佣金,专款存储,充作兴办事业基金。

前项牙行部,不得为类似交易所之业务。其应受管理事项,与其他牙业、行纪同。

地方机关、团体,除商业同业公会外,概不得经营牙行营业。

第一项存储基金,应按季申报县市政府,转报省政府备查。

第十六条　牙行、牙纪及商业同业公会所设立之牙行部,应纳税款悉照章办理。

第十七条　牙业、行纪因违背法令,或舞弊被罚停业者,其营业人不得再经营牙业业务、商业同业公会、牙行部。如有违背法令,或舞弊情事,得按所犯轻重情形,予以有期间停业,或商业同业公会法第四十四条第四款、第五款之处分。其为类似交易所之业务者,并得依非常时期农矿工商管理条例第三十一条,处罚其负责人。

第十八条　本规则自咨报财政部、经济部会核备案后,公布施行。

禁运资敌物资、查禁敌货

1. 四川省根绝仇货规则(1937年9月)

第一条　四川省战时后方统制委员会为抵制敌方之经济侵略起见,特制定根绝仇货规则。密饬各市县遵行,以期普及而免分歧。

第二条　本规则内所称仇货,系指由日本运来或日人在华设厂所造之货物而言。无论是否走私货均在内。

第三条　为确定仇货之真伪暨减少执行时之纠纷起见，各市县应设肃清仇货分会。由政府派二人，工、商会各派一人，并聘请有工商业专门知识者三人，负责办理鉴定、登记及评价当地仇货事宜。

第四条　各市县政府自奉文之日起，应即派员督同当地商会于一月内，将辖境内各商店既存仇货，严密检查。由肃清仇货分会派员鉴定、登记并评价后，仍由该商店出售。并造具表册三份，一呈当地政府，一呈商会，一呈本委会备查。

第五条　凡在沪战开始前贩运之仇货，现尚在途中或刚运到栈者，应由该承办商自行报请当地肃清仇货分会鉴定，经登记、评价后，并造表册三份，一呈当地政府，一呈商会，一呈本委会备查。至此项仇货仍由该承办商自行出售。

第六条　前第四、五条之仇货，经变卖后，本委员会应课以相当之抗敌捐，概由各市县政府解送本委员会，汇解备用。抗敌捐照肃清仇货分会审定该货成本、利息、运费、税、捐外，其余所得悉数提充之。

第七条　凡在沪战开始后所办仇货，应由各商自行报告、登记，由本会酌定处罚；如不自行报告，经查明或经人密告属实者，概行没收充抗敌经费，并得视其情节，严加惩处。其解送办法照前条办理。

第八条　肃清仇货分会每周应派员前往各商店检查仇货一次。将其已变卖者若干，未变卖者若干，分别具报当地政府备查。

第九条　鉴定登记及评价仇货人员，如有徇情、故纵、受贿、搪害等不法情事，经查实后，即行严加惩办。

第十条　本委员会对各市县政府办理根绝仇货情形，随时派员明密考查，分别惩奖。

第十一条　凡有依仗权势包庇、代藏、干涉或阻碍根绝仇货工作者，应由各市县政府呈报本委员会呈请省政府，严行究办。

第十二条　各地仇货经变卖后，凡曾售卖仇货各商店，应即取具"三家连环永不贩运仇货保结"二份，分呈当地政府及商会备案。

第十四条　凡意图营利而以日本原料改造物品之工厂、商号（如以日纱织布、织袜等是）均通用本规则之规定办理。

第十五条　前第四、五两条所定各商店及承办商，其现存仇货应受检查。而隐藏不露者及到栈仇货而不报请鉴定、登记及评价者，一经查明或被人密告属实，除没收其仇货外，并得视其情节严加惩处。

第十六条　执行处罚仇货，除本委员会外，在市县由市县政府呈请省政府核定执行。此外，无论何种团体，不得以其名义执行处罚。市县政府执行处罚后，应即将处罚情形详呈本委员会备案。

第十七条　本规则如有未尽事宜，由本委员会呈请修改之。

第十八条　本规则自经省务会议决定公布之日施行。

2. 川康绥靖公署四川省政府印发仇货《调查证》训令（1937年11月11日）

总字第1078号

令四川省会警察局：

案据四川省抗敌后援会呈称：窃本会调查仇货检举汉奸工作，刻已积极推进。兹为防杜流弊，策应事机起见，特由会制订许可证，以备本会工作人员使用，并为有特殊事件发生时，请求军警、宪兵及保甲人员协助之证据。除分呈四川省党部备案外，理合检呈该证式样二份备文赍请钧署府，俯予鉴核，转饬所属各部队、各治安机关一体遵照。以后遇有本会工作人员持证请求时，即予尽量协助，以利推行。是否有当，伏候指令祗遵。再，此项证据，本会系于必要时始交付工作人员，极为慎重，工作完毕，立予撤回，以杜流弊。合并呈明。等情。据此，除以"呈及调查证明式样均悉。准予分令市政府、警察局、警备司令部及宪兵大队部查照"外，合同行抄发原赍调查证式样一纸，令仰该局即便查照，遇有该会工作人员持证请求协助时，务予尽量协助，以利进行为要。

此令！

计抄发调查证式样一纸（原为竖式竖排）

条例	中华民国二十六年　月　日制
	在必要时,得持证请求军警宪协助
	此证如有遗失时,应立请大会注销,以免发生意外之虞
	此证不得假借他人
	持证调查仇货时,不得有不合法行为
	凡本市商事,对持有此证者,不论何时何地均应[接]受其调查,不得借词
	持此证调查仇货时,须会同当地保甲及军警宪规定同检查,以慎重拒绝
	此证为本后援会专以调查仇货汉奸之用

四川省抗敌后援会	主任常务委员 调查组长
	调查证
	第　号

3. 四川省肃清仇货委员会密告惩奖暂行规则(1938年1月)

第一条　密告标准

凡有左〈下〉列情事之一者,经查属实,破获后,得由本会代密告人请奖。

(一)沪战前运到仇货,未经报请登记,暨登记数目不实,以多报少者。

(二)沪战后运到,未经登记之仇货,暨已登记,数目不符者。

(三)现到途货中夹有仇货,确属未经登记者。

(四)现到途货不遵规定报请提验,竟运本号或运他处撤卸,避免检验者。

(五)暗地运销仇货及藏匿居奇,改牌冒混,操纵价值者。

(六)不遵规定陈列售卖,故与非仇货混合及不照规定造具报销册与切结者。

(七)造册不实、具结不真与企图续贩仇货,查有订购函电及合同者。

第二条　密告方法

密告人须依左〈下〉列手续。

(一)密告人须依后列方式,逐项填写清楚,报入本会密告箱或径交本会收发处。

(二)密告人不愿书名者,得用符号代替,且自扣立合同夹于密告书内,但须注明通讯地址，以便函询。

（三）密告属实者，招领时，即凭合同领奖，概不过问其他；若以真名密告，致生危险者，本会得予保护。

第三条　凡经密告破获之仇货，变价后，即由本会解送省政府备用。至密告人及协助出力人员，应否给奖及给奖若干，统由省政府就各该案情形核定办理。

第四条　密告人属于团体或工厂者，即以所得奖金给予该团体或该工厂充作机关经费；属于私人，二人以上者，即按奖金额分配均匀，照人数发给，不得代领。

第五条　密告不实或挟嫌捏诬致被告人无端遭受损害者，经查确实后，于团体密告者，责罚团体；属于私人，二人以上密告者，按人数责罚，并无首从之分。但办理肃清仇货工作人员其举发嫌疑仇货，结果无据者，得不（颠倒）以挟嫌捏诬论咎。

第六条　凡犯本规则第二条所列各款情事之一者，经密告查出实据后，除没收其仇货外，并得按情节轻重分别惩罚。

第七条　本会工作人员如有非法行动，经查有据悉者，即按情节轻重，分别惩处。

第八条　本规则经呈准省政府核定公布日实行。

4. 四川省肃清仇货委员会造报拍卖没收仇货价格数量清册（1938年6月6日）

瑞兴祥：(1)灰色线哔叽二丈九，拍卖价格一角七，合洋四元九角三仙，八折售洋三元九角四仙四；(2)四君子青哔叽二丈三，拍价一角七，合洋三元九角一仙，八折售洋三元一角二仙八；(3)三如意花丁绸十四丈八，拍价一角二，合洋十七元七角六仙，八折售洋十四元二角零八星（二节）；(4)四君子青贡缎五丈五，拍价一角七，合洋九元三角五仙，八折售洋七元四角八仙；(5)三如意花哔叽二十三丈九，拍价一角八，合洋四十二元零二仙，八折售洋三十四元四角一仙六（四节）；(6)上寿图京绒五丈一，拍价五角四，合洋二十七元五角四仙,八折售洋二十二元零二仙二;(7)毛斯布八丈七,拍价一角,合洋八元七,八折售洋六元九角六仙(三节)(8)白洋布十一丈六,拍价一角四仙五,合同洋十六元,八折售洋十三元四角五仙六(二节)。

万镒长:(1)四君子各色哔叽十五丈八,拍价一角七,合洋二十六元八角六仙,八折售洋二十一元四角八仙八(四节);(2)珠红花哔叽五尺,拍价一角七,合洋八角五仙,八折售洋六角八;(3)各色花素哔叽四丈一,折价一角八,合洋七元三角八仙,八折售洋五元九角零四星(五节);(4)三如意花丁绸三丈七,拍价一角二,合洋四元四角四仙,八折售洋三元五角五仙二(二节)。

泽源:(1)各色考克绉二丈四,拍价一角五,合洋三元六角,八折售洋二元八角八仙(三节);(2)四君子哔叽三丈二,拍价一角七,合洋五元四角四仙,八折售洋四元三角五仙二(三节);(3)各色花哔叽六丈一,拍价一角二,合洋七元三角二仙,八折售洋五元八角五仙六(三节);(4)上寿图寿绒二丈二,拍价五角六,合洋十一元,八折售洋八元八角。

利义和:四君子花哔叽二丈四,拍价一角六,实计售洋二元四(全渍变色故低价出售)。

信孚:毛斯布八丈五,拍价八仙,实计售洋七元(七节)。

浓记:藕丝纱二丈,拍价一角五,实计售洋三元。

说明:瑞兴祥、万镒长、泽源三家没收各货,经第十三次会议决议:照原订价核洋一百九十八元九角二仙正,一律以八折售卖。实计洋一百五十九元一角三仙六星正。又,利义和、信孚、浓记三家,各货无扣出售,核洋十三元四角二仙正。共实计合洋一百七十一元五角三仙六星正。合并申明。

5. 四川省肃清仇货委员会造呈补报拍卖万镒长仇货价款清册 (1938年6月20日)

三如意花哔叽七丈一尺,价一角八,合洋十二元七角八,折扣得洋十元二角二仙四星。

四君子各色花哔叽八丈四尺,价一角七,合洋十四元二角八,折扣得洋十二元四角二仙四星。

元青直贡二丈九尺，价一角七，合洋四元九角三仙，折扣得洋三元九角四仙四星。

双龙珠白洋布二丈，价一角四·五〔四仙五星〕，合洋二元九角，折扣得洋二元三角二。

跳舞单洋布二丈二尺，价一角二，合洋二元六角四仙，折扣得洋二元一角一仙二星。

三如意花丁绸五尺，价一角二，合洋六角，折扣得洋四角八仙。

条子花丁绸二丈三尺，价一角二，合洋二元七角六仙，折扣得洋二元二角零八星。

福鹿花哔叽四丈九尺，价一角七，合洋八元三角三仙，折扣得洋六元六角六仙四星。

各色花哔叽二尺，价一角八，合洋三角六仙，折扣得洋二角八仙八星。

合计：合洋四十九元九角八仙，折扣得洋三十九元六角六仙四星。

注：经会议决照定价八折扣卖。

6. 四川省肃清人仇货委员会关于处理仇货情况致省政府呈（1938年7月12日）

〈前略〉遵即漏夜赶办，检查结果，除商店历月销售仇货不计外，照本年五月底各商店所报现存仇货数量统计，计五金业现存仇货照市商会评价册列各种仇货价值计算，约值洋九千九百六十七元四角八仙；电料业现存仇货约值洋四千零九十二元五角；图书业现存仇货约值洋八百九十元八角二仙；京缎业现存仇货约值洋十万零二百六十一元零七仙；干菜业现存仇货约值四万六千一百三十九元五角九仙；新药业现存仇货约值洋一千零五十六元一角五仙；苏广杂货业现存仇货约值洋十三万三千三百九十元七角四仙。约当原登记仇货数量之一半，惟此现存仇货脚货居多。又，本会原订计划系限至二十七年六月底，本市各行商店自动将所购仇货售尽肃清。今照五月底所报现存仇货查验，尚存原登记之半未售。即使六月份照常月加倍倾销，亦难如限售完。所幸各商店所报途货未经抵省城者,除干菜业尚有少数海带等物而外,其余各业所报途货均经运到,业已加入现货数内填报,如再加紧拍卖,年内不难彻底肃清。

7. 四川省肃清仇货委员会关于查处蓉市六号仇货致省政府呈（1938年9月1日）

案查本会处罚没收本市益泰亨、江惠生、恒丰、重庆玻璃厂、祥康、聚生荣六号仇货,除益泰亨铅笔等仇货曾经报请没收,奉令准予拍卖外,其余江惠生等五案系近来处罚之件。又记,依法没收其货,并应报请惩罚。惟据各号申诉：是项洋漆俱属购来自用,并非贩卖图利,不过疏于登记,恳于鉴宥。前来。经牵其情尚符,故仅没收其货,即未议请处罚。又,祥康、聚生荣两号匹头系违章外运,出于无知,情节较小,因此议决处罚其货三成,发还七成,由该两号令回,具结完案。现各货均经拍卖,得价〈中略〉。附呈缴汇造没收仇货拍卖价格收册一本、拍卖仇货价款洋二百八十七元六角二仙整。〈后略〉

附：

没收益泰亨等六号仇货拍卖价格数目清册

益泰亨：(1)冲派克水笔四罗半零三十支,全部没收；(2)日记铅笔八罗,全部没收；(3)五心铅笔七打,全部没收；(4)中华铅笔十五打半,全部没收；(5)在、小牛头树胶擦七盒,全部没收；花杆水笔二罗四十四支,全部没收。共计拍卖洋八十元(经尹必光介绍,全部合议售与盲哑学校,价如上数)。

江惠生：(1)鸡牌洋漆六打零八筒,价格三元,合洋二十元,全部没收；(2)蜜蜂洋漆十八打零十一筒,价格三元,合洋五十六元七角五,全部没收。

恒丰：(1)鸡牌洋漆五打,价格三元,合洋十五元,全部没收；(2)蜜蜂洋漆七打零三筒,价格三元,合洋二十一元七角五仙,全部没收。

重庆玻璃厂：鸡牌洋漆二打,价格三元,合洋六元,全部没收。

祥康：三如意花哔叽八匹,价格十三元八,合洋一百一十元四角,没收三成,拍卖价格三十三元一角正。

聚生荣：吉祥青京绒三匹，价格六十一元一角，合洋一百八十三元三角，没收三成，拍卖价格五十五元。

以上六号共计拍卖价款洋二百八十七元六角二仙。

说明：

（一）益泰亨仇货系经人介绍不分件头全卖与盲哑学校，得价洋八十元，故每包货价未列数目。

（二）祥康、聚生荣两号仇货系违章运销外县，经查获议罚全数货量三成，与全数没收者有别。特此说明。

8. 经济部为禁运砒石雄黄资敌事致四川省政府代电（1939年12月26日）

四川省政府蒋主席：

案奉军事委员会廿八年十一月，办四渝字第11098号养代电。开：据宪兵司令谷正伦转据第四团团长报告，砒石经化验，可作喷嚏性毒气及弹中曳烟剂原料，请禁止出口，以免资敌。等语。除饬军政部兵工署再加化验具报外，特抄发原呈电，希核办。等因。附抄件到部。正核办间，复奉军事委员会二十八年二月，办四渝字第11586号虞代电。开：案查前据宪兵司令谷正伦呈：以据宪兵第四团团长报称，砒石经化验可作喷嚏性毒气等原料，转请通饬禁止出口。等情。经饬兵工署化验，具报。去后。兹据复称：查砒石之主要成分为三氧化二砷，内中含砷颇多，可供制造喷嚏性毒气及糜烂性毒气中之路易氏气等之重要原料。值此抗战时期，似可禁止出口，免资敌用。惟查砒石向作医药原料，对于农业上及少数工业上亦有相当用途。在不运往国外之保证下，似可准予照常贩运。复查雄黄之主要成分为硫化砷，亦可制作喷嚏性毒气等原料之用，似亦可禁止出口。等情。查砒石、雄黄既系制造毒气之主要原料，自应禁止出口，以免资敌。除分行外，特电，希遵照办理为要。等因。查本部公布矿产品运输出口管理规则第四条规定：凡经指定之矿产品运输出口时，须凭委员会填发之准运单报关；第五条规定：未经指定之矿产品运输出口时，采炼商人应向资源委员会或其委托机关请领出口许可证，并向银行结汇后,始得报关。所有砒石、雄黄为该规则未经指定之矿产品,奉前因,除电饬资源委员会停发砒石、雄黄出口许可证暨呈院备案,并分行外,相应电请转饬知照为荷。

经济部长翁文灏。寝。商。印。

9. 四川省政府为禁运资敌物品干辣椒在境内运销事代电及经济部复电(1941年5—6月)

(一)四川省政府代电(5月23日)

重庆。经济部翁部长勋鉴:

　　查干辣椒为禁运资敌物品,前准贵部第一五〇〇三号铣人电。当经本府转饬各市、县政府暨各有关机关遵照。在案。惟原电内列对于该项物品,系禁止运输出口,并不得运往指定区域。如在本省境内运销,经由当地商会证明,可否准予放行?相应电请查核,见复为荷。

四川省政府。梗。秘。一。印。

(二)经济部复电(6月6日)

四川省政府张主席:

　　本年五月秘一字第七九九一号梗代电敬悉。查干辣椒虽属禁运资敌物品,然在内地运销,盖不限制,自应准予放行。相应复请查照。

经济部长翁文灏。鱼。管。印。

公司登记成立

1. 西康官商筹组康藏贸易公司(1937年8月)

　　康省由川输入之主要商品为茶及匹头等;对川之主要输出品为山货、药材等;由藏输入之主要商品亦为山货、药材、藏货等;对藏之主要输出品为川茶。故该省不啻为川藏转输机关,从前即康定一市,输出入年值一千万以上,现在川茶为印度茶、云南茶抵制,已经一蹶不振,而藏货又因康地匪祸频仍,多从大吉岭出国,或经青海之玉树运往甘肃,以致该省商业一落千丈。就康定一市言，二十五年之输入品仅约值洋二百八十万元，输出品只值二百二十万元。就其衰落原因，一为交通不便，运输费过大；二为经营者之资本较少，且缺乏商业经营之专门智慧；三为同行间之互相倾轧。因此康省建委会除普遍调查一般商情，以图整顿外，并拟由政府及茶商、匹货商、药材商共同出资，组织康藏贸易公司，统制运销茶叶、山货、药材三项货品，以图复兴该省商业。预定资本为五十万元，由各原业商人尽量投资，不足股款，始由该会补足，以避与民争利之嫌。俟公司成立后，再商与省政府合作改良川茶；与藏政府合作，改良皮货、药材等事宜。现已开始接洽进行矣。

(载于民国二十六年八月《四川月报》第十一卷第二期)

2. 四川省商业公司登记表（1937年12月）

公司名称	营业种类	股份总银数	本店地址	支店地址
重庆电力股份有限公司	供给全市电光电力及电热	2000000.00	重庆	
重庆自来水股份有限公司	供给全市自来水	2000000.00	重庆	
及时慎昌钟表股份有限公司	发行国内外钟表	320000.00	上海	重庆、万县、成都
和丰股份有限公司	货物买卖投资及代理事业	300000.00	重庆	
泸县济和水力发电厂股份有限公司	供给全县电光电力	216000.00	泸县	
允丰正股份有限公司	经营酒业	150000.00	重庆	
川陕实业股份有限公司	汽车机器、电料事业	100000.00	西安	成都
重庆中华国货介绍所股份有限公司	代办自办各种国货	90000.00	重庆	
宜华电气股份有限公司	电汽业、机械业	80000.00	宜宾	
嘉裕电气股份有限公司	供给全县电光	71200.00	乐山	
成城企业股份有限公司	地产及电影事业	60000.00	重庆	
蜀渝企业股份有限公司	屠宰牲畜、猪鬃、猪肠、罐筒	50000.00	重庆	
群益实业股份有限公司	利用煤气增气助燃以煎盐	50000.00	重庆	
重庆新华盛百货股份有限公司	推销国产品	35000.00	重庆	
大明电灯股份有限公司	供给全县电光	32000.00	江津	

续表

公司名称	营业种类	股份总银数	本店地址	支店地址
重庆嘉陵冰厂股份有限公司	汽水净水冰砖及果汁	30000.00	重庆	
合江通明电灯股份有限公司	供给全县电光	25000.00	合江	
聚华股份有限公司	丝毛棉织物品及杂货	22000.00	成都	
成都新民报社股份有限公司	新闻事业	20000.00	成都	
伙食股份有限公司	包办伙食	20000.00	重庆	
四川饭店股份有限公司	包办伙食	20000.00	重庆	
明月百货股份有限公司	销售杂货	10000.00	重庆	
成都四极电器材料股份有限公司	销售电器材料	10000.00	成都	
永川县昌州电灯股份有限公司	供给全城电灯光	5000.00	永川	
胜家无限公司	缝衣机器及中外杂货	5000.00	重庆	
重庆建华实业股份有限公司	代理保险、代销汽车、书报纸烟	5000.00	重庆	

3. 成都平原米粮公司之组织经过(1937年11月5日)

平时言政,养为第一,此最简单明了而切要之义。盖一县政务,举凡"管"、"教"、"卫"诸端,必先使民温饱,然后可以推动。中国历代政治,无不足以为先。如"子贡问政。子曰:足食足兵,民信之矣"。商鞅之辟阡陌,亦为民食。故诸子百家,于他问题,或许议论各异,独于民食,则主张一致,均在乎"足"。现在暴日侵略,战端已开,中央且有三年抗战之经济计划。而欲操最后之胜利,其关键端在于粮食。古今中外,实例至多。西哲尝言,"农村有如工厂,粮食便是子弹"。只以欧战为例:德人经四年之胜利,至于最后,尚有占据比利时全部,法国大半部之优势。徒以粮食不足,终归惨败,可为殷鉴。

组织成都平原米粮公司之动机,在其草案中,已将原则及目的提要说明。兹转录如后:

甲、官督商办,不扰民,不与民争利

商人资本,商人管理,官方只负督促扶助之任务,既不扰民,更不与民争利。

乙、安定社会秩序,准备军粮采购

平日社会秩序之维持,民食无忧,当为第一。一遇垄断,四民骚然。战时万分紧急之际,必先足食,使能分别担负其他工作。至于军粮采购,动需巨量,不有承办机关调度接济,市场一空,官民交困。

丙、缩短交易程序,增进农商利益

今日以前,粮食由生产之农民手中至消费者之市民口中,其间辗转贩运,必经数次乃至十余次之商业过程,形成民卖贱谷,居民吃贵米之现象。而商人之获利,亦殊微薄。公司成立后,生产以至消费之间,只有一二次手续。于是,谷价可以提高,米价可以减低,正当利润,复可比较增多。

丁、调节农产供需,安定市场价格

在成都平原之中,省会为唯一销场,其供给来源,曩昔尝〔常〕有稳定之数量与习惯之路线,以济需要。近来发生操纵产运销场,遂失其调节。若公司组成,统筹分配,粮食来源有恒,市价自然安定。

戊、发展对外贸易,增加平原富力

成都平原米粮出口,年由赵家渡而至简、资、内及由新津而至犍、乐者,约为八十万市石。今由公司统筹办理,更可按时出口,畅销无阻。

己、增加粮食生产,改进农民生活

成都平原土壤之肥沃,国内所不多见。现在生产虽丰,犹未能地尽其利。其原因在于,生产资本之缺乏及农民之守旧。肥料无法购置,病虫无法防治,纵有改进办法,亦不能接受。公司成立之后,对于农民经营之源泉,作扶助指导之盛举。例如办理生产贷款、进行储押业务等。不仅农民收入增加,生活改善,公司采购,便利亦多。

如上所述,成都平原米粮公司之组织,无论对于平时或战时,均有积极办理之必要。不过任何事业之创兴,必经过若干困难。现在附省各县,怯懦者,迟疑观望;贪婪者,阻扰破坏。农民愚昧,未可厚非。独惜少数绅者,向以地方领袖、平民导师自居者,亦复受人蒙蔽,认为无益。须知今日何日,此地何地,全国人民之属望于吾川者,最为殷切。主席深感国防基本建设之亟要,特拟具计划,派专员面呈大元帅,请求进行。本来非常时期,必具非常手腕,执行非常办法,然后足以应付非常要求,以救国家之危亡,而拯人民于涂炭。何况成都平原米粮公司之组织,非纯为战时,其于平时之任务尤大也。

夷考全川米粮之运销,渝、涪、万为最大销场;主要来源,则为叙、泸。而川南之需,又必借平原余产,由泯〔岷〕、沱两江之起点,即新津、赵家渡两处输出,以资接济。是故平原米粮公司组织后,直接调剂泯〔岷〕、沱两流域之需求,间接维护渝、涪、万之消费。盖泯〔岷〕、沱之来路有序,则长江之下销有恒,不虑再演去年产地米价高过销场之矛盾现象。民食充足,百业维新,其在斯乎!

目前一般之疑虑,以为公司组成后,军粮采购,必为唯一供给处。一旦购米不付现款,或一纸命令,首先没收,违抗既不可能,服从则万民破产。少者、老者,每一念及,以此为虑,是诚杞人忧天,令人失笑。查此种感想之出发,为误解后方统制委员会之"统制"二字。须知统制意义,本为政府基于国民经济的普遍利益及国防的切迫需要,对于后方一切物品之"产"、"运"、"销"及"存储"上,施以有计划的严密管理之谓。其目的在将各个散漫之机构,加以计划性统一组织,并扶助其发展,以达到预定之要求。对于粮食规定要求达到:

一、便利运销,发展出产,谋农村之根本救济

以平时而言,农村之崩溃,不独荒灾为然,丰年亦有之。农民之痛苦,在于产多则价低,无以偿其生产之成本;产少则乏食,无以养其劳苦之人工。粮食统制,即可首先击破牟利居奇之中间剥削者,以政府力量,为通盘之计划。其于波动不定之市价,有以平衡之;呆滞不灵之金融,有以周转之。如是,则发展生产,得有保障;便利运销,得有步骤。而解决农村问题之基础,亦将以此而树之。

二、安定社会秩序,消弭乱源,谋建设之迅速推动

平日社会秩序之安定,在乎足食,食足而后建设事业始可推进。近代作战之最后战术曰:思想战;国防之精神要素曰:思想国防。然此,皆须根于社会正义之基础,而后可以消弭乱源。在战时,最不公允之现象,莫过于物价飞涨,对于贫苦大众之迫切,实较富裕者为更甚。工资增长,既不能如物价上增

之甚，贫者势非铤而走险不可。故各国战时之食粮分配，皆以生活需要为准则。虽有权势者，不能逾限多取；贫无立锥者，亦享受救济之权利。盖非此诚，无以范围社会人心也。战时人民既为国家牺牲其生命财产，同时国家即必为之谋生活之保障。苟因粮食管理，使生产得以扩张，分配适宜，需要充足，则对于整个之国防基本建设，必可迅赴事功也。

三、调节物价，保障币值

战时最大之问题为财政困难，通货紧缩。因而引起国内外收支不均衡及币值跌落，物价高涨等现象。目前我国在外虽存有汇兑基金，但收支悬隔过甚时，亦不能恒久有效。而收入减少，支出增多，又为必然灾害事实。除对于紧缩支出外，关于收入增加政策方面，最重要者，为通货价格之保证。即应由统制物价着手。而物价之基准，在于劳力；劳力之资源，在于食粮。故统制粮食，即为统制物价之基，保证币值之本也。

四、保持军粮民食之供给

目前战争，已形成后方之战争。非特军粮关系军事之胜败甚大，即人民粮食之多寡，亦为最大之关键。西历1806年，拿破仑对英之封锁；1914年，协约国对德之封锁，可为前车之鉴。现在开战未久，敌人已实行封锁各海口矣。曩昔之购买外粮，完全中辍。惟目前为时尚短，犹未感觉恐慌耳。至吾川丰年粮食，仅足自给，近以川灾之后，盗贼蜂起。为维持治安，促使后方计，不能不从事于粮食之管理。且战时动员至广，舍平时兵役外，必至征及人民服务。力田之壮丁，已分批运出。舍陇亩而离乡井，阡陌荒芜，皆所意料。且"三军未发，粮秣先行"，俗有成谚。法国在欧战之初，军粮民食互不相顾之失败覆辙可寻，更不能不谋通盘之筹计。

目下，成都平原米粮公司之组织，不过为统制粮食之一支脉，以求达到安全后方之目的。假若政府借公司之组织，作没收之准备，不但秩序未安，乱源反滋，虽至愚者，亦不出此也。二十六年十一月五日于四川省粮食调整委员会。（嵇述庚）

（载于二十六年十一月《四川月报》第十一卷第六期）

4. 筹备设立成都民享实业股份有限公司申请备案致四川省建设厅呈（1943年8月）

为呈请备宁设立民享实业股份有限公司筹备处事。

窃启贤等现在四川省成都市中东大街30号泰和药房内，设立民享公司筹备处。溯自抗战以还，日用品之来源，悉为倭寇所遏阻。内地虽有工厂制造，供不应求。启贤等有见于斯，故发起组织民享实业股份有限公司。量资本之多寡，人才之有无，逐步举办纺织、电化、仿造机械等实业，以冀早达抗战建国之目的。藉杜舶品之输入，而绝经济之侵略，本公司之设，旨在斯焉。

兹值筹备伊始，一切方具雏形，理合具文呈请钧厅，俯赐鉴核，准予备案。

5. 资阳设立国通企业股份有限公司致四川省建设厅呈（1944年11月1日）

窃商等为发展资阳商业，促进地方经济，并协助政府专卖事业起见，发起组织国通企业股份有限公司。设总公司于资阳城内正东街64号，资本总额定为国币500万元，分5000股，每股1000元，一次收足。除由具呈人等认定2500股，计国币250万元外，其余2500股，计国币250万元，拟向各界招募。现设筹备处于资阳正东街64号，并定自本年十一月一日至十二月一日为招股期限。理合遵照公司法施行细则第二十三条之规定，备具各项文件呈请鉴核，批准备案，并请转呈经济部备案。是否可行，仍候指示祇遵。

6. 成都启昌进出口贸易股份有限公司为成立请予备案致四川省政府呈（1945年1月20日）

谨呈者：

商等为促进货物适应需要起见，发起组织启昌进出口贸易股份有限公司，设总公司于成都。资本总额定为国币两千万元，分为2000股，每股一万元，第一次先收二分之一。兹遵《公司法》第九十六条、《施行法》第二十三条之规定，备具招股章程等件，呈请察核备案，并乞批示为祷。

7. 成都组织怡太贸易股份有限公司呈(1945年4月7日)

窃商民等现于成都新半边街公平巷16号组织怡太贸易股份有限公司。经营国内外绸缎、布匹、呢绒、百货、五金、丝绣、线品等业务。额定资本国币500万元，分为500股，每股一万元。先缴足半数，实收国币250万元。所有上项股份均已由全体发起人认足。理合依照法定手续具备各项书表，随文呈请鉴核，准予备案，实为德便。

物 价

1. 新新新闻评论成都市物价问题(1937年9月4日)

近来本市物价，飞涨不已，日用所需之品，有涨至三倍以上者。当局迄今尚无有平定物价之办法，若长此放任，影响社会人心，实非浅鲜。爰就物价问题，作一概略之讨论。

通常物价之涨跌，多属供给与需求的原因。设物品之供给量及其他条件不变，则视货币数量之增减为转移。货币数量增加，则物价上涨；货币数量减少，则物[价]下跌。如货币之量不变，则当归之于物品之供需量。供给减少，需要增加，则物价上涨；供给增加，需要减少，则物价下跌。此外，则又当归于市场范围之扩张与缩小。市场范围扩大，供给量仍旧，则物价上涨；反之则下跌。此皆物价涨跌之正常原因也。

除上述原因外，则为投机者操纵。本来平静之市场，经过投机者之手，或大量买入与卖出；或利用同业组合，施行垄断。货币之增减率、物品之供求量，以及市场伸缩之范围，皆以己意变换之，扰乱之，以图从中攫夺大利。于是物价暴涨、暴跌，形成整个市场之不安定。由市场之不安定，更形成人心之不安定。本来可以供求相应之物品，乃相率而逃遁市场之外，购买者更超出需要之范围。大多数平民，□是受苛刻剥削，收入不变而支出变增，因此人人乃陷于恐慌之深渊。整个社会，遂立呈动摇之险象。

兹以食粮价格为例：四川近年，年年必有一度人造米荒，仓中多红腐之粟，田野多菜色之民。揆其原因，实由奸商(？)作俑；究其极点，则社会危机已迫。盖以食粮价格之暴涨,受害最深者,仍为农工大众。第一,因农村破产之故。二月售新丝,五月鬻新谷,乃为极寻常之事。所有食粮,即以低价出售一空。每到青黄不接,又不得不以高价购进。进出之间,所受损失,已属不赀。若工资劳动者,则报酬均有定额,物价□涨而工资未增,实际已较前更低,其损失较农民尤重也。

目前本市物价上涨之原因,若归之于货币问题,则全川银根奇窘,诚苦筹码不足。若归之于物品供需量,则沪、蓉交通断绝,为时不过月余。一月以前,因芦沟桥事件之发生,川商大批进货,现金之外流,且成为金融风潮之重要因素。各商存货山积,何至短短两三旬间,许多货物即飞涨至二倍至三四倍之价格之上?若言需求,则油墨之涨价三倍,而印刷公司之营业,未见其旺也;五金之涨价两倍,社会各项建设,未见其较平时为紧张也。至于本地产物,既不能诿为海口之封锁,又不能虚讦词交通之阻塞,何以亦因之大涨特涨?若以为市场扩大,则值此金融枯窘,民生凋敝之际,市面繁荣,虚有其表;百业萧条,鲜人问津。各种市场,吾人只见其缩而未见其扩也。是则,凡是以为物价上涨之正当原因,皆难成立,其所余者,非奸商之操纵而何?非奸商之操纵而何?

全面抗战展开,国家民族,已濒于存亡绝绝之境。四川为后防根据,后防之能否稳定,犹直接影响于前方之安危。显今日之物价问题,直接足以引起社会之恐慌,间接足以破坏社会之秩序。目前奸商之操纵,已不啻投井下石,明目张胆,为敌人大做其特务工作。此辈之肉,尚足食乎?顷闻在蓉经营煤油之外籍商人,已告其代派处不准高抬市价。外人尚且如此,不知奸商将自居于何等地位!兹幸后防统制委员会已于日昨(颠倒,应为"昨日")成立。当局平准物价早具决心,而当前之物价问题,尤关系后防之安危。当局高瞻远瞩,谅能立即采取有效办法,以消弭社会之隐忧也。吾人且拭目以待。

(载于民国二十六年九月《四川月报》第十一卷第三期)

2. 四联总处为密查成都囤积货物情形致成都分处电（1940年3月21日）

转分处：

联。密。据密报：成都、绵阳、灌县、金堂等处，现有商号及私人囤积米谷。等语。现已由经济部、农本局派员前来密查。至希协助，并转知绵阳、灌县、赵家渡各行一体协助，严密查报。

总处。秘文。邱。合字（6453）。

3. 四川省政府关于运米平价致成都市府训令（1940年5月7日）

令成都市政府：

照得成都市银行、银号仓库稻米查封后，由该府提成平价出卖。现在所存无多，该府提卖复少，以致米价翔贵。现由购粮委员会拨款，提购新都各银行仓库之米二万石（新繁斗），刻已交款。新都县长罗远猷到蓉办理收交。仰速雇车、雇夫，会同罗县长，克日购运至市，平价出售。事关民食，毋稍延迟。切切。

此令！

兼理主席　蒋〇〇
中华民国廿九年五月日

4. 四川省各县物价合同战前四五十倍（1942年9月3日）

（本市消息）四川省各重要县市八月上半月，同期工人生活费指数，依据社会部调查统计，以万县为最高，合战前五十二倍半强。内江第二，合五十二倍弱。自贡第三，合四十九倍弱。乐山第四，合四十八倍强。重庆第五，合四十三倍弱。成都第六，合四十一倍强。

又，近日渝市物价上涨，虽有关天时亢旱，与沦陷区法币倒流。然因市区统制较严，致大部份〔分〕物资纷向附近县份逃避，显属主要原因之一。市场盛传九月底,物价将再暴涨,以时值中秋节后□云。

(载《中央通讯社参考消息》1942年9月3日,原件存第二历史档案馆)

5. 一年来成都市二十二种基要商品趸售物价指数上涨率民国三十三年十二月与三十二年十二月比较(1945年1月15日)

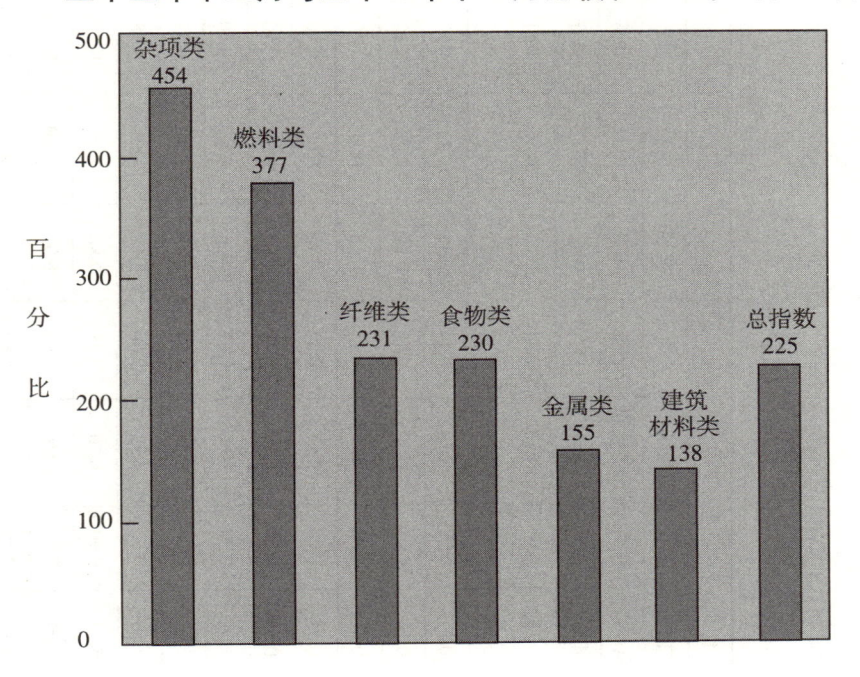

百分比

- 杂项类 454
- 燃料类 377
- 纤维类 231
- 食物类 230
- 金属类 155
- 建筑材料类 138
- 总指数 225

资料来源:中央银行经济研究处制。

6. 成都市重要零售物价统计表(1937—1945年)

单位：国币元

时期	米 中等 市斗	面粉 机制 市斤	猪肉 五花肉 市斤	猪油 生板油 市斤	牛肉 黄牛肉 市斤	鸡蛋 中等 市斤	菜油 澄清菜油 市斤	盐 巴盐 市斤	酱油 中等 市斤	白糖 中等 市斤	棉花 中等 市斤	大绸 粗丝 市尺	毛线 中等 磅
二六年六月	1.22	0.09	0.22	0.37	0.16	0.01	0.25	0.11	0.15	0.26	0.51	0.63	2.70
十二月	1.10	0.08	0.20	0.30	0.14	0.02	0.23	0.12	0.13	0.20	0.72	0.67	3.00
二七年六月	1.15	0.08	0.20	0.30	0.15	0.02	0.18	0.14	0.13	0.22	0.82	0.73	4.50
十二月	1.10	0.09	0.25	0.34	0.16	0.03	0.27	0.15	0.14	0.26	1.02	0.80	9.00
二八年六月	1.10	0.12	0.29	0.39	0.21	0.03	0.25	0.15	0.16	0.31	1.00	1.19	25.00
十二月	1.80	0.18	0.59	0.79	0.34	0.06	0.67	0.22	0.24	0.68	1.30	1.80	58.00
二九年六月	3.25	0.35	0.78	1.30	0.80	0.08	1.19	0.48	0.32	0.95	2.80	2.50	78.00
十二月	12.00	1.10	2.00	3.00	1.60	0.30	1.65	0.92	0.96	1.50	4.60	4.50	102.00
三〇年六月	34.70	2.10	2.87	3.80	2.76	0.36	2.55	1.74	1.28	1.95	4.72	5.50	170.00
十二月	27.50	4.12	5.12	7.72	3.56	0.90	4.32	2.56	3.12	3.64	9.18	10.80	260.00
三一年六月	44.60	4.25	7.25	9.30	5.20	0.90	6.70	3.38	2.80	7.05	11.25	20.00	460.00
十二月	47.00	5.30	13.60	18.25	9.00	2.00	10.52	3.90	6.00	16.00	50.00	28.80	800.00
三二年六月	137.67	13.50	18.00	22.33	16.67	2.90	20.33	9.80	13.17	28.00	78.17	71.00	843.33

食品类 / 衣(着)类

续表

时期	米 中等 市斗	面粉 机制 市斤	食品类 猪肉 五花肉 市斤	猪油 生板油 市斤	牛肉 黄牛肉 市斤	鸡蛋 中等 市斤	菜油 澄清菜油 市斤	盐 巴盐 市斤	酱油 中等 市斤	白糖 中等 市斤	棉花 中等 市斤	衣(着类) 大绸 粗丝 市尺	毛线 中等 磅
十二月	181.67	21.90	45.33	56.67	38.33	6.23	44.00	25.00	29.00	40.33	265.00	88.33	2050.00
三三年一月	241.67	29.50	50.00	63.33	45.67	6.27	62.67	25.00	31.33	58.33	278.33	131.67	2100.00
二月	363.33	49.33	68.67	90.00	60.00	6.83	92.00	25.00	32.00	79.00	333.33	168.33	2500.00
三月	365.00	53.00	78.67	100.00	73.33	7.00	84.00	38.33	38.67	76.67	405.00	220.00	3050.00
四月	441.67	50.33	96.00	116.67	60.00	7.07	88.00	45.00	40.00	87.00	380.00	240.00	3233.33
五月	626.67	56.00	106.67	140.00	84.00	9.23	101.33	45.00	41.67	110.00	376.67	253.33	3450.00
六月	683.33	53.67	110.00	156.67	95.33	12.00	107.33	44.67	49.33	120.00	385.00	303.00	3800.00
七月	513.33	41.67	113.33	143.33	90.00	12.33	96.00	44.00	52.00	130.00	373.33	330.00	4000.00
八月	450.00	45.00	103.33	140.00	83.33	13.67	86.00	66.67	57.33	136.67	3□6.67	323.33	5200.00
九月	436.67 48.00	48.00	123.33	160.00	90.00	16.00	99.33	55.33	64.00	140.00	3□6.67	323.33	5200.00
十月	460.00	44.67	140.00	170.00	97.83	16.00	101.33	44.00	68.00	146.67	3□3.33	336.67	5183.33
十一月	560.00	62.33	140.00	170.00	96.00	20.33	126.67	44.00	68.00	168.33	436.67	346.67	4900.00
十二月	561.67	63.00	180.00	230.00	116.67	26.00	136.67	44.00	70.00	160.00	480.00	380.00	5333.33
三四年一月	690.00	80.00	196.67	250.00	136.67	27.33	193.33	44.00	73.00	158.33	550.00	380.00	6500.00
二月	873.33	92.67	231.67	330.00	160.00	30.00	346.67	55.00	80.00	261.67	650.00	366.67	6200.00

续表

时期	米 中等 市斗	面粉 机制 市斤	猪肉 五花肉 市斤	猪油 生板油 市斤	牛肉 黄牛肉 市斤	鸡蛋 中等 市斤	菜油 澄清菜油 市斤	盐 巴盐 市斤	酱油 中等 市斤	白糖 中等 市斤	棉花 中等 市斤	大绸 粗丝 市尺	毛线 中等 磅
三月	103.33	120.00	270.00	406.67	233.33	25.67	326.67	74.33	106.67	330.00	726.67	476.67	5733.33
四月	1136.33	149.00	300.00	433.33	273.33	31.67	353.33	113.00	120.00	410.00	840.00	550.00	5833.33
五月	1173.33	156.67	373.33	446.67	333.33	37.00	333.33	185.67	130.00	680.00	1266.67	616.67	6400.00
六月	930.00	130.00	323.33	456.67	333.33	36.67	366.67	222.00	160.00	733.33	1466.67	750.00	6300.00
七月	1030.00	155.00	336.67	566.67	343.33	42.00	583.33	222.00	200.00	850.00	1966.67	966.67	7166.67
八月	1016.67	150.00	426.67	750.00	380.00	58.33	580.00	222.00	300.00	1133.33	2166.67	1200.00	6600.00
九月	766.67	130.00	306.67	500.00	313.33	50.00	406.67	225.33	320.00	783.33	1300.00	750.00	2500.00
十月	883.33	146.67	373.33	570.00	346.67	55.00	560.00	232.00	320.00	630.00	1466.67	800.00	2900.00
十一月	1100.00	163.33	426.67	693.33	373.33	62.33	773.33	330.67	383.33	706.67	1533.30	1033.3.	3900.00
十二月	1100.00	160.00	453.33	386.67	386.67	64.67	826.67	3□0.	400.00	633.33	1383.30	900.00	2900.00

成都市重要零售物价统计表（续）

单位：国币元

时期	（衣）着类 蓝布 中等 市尺	白土布 中等 市尺	煤 中等 十市斤	燃料类 柴 中等 十市斤	木炭 中等 市斤	火柴 安全牌 盒	对方纸 中等 刀	香烟 中等 包	牙膏 中等 支	杂项类 肥皂 中等 块	毛巾 中等 条	当归 上等 市斤	桐油 上等 市斤
二六年六月	0.17	0.13	0.15	0.08	0.02	0.01	0.64	0.17	0.31	0.10	0.12	1.60	0.27
十二月	0.24	0.13	0.15	0.08	0.02	0.01	0.70	0.21	0.35	0.10	0.12	2.95	0.28
二七年六月	0.29	0.17	0.17	0.09	0.02	0.01	0.60	0.31	0.40	0.12	0.17	3.10	0.28
十二月	0.41	0.23	0.24	0.11	0.03	0.02	0.80	0.35	0.59	0.12	0.24	4.90	0.50
二八年六月	0.49	0.27	0.25	0.11	0.03	0.02	1.60	0.70	0.65	0.40	0.28	5.20	1.70
十二月	0.88	0.48	0.45	0.30	0.06	0.03	1.80	0.90	0.95	0.40	0.40	7.75	1.80
二九年六月	1.48	0.76	1.20	0.47	0.15	0.15	2.65	5.00	1.40	0.70	0.70	10.00	1.70
十二月	2.66	1.88	1.70	0.84	0.32	0.20	3.20	11.50	1.68	1.20	1.18	15.00	2.90
三〇年六月	2.70	1.60	2.30	1.15	0.42	0.20	5.50	14.00	3.00	1.80	2.26	19.00	3.50
十二月	5.44	3.00	3.70	2.70	0.80	0.35	15.00	15.00	6.50	3.50	3.38	21.00	5.30
三一年六月	10.13	6.15	5.30	4.20	1.20	0.95	18.00	19.50	7.88	7.00	6.48	24	10.00
十二月	24.75	11.00	10.20	7.42	3.00	1.50	32.00	24.50	19.50	11.00	14.75	25.50	11.00
三二年六月	74.67	30.33	17.67	13.00	4.10	2.67	70.67	35.33	35.67	11.00	56.67	49.00	23.83
十二月	145.00	67.67	29.40	28.67	12.50	5.00	86.67	42.33	83.33	26.00	78.33	96.67	78.33

续表

时期	(衣)着类 蓝布 中等 市尺	白土布 中等 市尺	煤 中等 十市斤	燃料类 柴 中等 十市斤	木炭 中等 市斤	火柴 安全牌 盒	对方纸 中等 刀	香烟 中等 包	牙膏 中等 支	杂项 肥皂 中等 块	毛巾 中等 条	当归 上等 市斤	桐油 上等 市斤
三三年一月	180.00	70.00	32.00	32.17	12.50	5.33	95.00	45.33	90.00	28.00	85.00	110.00	87.00
二月	220.00	80.00	38.83	38.33	14.33	6.5	111.67	54.67	110.00	45.00	91.67	170.00	95.00
三月	281.67	90.00	62.33	53.33	16.50	7.17	140.00	70.00	131.67	66.67	116.67	310.00	96.67
四月	303.33	99.33	71.67	50.00	16.00	8.00	170.00	80.33	156.67	80.00	150.00	310.00	100.00
五月	350.00	115.00	77.00	58.33	18.00	8.00	188.33	90.00	186.67	83.00	180.00	326.67	125.00
六月	386.67	121.67	83.00	70.00	20.00	8.00	196.67	71.67	223.33	86.67	230.00	340.00	190.00
七月	373.33	123.33	81.67	66.33	20.00	8.00	215.00	66.67	236.67	95.00	230.00	383.00	180.00
八月	353.33	133.33	81.67	66.00	24.33	9.00	223.33	70.67	200.00	98.33	240.00	503.33	133.33
九月	386.67	153.33	83.67	71.67	28.33	9.00	236.67	100.00	236.67	110.00	250.00	583.33	140.00
十月	380.00	150.00	91.33	79.00	27.33	10.00	251.67	100.00	243.33	120.00	243.33	673.33	143.33
十一月	410.00	158.33	125.00	101.67	31.33	10.00	260.00	123.33	290.00	120.00	276.67	780.00	176.67
十二月	420.00	161.67	198.33	156.67	58.00	10.00	283.33	143.33	346.67	113.33	313.33	916.67	196.67
三四年一月	610.00	171.67	236.67	173.33	74.33	10.00	303.33	180.00	360.00	100.00	320.00	950.00	223.33
二月	866.67	200.00	310.00	175.00	73.33	10.00	586.67	203.33	500.00	130.00	320.00	950.00	366.67
三月	1066.67	226.67	373.33	191.67	64.33	13.33	393.33	260.00	483.33	153.33	340.00	983.33	376.67
四月	1166.67	278.33	403.33	200.00	64.00	16.67	420.00	300.00	783.33	200.00	403.33	1083.33	473.33

续表

时期	衣着类			燃料类				杂项类					
	蓝布 中等 市尺	白土布 中等 市尺	煤 中等 十市斤	柴 中等 十市斤	木炭 中等 市斤	火柴 安全牌 盒	对方纸 中等 刀	香烟 中等 包	牙膏 中等 支	肥皂 中等 块	毛巾 中等 条	当归 上等 市斤	桐油 上等 市斤
五月	1050.00	330.00	410.00	206.67	66.00	20.00	400.00	340.00	883.33	200.00	416.67	1200.00	593.33
六月	893.33	293.33	423.33	226.67	75.00	20.00	453.33	370.00	833.33	233.33	400.00	1200.00	676.67
七月	1466.67	416.67	463.33	250.00	83.33	20.00	493.33	406.67	883.33	266.67	516.67	1400.00	916.67
八月	1433.33	393.33	416.67	233.33	86.67	23.33	470.00	403.33	800.00	433.33	600.00	1433.33	790.00
九月	850.00	220.00	410.00	270.00	81.67	25.00	333.33	343.33	600.00	316.67	333.33	1983.33	550.00
十月	1433.33	286.67	410.00	280.00	103.33	25.00	500.00	383.33	600.00	300.00	566.67	3200.00	743.33
十一月	1866.70	400.00	413.33	313.33	108.33	25.00	700.00	493.33	883.33	366.67	766.67	3750.00	883.33
十二月	1233.30	316.67	476.67	370.00	113.33	25.00	750.00	333.33	866.67	400.00	700.00	3333.30	966.67

材料来源：四川省政府统计处调查编制。

对外贸易

1. 四川蚕丝业近讯（1937年8月）

三台出口丝片名调查

三台本年客、本两帮自缫之丝，或收买各小库房之丝，经检定条份粗细，价值高下。兹将各丝号所用牌名列左〔下〕：

益农丝号（森太、凯丽、金雁、黑马、彩雁、仁和、永利、□雁）

和昌丝号（仁和、双马、永利、黑马、金马）

客帮岑兆祥丝号（飞机、金马、雀雁）

裕旨祥丝号（汽车、跑开、救国、天宫）

集义珍丝号（金马、裕珍、送子）

致祥丝号（飞机、黑马）

懋康丝号（黑马、孔雀）

遂生祥丝号（黑马、富贵）

合记丝号（猴子、金马）

荣茂和丝号（黑马、跑马、救国）

丝价跌落

南充是川北蚕丝贸易中心，凡西充、南阆中、苍溪、巴中，以及邻县广、岳、营、蓬各县蚕丝，均运此出售。自省立蚕桑改良场设顺后，该县多出白丝（即改良丝），所有市上黄丝，恒系上河各县运去。且年来蚕丝之推行，经政府力事提倡，本年产量陡然较前年增多，丝价亦逐日提盘。月前，改良丝每把（计重百两）售洋三十余元，刻每百两只能售洋二十七八元。又，黄丝八把原售三十三四元，现亦价售三十元之谱。盖倭奴入寇，影响销路，县商不敢购买也。

省府制定整理蚕丝业办法

省府为谋澈〔彻〕底整理全川蚕丝业起见，特拟定重要办法三项：

（一）严令发种各县市，认真清查，凡私购改良种茧者，得将其种茧没收，并得没收茧价百分之六十，奖励各该举发人。此项文告，并限于九月二十日以前，送到发种县市。

（二）组织四川省营蚕种制造场股份有限公司，股本已定为五十万元，由官股认廿万元,商股认卅万元。今后全川蚕种,统由该公司制造。

(三)由蚕桑场组织健全蚕农合作社,藉资改良。

(载于民国二十六年八月《四川月报》第十一卷第二期)

2. 三台生丝出口统计(1937年8月)

三台本年各县域运渝出口之丝,迄至七月十五日止,共计一千一百箱左右,分装民本、民权等轮运沪,兹将客帮及当地各号运出志后:

帮　别	牌　名	运出数量(担)
渝帮		
	岑兆祥	120
	金式□	40余
	义泰诚	30
	张达源	24
	□促德	24
	周玉笙	50
	合记	10
省帮		
	张□光	200
本地丝号		
	益农	140余
	集义珍	70
	和昌	50
	裕昌祥	47
	□祥	18
	同心泰	14
	唐记	10
	牲记	56
	荣茂和	20
	全兴昌	10余
	遂生祥	8
	丝纱公会	60余

(载于民国二十六年八月《四川月报》第十一卷第二期)

3. 四川贸易局成立(1937年9月)

省府以国战发生,长江输运发生阻碍,为谋川省进出口货物不受战事影响起见,特在重庆设立一大规模之贸易局,并委叶元龙为正局长,何伯衡、吴晋航为副局长。该局已于九月二十四日在渝成立,局址暂假陕西街华通公司。该局主要工作,据当局表示,约如左〈下〉述:

(一)水陆运输

四川进出口货物之运输,现有四条路可走:甲、由重庆用轮船运汉口转长沙,经粤汉路、广九路达香港出口;乙、由重庆用汽车运贵阳转昆明,经滇越路出口;丙、由叙府用驼马或担子运昭通转昆明,仍由滇越路出口;丁、由西昌用驼马或□子运会理转昆明,仍由滇越路出口。以上四路,自以由粤出口为便。万一此路发生阻碍,则由滇出口亦可补救,仅运费稍昂耳。各路均派人调查,妥为布置中。

(二)调查登记

因沪战影响,四川出口货物囤积甚多,但漫无统计。本局虽欲设法疏通,无从着手。应请各同业公会自行调查各商家存货若干,制成详表,向本局登记,以便通盘筹划运销办法。将来运输程序,即以此次登记之先后而定。换言之,即先登记,先运销,先获利也。至于进口各货,足供若干时间销售,亦须先行调查登记,以便继续向海外订购。

(三)资金周转

现在出口货物囤积者,大都急欲运销。经调查登记后,可由本局设法向银行办理押汇手续,即可运输出口。于是出口商家,又可将押汇所得之款,转办第二批货品。则资金周转,非常灵敏,而无呆滞之弊。进口货物大致相同也。

(四)买卖货品

现在进出口货,虽均有大批囤积,但系无法运输之偶然现象。若运输畅达,不久必感货品缺乏,故买卖问题,亟待商讨。例如进口货中,何者需要最多,何者需要至急,应通盘筹划,早日订购。又如出口货中,何者产量较丰,何者保存不易,亦须妥为决定,从速运销。而国外产场、销场,供给与需要之情形,亦须澈〔彻〕底明了。必使供求相应,应免货物囤积,资金呆滞之弊。

(五)货物保险

货物运出国外或由国外运入,道途远达,且受战事影响,如不保兵险,难策安全。本局既为统制贸易机关,对于兵险,自应设法使保险行家认保,以灭除困难。

该局总局经费,每月约为六千元,由行营、省府各筹一半。现该局成宪孟、梁彬文等分赴粤汉路及滇、桂等省考察一切。将来拟于汉口、广州、香港、昆明、海防等地设立分局,在康定、雅安、宜宾、嘉定、松潘、阆中、广元、内江、万县、成都等处设立办事处。

〈后略〉

(载于民国二十六年九月《四川月报》第十一卷第三期)

4. 西康二十六年七月份进出口统计(1937年9月)

西康自抗敌战事发生,土货极难运销,以致出口锐减。计七月份统计入口为60732.25元;出口为55103.08元,入超为5629.17元。此项入超数字,尚系空前之第一次也。

(载于民国二十六年九月《四川月报》第十一卷第三期)

5. 川丝改销安南(1937年12月)

四川生丝公司总经理范崇实,前因沪战发生,出口阻塞,为探求川产生丝南路出口及安南方面市场情形,特亲赴昆明,乘滇越铁路至河内及海防两地考察,历时多日,近始返渝。据查,安南方面生丝销量,每年约共一万包。该地主要制品为黑纱及软缎之类,但所需要之品质不高。当地生丝价格每包(五十公斤)价为四百越洋,合国币仅四百五十元。我国之生丝,每包成本当在六百元以上,将来出口货,应尽力减低成本。由川运越之运费每担为六十七元。至于赋税,我国海关出口税每包纳四十五元,安南之过道税纳百分之一,内销税纳百分之三。货运由川至越,约需十日到达。闻四川生丝公司已托安南代销一千五百包生丝云。

（载于民国二十六年十二月《四川月报》第十一卷第六期）

6. 对外贸易调整委员会及国际贸易局陈光甫等飞渝协商川货出口办法①（1937年11月）

自全面抗战爆发，中央为安定后方市场，增加战时生产，特拨款六十万元，先后在军委会成立农业、工矿、对外贸易三调整委员会，对于后方各项资源，从事于合理化之调整。对外贸易调委会主任委员陈光甫氏，就任以来，精心擘划，尤为国人所推重。顷陈氏以四川土货出口，久未实现，影响后方市场及抗战前途，至为巨大。特于上月二日偕国际贸易局副局长张禹九氏联袂飞渝，俾与四川贸易局早日商定具体办法。据报载，经氏等与贸易局严密研究之结果，若干重要具体原则，均已有所决定。如：

（一）路线问题，应如何迅速打通由川经筑转昆明，出海防之公路运输线。

（二）如何设法缩短出海防路线之运输时间，如何减少运输费，如何保运输上之安全。

（三）如何与中央信托局订立兵险之保险办法，如保险费及支付手续，均待特别规定。

（四）如何决定出口货：主要品、次要品及一般出品。在出口数量上，何者应统制运输，何者应由商人依照法令自由输出。

（五）贸易调整委员会、国际贸易局及四川贸易局三机关之间，应如何厘定规章，分配权责，经费上之供应，消费又如何方能取得事半功倍之效用。

（六）长期公路运输上所需之车辆、汽油等问题，事前应如何拟定详密计划。

凡此种种，均为一切问题之根心。今既已有具体决定，预料不久之将来，川省生产品即可源源出口，资金流通，社会金融亦可从此活跃也。

又，渝市工商、金融各界以陈、张两氏为吾国金融界先进，特于四日假民生公司大礼堂，发起盛大之欢迎会，邀请两氏参加演讲。张氏因事未克莅会，

---

①原标题为陈张飞渝协商出口办法。

陈氏演矢立论精□神,语重心长,会后并有书面谈话之发表。兹特一并录志如次：

陈氏演辞〈略〉

书面谈话

我国抗战能否持久,当以经济后援为最要关键。但经济后援之充实,殊有赖于土产之能否外销。今日我国对外贸易之最大症结,即在运输上感受阻梗。川省位居长江上游,物产丰富,运输更形重要。依目前形势而论,川货之运外,当以利用粤汉铁路为最便利。我铁路当局抱着欧战协约国所谓"敌人炸得快,吾人更修得快"之大无畏精神。至水路运输,则由镇江转上海,亦可通行,故现在贸易调整委员会,从中帮助,有许多货由此路运出。惟目前运输既远,不如抗战前之畅通,则输出路线,自宜多多益善。在汉口时,已闻得川诸君,对由此至昆明,转海防路线,早已开始筹备。虽运输时间较多,容载重量较小。当在今日下游运输尚可通行之时,即宜尽量利用,一面对于运价及时间上,宜实地调查,详加核算。纵其运价较为贵昂,但其稳当及持久性,殊有值得吾人努力之处。故无论下游情形如何,本人此来至希群策群力,求此线得早日确定,而利用之。则将来不特四川土产得以出口,同时为国防上贡献一条极有用之路线。凡贸易调整委员会力之所及,自当相助进行。〈下略〉

（载于《四川经济月刊》民国二十六年十二月第八卷第六期）

7. 自流井积极增加盐产（1938年2月）

在全面抗战开始,吾国沿海各盐业产场,相继受敌人之威胁,遂使生产锐减。兹为不防〔妨〕碍民食及充裕国库计,在四川盐业产场,不得不增加生产。四川盐务管理局迭奉财政部电令,饬从速赶造大批盐斤,存储黔岸备销。月前曾在产运销调整会召集三方会商增产办法。决由该局饬东西盐场公署所辖之炭灶,增产炭巴一百□,以备黔边平仓盐□之用。对此次黔岸常平仓盐,系由官方尽先由富、荣引岸,产、运、销三部,现行营业各商,共同组织整个团体承办,但须筹足资金六十万元云。

（载于民国二十七年二月《四川月报》第十二卷第二期）

8. 重庆出口商请改善统制外汇办法(1938年6月)

重庆市各出口商为政府统制外汇问题,曾于五月二十八日分别呈向行政院、军事委员会及重庆委员长行营、财政部、经济部、贸易委员会、四川省政府等机关贡献意见,请予斟酌改善,以恤商艰。兹摘录市商会转呈各出口货商所陈困难情形暨该会所加具之意见如次:

出口商意见

"〈上略〉自抗战开始以来,我国自动封锁长江,以避日舰溯江西上。前之国际贸易货品,取道于上海者,乃改道粤汉路而至香港,再运欧美。中央信托局虽有兵险之成立,然取费到千分之八十,加以重重叠叠国税、省税,奇贵之运费,为数不资。出口商本爱国热诚,不惜财力、物力,尽量贡献国家,虽有折本之虞,在所不计。故自抗战迄今,约计八个月之久,川中出口商交与国家银行之外汇,其数甚巨。不意于四月十四日,财部突宣布统制出口外汇,非经国家银行预结 $29\frac{3}{4}$ 之美汇、$1—2\frac{1}{4}$ 之英汇、104元之港纸,海关不许出口。但外汇暗盘,港纸最高峰达一百四十五元、美汇二十一元、英汇十一便士,较之法价,约在七折左右。于是在欧美销地之买主,以汇价摇动,中国出口货有步跌之趋势,均束手不谈进货,市价遂一落千丈。例如猪鬃,在四月十四日以前,美国市价售一元七角,刻跌为一元二角,尚难脱售。外洋市价之跌落,恰与暗盘七折外汇成为正比例。其所以形成此等形势者,不外以下三种原因:(一)华北之货,在天津出口,而天津系以国币计价;江浙之货,在上海出口,而上海亦以国币计价;黔滇之货,在昆明出口,而昆明亦以国币计价。以上各省之货,均系国币购来,在销地同售外币。该处商人可得一百四十五元之港纸、二十一元之美汇、十一便士之英汇之美满汇价。(二)该处距离海口较近,运费亦廉。(三)轰炸情形,亦不如粤汉铁路之严重,可不保兵险。总结以上原因,宜乎其能少价倾销。查现在财部宣布管理外汇之处,仅及于广州、长沙、汉口、重庆。即以汉口而论,近亦有人将货运九江经南浔铁路达南昌,再由南昌用汽车运九龙。广东及湖南之货,不经广州,长沙而达海口,亦易办到。川省之货,又何必定经重庆出口,而受此七折汇价之损失乎?即以川东之货而论,亦可不经重庆而达贵州、西康；川西南北之货，经叙往昆明，亦意中事矣。是则，政府管理外汇之结果，无形中不啻鼓励秘密走私，令人逃避外汇。前之有国家思想之商人，无法生存。其结果或洁身自好，改营别业；或竟作奸商，偷运出口。国家既损失外汇，又无关税及各种省税之收入。迫而出此，可为浩口！商人等见于形势严重，不忍含默，坐令外汇溢出，故特贡献以下办法，以供采纳：（一）政府对于出口货品，应免征海关出口税务；凡经国营之交通机关，免收运费；中央信托局之保险费，不得超过百分之一。（二）外汇应采取不定价之管理及政府之监督。出口货售得之外汇，悉数售与国家银行，但价格以售出外币时，照香港、上海之外币与国币折合价格为标准。"

市商会意见

"查统制外汇，关系国家大计，自当尽力拥护。惟实行统制外汇后，应予商民以便利，则贩运出口者，自必益开踊跃，乐于就范。兹查来函所陈，目前情势，适得其反。并据各商面称，海关估本过高，依此结算汇价后，届售出时，价额不足，尚须买外汇填补。又限期甚短，商民无扳价之余地，且易受外之制。兼之不免妨害出口，致令良商裹足不前，奸商趋于私运。对于抗战力量，无益反损。其影响于商民者犹小，而关系国家者实大。用特据情转恳解除困难。总之，在拥护统制外汇原则下，为求实际达到增加抗战力量起见，政府当不惜改善办法，以纾商困，而利进行。"

（载于民国二十七年五、六月《四川月报》第十二卷第五、六期）

9. 四川二十七年五月来棉纱进口统计（1938年6月）

川省所用棉纱，除农村中小部系手工所纺外，大部均赖外货输入。往年入口，月达万包以上。抗战以来，全系湖北纱供给，数量大为减少。据统计各种棉纱本年五月来之输入包数如左〈下〉：

月别	件数	价值（元）
一月	2718	787700
二月	2587	848560
三月	3482	1198180
四月	6158	1811110
五月	8532	2744350
合计	23477	7389900

（载于民国二十七年六月《四川月报》第十二卷第五、六期）

10. 四川桐油贸易社售油表（1938年7月15日制）

月份	数量		售明价款	平均售价
	吨	关担	H·K·$	H·K·$
2	6000	100800	4999680	
4	100000	168000	7276500	
8	200000	336000	17946600	
9	2700	45360	1917216	
9	13000	218400	7902592	
10	11000	184800	8356320	
合计	62700	1060560	50398908	H·K·$ 4753

（原件存四川省档案馆）

11. 财政部为禁止进口物品销售致四川省政府电（1940年10月24日）

成都。四川省政府公鉴：

　　本部为贯彻现行禁止进口法令，厉行节约政策起见，对于禁止进口物品之销售，经订明物品品目，制定取缔办法，定期于本年七月一日起施行。已由部于（01.12）日代电贵省政府查照。在案。依照上项取缔禁止进口物品商销办法之规定，所有附表载列之物品，限期于八个月销售。至本年九月二十日满期后，不准再行商销。现距停售限期已近[①]，诚恐商民疏忽□误，兹特酌编

---

① 原文如此。

标语(语文列后)①,先期由各省市县广为张贴,务使周知,依法遵行。即希查照,迅予办理为荷。再,原办法第四条所称之政府核定价格,系指贸易委员会报由本部核定之价格而言,并以附达。

财政部。渝。贸。进一。(0319)。印。

附:标语

(1)互相劝勉,勿用奢侈物品,以免资金浪费,充实抗战实力。

(2)取缔禁止进口物品在市面商销,要使国民节约不必要之消费。

(3)爱国商民应遵守法令,停售财政部指定禁销之进口物品。

(4)禁销之进口物品,至本年九月二十日,应即停止销售。

(5)商民停售之禁止进口物品,应于本年一月一日至七日期间内,开列品目清单,交由贸易委员会,给价收买。

(6)贸易委员会各省办事处及中国茶叶公司、富华贸易公司、复兴商业公司之各地分公司或收货处,已指定为禁止进口物品收买机关。

(7)在偏僻之内地,由商民开具禁销品目清单,于本年十月一日至七日期间内,报由当地县政府汇转贸易委员会,给价收买。

(8)凡财政部指定禁销之进口物品表内所列芋酒、海产品、食品、化妆品、玩具、烟用杂货及港、沪颐中南洋公司等厂制高级纸烟,在本年九月二十日以后,不许再行销运。

(9)禁销之进口物品在本年九月三十日以后,无论出售或转运,一律没收充公。

12. 阆中县关于前往苗圃登记购买桑苗布告(1944年2月10日)

全衔布告

建字第　号

查本县春季配发嫁接桑苗以增生产一案,业经函准四川省外销物资地产委员会。阆中桑苗圃函复:以本县蚕农如需要移植苗者,定于二月一日起至

---

①原文标注如此。

十五日止，备款到黄连垭本圃登记购领。至嫁接苗，以配发时期迫促，应由各蚕农径向南充桑苗圃备价领取。庶不致有误时机。等由。附三十三年桑苗配发办法一份，请予转饬。到府。合同行摘录办法于后，仰本县各区蚕农一体遵照，依期前往指定苗圃候领，以利生产为要。

此告！

计开摘录桑苗配发办法

（1）本县桑苗配发所有嫁接苗及移植苗，指定取价推广。实生苗仍由各桑苗圃移植嫁接后作为推广。各级桑苗价格特分级规定如下：

甲等嫁接苗　　每株售价2元；

乙等嫁接苗　　每株售价1元5角。

甲等移植苗　　每株售价1元；

乙等移植苗　　每株售价5角。

（2）桑苗等级标准规定如下：

嫁接苗每株高度在5尺以上者为甲等；

嫁接苗每株高度在五尺以下者为乙等。

移植苗每株高度在5尺以上者为甲等；

移植苗每株高度在五尺以下者为乙等。

（3）本年桑苗分配以总生产量30%供给各蚕场；60%供给蚕农；10%供给各县农推所。惟因本年度产量不多，为普遍配发计，每蚕种场领苗总数，不得超过20000株；每农推所领苗总数，不得超过1000株；每户蚕农领苗总数，不得超过200株。

县长　罗〇〇

中华民国三十三年二月　日

四、抗战时期四川的交通运输业

(一)公路

公路建设

1. 四川省政府令公路局整理全川公路(1937年8月)

关于五省联运,行政院令川省府,决于双十节前准备完善,开始通车。惟川省公路,仅川黔路成渝段较佳;川陕路成绵段次之;川黔路渝松段又次之;川陕路绵广段仅可通行,川湘路全线尚有三分之二不能通车。省府特令四川公路局设计整理,俾五省联运能如期能行。四川公司局奉令后,即如有关人员,详为磋商,并拟具整理办法三项:

一、维持交通此项计划包含桥涵船渡,及绵广段与川湘全线路基路面之整理。求其能维持交通,俾不致有长期中断之虞。此一办法,须开工后两个月完工。

二、半澈〔彻〕底除增建桥梁、渡船外,并将危险地带加以整理。如加宽路基,加筑土方、石方,改良路面、坡度、沟道等。求其比较可以安全通行,不致发生重大危险。此一办法,须四个月完工。

三、澈〔彻〕底整理务求合于工程标准,谋澈〔彻〕底改善办法,免使平时发生通行障碍。此一办法,须六个月完工。

(载于民国二十六年八月《四川月报》第十一卷第二期)

2. 四川省政府拟修川滇路(1937年9月)

省府为谋划发展西南交通,前会商得滇省府同意兴修川滇公路西线。惟此路线,系由成都经西昌、会理以达昆明,测勘时间约需六月,将来工程亦极困难。最近建设厅以该路线修筑既非易事,为适应非常时期发展西南交通起见,决提请省务会议仍继续兴工修筑川滇公路东段工程。该线系由隆昌,经泸县、纳溪、古米、叙永、赤水河而通黔境威宁、毕节,以达滇境宣威。跨越川、滇、黔三省,以与滇越铁路衔接,实为沟通国外之重要路线。川境共长二百八十八公里,二十五年度修筑,原定预算为一百七十万零四千元。嗣经四川公路局拟定预算,为二百五十二万五千三百八十元,由建厅公债内支拨。本年因旱灾奇重,乃以工代振〔赈〕,先行修筑隆泸一段,计长六十公里。将赤泸一段原定经费,移作隆泸段,提高民工奖金补助及补充简渠段民工费用。动工甫有半月,隆泸段拨款仅十万元,即行停工。此次建议续修,尚不知能否实现。

关于川滇路西线,省府亦拟建筑。最近军委会委员长行营,对于此事,亦表赞同,并特派行营监理处中校工务员夏继禹到蓉指导。至对路线之选择,亦有所指示。盖川滇西线,有三路可通:甲、由雅安经天全、西昌至会理;乙、由雅安经荥经、越嶲、西昌以达会理;丙、由峨眉经峨边、越嶲、西昌至会理。甲线可以兼顾西康、雅、越,且天全紫石关间工程,已完成大部份〔分〕,雅、泸间已测量,泸定、会理间地势平坦,测量亦易。将来再由雅安经洪雅至夹江修一联络线,可与嘉定水路接通;乙线则雅安、越嶲间山巅重叠,工程艰巨;丙线亦无可取。故以甲线为宜也。

(载于民国二十六年九月《四川月报》第十一卷第三期)

3. 四川省公路局关于修筑川滇东路训令(1938年3月8日)

令隆晶、纳溪、叙永、古蔺、泸县县政府:

案奉省府建字第四一四〇号训令,开:案奉委员长行营行道字第八一零号训令,开:查川黔东路,为贯通西南交通干线。当此全面抗战期间,亟应由各该省分别征调沿线民工迅速完成,以利军运。兹制定修筑川滇公路办法概要,并派本行营工程师彭道中、彭运鸿分任指导、监督川、滇两省工程进行之责。除分令外,合同行检发概要,令仰该省政府遵照。令行沿线各县暨公路积极筹备,限期三月十日开工。至工程经费,准由本行营陆续给领。并仰转饬先拟概算呈核,一面造呈预算、图表,以凭审核为要。此令。等因。计发修筑川滇公路办法概要一份。奉此,除分令沿线各县府积极筹备外,合同行抄发原颁布各件,令仰该局迅速遵照办理外,并将各县征工人数,先行报请核定,以凭转饬遵照为要。此令。等因。计抄发修筑公路办法概要一份,表一份。奉此。查该路奉令施工,经由局令派工程师江大源任总段长,饬在泸县速组级别工程处,并饬属在沿线各县组织分段工程处,遵限筹备开工。在案。奉令前因,除分令工程总段遵照进行,并将该县应征民工数就近通知。合行抄发修筑川滇路办法概算一份,仰即遵照前数颁筑委员组织章程,克日将筑委会组织成立,并照工段所需民工赶速征调上路工作。事关国防要件,勿得稍事延误,仍将遵办情形,呈候核转为要。

此令!

计抄发修筑川滇公路办法概要一份

局　长　魏军潘
副局长　何乃仁

附:

修筑川滇公路办法概要

甲　工程

一、路基土方、石谷之填挖及路面砂石之采运、打碎及铺压工程,征调路线所经各县民工担任。但以贵州省情形特殊,得将征工区域推广至路线邻近各县。

二、路基、石方及桥梁、涵洞、堡坎等特别工程,招工办理。

乙　组织

三、川黔二省各设立总段工程处一所,负责主持各该境一切工程事宜。路线经过各县,每县各设县段工程处一所,直隶于总段工程处以下。每十公里划分为一工区,每工区设立区工程处一所,负责该区内工程一切事宜。(附组织人数及薪额表〈此处表略〉)

四、凡路线经过之县,由县政府成立筑路委员会,委员人选由县长及各法团首长充任。县长为主席委员,担任征工一切事宜。

丙　民工奖金

五、民工修筑路基、路面,规定奖金如次:

1. 土方每公方五分；

2. 石谷方每公方一角；

3. 路面砂碎石每公方五角（锤碎在内）；

4. 路面铺压每公里一百元；

前项奖金，由各县筑委会按照进度分批具领转发。

丁　民工工具费

六、民工筑路工具责成民工自行带备，但鹰嘴、铁锤之类应由筑路委员会代为置备。其费用规定每公里五十元，由县段工程处给领。该项工具于工程完竣后，应由筑委会负责收回，缴由县段工程处验收。

戊　民工医药抚恤

七、民工医药卫生事宜得由筑路委员会妥为筹备。组织临时医院或指定医院代为诊视，并购置救急及敷伤药品，转发各队应用。

八、民工因公受伤致成残废或死亡者，得按下列标准发给抚恤费：

1. 因公受伤致成残废者，给予三十元；

2. 因公受伤致死者，给予五十元，另给埋葬费十五元；

3. 因病死亡者，给予三十元，另给埋葬费十五元。

上项医药、抚恤费，每公里按二十元由筑路委员会具领、支配。如有不足，由各该县府自行筹备。

4. 川黔康三省公路工程进行近况（1938年7月）

川、黔、康三省公路，自经蒋委员长重庆行营于二十四年成立公路监理处，一面督促各该省公路，一面自行主持，分别加以整理、修筑以来，所有各大干线，均已次第完成。交通事业，渐趋正轨。现正进行中之工程，尚有川湘、川鄂、成彭等路之彻底整理；川滇、川康、彭宝等路之加紧修筑；以及川湘、川黔两路各大桥梁之兴建。兹将各该工程进展最近情形，分别志次：

一、川湘路彻底整理工程

川湘路，前以修筑时间过于追促，致坡度、弯道及石方部份〔分〕之路基宽度，多有未照规定完成者，行车颇感危险。经行营电奉委员长核准，拨款彻底整理,于本年四月开工。闻该项整理工程,甚为艰巨,现约有石工五千人动员工作。南川区已完成百分之六十。酉阳区因招雇石工较难,进行稍缓,全部工程完竣,当在十月间。为求速效起见,行营公路监理处已派工程人员多人,常川驻路,督促各区办理。

二、川鄂路整理工程

川鄂路为自成都经简阳、蓬溪、渠县至万县之交通干线,关系重要,全长六百四十余公里。惟以年久失修,或被水冲毁,行车殊感困难。行营前奉委员长电饬迅行整理,并拨专款应用,遵于本年三月内动工。经公路监理处派工程师前往督促办理,现全县〔线〕路基、路面大部已告完成,仅梁山、万县工程进行稍缓,亦在本月中旬可完。至桥涵、石方等技术工程,因雨水耽误,须至九月中旬始可竣工。

三、成彭路之整理及彭宝路之修筑工程

成都至彭县一段,因年久失修,破坏不能通车。成彭路至下炉房一段,系专供彭县铜矿筹备处运输之用。所有二路整理及兴修工程,过去均由行营饬绥署派兵工担任。去年冬季开工,路基土方,大致已告完成。嗣因承修部队他调,中途停止。至桥涵石方工程,各已完成半数,并饬拟具今后施工办法呈核。一俟报告到后,即行厘定办法,继续施工,务期本年十月以内赶完通车。

四、川滇东路修筑工程

川滇东路川境隆昌至赤水一段,本年三月开工;隆昌泸县段各项工作,在本月中旬可全部完成;纳溪段土方、石方,约成百分之三十;叙永段土方已成百分之四十;古蔺段土方约已完成百分之七十。川境全段已限于十月底通车,各项工程正积极进行中。黔境赤水到威宁一段,原限与川省同时兴工,因该省工程人员缺乏,布置进行稍缓,迟至五月始动工。近闻黔省府因鉴于限期迫促,已另拟紧急施工办法,增加民、石两工人数。但能否如期通车,尚无把握。至黔境威宁至滇境宣威一段,系由滇省府负责修筑。据报:石方、桥涵等工程,大致已成,所差路基、路面工程,已由行营令限八月底完成。闻该路行营公路监理处均派有督察工程师,负责督促指导,俾能一致依限完成。

五、川康路修筑工程

自雅安至康定一段公路，全长二百一十公里。因地界两省，工程过于艰巨，乃由行营公路监理处直接组织川康路工程处主持办理，于本年五月开工。雅安至天全下南坝一段路基土方及路面铺压，系责由路线附近六县征工担任。路基已于上月底完成，现正铺压路面中，约本月中旬可全部完成通车。自下南坝经二郎山至泸定一段，因高出海拔二千九百余公尺，气候严寒，现虽酷暑，尚在下雪，且二郎山附近百里，人烟断绝，食粮给养，运输困难，工程最为艰巨。经令天全县组织民众筑路队二千人上山工作，另组二千人运送粮食给养，约本月下旬可以开工。复以距结冰期仅二三个月，为求期前完成起见，已令王专员负责督促及增加工人办理。至其他技术工程，由公路监理处交川康工程处组织筑路队，并招雇包工前往办理，现正在进行中，亦期于结冰前完成。至由泸定至康定一段，因给养关系，须俟二郎山一段完竣后，再行推进。

六、川湘、川黔两路各大桥建筑工程

川湘路之三溪河、长头河、河口场、两河口、苦竹场、姚家湾、茶洞河大桥七座，及川黔路之綦河、赶水大桥两座，关系各路交通至巨，于本年一月，由行营令饬川路局设立两路桥渡工程处，主持兴建。现各桥除綦河桥被水冲毁一墩，正另设法改造及茶洞桥水深，施工较难，尚有二墩正在赶筑基脚，未出水面外，其余各桥之桥墩、桥座，均已告成，正在分别构造桥面工程。预计长头河、苦竹坝、姚家湾各桥，可于九月内全部完成，其他各桥须至十月间始可全部完成。（国民）

（载于民国二十七年七、八月《四川月报》第十三卷第一、二期）

5. 四川省政府拟定整理全川公路计划（1938年7月）

省府为便利交通，适应抗战需要，拟于本年下半年度，将全川公路，分别整理，限期完成，并已拟定计划如下：

（甲）完成新筑公路

一、完成川黔公路；

二、完成川康公路；

三、完成龙溪公路；

四、完成梁山广元支路；

五、完成嘉桥公路。

(乙)整理下列公路

一、川鄂公路；

二、川湘公路；

三、遂璧公路。

(丙)完成下列公路之桥涵渡口工程

一、川陕路；

二、川湘路；

三、川黔路。

(丁)测勘下列路线

一、渝广直达公路；

二、宜宾支路。

(载于民国二十七年七、八月《四川月报》第十三卷第一、二期)

6. 四川省已成公路长度统计表(1945年10月)

路线别	起讫地点 起点	起讫地点 讫点	长度(公里) 共计	长度(公里) 干线	长度(公里) 支线	主管机关
总计			6664.03	4207.49	2456.54	
川黔路	成都	璧山	381.00	381.00	—	四川公路管理局
川黔路	璧山	崇溪河	236.96	236.96	—	西南公路管理局
川黔北路	绵阳	璧山	334.00	334.00	—	川陕公路管理局
川鄂路	简阳	万县	643.00	643.00	—	川陕公路管理局
川陕路	成都	绵阳	135.00	135.00	—	川陕公路管理局
川陕路	绵阳	七盘关	283.20	283.20	—	川陕公路管理局
川陕东路	重庆	万源	443.00	443.00	—	川陕公路管理局
川甘路	绵阳	江油	55.00	55.00	—	川陕公路管理局
川青路	成都	灌县	53.00	53.00	—	四川公路管理局

续表

路线别	起讫地点 起点	起讫地点 讫点	长度(公里) 共计	长度(公里) 干线	长度(公里) 支线	主管机关
川康路	新津	名山	91.00	91.00	—	川康公路管理局
川滇中路	成都	乐山	165.00	165.00	—	四川公路管理局
川滇东路	隆昌	泸北	62.00	62.00	—	四川公路管理局
川滇东路	泸县	赤水河	212.33	212.33	—	川滇东路管理局
川滇西路	内江	冷竹坪	396.00	396.00	—	川陕西路管理局[①]
川湘路	綦江	茶洞	695.00	695.00	—	西南公路管理局
京川路	黔江	石门坎	22.00	22.00	—	西南公路管理局
夹峨线	夹江	峨眉	25.00	—	25.00	四川公路管理局
成崇线	成都	崇庆	38.00	—	38.00	由专署代管

四川省已成公路长度统计表(续一)

(1945年10月)

路线别	起讫地点 起点	起讫地点 讫点	长度(公里) 共计	长度(公里) 干线	长度(公里) 支线	主管机关
成彭线	成都	彭县	88.07	—	88.07	四川公路管理局
成仁线	成都	仁寿	94.80	—	94.80	由专署代管
青丹线	青神	丹棱	56.00	—	56.00	由县政府代管
蒲元线	蒲江	崇庆元通寺	86.00	—	86.00	由县政府代管
什绵线	什邡	绵竹	24.00	—	24.00	由县政府代管
绵安线	绵竹	安县	58.00	—	58.00	由县政府代管
广什线	广汉	什邡	18.00	—	18.00	由县政府代管
兴五线	绵竹兴隆场	五福场	10.00	—	10.00	由县政府代管
秀沸线	秀水场	沸水场	11.00	—	11.00	由县政府代管
德绵线	德阳	绵竹	35.00	—	35.00	由县政府代管
永安线	永兴场	安县	32.00	—	32.00	由县政府代管
广赵线	广汉	赵家渡	19.00	—	19.00	由县政府代管
德赵线	德阳	赵家渡	30.00	—	30.00	由县政府代管
广连线	广汉	连三镇	15.00	—	15.00	由县政府代管

[①] 原件如此。疑为"川滇西路管理局"。

续表

路线别	起讫地点 起点	起讫地点 讫点	长度(公里) 共计	长度(公里) 干线	长度(公里) 支线	主管机关
金三线	金堂	三水关	8.00	—	8.00	川北盐务分局
成阆线	新都唐家寺	阆中	319.00	—	319.00	川北盐务分局
双崇线	双流	重庆①	27.00	—	27.00	由县政府代管
新大线	新津	大邑	46.00	—	46.00	航委会
新蒲线	新津	蒲江	45.00	—	45.30	由县政府代管
丹洪线	丹棱	洪雅	21.30	—	21.30	由县政府代管
青汉线	青神	汉阳场	12.30	—	12.30	由县政府代管
宋利线	宋家村	利店	15.00	—	15.00	由县政府代管
清沐线	犍为清水溪	沐川	36.00	—	36.00	由县政府代管
卧夹线	卧龙场	夹关	38.00	—	38.00	由县政府代管
黑中线	黑竹关	中峰场	14.00	—	14.00	由县政府代管
南跳线	南充	跳蹬场	36.00	—	36.00	由县政府代管
南永线	南充	永丰场	36.00	—	36.00	由县政府代管
花龙线	渠县花桥	龙台寺	12.00	—	12.00	由县政府代管
袁罗线	肃安袁山	罗汉溪	10.00	—	10.00	由县政府代管
崇元线	崇庆	元通场	13.00	—	13.00	由县政府代管
玉安线	玉峰场	安岳	30.00	—	30.00	由县政府代管
玉峰场	犍为	清水溪	12.00	—	12.00	川康盐务管理局
阆南线	阆中	南充	154.30	—	154.30	川康盐务管理局
合安线	合川	安居场	35.00	—	35.00	川康盐务管理局
广代线	广安	代市场	20.00	—	20.00	川康盐务管理局
周渠线	周口	渠县	105.00	—	105.00	川康盐务管理局
邓自线	邓井关	自流井	34.00	—	34.00	川康盐务管理局
自泸线	自流井	泸县	160.00	—	160.00	川康盐务管理局
天开线	天生场	开江	38.00	—	38.00	战管局
三石线	三多寨	石包棱	3.00	—	3.00	川康盐务管理局
邓富线	邓井关	富顺	8.00	—	8.00	川康盐务管理局
贡威线	贡井	威远	27.85	—	27.85	川康盐务管理局

①原件如此。应为"崇庆"。

四川省已成公路长度统计表(续二)

(1945年2月)

路线别	起讫地点		长 度(公里)			主管机关
	起 点	讫 点	共计	干线	支线	
向黄线	向义场	黄荆湾	18.41	—	18.41	川康盐务管理局
向王线	向义场	山王场	9.38	—	9.38	川康盐务管理局
威新线	威远	新场	23.36	—	23.36	川康盐务管理局
茶叶线	茶店子	叶家院	0.88	—	0.88	四川公路管理局
玉犀线	玉泉寺	犀浦	2.50	—	2.50	四川公路管理局
安彭线	安东铺	彭县	20.57	—	20.57	四川公路管理局
连新线	连界场	新场	20.07	—	20.07	经济部资源委员会
铜大线	铜梁	大足	54.00	—	54.00	由县政府代管
泸大线	泸县	大叶坝	2.09	—	2.09	航委会
新两线	新桥	两路口	9.80	—	9.80	战管局
浮九线	浮图关	南岸	7.50	—	7.50	重庆市政府
青北线	青木场	北碚	30.80	—	30.80	重庆市政府
小张线	小龙坎	张家溪	7.00	—	7.00	重庆市府管理
海温线	海棠溪	南温泉	6.40	—	6.40	西南公路管理局
海广线	海棠溪	广阳坝	38.56	—	38.56	西南公路管理局
一石线	一品场	石口沟	7.80	—	7.80	经济部资源委员会
大飞线	大平场	飞仙岩	4.80	—	4.80	经济部资源委员会
万海线	南川万家院	海口洞	5.10	—	5.10	航委会
石新线	石梯坎	新场口	9.80	—	9.80	经济部资源委员会
龙溪线	长寿	狮子口	28.20	—	28.20	经济资源委员会
北机场	川陕路2公里	机场	0.93	—	0.93	川陕公路管理局
南机场	川康路□公里	机场	1.17	—	1.17	航委会
温江机场	苏坡桥	机场	4.00	—	4.00	航委会
广元机场	广元渡口	机场	1.97	—	1.97	航委会
梁山机场	梁山城	机场	2.10	—	2.10	航委会
遂宁机场	遂宁城	机场	4.18	—	4.18	航委会
白市驿机场	白市驿	赖家桥	15.00	—	15.00	航委会
邛崃机场	邛崃场	新店	11.81	—	11.81	航委会
射盐线	射洪	马家沟	7.43	—	7.43	川北盐务分局

续表

路线别	起讫地点		长 度(公里)			主管机关
	起 点	讫 点	共 计	干 线	支 线	
金花桥线	成嘉路起点	刘公馆	2.00	—	2.00	四川公路管理局
□洞路	□阳	洞□	8.00	—	8.00	由县政府代管
成都环城路	十二桥	北门	4.50	—	4.50	成都市府
成都环城路	赵家巷西口	□家巷东口	0.17	—	0.17	成都市府
成都环城路	曹家巷东口	新东门	3.24	—	3.24	成都市府
江兴线	江门场	兴文袁家山洞	48.30	—	48.30	川滇东路管理局
秀松线	秀山县	松桃	30.00	—	30.00	川滇东路管理局
西义线	西充	义兴场	29.00	—	29.00	川北盐务分局
分河线	分水岭	河边场	20.00	—	20.00	川北盐务分局

材料来源:根据公路管理为函送材料编制。

公路运营

1. 四川公路局关于板车改装汽轮训令(1938年4月22日)

令各段:

四川公路交通委员会二十七年四月十二日,管字第三一号公函:查板车行驶,运货最易破坏路面,妨碍交通。惟处此时艰,尚可补助汽车运输之不逮,且可藉以救济劳工,未便即行取缔。前于本会第三次常会第二十三案,提请由各主管车务机关严饬各车商,购买旧汽车胎,将原用木轮铁圈一律改装,以资兼顾。当经决议:照原案通过。由本会函请各车务主管机关,严行取缔。等语。记录在卷。除分函外,相应函达,请烦查照办理为荷,此致。等由。除函复照办暨分令外,合行令仰该站遵照。即便饬知各商,将原有铁圈板车,限本年六底以前,一律改装汽轮。如过期尚未改装者,应不准行驶,并撤销原登记案。仍将遵办情形,具报备查。

此令!

局　长　魏军潘

胡局长　何乃仁

2. 宜宾县商会为驮运所制止商运呈省政府电（1939年4月19日）

四川省政府主席王钧鉴：

案奉宜宾县政府曾转交通部驮运管理所叙府办事处函，开：自五月十日起停止叙昆线商运两星期。五月二十五日起实行货运统制，私运商货全部充公。并准云南省昆明、盐津各地商会、商帮电告已实行统制货运，并阻挡商货，各有关商众惶感万分。盖以叙昆一线为出口重要孔道，政府为运输公物暂时停止商运，既定有期限，商众自当遵守，无所异议。但若限期满后，商众自运由叙到昆，各货若照驮运所拟定办法交运，则拒绝承运之限制过多，托运之重量有限。强以多人分头办理之事务，集中于一个机关，必至公家有事务丛脞之忧，商民感货运停滞之苦，殊非政府体恤商众之本意。商众等心所谓危不敢隐忍取咎。除分电中央各机关外，理合电恳钧座体恤商艰，转咨交部，准予运输公物，限期满后，商货仍由商运，俾货运流动。至于中途挡货，现值匪患时间，更易发生意外损害。并恳先行制止，则两省商民均沾德。便临电不胜迫切，待命之至。

宜宾县商会主席汪醴泉暨全体商众同叩。皓。印。

3. 国民政府军事委员会为整顿交通事致四川省政府代电（1939年4月27日）

成都。四川省政府王主席：

案据本会壮丁检阅第二团主任委员梁冠英皓代电，称：本团文日抵蓉，当即派员持函协同成都行辕所派之王副官之唐向四川公路局面洽，请拨19人票车一辆。经数度交涉，该局始允于小日照拨。不料至时，该局仅派来16座，机器损坏不堪之汽车一部。由蓉东站驶至城内，即抛锚二次。不但不堪开驶，而座位亦不够。本团又派员向该局一再交涉，复允于巧日调换够座及机器完好车辆一部。不意次晨换来之车，既无停车机，而水箱亦不完整。当经质问，据该负责人答称：到绵阳车站即可调换好车。本团以检阅期限甚迫，乃于巧日上午九时由蓉出发。讵料行抵绵阳,并无车辆可换。迫不获已,只得驻宿绵阳,将该车星夜修理。皓日由绵前进。查本团奉令检阅壮丁,照章购票,公路局尚属如此迁延贻误,其他军运与民众乘车,当不堪设想矣。似此情形,拟请钧座,饬令主管机关予以整饬,以利交通。等情。据此,合行电仰设法整顿,以利交通为要。

军事委员会。感。办。一参。印。

4. 四川省建设厅关于整治叙昆大道驮运布告（1939年4月）

照得战时运输,攸关军事至巨。
本省位居西南,物资产销要区。
值兹二期抗战,积极疏运是倚。
叙昆大道驮运,已有攸〔悠〕久之基。
惟查商营斯业,组织殊欠周密。
马帮既乏训练,人夫散漫无纪。
货少跌价抢运,货多抬价居奇。
运价忽高忽低,发展运务难期。
政府有鉴于斯,部令设所整理。
承运官商货品,叙昆处站分立。
实行驮运统筹,以冀排除积弊。
商货缴费报运,不得私运违例。
夫马皆须登记,实行新法管理。
人夫待遇优异,运费力求减低。
货物多方保管,减少损失不虞。
人马各带〔戴〕徽号,可免兵役差使。
施行划一统筹,绝无恶意威胁。
上应国家需要,下裕人民生计。
凡尔堆商马户,以及马哥夫子,
毋得误会滋事,咸宜服从管制。

慎勿自贻伊戚，希图偷运抗拒。

倘有漠视政令，严惩决不姑息。

莫谓言之不预，仰各凛遵此例。

5. 四川省政府关于查报各公路板车数目训令（1940年5月4日）

令四川公路局：

查本省各公路来往板车数目亟待明了。合行令仰该局遵照，迅将行驶全川公路板车总数目暨各线公路板车分数目（尤注重川陕、成渝两线）分别查明，造列详表二份，于奉令后克日呈赍来府备用。勿延为要。

此令！

6. 公路局关于增加客货运价致川省公路局临时整理委员会公函（1940年10月17日）

案查本局客货价，曾经于本年八月呈奉省府核准修订。兹根据八月份修订标准，比照现时物价计算，客车每座每公里行车成本已达二角二分，核与现行每座每公里一角五分运价相差过巨。兹为维持成本计，拟将本局客运价改为每座每公里二角二分，其余行李、包裹客运仍照比例增加。至杂费一项，前奉交通部九月寒运业渝电及十月真运业渝电规定：

（一）装卸费行李、包裹及零提货物，每件每二十公斤为二角；按公吨计算者，每公吨为三元。

（二）保管费行李、包裹及零担货物每件每二十四小时或不满二十四小时为二解；按公吨计算者，每公吨每二十四小时或不满二十四小时为三元。

（三）调车费空驶费，每公吨每公里均收一元一角六分，包括差距费在内。

拟即遵照该项规定办理，并自十一月一日起实行。兹特检同本年九月份每公里行车成本估计表，运价计算标准表及拟客货运价表各一份〈附件略〉，随函送请贵会核议，并顺转呈省府核示。仍祈见复为荷。

7. 四川省公路运量统计表(1942—1944年底)

民国三十一年至三十三年底止

年别	客运 人数	客运 延人公里	货运 吨数(公吨)	货运 延吨公里
三一年	581583	66690566	72262	13389963
三二年	644116	70128431	118387	28675783
三三年	423450	83999213	—	—

材料来源:根据公路管理局函送资料编制。

8. 四川省公路车辆统计表(截至1945年6月底止)

截至民国三十四年六月底止

干线别	客车辆数	货车辆数
总计	116	23
川黔路	55	15
川陕路	16	2
川青路	20	1
川滇路	25	5

材料来源:根据公路管理局函送资料编制。

9. 四川省政府为配拨汽车致战时运输管理局代电(1945年7月30日)

重庆。战时运输管理局俞局长樵峰兄、龙副局长伯循兄勋鉴:

建设厅案呈,据公路管理局局长熊哲帆签,略称:该局前遵贵局电令,将实际需要新车计1850辆,呈请拨发。在案。今急待新车补充,尚未奉复示。签请转呈,迅赐拨发,以利运输。等情。转请核办前来。查该局肩负本省公路交通,且为西南、西北两公路转运中心。值此胜利在望,反攻届临之际,若仍以少数逾龄车辆敷衍充数,殊不足以济军用而利客运。该局长所请拨发车辆数目,尚属确实,且为迫切需要。贵局究能配发该局车辆若干,相应电请迅赐核拨,电赐为荷。

弟张○

附:建设厅签呈公路管理局请配拨汽车

敬签呈者:

窃查本局所属公路,总辖全川,毗连西南、西北交通,幅员宽广,责任綦重。曩因车辆逾龄,限于经费困难,未能大批添购。维持客运已感短绌。自改组以还,懔于军事第一之义,除客运外,重以军运。近复输送频繁,车辆更难敷用。前奉战时运输管理局电令,饬将本局实际需要车辆数字,估计呈报。业经斟酌现状,切实计算,呈请拨发一千八百五十辆,俾资配运。在案。迄今未奉复示。环顾职责,深滋忧惧。惟查本省为后方交通重地,值此胜利在望,行将反攻之际,交通配合刻不容缓。倘蒙提前照数拨发,用资分配全面。在军运方面,既可各路策应,赶运军品及美军物资,迅赴事机;在客运方面,亦可便利行旅,疏畅交通。用特陈明缘由,伏恳钧座俯念本局需要新车补充情形迫切,准予核转主席,电请大局迅赐拨发,用利运输。实沾公伏。

谨呈

厅长　何

职熊哲帆谨呈

民国三十四年七月二十八日

驿　运

1. 四川省驿运管理处呈请成立川西支线总段往来代电(1941年1月)

(一)省驿运管理处呈请成立川西支线总段代电(1月9日)

驿总字第40号

重庆。交通部驿运总管理处钧鉴:

本处为承运本省特种工程委员会工粮,迅赴事功起见,拟即日成立川西支线总段。积极筹备开运,并派本处视察袁树声代理该支线副总段长,并代理总段长职务,以专责成。除呈报并分行外,理合电呈鉴核备案。

四川省驿运管理处叩。佳。省驿总。印。

(二)交通部驿运总管理处代电(1月27日)

管运渝字第01756号

事由：

佳电悉。所称成立川西支线总段，并派袁树声代理总段长各节，已暂存案备查。仍希将该线起讫地点等见复由。

成都。四川省驿运管理处公鉴：

本年一月驿总字第40号佳电敬悉。为承运工粮，拟成立川西支线总段，并派袁树声为代理总段长各节，已暂存案备查。仍希将该线全线长度，起讫地点，主要站名，工具配备以及运价等情形见复，以凭查核为荷。

驿运总管理处。管运。渝。感。印。

2. 四川省驿运管理处新渝支线总段为成立内江段站呈(1941年2月23日)

窃查本总段运程，上起新都，下迄重庆。内江适居其中，为船只之转载，货物之上下，事变之稽查，各种便利起见，势须提早设置段站。兹查有钧处现派在本总务兼任新都段副段长之主任科员张建屏，堪任内江段副段长。除由本总段令派该员赴内筹设段站外，用恳钧座，将该员新都段副段长职免去，另委该员为本总段内江段副段长，以专责成。是否有当？指令祗遵！

谨呈

四川省驿运管理处兼处长　陈

　　　　副处长　张

　　　　　　　四川省驿运处处新渝支线总　段暂代
　　　　　　　副总段长兼代总段长职务　张毓灵

3. 四川省驿运管理处为重新调整各总段机构训令（1942年5月9日）

字第1284号

依照本处卅一年度工作计划及实施办法之规定，各总段原有机构，应重行调整如次：

甲、渠万支线总段，着组为川东支线总段，辖万县至遂宁及宣汉至江北县属两路口两线。总段仍设万县。

乙、新渝支线总段，着组为川西支线总段，除原辖赵镇至重庆水运线外，兼辖成渝、川中、遂璧及成都平原各陆运线。总段设成都。

丙、渝广水陆联运线，移归交通部驿运总管理处接办。

除渝广总段由本处呈请省政府电交通部，转饬驿运总管理处接管，另令饬遵外，该新渝、渠万两总段，应依照上项颁布计划及实施办法，规定路线及段站，克速调整，于本年六月一日以前，筹办完毕。仰各遵照迅办，具报为要。

此令！

兼处长　胡〇〇

副处长　张〇〇

4. 四川驿运管理处川东支线总段为配拨板车来往文（1942年3—4月）

（一）川东支线总段签呈（3月31日）

查本段前后奉到大处拨来胶胎板车一百辆，胶缘板车四百辆。惟胶缘板车除已损坏，报请作废者九十四辆外，现能行驶者，只余三百零六辆。分配于梁万间者，胶胎板车一百部，胶缘板车一百五十部；竹渠间者，胶缘板车一百五十辆。经职此次在梁、竹两县，调查碛米确数，梁山为三八〇〇〇石，大竹为七〇〇〇〇石。按照现在车辆分配情形，梁万间除本段车辆自行运输外，如感不足，再行征雇当地商车，勉可应付。但竹、渠间粮运数量既大，车辆更较梁、万间为少，实不能按照期限完成任务。拟请大处再拨胶缘板车三百辆，或胶胎板车一百五十辆,以资使用。当否,理合签请鉴核施行。

谨呈

兼处长

副处长

渠万总段长　张春霖

(二)省驿运管理处致驿运总管理处代电(4月25日)

驿运字第1116号

交通部驿运总管理处:

密。据本处渠万总段卅一年三月卅一日签呈称:查本处前后奉到大处拨来胶胎板车一百辆,云云。拟请再拨胶缘板车三百辆,或胶胎板车一百五十辆,以资使用。等情。到处。查所称各节当属实情。拟请赐予补助,再行拨发胶缘板车二百辆,以便转给具领应用,并请赐覆为荷。

四川省驿运管理处。有。驿运。

(三)省驿运管理处指令四月二十五日

令渠万总段段长张春霖:

三十一年三月三十一日签呈一件,为粮运紧急,请再拨发胶缘板车三百辆,或胶胎板车一百五十辆,以资应用由。签呈悉。据呈各节,核尚需要。除电请总处拨发胶缘板车二百辆,一俟复准,再饬具领,另由渝广总段在自备胶轮板车内,抽拨七十辆运交该总段具领应用,并分行外,合行指令。仰即遵照洽领,具报为要。

此令!

5. 行政院秘书长抄送康藏驮运股份有限公司章程函(1943年11月7日)

查康藏驮运股份有限公司章程,经由院于本年十月十五日,以仁肆字第二三一一九号指令抄发知照。在案。查该项章程误抄未修正本,相应抄同修正章程,函请查照更正。

此致:

交通部

抄送康藏驮运股份有限公司章程一份

行政院秘书长　张厉生

中华民国卅二年十一月七日

附：

康藏驮运股份有限公司章程

第一条　康藏驮运股份有限公司（以下简称本公司），由交通部驿运管理总处与康藏贸易公司组织之。

第二条　本公司以承印度与内地间进出口物资为业务范围，其路线暂定为自印度噶伦堡起，经江孜、拉萨、黑水类伍齐或玉树至康定、雅安（即旧有康藏大道）。将来得视货运情形，由交通部呈请行政院核准变更或增辟其他路线。

第三条　本公司营业期间定为十年，期满得呈请交通部转呈行政院核准延长。

第四条　本公司股本总额暂定为国币四百万元，分为四千股，每股一千元，由交通部驿运总管理处及康藏贸易公司各认购二千股，一次交足。交通部驿运总管理处股款，其中一百万元应照官价折合卢比，交付驿运总管理处，其余一百万元，应以国币交付。康藏贸易公司股款，其中五十万元应以国币交付，其余一百五十万元得以现有资产作价拨付。

第五条　本公司置董事七人，由交通部驿运总管理处指派四人，康藏贸易公司指派三人，组织董事会，并由交通部就董事中指定一人为董事长。

前项董事会置秘书一人，稽核一人，办事员三人至五人，均得就公司职员中调用之。

第六条　本公司营运计划、预算、决算、职员任免以及签订契约等事项，统由董事会议决行之。

第七条　本公司置监察三人，由交通部驿运总管理处指派二人，康藏贸易公司指派一人。

第八条　本公司置总经理一人，协理六人，均有〔由〕董事会聘任之。

第九条　本公司设总务、业务、会计三组,分掌文书、人事、庶务、营业、运输、稽核、簿记等事项。其所需办事人员,由董事会酌定,名额报由交通部,核准后任用之。

第十条　本公司设于康定,并在拉萨、噶伦堡两地各分设分公司,其他有关地区设置办事处、运输站或照料员,其办法另定之。

第十一条　本公司应向主管官署注册登记。

第十二条　本公司及董事会之办事细则,由董事会议决,呈报交通部备案。

第十三条　本章程自核准之日施行。

(原件存中国第二历史档案馆)

6. 交通部关于康藏驮运公司与各机关洽送物资未成情形公函稿(1944年7月25日)

(一)交通部公函

案准贵处本年六月二十一日统机字第(2757)号公函,为筹辟印藏驿运一案,转送蒙藏委员会驻藏办事处沈处长宗濂,报告印度外交部长卡罗氏对印藏驿运问题之说明书一件,嘱统筹核办,设法促成见复等由。自应照办。查本部前奉命与藏商、康藏贸易公司合组康藏驮运公司,办理承运自印境噶伦堡至康定间政府机关物资,业已开始营运。关于最近与政府各有关机关洽运情形,经饬。据本部驿运总管理处复称:"奉交饬查康藏驮运公司最近洽运政府机关物资情形。兹据该公司总经理格桑悦希签称:本公司自奉命成立以来,即以承运政府物资为主要业务,虽经多方积极接洽承运,只以各物资机关对当地情形较为膈膜,各自为政,步调未趋齐一,接洽卒难成议。迄今时逾半载,仍无一实际交通者。查印藏驮运,全年运量不过二千余吨。噶伦堡运价则以待运货物之多寡,涨落靡定。目前存印货物待运者,除普通商品外,花纱布管制局棉纱约二千吨;军需署布匹、军毯约二百四十吨;复兴公司以生丝换纱布每月约五十吨;再加交通部存印交通器材,总量已超出运量甚多。因之运价日益上涨,现已达七百五十盾,若无统筹配运办法,各物资机关又不慎择驮商,将来必致大量物资积滞中途,进退失据。拟请迅赐洽定具体交运办法,以利进行。等情。据此。查本处前为迅速促成印藏驮运起见,曾于本年五月廿四日邀请各有关机关,派员出席会商物资配运办法,当已有初步洽定。嗣本部驻印度总代表沈士华来渝,并经商定具体办法六项:(一)各机关经藏内运之驮运物资,其吨位之分配,拟请由军事委员会运输会议按照空运吨位分配办法,召集有关各机关会商决定(或径行派定)后,通知本部驻印度总代表办事处集中配运。(二)各机关经藏内运物资经决定吨位后,应由各机关先将待运物资之详细名称、件数、重量及箱记等,开具清单,加注A、B、C之等级,通知本部驻印度总代表办事处,俾便配运,及与印度海关洽办签证、交税过境等事宜。各机关与各运输机构签订托运合约后,并应以一份交本部驻印度总代表办事处备查。(三)各机关驮运物资之印境转运事宜,应由本部驻印度总代表办事处转洽英印运输机构办理(应运至噶伦堡交运输机构接收内运)。(四)各机关经藏内运物资,在印境之存储改装事宜,拟商由英商福公司代办,并为便利托运,拟一并商由福公司在噶伦堡设置仓库一所,以便该公司在加尔各答仓库改装之物资转运来噶后,由其噶埠仓库人员接收,点交各承运物资机关内运。(五)本部驻印度总代表办公处武其区代表处于物资起运至噶伦堡后,应即编制物资报告,连同印度海关签证过境放行证,一并寄交承运物资机关,点收签还,以明物资交接责任。(六)各机关遇有实际需要时,得声〔申〕请财政部外汇营理委员会允许其提供物资承送合约作证。对于运费之外汇结购,不受各机关车身、年度预算之限制。是否可行,理合呈请鉴核"。等情。据此,查核所拟办法当届可行。如荷同意,即由本部呈院转饬各机关遵办,以利开运,而赴时机。准函处由,相应复请查照,并希见复为盼。

此致:
军事委员会运输会议秘书处

部长　曾○○

(二)康藏驮运公司签呈

本公司自奉命成立来,即以承运政府物资为主要业务。虽经多方积极接洽承运,只以各物资机关对当地情形甚为膈膜,各自为政,互不相谋,步调既未齐一,接洽卒难成议。迄今已逾半年,仍无一实际交运者。查印藏驮运全年运量不过二千余吨,噶伦堡运价则以待运货物之多寡,随时看风起落。现在印存货物待运者,除普通商品外,花纱布管制局棉纱约两千吨;军需署布匹军毡约二百四十吨;复兴公司以生丝换纱布每月约五十吨;再加交通部存印交通器材,总量已超出全年运量甚多。因之运价日益上涨,现已达七百五十盾。若无一统筹分配交运之办法,而各物资机关又不慎择驮商,争先交运,则将来必致大量物资积滞中途,进退失据,徒使外人齿冷。兹将本公司向各机关接洽驮运经过,分陈于后。

1. 交通部材料司存印铜铁丝及车胎等内运案。本公司原与商定适量每月九十吨,运费每驮六百盾,一切收交办法亦经议妥。上项物资均属英、美借款项下,须取得英、美同意,治办印境出口手续。悦希曾于二月十二日赴印,分别向沈总代表士华,保总领事君建商洽,根据去年开辟印藏驿运接洽之经过,斟酌当地实际情况,商定本公司在印立场,划分责任范围,决定本公司暂以普通驮商名义,在印边噶伦堡接收物资经藏内运。其在印境运输事宜及出口等一切手续,概由交通部驻印代表办公处办理。惟运费一项,原订由财部拨给英镑借款,嗣准函复,英镑借款业已用罄,改请外汇,又限于预算无着,以致迄今未能实行。

2. 花纱布管制局存印棉纱内运案。本年一月即曾与该局洽商承运,并商定先交数百包试运。正拟办理手续之际,该局忽改变方针,置藏印运输实际情形于不顾,招揽内地商贾订约,将存印棉纱一万二千包,一次分配各商购运(附件一)。内地多数商贾争先订约,并要求每包运费请准外汇卢比四千五百盾之多,与本公司所订运价大相悬殊(附件二)。惟约虽签定,而运价外汇则迟迟不作决定。追至财政部驻印沈祖同代表来电,谓每包运价只须二千盾,始于最近核准,每包二千二百盾。于是承包各商顿感失望,已有相继放弃者。本公司资力未克,运输设备已感不敷,更无余力承购此项棉纱。惟以职责所在,又未便自甘向隅,不得已乃商准康藏贸易公司承购一千大包,交由本公司承运。该公司并遵照规定手续,觅得银行担保,签订合同。关于外汇核定二千二百盾之数,并已函复承诺,只待对方通知成交手续,即可启运。

3. 军需署存印军毯、布匹内运案。曾在渝、印两地数度接洽,已由该署核定,先交本公司一百二十吨试运。惟运费一项未能照本公司定章发给,以致搁置。原因系印度有经纪为业之丁武始者从中投机,用始恒公司名称向该署住印度代表李直夫君接洽承运,每驮运价只须五百五十盾,该署不加体察,遂坚持以始恒运价作标准,而本公司所定运价,系完全按照成本计算,且以印藏草料及一切需用节节上涨,原定六百盾已感难于敷用,如再减少,则亏累过甚,而致影响整个业务,故只得放弃。

附二件〈略〉

格桑悦希谨签(印)七月五日

（原件存中国第二历史档案馆）

7. 四川省驿运营运路线统计表(截止1945年10月底)

区段别	线别	起讫经过地点	里程(公里)
总 计	一	一	1904
川中区	小 计		413
	乐贯线	乐山经五通桥、荣县至自贡	155
	威井线	威远至自井	35
	富井线	富顺至自井,邓井关	48
	内隆线	内江至隆昌	40
	井内线	自井至内江	60
	泸隆线	泸州至隆昌	75
川东区	小 计		143
	万梁线	万县经分水至梁山	91
	渠竹线	渠县至大竹	52
渝广线区	内广线	内江经资阳、成都、广汉、德阳、绵阳、梓潼、剑阁至广元	572
直辖广汉段	绵赵线	绵竹经德阳、广汉至赵镇	95

续表

区段别	线别	起讫经过地点	里程(公里)
直辖成都段	小 计		408
	成彭线	成都至彭县	60
	成新线	成都至新都	20
	成崇线	成都至崇宁	45
	成大线	成都至大邑	90
	成邛线	成都至邛崃	90
	成津线	成都至新津	50
	成灌线	成都至灌县	53
直辖遂宁段	小 计		241
	遂岳线	遂宁至安岳	75
	遂乐线	遂宁至乐至	97
	石乐线	石桥至乐至	69
客运服务所	小 计		32
	成西线	成都西门至金牛坝	6
	成内线	城守街经祠堂街至老西门	6
	成东线	城守街经牛市口至龙泉驿	20

材料来源：根据驿运管理处函送资料编制。

（二）筹建铁路

1. 四川省政府之铁路计划（1937年7月）

省府为谋沟通各省交通，发展西部各地宝藏，决于三年内设法完成川省主要铁道。以成都为中心点，成都以东至重庆为成渝铁道；成渝铁道并将由荣县展至自流井，为荣井铁道；荣县展至五通桥，为荣五铁道；内江展至自流井，为内井铁道。成都以北至宝鸡，为川陕铁道；成都以西至会理，为成会铁道；由会理展至康定，为川康铁道；会理展至云南，为川滇铁道。至于成渝铁道及川陕铁道,已由铁道部主持修筑,或正航测中。省府则尽量协助,俾建筑工程,得以顺利进行。成会铁道及川康、川滇两路,第一步测量成都至雅安,再由雅安至会理,测量竣事以后,即行开路建筑。此项计划,省府刻正详拟中。

(载于民二十六年七月《四川月报》第十一卷第一期)

2. 成渝铁路征地界外采取石料及损害附着物补偿暂行办法（1937年7月）

第一条　成渝铁路因工程进行上,致在征地界外,采取石料及损害房、树、青苗等,应为相当之补偿。其数额由直接取用工作人与权利关系人,双方协议之。协议完成,立时得依本办法办理。

第二条　在征地界外采取石料,凡宽一尺（以营造尺计,营造尺每尺等于市尺九寸六分）,厚一尺,长二尺之石一块（即俗称连二石）,给山价国币一分,余照递推。

第三条　在公地、杂地采取石料及在河滨、沙坝采取沙石,概不给价。前项采取,以无碍于公共影响为限。

第四条　在征地界外堆积石料,应向该地权利关系人按所占面积及时间,公平□租,不得故意挪勒。但权利关系人,亦不得抬价居奇。

第五条　采运石料,或实施建筑工作致损及征地外之房屋、树木、青苗等,照发给附着物补偿金、迁移费规定标准办理。

第六条　本办法如有未尽事宜,得临时呈请修改之。

第七条　本办法自呈准公布之日施行。

3. 成渝铁路近讯（1937年8月）

(一)限期一年完成

川省为我民族复兴根据地,当兹国难严重关头,后方交通,亟应切实从速整理。除关于公路方面,中央已令饬省府公路局限期完成外,关于铁道方面,中央亦已令饬将成渝铁路积极修筑。并将派公路监理处副处长彭霞浦为督修专员,限期提早于一年完成。现彭氏已赴该路沿线各县,督工赶修矣。

(二)工程进行情形

成渝铁路开工修筑,第一至第五总段,已分别动工。第八、第七两段,因材料未齐,目前尚未动工。但以中央限期提早完成,故路局方面决于秋收前后分别动工修筑。刻路局已请省府令饬内江以西,资中、资阳、简阳、金堂、新都、华阳、成都七县,于行将次第动工之各小桥、涵洞,以其位置为中心在两端各十二公尺内,所有种种植物应一律迁除,以利进行。其余因秋收在即,均待青苗收获之后,再行开工。惟各业主于此次收获之后,即不得再事播种,以免徒费农工,并碍工程进行,如有故违,亦不给予补偿云。

(载于民国二十六年八月《四川月报》第十一卷第二期)

4. 刘湘关于拟筑成昆铁路致法国驻蓉领事信(1937年9月21日)

贝珊交涉员勋鉴:

敬启者:查本省宁远八属气候温和,农产甚富,矿产尤夥。农产以米及杂粮、白糖等为大宗;矿产有金、铜、镍、钴等。其金与铜之藏量更多。惟因交通未便,农产品及其副产物,均无法输出;五金各矿更锢藏于地,毫未开发,殊为可惜。窃以为宁远各县与滇越铁路相距匪遥,兹为沟通川滇交通,以达海口起见,其方法如次:

一、拟新筑成昆铁路一条与滇越铁路相衔接。在成昆铁路未建筑前,并拟定就成昆间建筑成昆公路,将来即作为铁路路基。

二、拟开辟由成都经昆明达安南之航空路线。

以上二项办法于双方均有利益。尤以铁路相衔接,不特宁远各属农、矿各品,可就近输出。即全川现在已有之主要产品,如桐油、猪鬃、羊毛、牛羊皮、生丝、芋业、五贝子、药材,均可由此输出海口。贵国一切货物亦可因此路之成功,得向川省输入。相互便利,莫此为甚!

本府兹拟依照川黔铁路公司一切办法,除自行筹措股款外,仍极欢迎贵国加入借款,以期早日完成。用特将川滇交通之必须兴建理由及其价值奉达台端,即希转向贵国大使及安南政府,征询意见。并向贵国财团商洽如荷。投资、赞助,再当续商具体办法,并由本府转呈中央政府核办。

再者,值兹非常时期,安南与四川金融极有切取联络必要。甚盼贵国银行与本省省银行商订联络办法。

又,由川出口货物经过安南,尤盼转致贵国大使及安南政府,予以便利,不胜感盼。专此,即请健安。

刘湘
九月二十一日

5. 国民政府特许川滇铁路股份有限公司条例(1938年1月21日)

第一条　川滇铁路股份有限公司经铁道部转呈行政院呈请国民政府特许组织之。

第二条　公司之业务如左(下):

一、经铁道部核准,先行建筑及经营自昆明至叙府之铁路干线及展长线暨其他应需之支线。

二、经铁道部核准建筑及经营其他铁路路线。

三、除前两款及经营铁道附属事业外,并得兼营铁路沿线其他附带有关事业,但须经铁道部及其他事业主管机关之核准。

第三条　公司选定之路线,经铁道部核准,得分期建筑。

第四条　公司营业期间定为三十年,期满得呈铁道部转呈行政院呈请国民政府核准延长之。

第五条　公司股本总额定为国币二千万元,分二十万股,每股一百元,由铁道部认十万股,云南省政府、四川省政府各认五万股。将来如须增加股本,应由公司理事会议决,呈请核准后,另行募集之。

云南省政府、四川省政府所认之股款,得募集商股,铁道部及云南、四川两省政府所认之官股,并得随时售归商股。

第六条　公司股东以有中华民国国籍者为限。

第七条　公司为经营业务起见,经铁道部核准转呈行政院呈请国民政府特许,得商借外债。

第八条　公司设理事九人至十一人,由铁道部指派三人,财政部指派一人、云南、四川两省政府各指派二人,公司总经理为当然理事。公司增加资本或增加商股时,理事人数得比例增加之。

官股售归商股时,商股理事亦得比例增加之。

第九条　公司设监事三人,由铁道部、云南、四川两省政府各指派一人。将来如增加商股时,得比例增加。

第十条　公司设常务理事三人,由理事互选之,并由常务理事中互选一人为理事长。

第十一条　公司设总经理一人、协理一人,由理事会聘任之。

第十二条　公司应向铁道部注册,并由铁道部转咨实业部登记。

第十三条　公司详细章程由理事会拟订,经股东总会议决,呈报铁道部核准备案。

第十四条　本条例自公布日施行。

(原件存中国第二历史档案馆)

6. 四川省财政建设民政三厅关于成渝铁路用地地价提案 (1938年9月9日)

查成渝铁路征用土地地价,迭据各业户呈请早日发给。前经民、财、建三厅拟具"按价发给办法"暨"折扣发给办法",并给财厅审查加具意见,经本府第二二零次省务会议议决:由民、财两厅会同派员接洽成渝铁路局,能否将全部地价一次拨清?再行提会决定。等因。旋电催路局,准覆。奉川黔铁路公司函示:发给地价尚短现金二百万元。须照官商已认股本比例,续收股款,收集拨付,并请将发价办法决定。等由。复经本府第二二九次省务会议决议:成渝铁路征用土地地价,依照比例续收股本二百万元。本府应担任之四十五万元,由建厅在财厅欠交建厅经费项下筹划拨付。各在案。现路局邓局长益光来省,谓:川黔铁路公司已允分次拨清地价,并促早定发给办法。所有前提铁路用地地价，"按价发给"暨"折扣发给"两种办法，究应如何决定？兹特抄附前次提案，并另拟具发放地价办法纲要，提请公决。

附前次提案及财厅签呈各一件，又发放成渝铁路地价办法纲要一件

委员兼财政厅长　甘绩镛
委员兼建设厅长　何北衡
委员兼民政厅长稽祖佑　九月七日

附（一）

发放成渝铁路地价办法纲要

一、成渝铁路沿线各市、县被征土地，地价按照登记亩，分种类核定价额，由征收成渝铁路用地委员会造具地价清册，连同地价一并发交。各市、县政府负责保管，会同征收局发给。由省政府成渝铁路工程局派员监放。

二、各市、县政府应按照地价清册，将业户姓名、被征土地种类、面积，应领地价数额及土地执照号数，会同征收局先行榜示周知，并登报公布。

三、各市、县政府应于十日前，将发价起止日期、地点及领价立契等手续，先行布告各业户一体知照。

发价地点以在城区为原则。但为便利领款人计，得酌量当地情形，于安全适中之镇、乡办理。

四、各业户亲身携带原领土地执照第二联。领取地价时，应先签立关卖契，并请该管保、甲长署名盖章。其业户本人署名盖章，须与原领迁补费所具领证之章押相符。

五、各业户原领土地执照第二联，如有遗失，应自行登报声明。请该管联保主任、甲长出具证明、切结，并觅具妥实商保。呈经市、县政府覆查属实，签立断卖契后，始行给领。

土地执照内，数字如有涂改，应将其执照扣留，由市、县政府查明核办。

六、各业户如因故不克亲身携带执照领取地价，须委托他人。代领者，应先将事由声明，备具委托书，并请该管联保主任、甲长出具证明、切结，加盖章记名章，呈经市、县政府核准，由代领人将业户本人签立之断卖契及原领之土地执照第二联呈验明确，始行给领。

七、各业户如因特殊情形，原已领去地价之一部分者，应予照数扣除。

八、各市、县政府发给地价时间至多以两个月为限期。限由市、县政府决定，分报省政府征收成渝铁路用地委员会查照备查，届满即行结束。由市、县局会同监放员将已发地价数目暨业户所缴土地执照第二联及签立之断卖契造册，送由征收成渝铁路用地委员会查核。至业户逾限未领者，由市、县政府会同征收局布告，酌予展限，于两个月内，自行完备手续领价。每月终结报一次，俟两个月届满，如再有未领者，即将所存未发地价，悉数缴还征收成渝铁路用地委员会核收。

九、各业户所立之断卖契，应由市、县政府、征收局加盖章印信、关防，以昭慎重。

十、各市、县政府办理发给地价事务，所需办公、杂支，或临时雇员缮写各项费用，应樽节开支，造具计算书，连同粘据送由征收成渝铁路用地委员会核发。但每月至多不得超过一百元，并以两个月为限。

大足、泸县境内铁路经过里程极巨，业户亦少，开支上项费用，无论时间长短如何，统以一百元为限。

附(二)原提案

查成渝铁路征用土地共五万一千七百二十九亩七分五厘旧亩(河流六百六十七亩一分七厘旧亩，未在内)。按原案，路局平均每亩以四十五元付价，应共收地价二百三十二万七千八百三十八元七角五仙，除已发迁补费二十七万五千六百四十三元九角六仙，实应收地价二百零五万二千一百九十四元七角九仙。依据各县所报地价，共需银三百一十三万八千四百零二元零三仙，尚不敷一百零八万六千二百零七元二角四仙。惟各县所报地价高低不一，未臻平允。拟予分别考核，期符实际价格(仍以各县市价互比之差为原则)。经详加审核，酌将江津、荣昌、隆昌、内江、资中、资阳、简阳、金堂等八县之地价，总共核减五十四万二千八百元，计抵不敷。现在征地事务大体就绪，所有业户等应领地价，亟待发给。兹拟定甲、乙两项办法如次：

(甲)按价发给办法

1. 不敷之地价六十万元，拟由省库拨充足额发给。

2.不敷之地价,拟就省府所占股本内,转让六十万元于被征土地业主较富者(其所领地价不足五元者,仍发现金)。

3.发行地价券六十万元,分五年还清。每年于省预算内列支十二万元,以业户之较富者配发地价券。

(乙)折扣发给办法

1.全数二百六十万元以七五折发给(按七五折实发一百九十五万元)。

2.全数八折发给(拟先发现已动工之巴县、江津两县,共八十万。其余一百二十万元,交银行息满一年即可弥补)。

3.分别折扣发给较富之业户,应领地价定为六十万,以五折发给三十万元;其余地价定为二百万元,以九折发给一百八十万元(此种办法恐不无纠纷,调查确实亦可行之)。

以上甲、乙两项办法,应以何项为宜,敬请公决。

附①:核减原报地价之理由

(一)铁路征地比较普通,购地之面积增加,因征地丈量面积,系由塍、道路、坟墓、杂地、河流等包括在内,其面积加增,对于地价,自应酌减。

(二)征用土地附着物,已另给予迁补费。因征用土地之地价,原系将迁补费包括在内,故将来发给地价,似应酌将已发之迁补费除去。

(三)铁路征地太半为全业之一部,按普通购地之地价,系将地上建筑物及农作物一并计算在内。今各县办事处以普通地价列报。而铁路征地只征其一部分,其实在地价自应较少于普通之市价,故予酌减。

(四)抗战期间财政支绌,此项关系后防交通之重要工程,亟应努力共举。今为收支适合计,故特予削减。

附(三):财厅签呈

案奉发下民、建厅及本厅会拟核减成渝铁路征用土地地价办法,饬重审。等因。查成渝铁路征用土地,每亩原定给价四十五元。衡诸江津、荣昌等县实际地价,当不仅此。换言之,即使每亩四十五元价全部给现,被征用土地各业主已蒙受若干损失。原提案所拟甲、乙两项办法,其甲项第一、二两款及乙项折扣发给办法,恐均难以实行。因不敷六十万元,全部发现,目前省库无力负担。作为股本转让被征用土地业主,必为业主所反对。至折扣办法,业主既难接受,于理似亦失公允。兹拟采原提案甲项第三款办法,发行地价券六十万元,分五年偿清。自下年度起,每年于省预算列支十二万元。如认限稍远,分为三年还清,亦无不可。似此,省库负担不致发生大影响,各业主谅亦乐于接受。是否有当,仍请提付省务会议公决。

  谨呈
主席

财政厅长 刘航琛

省务会议决议:

  查成渝铁路征用土地每亩价格,既经路局决定,平均以四十五元计算,合计总数比较各县所报地价,实不敷一百零八万余元。应由民、财、建三厅会同主持,照各县所报地价,一律以八折计算发给。如路局所拟之款,八折发给时,尚有不敷,准在省库内照数补足。

7. 川滇铁路公司为请注册并恳转咨经济部登记呈(1940年6月22日)

理字第□□□□号

呈为遵章呈请注册,并恳转咨经济部登记给照事。

窃本公司于民国廿六年十二月,由前铁道部拟具特许组织条例,提请行政院第三四二次会议修正通过,送经最高国防会议议决,准予照办。复经钧部查照条例,会同四川、云南两省政府,指定张嘉璈等为理事,韦以黻等为监事,并决定设立总公司于昆明。廿七年十月二日,齐集昆明,开成立会议,议决理事会章程十四条,呈奉钧部核准备案。在案。兹遵照特许条例第十二条,备具文件,补行呈请俯准注册,并恳俯赐转咨经济部登记给照,实为德便。

  谨呈
交通部

  附呈:一、国民政府特许川滇铁路公司条例一份〈略〉;

  二、川滇铁路公司理事会章程一份;

三、理事监事名单二份；

四、川滇铁路公司理监事第一次会议纪录二份；

五、登记事项表。

国民政府特许川滇铁路公司

理事长　张嘉璈　匡重强印

理　事　徐　济　萨福均

　　　　曾养甫　徐　堪

　　　　缪嘉铭　龚自知

　　　　何北衡

常务理事　陆崇仁　甘绩镛

当然理事　沈　昌

监　事　韦以黻　张邦翰

　　　　　　　　潘昌猷

附（一）：

川滇铁路公司理事会章程

第一条　本章程依据川滇铁路公司组织条例第十三条之规定订定之。

第二条　理事会之职掌如左〈下〉：

（一）铁路路线之选定事项；

（二）建筑铁路及兴办其他事业经费之筹措事项；

（三）各项事业营业方针之审定与业务上之监督事项；

（四）各项重要工程计划之审定事项；

（五）重要章则之审定事项；

（六）对外重要契约之商订审核与废止事项；

（七）预决算之核定事项；

（八）盈余之支配事项；

（九）其他公司一切重要事务之核定事项。

第三条　理事会每三个月开常会一次，并得开临时会，均由理事长召集之。

理事会因理事五人以上之提议,亦得开临时会。

第四条　理事会开会时,由理事长主席,理事长缺席时,由常务理事中互推一人为临时主席。

第五条　理事会非有理事过半数以上出席,不得开会。

理事会之决议,应有出席人三分之二以上之同意行之。

第六条　公司设总经理处,依照公司条例第十一条之规定,设总经理一人。总经理承理事长、常务理事之命,处理公司一切事务,并执行理事会之议决案。

协理辅助总经理处理事务。

第七条　总经理处分左〈下〉列四课:

(一)人事课　掌公司及附属机关员工之进退、薪级、考绩、奖惩、养恤、教育、训练暨有关员工之公益事项。

(二)理财课　掌公司款项之支配、保管,债务之募集偿还,土地之收买处分,股票之登记及股息之支付事项。

(三)材料课　掌材料之采购、分配、稽核及运输事项。

(四)业务课　掌沿线经济之调查,运价之规定,运输之管理,机车车辆之设计、修制、调度、联运暨其他业务事项。

第八条　总经理处设秘书三人,办理机要及不属于各课事项,并掌理事会之记录事项。

第九条　总经理处经理事会之议决,得聘用专门委员。

第十条　总经理处之员额及任用办法,由总经理拟定,提请理事会核定之。

第十一条　公司事务应提出理事会讨论者,由总经理处编制议案,提请理事会讨论之。

第十二条　公司于工程时期设置工程局,分段办理工程事务,其组织另定之。

第十三条　本章程如有未尽事宜,得由理事会议决增订或修正之。

第十四条　本章程自公布日施行。

附(二)：
川滇铁路公司理监事名单
理事

张嘉璈　重庆交通部；徐济　重庆交通部；萨福均　昆明叙昆铁路工程局；曾养甫　昆明滇缅铁路督办公署；徐堪　重庆财政部；缪嘉铭　昆明富滇新银行；龚自知　昆明云南省教育厅；何北衡　成都四川省政府。

常务理事

陆崇仁　昆明云南省财政厅；

甘绩镛　成都四川省财政厅。

当然理事

沈　昌　昆明川滇铁路公司监事

监事

韦以黻　重庆交通部技监室；

张邦翰　昆明云南省建设厅；

潘昌猷　成都四川省政府

附(三)：
川滇铁路公司第一次理监事联席会议纪录

地点　昆明云南省政府招待处

时间二　十七年十月二日下午五时

出席人　员张嘉璈、陆崇仁、龚自知、何北衡、张邦翰、甘绩镛、徐堪(陈行代)、萨福均、沈昌。

记录　吴鹏、茅以元。

一、开会如仪。

二、报告事项：

(1)张部长嘉璈报告

查川滇铁路公司原拟建筑贵阳至昆明铁路，嗣以川省希望先筑叙昆一段，云南省政府龙主席亦表赞同，故改变计划。

川滇铁路公司之章程，完全仿照湘桂铁路公司之章程而规定。湘桂铁路因有理事会之设置,中央与地方政府与人民深切合作,进行之速,实开吾国铁路历史之先例。故川滇铁路公司理事会之组织,完全取法于湘桂铁路。

理事会本当早日成立,所以迁延至今者,一则以各理事、监事散处各省,召集匪易;一则以修筑铁路踏勘及测量当在先也。现以测量将次完竣,即须开工,故于今日召开第一次联席会议。

川滇铁路本以叙昆为干线,嗣以抗战环境之推演,国际交通为急,遂转而注意滇缅。以海口而言,则滇缅当先,以川省出路而言,则叙昆未可或后,终得委座同意,就事实之需要,两段同时并进。两段国内外工料所需,叙昆约国币八千万元,滇缅约共一万万元至一万万一千万元,业经中央政府通过。并以中央建设专款,按月拨助,自上月起,已开始拨款。铁路建设专款之巨,仅次于军费,可见中央对于本路之重视及期望之迫切。

材料方面,滇缅段在本年一月即已向英国之中英公司接洽借款,嗣以该公司无意投资,遂又向另一公司进行。该公司与英缅当局接洽,渐有端绪,而中英公司又有自愿投资之表示。现时外交方面已无问题,正在进行之中。至于叙昆一段,法国亦有投资之意,但以种种关系,叙昆一段当尽量利用本国资金,如能不向一国单独举债,最为盼望。

叙昆、滇缅两段,均经决定采用窄轨,其理由即以路线所经多系边区山地,标准轨距费用浩大,滇越及缅甸铁路均系窄轨,吾国现时状况急欲觅得海口,如轨距不同,将来货运转车,诸多不便。且运输量不大,尚无修筑标准轨距之必要,如将来货运发达,路有盈利,可以以赚得补偿价值时,则移此窄轨,改为他用,改修宽轨,亦未尝不能办到。说者以全国铁路皆用标准轨距,独此采用窄轨,有失同轨之义,且提出种种不合经济原理之点,实亦未尝顾及本国财力及事实需要,无足置辩。

理事会设有总经理一席,其职责为两段款项材料之支配及叙昆段工作人员之甄用考核。

理事会之重要使命,在于联络两路,而随时加以指导。又交通部因两路局均在昆明,原拟在昆明设立办事处,兹以理事会在昆设立,故交通部即以滇缅路委托理事会代为照管。

理事会筹备情形及两路进行状况,略如上述,还请出席诸君予以指教。

(2)张部长宣请本公司条例(见附件一)。

(3)张部长宣读理监事名单(见附件二)。

(4)萨局长福均报告工作进行情形。

福均自本年六月奉派来昆兼办滇缅铁路,当即在汉组织测量队两队,于七月初由汉出发,并选定内部少数工作人员,于七月中由汉出发。交通不便,经月始到,迄八月二十二日始正式开始办公。

月余以来之工作,可分为二部分:局内部分最重要者,因本路采用窄轨,所有各种建筑标准,均须重新规定。又工事方面,各种格式报告亦须逐件准备,现已大致就绪。仪器工具等,亦在调查购置中。路线部分之本路分为东西二段,东段自昆明至清华洞,西段自清华洞至缅边,西段路线在民国二十五年,曾由本省公路局段技监缉攻、个碧石铁路吴工程司〔师〕融清勘明,只有一线可以通行,故即可就此线出发测量。东段有二线,一为山沟线(即南线),一为山脉线(即北线),两线各有优劣。南线之优点,为坡度较坦,平均为百分之二,而所经多为边僻之区,居民稀少,物产不丰,交通不便,现时之施工,将来之运输,均无足取。北线之优点,大致与公路并行,除有一部分因铁路须绕越峻岭,与公路须隔离外,仍回转于公路附近。所经多属较为富庶之区,将来施工时转运材料,供给工食,均有相当之便利。路成时,亦可有运输上之收益。惟坡度较陡,平均为2.30%。几经研究,结果拟采用北线,惟自楚雄以西,似尚有经过姚安之一线可资比较。现又派踏勘队前往踏勘,俟得结果,再行决定。

为迅赴事功起见,昆明至禄丰一段,拟即进行,昆明城外与滇越铁路之联络线,下月即可开工。

西段在祥云设一工程处,负责西段工程。该工程处本拟设在云县,惟以云县太僻,暂时设在祥云,俟开工时再行移往云县。

西段现有测量队四队,三队由东向西测量,其第四队乘卡车绕道缅甸转回国境,由西向东测量,前以气候关系,未能深入缅边。又以筹备费时,进行稍缓。现已出发在途,将来测量完竣,即拟由缅边向东先行开工一小段,表示修筑此路之诚意,以引起缅甸兴筑该国境内未完成百数十公里之决心。

(5)沈局长报告工作进行情形

昌奉命兼办叙昆铁路工程,实以本路急于开工,部长一时无相当人选,令昌暂膺此职,自维非材难胜重任。当请部长另选贤员,同时并请派吴益铭、吴祥骐两君分任两副局长。吴益铭君于民国初年考究奥汉线路,任工程司〔师〕,积资递升至津浦铁路工务处长。在处长职十余年,多所建树,前后任铁路职务近三十年。吴祥骐君近年建筑浙赣铁路,任总段长,成绩卓著。旋升任湘桂铁路衡桂段副处长,两路完成,吴君之力为多。两君皆为铁路特出人材,学验俱深,堪助昌力之所不及,遂敢当此重任。

本路共有三线:(一)中线经昭通;(二)西线沿金沙江而行;(三)东线接近黔省。几经踏勘,以如能接近西康,确有经济价值,但太偏西,不能兼顾贵阳。中线最短,但昭通高原经过不易,且工程较为困难,现决定采用由昆明经曲靖、宣威以达贵州之威宁,转而向西至大湾子,以入西线之一部分而至叙府,共计总长不满八百公里。将来筑一支线,接通贵阳,实可贯通三省。现时拟成立七个测量队,第一、三两队已开始工作。所以先第三队而后第二队者,因第三队所经区域有二比较线,须先将比较线选定,再着手详测,故需时较多也。第一总段并已成立,昆明至曲靖间拟在本年十二月初开工,明年五月可以完成。曲靖至威宁间,后年五月完成。

至此,甘理事绩镛问:威宁以上至叙府何时开工,约何时可完成。

沈局长答:威宁以上明年三月同时开工,三十年三月可以完成。本路备有工程进行表,请指教。

张监事邦翰:现时两段路线几经研究,为应时势之需要,业经决定,自无异议。惟川滇铁路前经刘总工程司〔师〕宗涛踏勘金沙江之一线,开发云南,沟通西康,确有价值,尚望中央对于开发云南之一点,于时局平定之后,加以注意。又窄轨问题,邦翰曾与各方研讨,亦认为现无修筑标准轨距之必要。即以滇越铁路而论,运输量每日不过开行一二列车,如运输增加,每日即加开数列车,亦属可能,故修筑窄轨,实已不成问题。

三、讨论事项〈略〉

附(四)：

川滇铁路公司登记事项表

所营事业	一、经铁道部核准，先行建筑及经营自昆明至叙府之铁路干线及展长线暨其他应需之支线。 二、经铁道部核准建筑及经营其他铁路路线。 三、除前两款及经营铁道附属事业外，并得兼营铁路沿线其他附带有关事业，但须经铁道部及其他事业主管机关之核准。
资本总额及股份总额	资本总额国币二千万元，分为二十万股。
每股金额	每股国币一百元。
本支店所在地	公司本店设昆明，支店设立经营事业各地方。
公告方法	由川滇铁路公司总经理处函电公告之。

	姓名	住所	姓名	住所
理事姓名住所	张嘉璈	重庆交通部	徐济	重庆交通部
	萨福均	昆明叙昆铁路工程局	曾养甫	昆明滇缅铁路督办署
	徐堪	重庆财政部	缪嘉铭	昆明富滇新银行
	龚自知	昆明云南省教育厅	何北衡	成都四川省政府
	陆崇仁	昆明云南省政府财政厅	甘绩镛	成都四川省政府
	沈昌	昆明川滇铁路公司		
监事姓名住所	韦以黻	重庆交通部技监室	张邦翰	昆明云南省政府建设厅
	潘昌猷	成都四川省政府		

中华民国廿九年六月　日

（原件存中国第二历史档案馆）

8. 川滇铁路公司股东暨已缴银数清单表（1943年4月26日）[①]

股东姓名	所认股数	每股银数	共计银数	已缴银数
交通部	十万股	一百元	一千万元	一千万元
四川省政府	五万股	一百元	五百万元	一百三十万元
云南省政府	五万股	一百元	五百万元	二百万元

附注：（1）历年库拨建设专款及由部路拨交之机件材料等项合计已达一万万零五百余万元，除应缴股款一千万元外，其溢数暂作为政府垫款。

（原件存中国第二历史档案馆）

---

① 系交通部发文时间。

(三)航运、航空

航　运

1. 四川省政府与水利会商定测量川江水道办法(1938年2月)

关于川省水道测量，前经扬子江水利委员会与四川省政府商定办法，协同办理。就宜渝水道，先从渝万段开始进行，以便改良航运。其办法大要如左〈下〉：

一、期于一年内完成；

二、由水利委员会担任者：

(一)队长暨测量员共九人，测夫二十八人；

(二)各项测量仪器；

(三)开办费17000元；

(四)测队经常费用每月3000元。

三、由四川省政府担任而归水利委员会调用者：

(一)测轮□只；

(二)平底小划船两只；

(三)船舶管理及煤费每月1250元；

(四)航路指示人员一人；

(五)地方协助人员一人。自本年二月份起，即由省府按月拨款1250元，汇交水利委员会转发应用；测轮及划船均由川江航务管理处拨交应用；航路指示员，由建设厅函请民生公司派熟悉航路人员协同担任。其他地方协助人员，由沿江之巴、江、长、涪、丰、忠、万、云、奉、巫等县政府，于测队到县施测时，派员随同协助一切。省府已于二月三日分别令饬川江航务管理处及江、巴等县政府遵照办理。

(载于民国二十七年二月《四川月报》第十二卷第二期)

2. 国民政府军事委员会保护航运致四川省政府训令(1938年7月15日)

令四川省政府：

案据交通部转据华中内河航运业联营局呈称：窃商局奉准设立，专以维持内河交通，疏运货物为职旨。业经租定客货轮船，拖驳百数十艘，先就鄂、湘、赣、川各主要航线，分别开航。拟请通令各地军政机关，一体保护；并颁发布告，张贴各轮埠，勿得任意封扣船只，强迫搭乘载货，不给票价运费，以维营业，而畅轮运。等情。查抗战时期，后方秩序、人口疏散、货物流畅，端赖交通维持。该局甫经成立，运输频繁，所有行船安全营业、秩序等，自应加意保护。据呈前情，除准如所请，颁发布告，转发张贴各轮埠，并通令各地军警机关一体保护外，合行令仰该省府遵照，并转饬所属遵照为要。

此令！

委员长 蒋中正

3. 沈绳一撰四川合众轮船股份有限公司调查报告(1944年3月)

一、沿革

四川合众轮船股份有限公司，系于民国二十五年二月间，由前招商局快利轮业务主任钟孟甫，宜宾中国银行业务主任孙尊山等发起，集资国币七万元，开始筹备组织，同时派员去上海订购船只。十月间，一切筹备就绪，所购船只亦驶抵渝，即正式营业。总公司设重庆，股本改增至十二万元，全为商股，每股一百元，共一千二百股。廿八年始购置重庆白象街六十七号地基，建造总公司办公室。廿九年被炸，乃改建平房十余间。复在宜宾设分公司，泸县设办事处，并于江津、白沙、合江、江安、南溪、李庄、嘉定等地，设立代办处，业务颇称发达。近来因船用五金材料之来源断绝，价格飞涨，公司成本增加，亏累颇多。

二、资本

甲、资金 初创时基金为国币七万元,逐年增加,廿五年底增资至十二万元,廿七年三十万元,三十年六十万元,卅一年一百万,卅二年底资金共增至二百万元。

乙、借贷 以承兑汇票向四川省银行贷借四十万元,至本年二月间到期。前年为修理长虹轮,曾向四联总处申请贷款五十万元,经核准但未订约支用。

三、人事与组织

该公司组织,系属股份有限公司,公司董监事会下,设总经理、协理、经理、副理各一人,襄理二人,宜宾设分公司,泸县设办事处。公司内部分总务、业务、会计三处,下更分股,办理日常事务。

全公司职员约一百余人,工友约三百八十余人,其大部职工,均曾在民生公司服务者。

关于职工待遇,技术人员较业务人员为高,以卅三年一月份而论,最高薪津为八千元,最低为五百元,平均为四千二百余元。

其组织系统如下:〈略〉

四、业务状况

甲、建筑 该公司设在重庆白象街六十七号,购置广约三十方丈土地一方,自建平房十余间,总公司办公用,地价十五万元。另凿有防空洞一座。宜宾分公司房屋,系租赁性质,每月租金三千元。码头计有二处,一在重庆太平门外滩盘,一在泸州,二处约值八万元。

乙、船舶 该公司初创时,在沪购长虹轮一艘,开始营业,以后逐渐添购,迄今已有九艘。兹分列以后:

船名	建造时间	船身英尺度 长	船身英尺度 宽	船身英尺度 吃水	速度 海里	马力 (匹)	购进年月	种类	购进价 (元)	吨位 (吨)	搭客数 (人)	航线	备注
长虹	1923	125	20	13	12	80	1936	客货	30000	147	100	渝万叙嘉	不定期
长远	1928	78	15	7.5	10	35	1938	客船	40000	15	100	渝李	定期短航
长源	1928	78	15	7.5	10	35	1938	客船	40000	15	100	泸蓝	渡江渡轮

续表

船名	建造时间	船身英尺度 长	宽	吃水	速度 海里	马力（匹）	购进年月	种类	购进价（元）	吨位（吨）	搭客数（人）	航线	备注
长丰	1926	100	14	8	12	65	1939	客货	45000	19	120	渝津	定期短航
长宁	1926	80	13	6	10	35	1939	客船	45000	25	120	叙南	定期短航
长天	1907	89	14	5	10	40	1940	客货	80000	50	100	万渝叙嘉	不定期
长乐	1907	92	18	6	11	60	1940	客船	80000	25	100	渝渔	定期短航
长春	1930	90	17	7	11	60	1941		200000	66	200	渝渔	定期短航
长寿							1943		800000	60		未定	卅二年购进，刻修理中

　　全部船只吨位甚小，且大部陈旧，不适于长航线。以最新之长春轮而论，亦在十年以上，长天、长乐两轮，均已超过三十年，因此各船之用煤、用油，均极耗损。目前航行中之船只计八艘（去年曾购进长寿轮，刻正在修理机器锅炉，故目前尚未加入航行），其中以长虹、长天两轮较为优秀，可搭客载货，公司依赖甚重，收入亦最丰。惟长虹轮于卅一年初曾失吉一次，虽经修理，但航运力已大减。公司全部船只购价约一百余万元，总吨位合计约四百二十二吨。

　　除船舶设备外，公司在太平门外滩盘码头设有大型囤船一只，泸县中型囤船一只，渔洞溪、李家沱小型囤船各一只。

　　丙、航线　该公司航线现大部为短航，除长虹、长天两轮，视水位情形，走航渝、万、叙、嘉间，其余尽为短航。兹分述如下：

　　一、渝万叙嘉线　该线在洪水时，派长天、长虹两轮航行，货客并重，收入最丰，几占各轮全部收入之半。盖此路接运叙昆路货物颇多，每间二日叙渝各开一班，上水四日，下水二日。

　　二、渝渔线　全为客运，其他公司并无定期船只航行。该公司独占营运，客运颇盛。长乐、长春两轮定期走航，每日渝渔各开三班，上水四小时，下水二小时。

三、渝李线亦全为客运，长远轮定期航驶，每日渝李各开三班，上水约二小时，下水约一小时。

四、渝津线长丰轮每日上下水一次，客货并重，上水六小时，下水三小时。

五、叙南线为叙府至南溪，每日叙南来回一班，上水四小时，下水二小时，由长宁轮航行。

六、泸蓝线泸州渡长江至对岸蓝田坝，系轮渡性质，由长源轮航行。

丁、营业情形该公司业务以客运为主，货运居次，总计客货二项收入，占总收入百分之八十以上，其他则为货栈码头及代理报关等收入。本年度上期结束代办鄂省建厅之建夏等四轮业务。关于支出项目，计航运费（包括船上职工薪津及油煤各费）、管理费（包括公司职工薪津伙食及杂项用费）。兹就公司卅二年六月至十月间收入、支出，比较如下：

六月份总收入共二百五十六万余元，总支出二百一十六万余元，计盈余卅九万元。

七月份总收入共二百六十一万余元，总支出二百一十四余万元，计盈余四十六万余元。

八月份总收入二百四十六万余元，总支出一百九十余万元，计盈五十六万余元，盈余达最高纪录。

九月份收入大减，计一百卅八万余元，支出反遽增，计二百五十六万余元，该月份计亏一百一十九万余元。其主要原因，一为物价之波动，一为长江水位逐渐下降，班期减少。

十月份收入计二百〇四万余元，支出二百四十一万余元，仍亏卅六万余元。

依目前推测，航运成本日增，而运费未能依物价随时调整，以运价而论，该公司低于轮渡公司凡三倍。以渝渔线为例，重庆至渔洞溪航四小时，票价五十元，即每小时之运价为十二元五角，而轮渡来回一次，约十五分钟，票价来去共十元，即每小时可收入四十元。兼之有时船舶之被征调，收入更属有限。且各轮年代已久，须不时修理，是故运务虽尚称发达，而收支相差颇有亏累。附六月份至十月份收支一览表〈略〉。

五、财务情形

该公司财务情形,调查时结账至十一月底止,兹陈述如下:

资产部分

(一)该公司十一月底止之资产总额数为七百廿三万余元。其中固定资产五百余万元,占资产总额69.27%;流动资产六十八万余元,占资产总额9.46%;其他资产共一百五十三万余元,占资产总额21.27%。

(二)固定资产中,以二百四十四万余元之材料备件费数目为最大。其中大部分为五金器材,间有少数燃料费,系于去年中逐渐购存,尚不敷一年之用。其次船舶,计一百廿四万余元,房地产七十二万余元。此二项为原购价,且已减去折旧准备,数目似属确实。投资五十五万元,计有全泰机器造船厂卅五万元,宜民煤矿公司廿万元,其他之各项设备、器物、工具及存出保证金,总计不过三万九千余元。

(三)流动资产中,以暂记款项五十八万为最大,其他现金客户往来合计只十万余元。

(四)其他资产中,往来款项计九十余万元,职工往来五十四万余元,其他有价证券、预付款项等,合计八万余元。

负债部分

(一)股本二百万元,公积金四万四千余元,占总额28.27%。

(二)各项负债计七百〇一万余元,占总额96.96%,不可谓不巨。惟其中各项准备、摊付亦相当充足,计二百一十四万余元。借人款项,除向四川省银行以承兑汇票贷借四十万元外(本年二月到期),其余四百余万元,据该公司副理宓如清称,为私人高利贷借款。

(三)盈亏十月份止,亏损一百卅一万余元;十一月份止,亏损二百六十九万余元。附该公司十一月卅日资负表〈略〉。

六、调查意见

关于人事组织:该公司各主要部分负责人,前均曾在民生公司任事,富于航业经验,且皆抱有事业心,人事颇为洽调。

关于设备:该公司航线中沿途各主要码头,均自备有囤船,以便旅客上下,殊称便利。惟公司所有船舶九艘,大都均已逾龄,常需修理。处今船用材料奇缺之际,一旦存料用尽,问题似较严重矣。

关于业务:川江重庆附近短程航运业务,大部为该公司独营,是故航运业务发达,但航运成本与运价之比较,相差颇巨,以致入不敷出。

关于财务:财务处理,尚称稳健,惟运用资金用于购备材料、设备及提摊各项准备颇多,现金周转欠灵。

（原件存中国第二历史档案馆）

4. 四川省内河船只统计表(1945年6月底止)

民国三十四年六月底止

航线别		轮船		帆船艘数		
干流	支流	艘数	公吨数	共计	12～24公吨	24公吨以上
总计		173	45402.00	10456	7504	2961
长江下游		134	40170.26	1006	720	286
	大宁河	—	—	40	40	
	东壤河	—	—	120	120	
	小江	—	—	30	30	
长江上游		16	2823.31	400	270	130
	綦江	—	—	520	500	20
	赤水河	—	—	110	100	10
	永宁河	—	—	110	100	10
	长宁	—	—	110	100	10
黔江		—	—	400	200	200
	唐岩河	—	—	30	30	—
	郁江	—	—	60	60	
嘉陵江		7	392.27	854	624	230
	东河	—	—	1000	1000	—
	白水河	—	—	60	60	
	□阳河	—	—	50	50	
渠江		—	—	230	200	30
	通江	—	—	130	130	—

续表

航线别		轮船		帆船艘数		
	前江	—	—	180	180	—
	后江	—	—	120	120	—
	南江	—	—	280	280	—
涪江		2	70.37	330	300	30
	罗江	—	—	140	140	—
	茶坪河	—	—	60	60	—
沱江		1	37.68	1300	1000	300
	井河	—	—	1620	—	1620
	球溪河	—	—	70	60	10
岷江		13	1908.11	1060	1000	60
金沙江		—	—	45	30	15

5. 四川省内河航线里程统计表（1945年6月底止）

航线别		里程(公里)	
干流	支流	轮船	木船
总计		1112	6493
长江下流		481	581
	大宁河	—	62
	东壤河	—	56
	小江	—	72
长江上流		372	431
	綦江	—	225
	赤水河	—	80
	永宁河	—	120
	长宁河	—	67
	符黑水	—	59
黔江		—	275
	唐岩河	—	68
	郁江	—	45
嘉陵江		97	919
	东河	—	111

续表

航 线 别		里 程(公里)	
渠江	白水河	—	150
		—	457
	通江	—	101
	前江	—	92
	后江	—	120
	南江	—	138
涪江		—	648
	梓潼	—	80
	罗河	—	81
	茶坪河	—	60
沱江		—	483
	井河	—	160
	球溪河	—	49
岷江		162	339
	大渡河	—	70
	青衣河	—	140
	南河	—	55
金沙江		—	99

材料来源:根据水上警察局造送材料编制。

航 空

1. 川康绥靖公署令成渝两地设防空指挥部(1937年8月)

川康绥署刘湘主任,顷以中日大战爆发,敌机四处滋扰,成渝两地,应即成立防空指挥,已函省府查照办理。办法:

一、成渝两市,为川省政治、文化、军事、经济重心所在,基于目前紧张之事态,应即日分另成立防空指挥部,以资防范。

二、成都指挥部,由保安队、警备部、市政府、特务团、宪兵、航协会组织之;渝市由警备部、航务处、市政府、宪兵团、警察局等机关组织而成。

三、基于可以办到之经济环境,作如下准备:

甲:高射炮队,将川东各军高身枪炮集中成、渝,由保安团部指挥应战。

乙、高身机关枪，照前项办法办理。

丙、设防空监视哨。

丁、设听音机。

戊、实行烟火管制。

己、消防积极整理。

庚、设防空情报网。

辛、工务队。

四、所有军事机关工作人员，均应备置防毒面具。

五、目前应从速办理者：

甲、将日寇各种飞机制版印册，并将其性能详细说明给各情报人员及市民，以免误报、误认，扰乱民心。

乙、准备防空各项器材。

丙、应从速制造简单防毒面具，发给军政工作人员及士兵。

丁、速印发防空、防毒须知，发给市民。

戊、由防协会、保安处、防空科、航建会及绥署派员，共同组织防毒播音讲演会，轮流讲演防空、防毒知识，唤起人民注意。

己、由警察局详细调查市区内之民间地窖及娱乐场数目、容量，所在地避难室。

（载于民国二十六年八月《四川月报》第十一卷第二期）

2. 中航公司增加汉渝渝蓉班次（1937年9月）

中国航空公司长江线航运，自沪战爆发后，沪汉段落即告停航。至汉渝段，仍由水上机每周按班飞行，来去各三次。渝蓉段仍由小型机每周按班飞行，来去各四次。现该公司为使得后方交通起见，新定自九月二日起，汉渝、渝蓉两段，均增加班次，每日各对飞一次。除渝蓉段仍用小型机逐日飞行外，汉渝段每逢星期一四两日，则用福特机由渝飞汉，当时返渝。其余各日，均由水上机对飞。

（载于民国二十六年九月《四川月报》第十一卷第三期）

3. 中航公司渝嘉线试航成功(1938年4月)

中航公司于三月二十七日,天候晴朗之际,即派福建号机由渝沿长江上飞,经宜宾转岷江,直达嘉定,约一小时即达。该机抵嘉后,略事休息,随即依原线飞渝。此次试航,业已成功,刻该公司正准备一切开航事宜。

又,四月二十日晚,大风雨之际,该公司在渝飞机颇受损失,刻正积极修理中。

(载于民国二十七年三、四月《四川月报》第十二卷第三、四期)

4. 渝嘉线开航(1938年5月)

中航公司为发展后方交通,特开渝嘉航线,业已试航成功。原定五月十六日正式开航,惟因筹备未妥,临时又宣告展期,二十日始正式开航。为策安全起见,先仅载运邮件。两礼拜后,方能搭客。以后规定每礼拜一、五,航行两次,系当天来回。泸州、宜宾、嘉定,均设有办事处。其经理人,宜宾为郑人杰;嘉定为邝芸基;泸州为陆中心。客运价值,规定渝泸线为四十元;渝宜线为七十元;渝嘉线为一百元。货运规定渝泸线每公斤四角;渝宜线每公斤七角;渝嘉线每公斤一元。

(载于民国二十七年五、六月《四川月报》第十二卷第五、六期)

5. 欧亚航空公司增加蓉昆汉蓉班次(1938年8月)

欧亚航空公司蓉昆段,自八月六日起增加班次,每周一、三、五由昆飞蓉;二、四、六由蓉飞昆。汉蓉班来去各增一班,星期六由蓉开汉,星期日由汉开蓉。

(载于民国二十七年七、八月《四川月报》第十三卷第一、二期)

6. 军事委员会运输会议关于空运终点扩至宜宾案已获美方同意并请着手筹办代电(1943年6月3日)

交通部公鉴：

密。查空运终点扩增至宜宾一案，经根据可以中航机之一部分先行试办之原则，提向史迪威将军交涉去后。现准美军总部本年五月十七日第一四四号备忘录答复同意，并提出条件四项前来。除分行航委会等各机关从速准备各项有关事宜外，至该备忘录所提四项中主要问题，即须修订合约。相应抄同总长致史迪威将军统机字第五七五号原函及美军部备忘录中英文本各一件电达查照，迅为洽办，俾期及早实施。并希将办理情形随时见复为荷。

军事委员会运输会议。巳（江）。统优。

附抄件三份〈英文本略〉。

附(一)何应钦致史迪威将军函

外事局转史迪威将军勋鉴：

中印空运航线，原规定自定疆至昆明，惟自滇缅陆路运输阻断后，所有车辆之补充，及汽油来源，均告陷于绝境。是以由印运存昆明或其附近之物资，因国内接运工具与燃料两感缺乏，泰半不能迅速运至各使用地点，似仍不能达成陆运断绝后以空运补给之低限要求，而同时有失贵国尽量协助之美意。

查宜宾机场，位于长江上游，水运力量甚强，并能直达泸州及重庆。现我政府各物资机关多数希望，能将空运终点扩增至宜宾，俾得利用水运接转，确较昆明经济便利。但敝方并曾慎重考虑，其如机场之设备与运输机之性能，是否适用胜任，兹经研讨，结果如下：

A. 航空委员会及中国航空公司调查报告：

(1)终点扩增至宜宾后，可缩短国内陆地运程千余公里，藉可减少接运工具与燃料两缺之困难。

(2)机场现有设备，如用中航DC—3运输机之一部分先行试办，可资利用，其应如何加强或改善，则须飞行二十次至二十五次以后，再为断定。

(3)定昆间航程为500英里，定宜间航程为576英里，来回汽油，均可携带,飞行时间多飞一小时。盖遇天气晴朗时,由定飞昆之航机,为避免敌机活动范围,常偏北飞行,几与定宜航程时间相等。

B. 进行试办之拟议及准备

(1)将中航公司现在走昆间飞航租借法案项下运输机,拨出五架,先行试行宜宾。

(2)试运优先物资,规定先运兵工原料,次及空军器材。

(3)回空出口物资,由资源委员会及贸易委员会准备利用。

(4)地面通讯、仓库接转以及飞行员等之各项必要设施,由航委会、中航公司、交通部等分别负责准备。

(5)如试办成果良好,则再将机场逐次增强,扩充航机数额。

上项建议,业经呈奉委座核准在案。除由商局长震亲向贵方提出商洽外,特再函请惠予派员正式洽办,见复为荷。并颂勋绥。

何○○启

五月日

附(二)英文抄件〈略〉

附(三)美军驻中缅印军总部备忘录

美军字第一四四号

美国驻中缅印军总部一九四三年五月十七日备忘录

主题:复关于筹设宜宾空运站事。

送致:何总长

前奉军事委员会运输会议五月八日统机第○五七五号大函,关于拟在宜宾设立空运站一节,敝方已加缜密之考虑。

敝部深知此事对于贵国在国内转运物资方面,可增若干便利,同时亦可节省一部分陆运,而资源委员会及贸易委员会在此种内地转运站成立后,于出口运输上亦可获得极多便利。

倘此项试航成功,则可筹设通达宜宾之永久空运线,其办法可拨用现与我方订立合同之中航公司运输机,并按下列之条件:

一、凡航行宜宾之飞机,不在敝部与中航公司所订合同范围之内。

二、美军供应处对于中国国防物资供应公司、世界贸易公司,及其他以宜宾为目的地之中国物资,于阿萨姆移交中航公司飞机之后,其责任即行终止。至在宜宾站一切有关管理、储藏及记录事项,应悉由贵国政府负责办理。

三、来华飞机所需油料,除机翼油箱所贮者外,其余应由贵国供给。

四、请将实施此计划所需之飞机号码,通知敝部。至现行合同,则由两方协议修订之。

以上各条,谅能与贵国政府对于此事之期望相符也。

贺　安谨启

(原件存中国第二历史档案馆)

(四)电讯

1. 四川省建设厅关于非常时期扩充本省乡村电话线路提案(1937年8月17日)

(一)省务会议决议:

一、原则通过。

二、所需经费由各县自行拟具办法呈核。

三、所需器材由建设厅统筹购办。

(二)建设厅提案

案由:

案查本府上年春间,遵照中央电航会议决议,筹备非常时期本省讯息交通之联络及遭遇破坏时补救诸事。近复迭奉军委会、行政院密令严催。值此战争爆发,国难益深之际,讯息交通于军事、政治关系至为密切。查本省乡村电话线路,虽已纵横密布,但各县与各县间;县与各区专署间及各专署相互间,尚乏直达专线之架设。致传达讯息仍不灵敏,亟应早为沟通,以供使用,而免贻误事机。

办法〈略〉

上述各直达专线,拟划出若干重要区域,责成该区内专署统筹办理,限期完成。所需经费,在各该专署辖县二十六年度核定电话工程经费预算内开支。其不足之数，即动支各该县地方预算总预备费。是否可行，相应提请公决。

建设厅长何北衡　二十六年八月

2. 四川省建设厅关于增设无线电分台提案（1940年9月10日）

（一）省务会议决议：

准照办。材料由建设厅先行定购。预算交财政厅会计处会核提会。

（二）建设厅提案

查本府前为传达政令迅速敏捷起见，曾经令饬本省无线电台，迅在专员公署驻在地，以及其他重要地区增设无线电分台。兹据该台呈复略称：所有专员公署驻在地，尚有眉山、乐山、永川、资中、绵阳、遂宁、大竹等七县，未设分台。兹拟各予增设一处。此外，如屏山、高县、叙永、綦江、三台、松潘、合川、广安、奉节、阆中等十县，或因地处边陲，传达政令不便，或因位置冲要，政务繁多，或因与已设电台县份相距太远，无法联络。并拟各予增设一处。以上共计增设分台十七处，连同已设之二十三处，共为四十处。如是则全川一百三十余县，平均约三县即有电台一处，基未设电台之县份，尽可利用有线电话，转递于邻近电台，或由电台转递于邻近各县，藉以完成全川通讯网之初步业务。至于预算方面，因分台既已加多，则总台事务自亦增繁，故应将经费比例增加，以借实际需用。综计总台应增经常费一万八千四百零六元，特殊经常费二万元，临时费十三万三千零七十五元；分台十七处，经常费四万五千零六十八元，临时费二万五千五百元，共需经临费二十四万二千零四十九元。各项用途，均在预算书备注栏内详细说明，恳予核示。等情。并赍附预算书前来，是否可行？理合抄同原预算书，提请公决。

附抄原预算书一份〈略〉

提案人：委员兼建设厅长陈筑山
九月□日

3. 四川省第一区行政专署关于双流县整理电话机线致省政府呈(1940年9月23日)

案据双流县政府呈称:案查前奉钧署建字第八八六号训令,饬将全县电话机线克日查修完竣,以利交通,并具报查核,等因。当经转饬职县电话管理所遵办去讫。兹据呈复称:案奉钧府建字第二九六号训令,转奉专署建字第八八六号训令,饬即整修县境电线,等因。兹谨将本县路线情形及拟具整理计划详陈核夺。查本县各电线架线至今已届十三年。架线之初,工作材料希图简便,致处处不合规定,容易发生朽败障碍。架设以后时经十余年,又从未整修,日积月累,拖延至今,形成不可再用之势。所有电杆因系杂木,时间过久,均次第倒折,半用竹竿撑持。所存者,亦朽败不堪,稍有外力牵动,即便倒折、倾斜。所有电线生锈之处甚多,兼之民间购用二十号铁线,赔偿之处不少,每每发生断线。由于电阻加增,以致通话音低。又,各线磁珠、洋钉遗失很多,或只用洋钉钉于活树;或两样均无,绕于电杆及活树者。比比皆是发生漏电。以上各情为本县电话交通之绝大阻碍。每经风雨,即停止通话。近月来,几无日不派工查线。若[不]立为整理,恐将无法继续维系。兹上峰既一再令饬整理,本所责任所在,自应遵办。惟查本所今年核准之路线维持费,全年只五百六十四元。值此电料飞涨之际,对于全县朽败不堪之线路整理,实感不敷。但电话关系本县推动各项要政及防空治安,至为重大。若不立为设法整修,既违功令,复影响抗战。各项,今仅就预算范围内拟就修整计划,请于采用。拟请于线路维持费动支五百元,购磁珠一千颗,钉子二十五斤,七寸平钳一把,脚钩一付,踩板一副,并将本所打洞器具加钢修理。余下者,作工程支消。先将全县所有电杆完全更换,重新勘定端直线路架设。所需电杆,木质以去皮杉柏,长二十二华尺,稍直径三华寸为合格,在民间无价征用,绝不使用其他杂木。所用小工,亦请征用民工。拟以每联保征用民工二人,每日伙食由各联保自行筹集,按日发给,工程完毕为止。俟全县电杆更换完竣后,再为次第上线。所有收线、挂线一切经费,请于本所临时费项下开支。以上整理全线线路计划是否可行,敬请核夺示遵。等情。据此,核尚可行。除指令外，理合据情转请钧署鉴核示遵。谨呈，等情。据此，查现值空袭严重及继续总清查之际，电讯交通关系特别重要，该县府所拟整理电话机线计划，尚属切要。惟电杆木料，仍须按照时值给予，不得无价征用，以免少数人民独任此种损害。除以"呈悉。据呈各情，仰候转请省府核示，另令饬遵"等语指令外，理合具文呈请钧府俯赐鉴核，迅速指令祗遵！

  谨呈

兼理四川省政府主席　蒋

四川省第一区行政督察专员　王思忠

秘书　李昌言　代行

4. 四川省各无线电台发报字数统计表（1940年—1945年6月底）

年　别	省内电报数字	
	次　数	字　数
二九年	31111	2761911
三〇年	113805	7841478
三一年	144974	9680154
三二年	87926	5645535
三三年	77360	4989494
三四年一至六月	38216	2719844

材料来源：根据无线电视台函送材料编制。

说明：四川省各无线电台于二十九年五月成立开始发报。

5. 四川省乡村电话设备统计表（1944年12月）

区县市别	线路里程（公里）	交换机（台）	电话机（架）	区县市别	线路里程（公里）	变换机（台）	电话机（架）
总计	46488.3	484	3635	邛崃	146.0	4	26
成都市	—	—	—	大邑	114.5	3	22
自贡市	—	—	—	彭山	125.0	1	11
第一区共计	2197.5	38	338	洪雅	287.0	2	19
温江	253.0	4	41	夹江	130.0	3	14
成都	271.0	2	22	青神	124.0	1	18

续表

区县市别	线路里程（公里）	交换机（台）	电话机（架）	区县市别	线路里程（公里）	变换机（台）	电话机（架）
华阳	285.0	2	24	丹棱	100.0	1	19
灌县	204.0	7	37	名山	124.0	2	17
新津	120.0	1	11	第五区共计	1464.3	12	112
崇庆	268.0	5	52	乐山	94.8	3	21
新都	132.0	4	30	屏山	275.5	3	15
郫县	102.0	4	29	马边	113.5	1	10
双流	87.0	1	20	峨边	192.5	1	8
彭县	283.5	6	35	雷波	—	—	—
新繁	97.0	1	25	犍为	625.0	2	46
崇宁	95.0	1	12	峨眉	73.0	1	8
第二区共计	3292.5	30	323	沐川	90	1	4
资中	705.0	3	50	第六区共计	3220.5	32	208
资阳	340.0	4	42	宜宾	1089.0	10	82
内江	354.0	6	37	南溪	90.0	3	27
荣县	481.5	6	56	庆符	237.5	3	13
仁寿	485.0	5	29	江安	221.5	3	20
简阳	479.0	3	60	兴文	99.0	1	2
威远	240.5	1	31	珙县	340.0	3	14
井研	207.5	2	18	高县	470.0	3	23
第三区共计	3975.0	77	459	筠连	196.0	3	9
永川	472.5	6	57	长宁	477.5	3	18
巴县	281.0	19	81	第七区共计	3265.5	39	257
江津	619.0	6	53	泸县	1106.5	14	99
江北	653.5	7	71	隆昌	204.0	5	29
合川	323.5	15	56	富顺	1185.0	12	68
荣昌	378.5	5	29	叙永	128.0	2	10
綦江	292.5	5	22	合江	200.0	3	22
大足	400.0	6	37	纳溪	75.0	1	8
璧山	76.0	3	11	古宋	105.0	1	7
铜梁	487.5	5	42	古蔺	262.0	1	14
北碚管理局	—	—	—	第八区共计	3620.0	48	186

续表

区县市别	线路里程（公里）	交换机（台）	电话机（架）	区县市别	线路里程（公里）	变换机（台）	电话机（架）
第四区共计	1431.0	23	175	酉阳	180.0	—	3
眉山	175.5	4	24	陪陵	550.0	14	17
蒲江	105.0	2	15	丰都	730.0	12	64
南川	660.0	9	26	射洪	314.0	5	35
彭水	392.0	3	16	盐亭	286.3	1	28
黔江	195.0	1	15	第十三区共计	2914.8	22	233
秀山	462.0	5	21	绵阳	265.0	2	36
石柱	514.0	4	24	绵竹	422.0	3	36
武隆设治局	—	—	—	广汉	257.3	5	43
第九区共计	6130.0	48	292	安县	383.0	2	17
万县	1116.0	13	45	德阳	323.0	1	20
奉节	549.0	6	28	什邡	374.0	2	16
开县	1282.5	7	50	金堂	305.5	3	33
忠县	402.5	6	50	梓潼	224.0	2	13
巫山	266.0	1	9	罗江	361.0	2	19
巫溪	434.0	3	13	第十四区共计	2306.0	13	71
云阳	1620.0	11	80	剑阁	392.5	3	13
城口	460.0	1	17	苍溪	570.0	2	13
第十区共计	3096.0	29	236	广元	142.5	1	2
大竹	640.0	6	43	江油	310.0	2	13
渠县	283.5	2	25	阆中	215.0	1	6
广安	381.0	3	56	昭化	188.0	1	3
梁山	282.0	5	32	彰明	213.0	2	15
邻水	457.0	7	24	北川	128.0	1	4
垫江	174.5	2	23	平武	147.0	—	2
长寿	878.0	4	33	青川	—	—	—
第十一区共计	2511.0	23	218	旺苍设台局	—	—	—
南充	848.0	5	57	第十五区共计	2663.5	12	143
岳池	243.2	4	39	达县	487.5	4	48
蓬安	412.0	3	27	巴中	502.5	2	11

续表

区县市别	线路里程（公里）	交换机（台）	电话机（架）	区县市别	线路里程（公里）	变换机（台）	电话机（架）
营山	277.0	1	26	开江	362.5	2	26
南部	228.5	2	27	宣汉	700.0	2	46
武胜	297.2	5	26	万源	330.0	1	4
西充	61.0	1	6	渠江	60.0	1	4
仪陇	145.0	2	10	南江	221.0	—	4
第十二区共计	4292.3	37	375	第十六区共计	107.5	1	9
遂宁	894.0	5	38	茂县	—	—	—
安岳	593.0	4	53	理番	107.5	1	9
中江	457.0	6	67	懋功	—	—	—
三台	775.5	6	58	松潘	—	—	—
潼南	312.5	2	27	汶川	—	—	—
蓬溪	375.0	4	39	靖化	—	—	—
乐至	285.0	4	30				

材料来源：根据电话管理处造送材料编制。

五、抗战时期四川的文化教育

（一）教育

概 况

1. 成都市小学及民教概况（1937年10月）

成都市政府，近年对于市区内小学教育、民众学校、读书会、民教馆之班次学生统计，与市区私立小学之指导，均有详确调查。兹志如次：

（甲）市立小学

一、市立第一小学，原有高初两级十二班，幼稚六班；本期添办高初级两班，又照原案办短小实验班两班，总共二十四班，学生1239人。

二、市立第二小学，原有初级四班；本期添办一班，共五班，学生260人。

三、市立第三小学，原有初级四班；本期添办一班，共五班，学生250人。

四、市立第四小学，开办两班，已于上周开学，学生90人。

五、市立第五小学，开办两班，定下周星一开学，学生80余人。

六、市立第六小学，开办两班，已于本周星一（九月廿七）开学，学生80余人。

以上六个小学，共四十班，学生1990余人。

(乙)民众学校(46校)

本期续办八十班，招得学生4000人，已于上周星二开学。

(丙)短期学校(32校)

已于上周星一开学。

一、原办短期小学20校，学生3100人；

二、本期添办12校，四十四班，学生2200人。

以上两数共5300人。

(丁)民众读书会

市府创办该会以来，进行不□□力。前次教育部督学来川考查，对于该会，深表赞许，认为最良办法，并拟向部呈请通令全国照办。兹将现在情形略述如下：

一、原设十六会，会员七百余人。

二、本期添设五会，会员400人。连前，共21会，会员1200余人。

三、内有三会划归民教育馆办理。

四、会员队依计划训练外，对于社会调查及协助招生，颇称努力（有会员一人招生六七十人者）。

(戊)私立小学(学生约14000千余人)

两度召集会议，对抗战教育，有详细指示，并严厉执行学生午餐及□食办法，□即派员逐一视导。

(己)民众教育馆

一、整治方面已渐改观；

二、馆□到□尚能切实取缔小□及乞丐；

三、该馆并办国防训练班及妇女织业训练班等。

（载于民国二十六年十月《四川月报》第十一卷第四期）

2. 四川省教育厅关于补助县立私立学校及文化团体经费十足发放提案及省务会议决议（1937年11月19日）

（一）省府委员会决议：

照原提案通过。

（二）教育厅提案

查二十六年度本省县立、私立学校及文化团体补助费事宜，业经本月十六日（星期二）本府补助县立、私立学校及文化团体审查委员会第二次会议分别审核，决定计及格学校及文化团体所得补助之数，除大学外，多者五六千元，少者一二千元。遵本省本年度政费自九月起一律以七五折支给之规定，是项补助经费亦应折成发放，但各县请求补助之学校及团体类皆经费困难，此次核准补助所得本不甚多，再予折成尤觉过少。爰经该会议决议，拟请省府十足发放，免予折扣。至因十足发放所不敷之数，拟请于二十六年度省教育经费九月份起七五折后保留之二五成项下支给。是否可行，提请公决。

3. 教育部饬教育厅改进四川教育（1937年11月）

教育部前派督学许逢熙来川视察教育，已有报告到部。教部特抄发所陈视察及改进各节，令知教厅。兹志其所述应行改进各点如下：

一、各中等学校图书设备，多不充实；科学书籍，尤感缺乏。应速增加。

二、各中等学校理科设备，除省立及联立各校比较充实外，余均不免失之简陋，离部定最低标准尚远，且多无实验室，或虽有而布置不合，未经充分利用。应即切实改进。

三、各中等学校劳作设备，大概均欠完善，或竟毫无设备，且劳作教师合格者仅占少数，故此科形同虚设。应即设法改进。

四、各中等学校教员，虽不乏良好师资，但犯以下诸弊者，亦比比皆是。

（甲）教学进行迟缓，不能照规定标准，按时将应授教材授完。

（乙）只讲解而不知启发或指定作业。

（丙）理科教员忽略实验。在初中，则不知以实验示范；在高中，则不知督导学生实验练习。

（丁）专任教员多不住校，且有秘密在他校兼课者。故对于学生之课外活动，不能负指导之责。

以上各点，均应切实改进。

五、各中等学校在训育方面，虽已显有进步，但学生于每日课完之后，多相率游行街市，间有在酒市、饭馆酗酒骂座者。应即设法严加管束，铲除此种不良好习气。

教厅奉令后，已呈省府转令全省各公私立中等学校，遵照指示各项，切实改进，并令各专员公署，各县政府及教厅各督学，督饬改善云。

此外，省府以各县督学员额，应依照规定，一、二等县设置二人；三等县设置一人，前已令饬各县政府依法呈荐核定足额。乃各县县政府仍有虚悬职位及以不合格人员代理，或应有督学二人，而仅设一人者，均属不合。亟应恪遵法定手续，遴选适当人员，保请核委，以符规定。各县督学每期应普遍视导全县教育一次以上。各该县政府并应将视导情形，分期摘要，具报备查。县长及第三科长、区长、教育委员等，均应随时下乡抽查。督学视导旅费，应在核定查学旅费项下，严实支给。以上各点，刻省府已通令各县政府遵照。

（载于民国二十六年十一月《四川月报》第十一卷第五期）

4. 四川省政府关于各学校统一意志齐整步调通令（1937年12月）

〈前略〉自全面抗战展开以来，前方将士，浴血苦斗，以杀敌御侮为唯一任务，除救亡图存无第二意识。际此国难严重紧急之会，端赖国民齐心协力以赴。若非精诚团结，将何以作长期之抵抗，争最后之胜利？学校为文化中心，青年乃国家柱石。以士气式导民众；以学风端正民风，关系至大，责职綦重。自应真诚统一意志，齐整步调，服从领袖，依赖政府。庶达万众一心之实；成民族复兴之功。勿谓读书未必关系救国之急务,须知寻求科学基本知识,正今日学子救国之唯一急务;勿谓救国有什么之途径,须知信仰三民主义,即今日青年救国之唯一途径。但当领导青年学子忠于学术信仰,其所以增强抵抗救亡之实力,宁有限量!

吾川为国防后劲,复兴根据。在此抗战期中,各级学校教职人员,尤宜极为肃镇静之态度,持最后一课之精神;目标以三民主义为依归,措施以法令制度为准则;思想行动,慎守轨范,善导学生,毋忝师表。关于战时特种教育,均应恪遵部颁大中小学特种教育纲要,及高中以上学校学生战时后方服务组织训练办法大纲、中国童子军战时后方服务组织训练办法大纲;或学校延请校外人士讲演者,并宜遵照本府前□通令意旨。在省会,应先呈请本府核准;在其他市县,则禀承市县政府审慎决定。至所有假借名义,宗旨暧昧之团体组织,一律严禁学生参加。庶使任何奸非之煽动诱惑,无自而至,以保持青年学生思想行动之纯正。

各地方长官,学校当局,执司有责,当能仰体时艰,认真督导,勿负寄命之重。除分令外,合行令仰该府遵照,并转饬所属遵照为要。〈后略〉

(载于民国二十六年十二月《四川月报》第十一卷第六期)

5. 四川省政府阐发寒假战训意义通电(1937年12月)

寒假学生战时训练委员会各委员、职员,各军事、政治教官,各指导主任,各级指导员,各总队长、副总队长、大队长、中队长,各级团长、副团长钧鉴:

本府此次举办战训,在使学生增加军事、政治技能,作抗战干部之培养,同时并测验各校教育之成绩。于此之外,尚有一大前提,须先认清,即国家民族利益,高于一切是也。教、学两方,如不能认识此点,则不特失其意义,更将贻莫大之损害。

现在国家危急,已到最后关头,无论任何党派、任何阶级,均应牺牲成见,本互谅、互让、互信、互助之精神,力谋全国之团结。在中枢领导与三民主义之下,通力合作,以救国家之危亡。断不容另辟途径,分化力量,妨害抗战,自取覆灭。比以吾国疆土被敌侵略,日趋广大,川省为后防重地,动关全局。本主席为国家地方计,决定两大目标:一为对外抗战;一为对内建设。其对外者,军队开赴前线,壮丁陆续补充。所有财力、物力,尽量供给前方,事实俱在,无俟烦言。对内建设,自本府改组成立,早已于此注意,积极图维,渐有成效。虽历年用兵及天灾影响,进展迟滞,未能如所预期,而调查设计,未敢稍懈。如本省力所能举者,则设法渐次推行。惟建筑铁道、开发资源、扩充军需工业等,事关重大,非一省之资力所能胜任者,则尚有待。兹幸国民政府移渝,必能提挈进行。社会人士,已知其重要,即省外各种工厂亦愿迁移川境,以后建设,自可陆续推进。长期抗战,非从此处着手不为功。所望教、学两方,于此两大目标,深切认识。军事、政治、管理、训导,均须以此为准则。倘背道而驰,即系别有用心,必不容其流毒于青年学子也。尤希管教各员尽心诱导,为强化统一抗战,打破一切狭隘的壁垒意识,绝对禁止发生任何组织,免滋歧异,而干严谴。是为至要。

主席刘湘。委员兼秘书长邓汉祥代。□省。秘。印。

(载于民国二十六年十二月《四川月报》第十二卷第一期)

6. 四川省改革教育三年计划(1938年2月)

一、改革教育适应建设需要

甲、普及民众教育。

乙、普及义务教育。

丙、推进边民教育。

丁、增高完全小学。

戊、必进中等教育适应升学与就业两种需要。

(一)改办及增设省立中学十一所,并调整其分布状况,于三年内分期完成。(每一行政督察区以设一省立中学为原则。除已设立者外,就原有联立学校改办六所,移至应设各区,只新增五所。)

(二)改办或增设省立师范学校十三所,并调整其分布状况,于三年内分期完成。(每一行政督察区以设一省立师范学校为原则。除已设立者外,就原有联立学校改办十所,移至应设各区,只新增三所。至由县立高初中改办之师范学校,应增学生膳费及其他经费,在各年度省教育经费内撙节挹注,不另列预算。)

(三)增设县立简易乡村师范学校十五所,于三年内分期完成。(为造成普及教育师资,平均以每区设简乡师范二所计,共三十六所。除已设立者外,尚应增设十五所。各校开办费,概由各区自筹。省府于其开办时,一次予以补助费3000元。)

(四)分期增设简易师范科四十五班。(为急需造就普教师资,于省立中学及师范学校或规模大之县立初级中学附设简易师范科,三年内共办四十五班。)

(五)增设省立高级职业学校五所,于两年内分期完成。(为造就各项高级职业人才,应三年内之需要,设省立高职校十一所。除已设立者外,尚应增设五所。)

(六)改办及增办初级职校五十六所,于两年内分期完成。(为使未能升学之小学毕业者,俾得就业之知识技能,应三年内之需要,共须设县初职校七十六所。除已设立者外,尚应增设五十六所。各校应需开办费及经常费,概由各区自筹。省府仅于其开办时,一次予以补助费5000元。)

己、高等教育应适合实际建设之需要

(一)与国立四川大学合作,使大学造就之各种人才能适应本省建设之需要。并委托四川大学农学院,代办农业特种科班。如农业技术人员训练班,分期造就动物生产、植物生产、合作指导、生计训练及主持县市建设科行政等类专门人才,与夫职业学校师资,以应农村建设暨农产改良之需要。

(二)补助私立华西联合大学制药学系及医学院,造就医学方面之专门人才。并委托该校代办农村卫生人员训练班,分期培植县市卫生行政、学校卫生、家庭卫生与乡村卫生指导及技术人才,以应保健之需要。

(三)扩充省立重庆大学工商业院系,造应专门人才。并附设工商职业师资训练班,分期培植职业学校师资,县市工商业调查指导及农村工商业副产指导人员,以应三年内工商业建设之需要。

(四)扩充省立教育学院院系,增培中等学校师资。并特设农村教育人员训练班，分期培植市县乡镇教育行政人员，乡村学校师资及民众教育实施指导人才等，以应三年内教育建设之需。

庚、设科学技术奖金。

辛、增设社会教育文化机关。

(一)增设图书馆；

(二)设立博物馆；

(三)设立体育场。

壬、实施播音教育。

癸、推广电影教育。每项均分三期办理。

7. 四川省教育厅关于创设西南联合印书馆提案(1938年10月6日)

(一)省务会议决议：

一、教本视需要酌量自编。

二、印刷营业与各书局及省印刷合作。

三、由教厅分别筹商拟具办法呈核。

(二)教育厅提案

理由：查本省内中小学校各科用书为数至夥。抗战以来，京、沪各地书局频遭轰炸，颇受损失，来源行将断绝。无从购置，影响教育，至为重大。挽救之法，惟有联上海各书店川省分店，合资创设西南联合印书馆，自行编印。不特足资应用，且可划一教材，兼顾统筹，实多裨益。拟在教育经费内划拨六万元，作为基金，克期成立，并延聘各科专门人员，组织编审。遵照教育部颁发课程标准，选择适合抗战建国及乡土教材，或翻印审定书籍，或另编适用教本。总期中小学各科用书，既免分歧，又可源源接济教育，前途实利赖之。是否有当，提请公决。

8. 四川省教育厅关于扩充地方教育经费提案(1938年11月1日)

查本省各县地方教育经费,大都竭蹶。学校数目本少,教育无法普及,教师待遇菲薄,教学难期改进。年来因奉令推广义务教育,实施民众教育,所需经费更巨,而来源有限,增筹无方,致事业推进颇受影响。加以抗战军兴,本省为民族复兴根据地,所有一切发动民众,组织民众,均非有赖于教育之力,不为功。本厅有鉴于此,除将来设法整理固有款、产,以裕收入外,同时,拟于不苛扰原则之下,设法增加来源,以应事业需要。查本省现正举办土地随报田赋,整理以后,各县溢收之数,当不在少。若于此项溢收数内,提拨一部作为教育经费,并未增加人民负担,而教费多一可靠来源,取之于民,用之于民,办法似甚公允。安徽省前已决定,于各县整理田赋溢收数内,提出百分之四十,作为各该县教育经费,指定办理义务教育及民众教育之用。此项办法,本省似可依照实行,以维教育,而固国本。是否有当,即祈公决。

委员兼教育厅长　杨　廉

9. 阆中县拟定学区分划图致四川省政府呈(1939年2月11日)

窃查教育之能否发展,端视教育视导组织之是否周密。本县区域辽阔,道路崎岖,所有县属各级学校,分散各处。原有三学区,系据行政区域划分。教委及督学视察各校,每学期至多仅有一次之可能。因之,对于各校教育实施状况,不能作详密之视察与及时之纠正。值此非常时期,本县普及教育之工作,尤待督导进行。兹为严密视导组织,增加教育行政效率起见,因特根据奉颁本省教育视导网组织试行办法,并斟酌本县实际情形,拟自本年起,全县划分为五学区。除第一学区视导职务由县视导主任兼办外,其余四学区之视导职务,以二督学及二教委分别担任。至本县教委原有三人,月支薪公费20元,今拟改委其成绩优异者二人,分任视导员,月各支薪公费30元。仍在原地方预算教育委薪公费项下开支。以期达到普遍及严密视导之目的,俾增进教育行政效能。兹谨将拟定学区分划图二张随文赍呈钧府,俯赐鉴核。是否有当？敬乞令遵。

　　谨呈

四川省主席　王

　　附呈拟定学区分划图二张〈略〉

阆中县长　涂○○

教育视导主任　何○○

迁川学校

1. 平津大学生到川中大学借读（1937年8月）

　　教厅顷奉教部电，略谓：华北变起，我方决计抗战。所有战区各学校教务，自无法照常进行。为补救起见，拟将战区各校，西移四川、湖南两省。教厅奉令，特分电本省四川大学、华西大学、重庆大学、四川教育学院等学校，饬将各该校宿舍、教室等，除原有学生使用外，尚可增加借读最大容量若干，估定数目，查明电复，以凭核办。估计方法：教室以每日行课十二小时为准，宿舍以两层卧铺为准。

　　现据各校复电，川大可供借读七百名；重大可容八百名；华大可容四百名。

　　　　（载于民国二十六年八月《四川月报》第十一卷第二期）

2. 战区学生来川借读办法公布（1937年10月）

　　省府教育厅奉教育部令开："本部为救济战区专科以上学校学生学业起见，除于长沙、西安分别筹设临时大学外，并责令比较安全地域之专科以上学校，尽量大容量设法收容战区学生借读。业经于各级学校处理校务临时办法中规定临时借读办法，公布施行在案。兹再补定借读办法三则，连同可以容纳借读生之学校一览表，令饬遵照"等语。兹分读办法及本省可以容纳借读生之学校一览表如下：

　　（甲）办法

　　一、凡战区专科以上学校，均可按照科系，将志愿向表列各校就学之学生,分别移送各该校借读;或由学生就地自行请求借读。

二、请求借读生超过预定名额,或程度与院系不甚相当时,得由被借读学校酌量收纳办法,以定去取;但须在各大报登载额满通告,以免学生徒劳往返。

三、被借读学校应于开学后二星期内,按科系列明借读学生人数,呈部备案,并注明各科系尚可容纳借读生之余额。至长沙及西安两临时大学收纳战区学生办法,俟不久各该校筹备就绪,当另行公告。

(乙)本省专科以上学校可容纳战区学生一览表

校 名	校 址	总容量	可容纳借读学生数	
			院科容量	系组容量
四川大学	成都	650	文 300	中文、外文、史学教育
			农 50	农学、林学
			理 150	数学、化学、生物
			法 150	法律、政经
重庆大学	重庆	815	理 280	数理:95;化学:120;地质:65
			体专科 65	
			工 300	电机:100;采冶:100;土木:100
			商 80	银行会计:40;工商管理:40
华西协合大学	成都	400	理	数理化学,生物制药
			文	中文、外文、哲学、教育、历史、社会
			医	医学、牙科
四川教育学院	重庆	120	教育	乡教:50; 农教:70

(载于民国二十六年十月《四川月报》第十一卷第四期)

3. 四川省教育厅关于补助上海光华大学迁川建筑费提案(1937年12月9日)

(一)省务会议决议:

本府补助上海光华大学迁川建筑费数目决定为5万元,在省教育经费自九月份七五折支给后,二五保留款项下开支。

(二)教育厅提案

奉主席发下第189次省务会议据上海光华大学电请补助该校迁川建筑费15万元,经决议,交教育厅审查后,再行提会讨论一案。遵。查本省补助学校建筑费者,计分两种:

甲、二十六年度省教育经费预算内列学校及文化团体补助费18万元。凡各学校声〔申〕请补助校舍建筑者,事前须完具呈送补助申请书、建筑照片或图样、包工合同、收支预算书及自筹建筑费款项单据等手续,先后提交审查委员会,审查该项建筑实需费用总额及建筑进行之程度,再决定补助之数额,但至多不得超过自筹经费三分之二。

乙、除上项补助费补助外,本省之特予补助公私立学校建筑者,其成例有二:

一、主席特准于省教育经费外,另饬财政厅支拨私立南渝中学建筑补助费5万元。

二、中央令补助国立四川大学建筑费60万元,计分三年拨付。除二十五年度由财政厅另行筹拨外,二十六、七两年度,即分年于省教育经费预算内特立科目支给。

复查光华大学已有十余年之历史,在私立大学中规模尚大。兹以校舍被毁,大学、中学二部学生2000余人顿失依归。拟迁移来川,请求省府补助,自与本府维护全国文化及救济战区迁避来川学校、学生之原旨相符。唯照上期二十六年度本省补助费情形及过去补助学校建筑费特例,该光华大学所请补助15万元案,究竟应否酌予补助若干及是项补助费应由何款项下列支,仍遵原议,提请公决。

委员兼教育厅厅长　蒋志澄
十二月九日

4. 第六区专员公署为所属各界请迁川大学移设一二所于宜宾代电及教育部复电（1938年3—4月）

（一）第六区专员公署代电（1938年3月21日）

重庆。教育部陈部长钧鉴：

顷闻省外各大学次第移川，记得正各处选觅校址。敝属宜宾，毗连滇、黔，素为川南重镇。轮舶交通，绾毂三省；商业文化，早趋发达。倘得一二所大学移设于此，不独三省文化藉收观摩之效。即在大学方面，亦可得种种便利。特此联名电请钧座，转向各大学当局代致鄙忱，如荷赞同，即请先行派员到此接洽、选觅。将来从宜时，董南等自当修地主之谊，竭诚协助。谨此奉闻，伫盼赐覆。四川第六区行政督察专员兼宜宾县县长冷静董南、江安县县长郭雨中、南溪县县长谢天昆、高县县长萧天柱、珙县县长刘治国、庆符县县长邓介人、长宁县县长□泳龙、筠连县县长吴克新、兴文县县长陶叔辛暨各县党务指导委员会、财务委员会、教育会、农会、商会暨各学校，各团体同叩。马。

（二）教育部复电（4月4日）

四川宜宾。第六区行政督察专员公署冷专员并转所属各县党政机关、各学校、各团体：

马代电及叙属联立中学等校来电均悉。各大学新迁校址，多已呈准本部，先后决定。国立武汉大学一部拟迁嘉定，与贵区甚为相近。所请将迁川大学移设一二所于宜宾一节，嗣后如有需要，当即注意。

教育部。汉。支。印。

（原件存宜宾市档案馆）

5. 迁川各大学近况（1938年4月）

自全面抗战发生后，战区内各高级学府，为使学生安心求学起见，多迁川办理。迁蓉办理者尤多，计有清华大学研究院航空研究所、中央大学医学院、齐鲁大学医学院、东吴大学、金陵大学、金陵女子大学、光华大学、西安临时大

学等八所,连同川大、华大,蓉市已有大学十所,教职员学生不下四千人。兹将各校近况志次:

一、清华大学研究院航空研究所,研究员计有二十余人,已于二月底抵省,三月初正在外南一带寻觅所址。

二、中央大学医学院,教职员学生约共百余人。学生宿舍设外南小天竺,前东方美专内,教员宿舍假华西中学明德宿舍。该院于支秋迁蓉,本期现已开学。

三、东吴大学,系本期迁蓉,假华大授课。该校因办理迁移事宜,故展期于三月一日开学。

四、金陵大学,来川学生约三百人左右,男生借住华大体育室,女生借住华大女生院。该校并于华大医科教室附近赶建洋房二座,短期内落成后,即作教室及男生宿舍。本月十一、十二两日在蓉招考新生一次,现已假华大开学。

五、金陵女大,学生约三百人,除一部分抵省暂假华大借读外,其余尚在武汉及下江各地,待轮西上。该校校长吴贻芳女士,曾在美国得博士学位,吾国女子充任大学校长者,氏为第一人。吴氏已于去冬抵省,筹备迁校事宜。

六、山东齐鲁大学院,于去秋迁蓉,假华大借读。来川学生约数十人,分住华大华美、明德两寄宿舍。本期该院已于上周开课。

七、上海光华大学及附属高中,于去冬迁蓉,地址设王家坝。本期在成渝两地分别招收新生多名,现已开学行课。

八、国立西安临时大学,于去冬在蓉增设分校。该分校文、法两学院设于外南武侯祠,理、工、医、农四学院设于外西青羊宫。该校学生,除已有部分抵省外,余正分别首途中。

九、川大,新校舍仍继续建筑中,其建筑方式,采星罗棋布形式,现已落成洋楼数幢。该校收容借读学生约数百人,本期已开学行课。

十、华大,已于二月底开堂,因借读学生过多,正分别添修宿舍,充实设备。

此外,有东北大学移设潼川,大部学生已于四月份到达,定五一正式行课。武汉大学除四年级仍留汉上课外,其余完全移赴嘉定,并定于四月份在嘉定开学。至前已移入川黔之复旦大夏联合大学,已决定自四一起,两校恢复原有组织,大夏设贵阳,复旦设于离重庆百余里之江北黄桷镇。现复旦大学业已开课,并组织四川资料研究室,以搜集关于四川之各项资料云。

(载于民国二十七年三、四月《四川月报》第十二卷第三、四期)

6. 武汉大学嘉定分部开课(1938年5月)

国立武汉大学,自决定迁移四川嘉定后,曾由该校校务会议推派迁校委员数人,偕同一部职员于四月二日到嘉,筹备设立嘉定分部。现经筹备就绪,已于四月二十八日正式上课。该校教职员已到嘉定者,计有六十余人。学生到校登记者,已逾五百名。其在宜、渝途中,即将陆续到达者,尚有二三百名。统计当有学生七八百名。该校留存汉、宜之图书、仪器千数百箱,其已运到嘉定分部者,计五百余箱。

(载于民国二十七年五、六月《四川月报》第十二卷第五、六期)

7. 四川省教育厅关于补助金陵女子文理学院提案(1938年7月4日)

据私立金陵女子文理学院呈称:去年十一月中旬,中枢各机关西迁时,教育部曾派员莅校,令本学院亦即西迁。举出匆匆,只能先将一部分学生移至成都,开学校舍则向华西协合大学商借。幸华大当属深体同为国家培植人才之谊,于学生拥护之中,尚设法□榢暂行借用。但下学期,该校须照章添招新生;而本学院各生既须西来受课,且亦须招收新生,以宏造就。盖目下,全国纯粹女子高等教育机关仅有本学院一所。值此抗战建国时期,需要人才较平时尤切,是以不可不高潮供应。惟本学院经费有限,在此须自建校舍,添置设备等,虽用极经济方法计划办理,终因临时支出颇大,经竭力筹措,尚约缺4万元。素仰钧厅注重作育人才,对移川各大学或热心协助,久所钦迟。现本学院具有上陈情形,理合造具申请书,叙明理由、项目、款额等随文呈请钧长鉴核,准予照额补助,实为德便。等情。查该院为我国现在仅有之纯粹女子高等教育机关,去冬迁移来川,借地开课。兹谋自建校舍,添置设备,理应酌予援助。复查私立金陵大学为推进华大农业讲习班修建平房及设备器具曾由本府给予补助2万元。复旦大夏第一联合大学及光华大学迁川复课亦各予补助建筑费5万元,均经先后省务会议议决:统在二十六年度省教育经费自二十六年九月份起折后之二五保留款项下支给。有案。兹据前情,可否援例特予补助25000元,仍在上项二五保留款项下支给之处,理合检同原案提请公决。

兼教育厅长　蒋志澄

七月四日

8. 南溪县李庄镇士绅为将孝妇祠依法由国立同济大学租定祈令南溪征收局转饬分柜迁让呈(1941年3月29日)

窃查本镇慧光寺街之孝妇祠原属地方公产,昔年南溪征收局在本镇筹设第四粮税分柜时,因急切间无处寻觅地址,乃向地方人士交涉,暂时借该祠办公,并声明一经觅得相当地点,即行交还。嗣后该局既未认真寻觅地点,而地方人士亦因当时尚不需用该祠,故未提出交还问题。去年下季,国立同济大学派员来镇觅地迁驻。绅等以同大系著名高级教育机关,政府非常重视,千里流亡,亟待整理。且该校迁来以后,对于地方文化、经济、卫生各方面均属裨益不小。维护教育,繁荣地方,其责端在绅等,万难坐视。于是乃请区署镇公所转向该校来员交涉,尽以本镇所有公共庙宇租与,并代租民房多所,藉表欢迎。孝妇祠及其接连之慧光寺亦均在租定之列,而孝妇祠更系该校预定设立门诊部之所。其有益于地方,亦最大不图。签约迄今届瞬半年,各公私处所均已不顾一切困难,先后将房舍让出,交付同大,而粮税分柜独延宕不迁。几经绅等向征局及分柜交涉。该局不曰:系向慧光寺住持租得,即曰:无处可迁,不思该祠既属公产,主权应属本镇全体人士。慧光寺僧,根本不能代表本地全体人民,该祠亦非附属于慧光寺之财产,自不能任意对该祠之权益有所主张。矧慧光寺僧于本年二月内,亦因同大租定该寺,自行领稳出境。即慧光寺之庙址,亦无属无权过问,对孝妇祠方面,更不容有置喙之余地。该局若谓无处迁驻,则李庄本为大镇,街房何止千间,仅可稍忍租金。另行租赁,经费方面亦可请县府在县预备费项下提拨作正报销。况本镇市区属于财委会之公有房舍,尚达数十间,该局果吝租金,又何不商请财委会,收回一部迁驻。则以公济公,既属永久,更节开支,一举兼善。熟曰不宜尤有进者?

当此非常时期,官民同有协助政府,完成抗战之义务。绅等之所以积极协助同大者,良以该校学子,对于抗建贡献甚大。盖安定同大,间接即增强国家力量。该局既为地方机关,对同大辗转流亡来此,究竟是否应当表示欢迎?人各有良,固不待绅等哓哓饶舌,而后始知基上原因。自应请令饬南溪征收局转饬分柜,克日迁让,用维教育,而重公意。为此,具文呈请钧署伏乞,俯赐察核,迅予施行。是否有当?并候指令祗遵。

谨呈
四川省第六区行政督察专员冷

南溪县李庄镇士绅　张访琴　罗南陔
　　　　　　　　　　张芷汀　颜瑞芝
　　　　　　　　　　李清泉　张伯清
　　　　　　　　　　王家贤　王星乔
　　　　　　　　　　张尚志　何正宏
　　　　　　　　　　罗伯希　王尔遐
　　　　　　　　　　张筱泉　宛治卿
　　　　　　　　　　张鼎成　邹云华
　　　　　　　　　　张□峰　何西民
　　　　　　　　　　张洞秋　王羽舒
　　　　　　　　　　杨君惠　罗吉廷
　　　　　　　　　　张荣山　朱子华
　　　　　　　　　　何义春　王友三
　　　　　　　　　　李守陵　黄荣芳
　　　　　　　　　　张仁熙　张相尧
　　　　　　　　　　何仲全　李克文
　　　　　　　　中华民国三十年三月二十九日
　　　　　　　　　　（原件存宜宾市档案馆）

9. 国立同济大学为将李庄禹王宫土主庙两处房屋借作教室致第六区专员公署公函（1941年10月27日）

查本校本年度因新招学生过多，原有校舍不敷应用，李庄市区偏小，租屋颇为困难。兹闻四川省银行李庄仓库所租之禹王宫及先农公司所租之土主庙，均经南溪县政府接收管理。而省银行仓库存货无多，先农公司则更因迄未恢复营业，空而未用，均易迁让，为特函达，即希查照。惠允转饬南溪县府及原租人解除租约，将两处房舍让与本校作为教室及实验室之用，无任公感！

此致

四川省第六区专员公署

校长　周均时

中华民国三十年十月二十七日

（原件存宜宾市档案馆）

大中小学教育

1. 四川省教育厅酌改三所省立师范学校为省立乡村师范学校提案（1937年7月20日）

查本省乡村教育无论质量均形落后，考其原因，实由于从事乡村教育专业人才之缺乏，良以师范学校数量既少，而又偏设城市教学课程，训练以及生活环境皆未针对乡村设施。学生无特殊训练，毕业之后自难期其深入乡村，适应乡村。全省虽县立简易乡村师范学校十数所，复以程度较浅，人力、财力有限，办理不尽善，大抵简陋，成绩鲜足称述。今欲补救，除整顿是项简县立易（简易县立）师范学校外，亦惟有追踪乡村教育进步各省先例，遵照修正师范学校规程、规定及教育部指示川省教育改进要点，设置省立乡村师范学校，培植乡村教育，健全师资。俾为领导乡村之中坚，建设乡村之动力。唯因本省政费拮据，一时未能增设学校。拟自二十六年度起，将原有省立师范学校视所在地情形，酌改三所为乡村师范学校以次兼顾。

一、原有省立剑阁师范学校开办未久，自二十六年度起，即改为乡村师范学校。

二、省立遂宁、西昌两师范学校自二十六年度起,一律改招乡村师范班,俟旧有班次完全毕业,再改为乡村师范学校。

是否有当,提请公决。

教育厅厅长蒋志澄提　七月

2. 四川省教育厅关于委托国立四川大学代办省立成都高级农业职业学校提案(1937年8月3日)

查本省产业以农著称,而省立之高级农业职业学校现尚未有创设,对于生产人才之培育,社会需求之供给,诸为缺憾。川西各县沃野千里,农田水利为全川之冠,尤宜优先设校,广招青年,施行农业干部之专门训练,俾能深入农村,藉谋改进。惟是独立筹建,财才两难。兹拟自二十六年度起,援他省成例,暂行委托国立四川大学,利用农学院人才及校舍设备代办省立成都高级农业职业学校一所。于本年度招生二班,预计约需临时费一万元,经常费一万二千元,即在本省教育经费项下拨付。以后逐年增培学生,以应在〔本〕省农村建设之需要。是否有当?提请公决。

教育厅长蒋志澄　八月三日

3. 四川省建设教育两厅订定整理农林实验校办法(1937年8月)

本省各区专署所设农林实验学校,已达四十余所,惟以人力、财力缺乏,实有整理必要。省府现以各校开学期近,特将前次全省专员会议决定《各区农林实验学校整理办法》十一项,交由教、建两厅合同商讨,结果另行订定整理办法四项,令颁各区专署转饬各该区农林实验学校遵照规定条例,克速移交指定事业机关办理。兹志原办法如次:

整理各区农林实验学校整理办法

(一)决定原则

一、已设稻麦改进所分场地点:绵阳、泸县、合川(即将第三区农林实验学校迁移,合川并入稻麦改进所分场办理)。

二、二十六年度设立稻麦改进所分场地点:达县、南充、乐山。

三、已设甘蔗试验场地点:内江、资中(第二区农林实验学校移内江,并入甘蔗试验场办理)。

四、已设棉作试验场地点:遂宁(将第十二区农林实验学校改由该场办理)。

五、稻麦改进所附近地点:成都(将温江第一区农林实验学校移设成都,由该所办理)。

(二)每年冬季由稻麦改进所延请各场所专家如今各农林实验学校教师讨论,以咨讲习。

(三)其他无稻麦分场及特产场所地方

一、课程由稻麦改进所厘定。

二、每年须有确定之视察方法。

三、特约试验。

四、担任推广工作。

(四)设置场所地点

一、在专署所在地者,接收原有经费,作为固定补助费。

二、不在专署所在地而在属县内者,即将农林校移并,经费仍作补助费。

三、考察教职员成绩,能胜任者留,不能胜任者由稻麦改进所或其他场所改派。

(载于民国二十六年八月《四川月报》第十一卷第二期)

4. 教育部饬教育厅改进四川私立中学(1937年11月)

省府教育厅奉教育部令,为据督学许逢熙呈送视察川省教育报告到部,分别抄发所陈视察及应改进各点,令饬知照。该报告内称:"各私立中学大部招生太滥;收费太杂,应严加限制"一节,省府本亦早经注意,迭令饬遵。兹遵部令,复案呈省府,通令各私立中学纠正。嗣后如仍阳奉阴违,私擅滥收学生,滥征费用,定予严切取缔,以重功令。

又,该报告后称:"省立资中中学办理腐败,风潮迭起,应即切实整顿。私立南岸中学、私立大口初级中学、私立蓉城女子初级中学等校,设备过于简陋,管教亦未合法,应即令其改进,或勒令停办"各节,亦经教厅案呈省府,训令各该校遵照指示,切实改进,并将遵办情形随时具报备查。

(载于民国二十六年十一月《四川月报》第十一卷第五期)

5. 四川省教育厅关于利用战区优良教师在川筹建一所临时中学提案(1937年12月24日)

一、省务会议决议:

(一)于成都市近郊新建校舍一所以资办理。拟请成立为国立中正中学。

(二)在献机祝椴余款内拨银四万八千元补助该校建筑费。

二、教育厅提案

奉教育部梗电:拟利用江、浙、皖等战区中等学校优良教师在川省办一规模较大之临时中学。饬代择相当地点与足容员生千人之房屋,择定后电复。等因。查本省交通较便之各市县已无相当房屋,可供借用。兹奉电饬,究应如何处理之处("之处"二字疑为排版衍文,应删),提请公决。

委员兼教育厅长 蒋志澄

6. 四川省教育厅关于迁移小学至郊县并增设省立临时小学提案(1938年2月25日)

准成都防空指挥部函请迁移小学入距城四十里避难区,以免儿童失学。等由。

查本市人民疏散出城,四乡学龄儿童增加,原有乡村小学不敷容纳。自应就避难区酌增小学若干所,以应需要。兹拟分别就温江、双流、华阳、简阳、成都、新都、新繁、郫县八县,先后筹设省立临时小学各一所。其办理方法将来由本厅查酌实际情形,临时决定。至所需经费,约需临时费每所五百元,八所共四千元;经常费本学期每所一千八百元,八所共一万四千四百元,合计经、临各费共需一万八千四百元。拟在本年度省教育经费,自九月份起七五折后之二五保留款项下拨给,以资办理。可否之处,提请公决。

委员兼教育厅长　蒋志澄

7. 四川省各区县小学数目比较(1938年4月)

省府教育厅近对全省各区小学,作一量的比较,计:

各区完全小学最多者为第三区,二百七十五所;其次第二区,二百一十六所。最少者为第十六区,八所;次少者第十七区,三十五所。

各区初级小学最多者为第十二区,二千二百七十四所;其次第十一区,二千一百八十所;再其次为第三区,一千零五十九所。最少者为第十六区,三十一所;次少者为第十七区,三百零八所。

各县完全小学最多者为富顺,五十六所,其次泸县五十所,其次仁寿五十所,再其次万县、资中,各四十四所,最少者为宝兴、芦山、雷波、茂县各一所,懋功无。

各县初级小学最多者为巴中,六百廿所,其次南充,五百五十六所,其次盐亭,五百二十六所,其次安岳,四百九十六所,最少者为懋功、茂县,各二所,靖化无。

(载于民二十七年三、四月《四川月报》第十二卷第三、四期)

8. 四川二十七年中学毕业生统计(1938年)

全川本年应毕业中学生,据教厅统计如下:

高中生:1332人;

初中生:6144人;

师范生:631人;

职校生:595人;

共8702人,内有男生6288人,女生2414人。

(载于民国二十七年五、六月《四川月报》第十二卷第五、六期)

9. 四川省立小学一览表（1940年4月）

二十九年四月调制

校名	所在地	校长姓名	性别	年龄	籍贯	资历	到职年月	教职员数	学级数	经费数	备注
省立成都实验小学	温江	胡颜立	男	四〇	江苏无锡	国立中央大学教育学院毕业	二十四年九月	四三	一四	37851元	该校经费数系照二十九年度概算数填列（以下各校同）
省立中城小学	新都	张茂华	女	二八	四川华阳	国立杭州艺术专科学校毕业	二十九年二月	二四	一四	16059元	
省立南城小学	广汉	尹道莘	男	三一	四川乐山	国立四川大学教育系毕业	二十七年八月	二四	一四	16252元	
省立西城小学	灌县	韩静媛	女	三二	四川大邑	日本早稻田大学政经系毕业	二十七年八月	四〇	二八	36486元	
省立北城小学	郫县	冯云裳	女	三〇	四川西充	国立四川大学教育系毕业	二十八年八月	三〇	一六	28024元	
省立少城小学	新繁	童霖	男	五五	四川成都	四川高等学堂正科毕业	二十一年二月	二二	一三	15291元	
省立成都师范附属小学	成都	陈志谨	男	三五	山东黄县	国立北平师范大学教育系毕业	二十九年二月	二二	一五	15508元	
省立成都女子师范附属小学	彭山	孙元瑁	男	三二	四川青神	国立四川大学教育系毕业	二十八年二月	三〇	一五	15508元	
省立遂宁师范附属小学	遂宁	杨儒臣	男	三〇	四川射洪	国立四川大学教育系毕业	二十八年八月	一八	一一	12847元	

续表

校名	所在地	校长 姓名	性别	年龄	籍贯	资历	到职年月	教职员数	学级数	经费数	备注
省立南充师范附属小学	蓬安	唐世兰	女	三一	四川犍为	国立四川大学教育系毕业	二十八年二月	一九	一二	11361元	
省立万县师范附属小学	万县	张怀恕	女	三九	四川犍为	四川省立第一女子师范毕业	二十八年八月	一三	九	9071元	
省立重庆女子师范附属小学	江津								一六	14500元	该校教职员表尚未填报
省立剑阁乡村师范附属小学	剑阁	魏绍渊	男	二八	四川温江	光华大学修业	二十九年二月	一七	八	10443元	

10. 绵竹县府禁止各乡镇中心学校校长无故离职训令（1941年1月16日）

令各乡镇中心学校校长：

现值抗战时期，小学教育极为重要，尤以乡镇中心学校，负有辅导送内，保国民学校之责。当地之国民教育能否推行，一乡之风气能否转移，端视各该校长之能否以身作则。乃查近来各乡校长，多有于行课（或学期试验）期间，不假离职。擅到城区逗留，或潜赴他乡办理私事，耽误课程，废弛校务，实属不合！若不严为纠正，则教育前途，何堪设想？兹特规定，嗣后各该校长，如有冠婚丧病事项，务须事前具呈请假，非经本府核准，不得擅行离职，违即依法惩处，决不宽俗〔恕〕。除令派本府各级职员，随时明密查报外，合行令仰该校，切实遵照为要！

此令！

县长高〇

（原件存绵竹市档案馆）

11. 四川省历年公私立中等学校概况表（1937年度至1944年度）

学年度	共计 校数	学级数	教职员数	学生数	毕业生数	中学 校数	学级数	教职员数	学生数	毕业生数
二十六学年度	267	1284	3829	73527	8677	196	1006	2862	63637	7817
二十七学年度	247	1722	5252	86402	10246	174	1380	3891	74671	8510
二十八学年度	268	1894	5547	95933	7064	193	1532	4108	84454	6014
二十九学年度	321	2466	8113	121690	15496	227	1976	5881	105639	13029
三十学年度	346	2807	9198	127638	—	252	2278	6843	111132	—
三十一学年度	469	3602	12492	162652	—	356	2947	9651	141505	—
三十二学年度	490	4450	14991	199807	19636①	366	3615	11480	170502	16109

①系三十三学年度第一学期数字。

学年度	共计					中学				
	校数	学级数	教职员数	学生数	毕业生数	校数	学级数	教职员数	学生数	毕业生数
三十三学年度①	536	4879	16031	216630	19206②	406	3979	12438	186371	16988
二十六学年度	39	149	481	5753	625	32	129	486	4137	235
二十七学年度	35	174	610	6425	909	38	168	751	5306	827
二十八学年度	37	182	675	6359	569	38	180	764	5120	481
二十九学年度	44	231	1027	7957	1479	50	259	1205	8094	988
三十学年度	43	255	1091	9273	—	51	274	1264	7233	—
三十一学年度	59	317	1344	12531	—	54	338	1497	8616	—
三十二学年度	67	440	1730	18950	2272	57	395	1781	10349	825
三十三学年度①	69	465	1808	19173	1622	61	435	1785	11086	1026

材料来源：根据教育厅统计室造送材料编制。

社会教育及边区教育

1. 四川省立边民小学一览表（1939年度）

校名	所在地	校长						教职员数	学级数	经费数（元）	备注
		姓名	性别	年龄	籍贯	资历	到职年月				
省立雷波小学	雷波乌角	王举霖	男	三八	雷波	雷波师范毕业历任雷波县督学科员及小学校长等职	二十八年上期	三	四	3198	
省立马边小学	马边永善乡	黄文渊	男	二八	渠县	上海蒙藏专科毕业上海龙华小学教员及渠县小学教员	二十七年上期	五	五	4575	
省立屏山小学	屏山西宁	许汉民	男	二六	屏山	叙属联立中学毕业屏山福延乡教育委员及校长等职	二十八年上期	二	二	3498	

①系三十三学年度第一学期数字。
②系应届毕业生数。

续表

校名	所在地	校长 姓名	性别	年龄	籍贯	资历	到职年月	教职员数	学级数	经费数(元)	备注
省立峨边小学	峨边双溪口	邱鹏程	男	二四	井研	南京五州中学高中毕业峨边师训毕业历任井研小学教职员	二十八年五月	二	一	3198	
省立松潘小学	松潘城内	高怀□	男	二七	广汉	成都师范毕业曾任广汉及省师附小专任教员	二十八年八月	二	二	4068	厅中甄选委派
省立理番小学	理番杂谷脑	车保殷	男	二四	理番	华西协合高中修业曾任理番校长	二十六年四月	三	二	3723	
省立茂县小学	茂县沙坝	胥启犹	男	二七	茂县	松理懋联立二年制师范毕业历任茂县各小学教职员	二十七年十月	四	三	4018	
省立懋功小学	懋功营盘街	苏仁和	男	三一	懋功	成都联中旧制毕业历任懋功督学及教员	二十六年九月	二	二	3198	
省立靖化小学	靖化坭尔坭	马丕丞	男	三八	靖化	灌县县立中学毕业历任绥靖从化南尔屯教育局长及小学教员	二十六年上期	四	三	4138	

注：联立从略

2. 四川省县市私立民教馆分布表（截至1939年度）

行政区划	馆数	未设馆之县份	设置之县份 经费在二千元以上者	经费在二千元以下者	经费未详者	备注
一	21	0	华阳、新都、双流、成都、新繁、灌县、新津	温江、崇宁	彭县	
二	10	0	资中、仁寿、内江、简阳、仁寿私立文华民教馆	资阳、井研、荣县、仁寿始建镇私立民教馆	威远	
三	41	0	江北、江津、合川、璧山、大足、綦江、荣昌	荣昌吴家镇及安富镇教馆、璧山丁家镇镇立民教馆、私立来凤镇民教馆	永川、巴县、铜梁	
四	6		夹江、眉山	邛崃、洪雅、名山	青神	
五	5		乐山、屏山	屏山县体川支馆、马边	峨边	

续表

行政区划	馆数	未设馆之县份	设置之县份			备注
			经费在二千元以上者	经费在二千元以下者	经费未详者	
六	6	3	宜宾、南溪	庆符、江安、珙县	筠连	
七	8	0	泸县、隆昌、合江、叙永、富顺	古蔺、纳溪、古宋		
八	8	0	丰都、南川	涪陵、秀山、酉阳、彭水	黔江、石砫	
九	10		万县、开县、巫山	万县龙驹坝、长岭岗欧家场武陵、忠县、巫溪万县三正埠	云阳	
十	7	1	梁山、渠县、广安、垫江、大竹、邻水		长寿	
十一	8	0	南充、岳池、武胜、蓬安	仪陇、武胜烈面乡	营山、南部	南充民教馆在全省各县经费最多为8665元
十二	9	0	三台、遂宁、射洪、乐至、安岳	中江、蓬溪	潼南、盐亭	
十三	8	1	广汉、绵阳、金堂、罗江、德阳	绵竹、梓潼	安县	
十四	5			江油、昭化、彰明、剑阁	苍溪	
十五	6	1	巴中、宣汉	开江、万源、南江	达县	
十六	0	6					
成都市	1					
重庆市	1					

材料来源:根据教育厅统计室造送材料编制。

3. 战时四川民众学校之实施①(1940年3月)

抗战军兴以来,基于"激发国民民族意识",培养其抗战智能,提高其文化水准,并肃清文盲,加强力量之迫切需要,爰据二十七年九月教育部颁发之战时失学民众补习教育实施要点,于二十八年二月间,成立四川省战时民众教育筹备处。进行设计各种实施方案,并在简阳举办战时民教师资讲习所,调

---

① 本文节选自《二十八年四川教育年报》。

省立南充民教馆社教人员训练班学生，入所讲习两星期，旋即分发简阳、资阳、资中、华阳等四县，办理战时民教。并于五月十二日，成立四川省战时民教推行委员会，筹备处即于同时结束，由战教会订为推行战时民众教育之程序，积极推行。由成都，进而延泸县、纳溪、古宋等十县，旋沿河流、公路各城镇乡村，大规模举办。全省除成都、重庆两市外，分为下列四区：

（一）成都区辖成渝线之华阳、简阳、资阳、资中、内江五县；川陕线[之]成都、新都、广汉、德阳、罗江、绵阳、梓潼、剑阁、昭化、广元十县；及川康线之新津一县。全长四段十六县。

（二）南充区辖川鄂线之万县、梁山、大竹、渠县、广安、岳池、南充、蓬溪、遂宁、乐至十县，分三段。

（三）泸县区辖沿江之泸县、合江、纳溪、江安、南溪、宜宾、犍为、乐山八县。

（四）永川区辖巴县、江津、大足、永川、铜梁、璧山、荣昌、綦江等八县。

各区战时民教，胥以公民教费及识字教育为主要内容。公民教育内又包括战时民众常识训练及抗战技能训练两种，暂以十六岁以上，三十五岁以下之男女扮演民众为强迫入学之对象。其实施方法，系就市内原有保甲组，将文盲调查清楚，运用行政力量及保甲组织分期抽调，强迫入学，并设督导员及识字警察协助办理。至于战时民教之经费，总数设十三万元，其中由教育部补助者三万元，余则悉由四川省政府拨款造理。至其动支情形，可表述如后：

项别	经费数	百分比
筹备经费	五四九七元	四
行政费	二四七六三元	十九
事业费	九九七四〇元	七十七

二十八年二月至四月间，为本省战教工作筹备时间，此期计撰订四川省第一期战时民众教育实施办法大纲、四川省实施第一期战时民教设立保学办法等规章七种，以资遵循。编印教师手册、导生指南、民校课本、教学法诸书，

以应实际需要。训练师资、试办战教班,以为寻求问题,规划实施办法之计。至是年五月,省战教推行委员会成立,复撰拟四川省第二期战时民众教育实施办法大纲、四川省各县战时民教班教师训练办法、四川省各县特设及附设战时民教班设置办法、四川省战时民教推行委员会社会式施教办法等规章十一种。至是,本省战时民教推行之规模初具。增以战时民校课、战时民校课本、教学法、短小课本、抗战传习画片、抗战公民常识、敌寇暴行、抗战音乐教材、民教师资训练教材等刊物之编印。战教工作之推行,遂日以顺利。兹将各区学校式施教之情形分别表列如后,以见推进情形之一般。

成都推行区学校式施教统计表

县别	调训教师数	开办班数	受教民众数	备注
华阳	57	92	4392	二期内自办三十六班,第一期自办一百班未计
简阳	24	58	2160	二期
资阳	22	40	2142	二期
资中	30	58	3,55[①]	二期外,自办三十班未计
内江	26	22	2000	一期(经费自筹)
成都	16	32	1690	二期外自办十班未计
新都	20	32	1618	二期
广汉	28	42	1829	二期
德阳	24	46	2280	二期
罗江	49	34	1575	二期,第二期十班
绵阳	49	69	3250	二期,第二期四十班
梓潼	45	85	4100	二期,第二期六十二班
剑阁	45	30	1245	一期
昭化	21	17	965	一期
广元	31	10	417	一期
新津	86	237	2262	

---

① 原文如此。

南充推行区学校式施教统计

县别	调训教师数	开办班数	受教民众数	备注
乐至	22	44	2516	一期
遂宁	30	60	330	二期
蓬溪	15	26	1320	二期
南充	39	60	2148	二期
安岳	16	32	1616	二期
广安	20	38	1680	二期
渠县	32	42	2638	二期
大竹	32	60	4174	二期
梁山	37	66	3194	二期
万县	30	52	2530	二期
合计	273	480	26052	

泸县推行区学校式施教统计表

县别	调训教师数	开办班数	受教民众数	备注
南溪	67	109	5769	
乐山	150	150	7500	
江安	38	37	2040	
纳溪	42	64	2976	
犍为	29	60	2382	
泸县	118	113	11320	
合江	44	57	2850	
宜宾	40	100	5000	
合计	528	690	39837	

永川推行区学校式施教统计表

县别	调训教师数	开办班数	受教民众数	备注
永川		95	4750	
璧山		76	3800	
江津		82	4100	
巴县		140	7000	
大足		60	3000	

续表

县别	调训教师数	开办班数	受教民众数	备注
铜梁		140	5205	
綦江		55	2750	
荣昌		125	6250	
合计		738	36855	

4. 四川省电化教育巡回施教队状况表(1939年度)

期别	队数	施教县(市)数	施教次数	受教人数
第一期	5	62	251	1102620
第二期	7	45	279	2156370
合计	12	107	530	3258990

注：第二期内第五队出发较迟，尚未将数字列入。

5. 四川省历年社会教育概况表(1937年度—1944学年度)

年度	机关数 专设	机关数 附设	共计 学校数	共计 教职员数	共计 学生数	共计 毕业生数
二六学年度	7558	770	7785	9478	452764	
二七学年度	8597	2277	7557	9989	466375	
二八学年度	9703	1557	7755	8882	504997	309819
二九学年度	1505	1159	7687	9760	556520	313751
三〇学年度	1089	1712	4682	5844	428986	324526
三一学年度	869	2256	4941	6336	405779	346018
三二学年度	938	2564	4248	5380	344761	314294
三三学年度	535	3131	908	2163	101006	88797
二六学年度	5886	745	7272	9025	440031	—
二七学年度	6471	2230	7389	9697	461907	—
二八学年度	7795	1549	7541	8456	495203	384044
二九学年度	1193	1158	7514	9248	543662	308310
三〇学年度	735	1653	4628	5784	417249	316425

续表

年度	机 关 数		共 计			
	专设	附设	学校数	教职员数	学生数	毕业生数
三一学年度	683	2024	4365	5953	376798	319520
三二学年度	720	2357	3764	4580	325962	298288
三三学年度	310	2963	820	1777	96200	84387
二六学年度	1672	25	513	453	12715	—
二七学年度	2126	47	168	292	4468	—
二八学年度	1908	8	214	426	9704	6775
二九学年度	312	1	173	512	12858	5441
三〇学年度	354	59	54	60	11737	8101
三一学年度	186	232	576	983	28981	26498
三二学年度	218	207	484	800	18799	16006
三三学年度	225	168	88	386	4806	4410

材料来源：根据教育厅统计室造送材料编制。

(二)文化宣传

1. 四川农村教育服务车促进会报告工作情况并申请补助经费等有关文件(1938年11月□日)

(一)四川农村教育服务车促进会致行政院呈(11月　日)

庸之院长钧鉴：

敬启者：窃四川为西南地大物博、人口众多之省区，在抗战建国期中，占极重要之地位。敝会为欲激起农民抗战情绪、灌输农民国家观念，增高农民生产效率，发动民间伟大之战斗潜力，以为军事源源不绝之供应起见，特于本年春邀集教育界名流、乡村改进专家，组织四川农村教育服务车促进会。并于三月份正式将第一辆青美号服务车装备完善，行驶成、渝长途工作。迄今计已八月余，颇得社会同情，极受民众欢迎，收效甚巨。兹谨就该车服务经过，印成概况报告书一份，特为奉呈核阅，请赐指导。再为谋将来扩充与继续进行关系,不久举行募捐会,尚乞鼎力维助一切,如何廉泉沛施或予吹嘘劝募,俾达目的,不胜翘企感祷之至。专上。

敬叩

崇祺

四川农村教育服务车促进会　会　长　张伯苓
副会长　罗家伦同上
负责干事　黄次咸
中华民国二十七年十一月□日

四川农村教育服务车促进会青美号服务车概况报告书

引言

农村教育服务车计划的动机,是在去年川灾极为严重的时候,大家感觉到四川政治渐次走上了正常的轨道,交通也越见便利,但农村经济恐慌,因这几年来的天旱,越显出经济破产的现象。除中央与地方当局竭力设法图谋救济以外,社会团体和一般有志人士应该从事农村服务与建设,为政府的助力。蒋委员长曾经昭示训勉全国人说:"我们的农村和农民的生活,如果一天不改善,我们的革命,我们的复兴民族工作,便一天不能算完成。所以农村建设,是各种建设事业中,最重要的基础。"这是极为透辟警策的教训。所以本会发起的农村教育服务车,是用极科学的方法,极新颖的姿态,出现在社会的深层处,要从事普及农民的教育,提高他们的知识,改进农村的生产,富裕他们的生活,双管齐下以收实际的效果。

还有一点更得说明的,我国对日寇的战争,可以说是有史以来第一次的大战,这个大战决要全民族英勇参加,长时期的奋斗,才能收到抗战建国的结局。四川是我国西南各省当中,算地大物博、人口众多的省份,只要能够发动五千多万农民,前方兵员的补充就不成问题。如何激起农民抗战的情绪,灌输农民的民族意识,增高农民的生产效率,发动这些伟大的战斗潜力,为军事源源不绝的供应,自然这是政府的责任,同时社会团体和有志人士也不要忘掉这个责任。因此本会服务车,就担起这个重担。不过我们的能力究竟有限得很，不仅人力和财力，并且四川幅员这样大，一二辆汽车决不够胜任愉快。据估计，至少也得二十四辆才足敷用。为了这个缘故，我们先将本车各项工作的概要，同近两个月来服务的统计，报告给社会，希望各界领袖及有力量的明选人士给与本车以最大的帮助，使它能够继续努力它的任务，并产生许多号新的服务车，在国难期中帮助政府，完成抗战建国的使命。

本会组织及服务车内容

本会系教育界及热心农村建设人士所组织，由会员中推定委员十五人成立委员会，委员中举出张伯苓、罗家伦、胡庶华、高显鉴、汤茂如、邰爽秋、锐朴为常务委员。由委员中推举黄次咸、连铸九、郑石钩三人为负责干事。

服务车内容

1. 医务股医生、看护各一人，负诊疗疾病，指导卫生，教授救护之责任。

2. 事务股设干事两人，负交际、庶务、宣传、指导农事及图书馆、合作事业等责任。

3. 机务股司机一人，电影、电机二人，负驾驶汽车及映放电影及收播消息之责。

另设主任干事一人，负全车管理、指导之责。并由教育部指派第二社会教育工作团团员顾知义一人到车参加服务，并指导一切。

服务车工作如次

(一) 灌输党义

总理手创的三民主义，为复兴民族、救国、救民的主义，四万万五千万同胞都应该切实了解，而且实行的。本车谨遵教育部的命令，特别规定"灌输党义"这一项工作，务使先从成渝公路这一段的农村大众训练起，准备将来达到完全施教于四川七千万人为目的。

我们的方法　　四川的农民，恐怕百分之九十都是不识字的睁眼瞎子，要教育他们，须从极浅易的入手。我们拟定的方法和步骤是，利用车上所带的幻灯及黑板做灌输的工作。

一、解释术语三民主义上的一切术语，为什么叫"主义""民族""民权""民生""帝国主义"，"不平等条约"……，晚上用玻片写上映放在银幕。白昼写在黑板先使他们一字一字的认识，然后再联合成一个名词，为他们很浅显的解释。在解说当中，不要忘掉参加很好的譬喻和故事，因为他们的头脑最容易记着事实，而难记住抽象的话语。

二、教授课本在他认识和了解这些术语以后，进一步给他们编一种极浅近的三民主义读本，也从幻灯片映在银幕上，白昼写在黑板上，一课一课的教授他们，他们更深一层了解三民主义的重要性，同三民主义的连环性。与乎，凡作一个中国国民不能不信仰这个主义，实行这个主义的道理。

三、系统讲演在三民主义读本教授完毕后，更进一步再给他们短短的系统讲演（每次不要超过二十分钟），给他们更完全的认识。凡讲词的题目和须得特别提出解释的术语、人名、地名、数字，白昼用黑板，晚间用幻灯片。

同时要从人们已经知道后更须实行，先训练他们民权初步，如像每次的讲映会，影片秩序中有"升旗礼"，为他们先解释国旗的意义。"唱党歌"，就须将歌词映放在银幕上，使他认识和了解，方知道唱与读都是有极大意义的。在他们熟悉讲映会开会的秩序后，更慢慢训练他们民权初步上所讲的民权运用方法。

我们这些方法和步骤，是一个初度的试验，等到实行的结果，再看它的效率，来确定一个工作的原则。

（二）抗敌宣传

我们对倭艰苦的抗战，已经到一年了。尽管有前方将士浴血奋斗，勇往牺牲，这还不够。大家都知道，中倭的战争，决不是短期的战争，而是长期的战争。我们要争取最后的胜利，必须发动全民的力量。四川偏处西陲，至今还没有受到敌人炮火的威胁，对于抗战的意义，多数人仍是茫然不知的。从事宣传的工作，自属一刻不可缓的事。所以本车规定抗敌宣传为第二项工作。我们目前分几种方法，进行这项工作。

第一，"口头宣传"每次由车上负责的人员，预备几个抗战的题目，用极浅显的话语（少说新名词，力求通俗化），极经济的时间，表演的姿势，传达给无知识的听众。

第二，"文字宣传"每次在车子出发前，编印好一种极通俗浅短的传单，说明抗敌的事实及意义,人民应尽的责任等,使能认识字的人看了,转告述他的亲友子弟。

第三,"教授歌咏"音乐是极能感动人的,这是大家所公认的,所以本车就利用极通俗的小调,编成抗战意义的歌曲。在每次车子到一个地方,就由一个教歌的干事专门负责教授。起初虽然只有些孩子围拢来和唱,成年人总是老闭着口不开腔,到后来大家也能跟着唱了,结果这种振起民族精神的怒吼,也响彻了穷乡僻壤。

第四,"打金钱板"永川民众教育馆馆长周敬丞君编有抗战金钱板词,也训练得有能唱的人才。本车认为这是宣传的好工具,将来请一位,担当这个任务。

第五,"影片幻灯"八一三事件以后,我国影坛所出的抗战片子,一天一天的加多,本车由中央摄影场及重庆青年会常常供给此类影片。其次用幻灯片,缮写警策的标语,绘画精彩的图画,映放给他们看,并解释给他们听。

总计来回成渝路上四次,听众共二十四万〇五百八十三人。

(三)电影教育

电影在现代成了一种普及社会教育的工具,要实施训练民众的工作,最好利用电影的设备,这是一般人都承认的事实。本车上所定的"电影教育"一项,就是本这个原则去做的。

本车上装有发电机、放射机各一部,影片由重庆青年会选定几部交车上放映。每次行驶长途,晚间到了一个服务地点举行集会,会后就映放电影,所以名叫讲映会。映放的影片,纯全是含有教育意义的。并承中央宣传部摄制场热烈的帮助,每次由渝行驶前,借给本车一二部该场摄制的宣传片子。如近二月来放映的"总理奉安典礼""电政设计""教导总队授旗""京沪大血战记"等新影片,使一般民众知道政府的建设,军队的抗战,渐渐使他们认识国家的事情。在青年会电影部所选映的影片如"共赴国难""上海抗战记",多系含有抗战意义的作品,希望引起他们的爱国情绪和民族意识。

几次试映效率:四川乡村的农民,大多数是极为贫穷的,他们的生活几乎在水平线下,所以有毕生未到过城市的,更说不上享受正当娱乐与受教育的机会。这次本车所过的城市乡镇,在晚间为农民放映电影,来看的人成千累万,极为踊跃。大家都认为见所未见,闻所未闻,开广眼界不少。据车上精确的统计,只享受电影教育这一项工作的人,第一次报告是七万四千九百五十人;第二次报告是六万八千八百人;第三次报告是八万二千四百人;第四次是四万二千七百人,共二十六万八千八百十五人。这的确是一个可观的数目,继续下去,我想一年的观众,至少在一百五十万人左右。

摄制本车活动片:本车为训练民众开会秩序,及使他们了解军政当局及本车工作的活动起见,并请中央摄影场的技师陈嘉谟先生于六月十三日飞省,摄照四川绥靖主任邓晋康及省政府王主席缵绪,暨邓秘书长、各厅厅长肖像,制印附入开会程序影片内,使民众认识孙总理、国府林主席、蒋委员长暨各院部长与本省各长官,并将与本车沿途服务活动情况摄制长片,映放给民众参观。

(四)医药卫生

中国人死亡率之大,几乎占全世界第□位,这是中华民族最大的危机,比敌人有形的飞机大炮的残杀还要可怕。所以当此抗战建国的时候,医药卫生也是刻不容缓的工作之一端。医药是治标,卫生是治本,本车所负的使命,则是标本兼顾。

关于医药方面:本车有医生,有护士,有药品,有病床,设备相当充实,无论轻病重病,均能应付裕如。但每个地方的病人实在太多了,在不长的开诊期内,往往要诊断多则八九十、少则三四十的病人,一个医生自然觉得很费力的。计本车四次来回成渝路,诊病地点九十一处,病人三千八百二十二人。因为来医治的病人,多数是衣不蔽体的穷困农工大众,事实上他们的病,因穷而生的,所以不仅扔不出起码的药费,就连最低限度的八百文(三分多点)挂号费也大摇其头。所以在应收的四百二十一元六角六分的医药费用当中,仅仅收到七十四元二角,占应收之数不过六分之一,差不多可以说等于是施诊。至于病人的种类,以肺结核症最多,皮肤病、沙眼、虫病、气管炎、肠胃病、伤寒也不少。

卫生方面:除免费预防注射,施种牛痘及廉价出售蝇拍外,有电影玻片、卫生挂图、卫生传单，由医生与车上同人〔仁〕向农民讲解，使他们明了疾病是如何传染，疾病应如何预防，疾病应如何治疗，以及救护常识，防空防毒等等。从病源上诊断的结果，证明病人所患之病，都与卫生有因果关系。比如患肺结核的人所以多，就是由于随地吐痰不以为怪；患皮肤病的人所以多，就是由于衣服污秽，不常洗涤；患肠胃病的所以多，就是由于饭食不洁，饥苦难堪；患沙眼的人所以多，就是由于使用公共手巾，成为习惯……，诸如此类，举不胜举。因此，我们认为欲保持农民的健康生活，医药固然迫切需要，而灌输卫生知识尤应迫切需要。

（五）借阅图书

本车每次出发，均带有各科图书、杂志、画报，以便沿途供人借阅。其供阅办法为：一书价在五角以下者，缴押金五角，五角以上者一元，余类推。押金于还书时退还，并无租费。已借书者，本车到时，并有人径到借书人住所接洽掉换。新借者，本车到时，随时均可借取。总计这次的借书人数如下：借出图书四十六次。缴押金者二十六人，未缴押金者五人。女子借书者三人，男子二十八人。依地域分：璧山四人，资阳六人，隆昌六人，永川三人，荣昌三人，简阳三人，球溪洞一人，内江一人，本车四人。至借书人职业，未详细调查，就所知者有商界、公务员（保长）。借书机关有民众教育馆、车站、福音堂、警察所、学校等。本车为提倡一般人爱好读书起见，并于每晚利用幻灯打玻板，说明借阅图书办法，故知者渐多，借书人有逐渐增加趋势。此外，本车每到一处，即展览各种挂图，并有人逐张解释，故观众踊跃。抗战画报尤为一般民众所欢迎，即学校学生，亦如获至宝，反复阅读，不忍释手，可见内地知识饥荒之一般。本车来回成渝路四次，阅览图书人数共计一万二千三百六十三人。

（六）抗战歌曲

唱歌可以激发人的情感，教抗战歌曲，尤为训练抗战决心。故抗敌歌咏亦为本车主要工作之一。惟一般人因街头教歌与习惯相去甚远，所以初次教唱时，民众多不肯开口，仍须多方诱导，始见低声唱和，但结束时他们又争相誊抄，深恐失此歌调。有时，如遇军队或学生从中唱导，群众较为上口。我们教的方法是：先由我们自己唱一二遍，以引起其趣味，然后教他们识字，以明白其意义,最后教他们跟着唱,务必达到每人都能单独唱才停止。我们用的歌调是杀敌歌二首,一仿锄头歌调,一仿孟姜女寻夫调;又,火烧阳明堡一首,则仿五更调及凤阳花鼓调,内中以孟姜女最受欢迎。至参加歌唱的民众,多是路上过客及附近居民,份子极复杂,程度极不一致。如白发老翁、红颜少女、乡下农民、学徒、力夫、军人、学生、小乞丐等,真是形形色色,应有尽有。收效最大的,除学生军人外,要以学徒和小乞丐的表现最使我们满意。当本车二次停下工作时,他们不期然而然的异口同声把上次学会的歌唱起来,而且要求我们立刻教他们唱别的歌,上次不肯开口的,这次不必诱导,也很自然的大开其口了。

(七)生活程序

本车工作同人〔仁〕一共八人,其职务分配如下:总务、交际、医药、农事、护士、司机、电影、杂务各一人,这只是大致上的分配。实际上每个人都要负着好几种的职务,比如演讲、歌咏、配药、会计、管理图书、医药挂号等等,都是八种职务外相当繁重的事情。因此,同人〔仁〕每日的工作是非常紧张的,从早到晚,可以说是没有多少空余时间,即在开车的时候,同人〔仁〕还要用它来做朝会和讨论问题。其程序大致是这样:

午前,六点起床,收拾行李。六点半至七点半上行李,算账及统计。七点至八点盥洗,吃早饭。八点至八点半检查机器,上油。八点半至十点开车(做朝会及讨论问题)。十至十二时工作(医药,展览图书,演讲)及开车(路近则工作,远则直驶)。

午后,车到时,即下行李。一点至一点半午饭。一点半至三点休息。三点至五点半工作(医药及展览图书)。五点半至六点晚饭。六点至十点工作(放电影及讲演)。十点半就寝。此项程序在行驶渝榨段时略有改变。

以上各项工作系已进行者,其余如"无息借贷""交换籽种""指导副业"各行,现正与金陵大学接洽辅助人才与改良籽种等,有结果时,即行举办。

(八)服务车之展望

1.查四川境内之公路已成干线,如川黔,川陕,川甘,川湘等,共长一六四七里,其他如成嘉、成叙、成灌、万梁等支路,因参考不便,尚未计入。以每车每日行四十公里，服务乡村，共需汽车四十二部；若以三日巡回一次，亦需十四部；倘须达到各邻省之省会，切取联络，至少须增加一倍车辆。现仅一部汽车行驶成渝，往返费时半月，对于一切工作，诚有一曝十寒之概。并有许多较小之乡镇，未往工作，故请求政府扩充车辆，实为当务之急。

2. 本车（青美号）行驶成渝至六月底，则改行重庆至楺木镇一段，增加工作地点，两星期巡回一次，另以一部行驶成内段（由成都青年会联络教会负责进行）与渝楺段之东衔接。此外，再以一行驶重庆附近或赴特约地点。其他路线限于经济，尚无定期举办之确定计划，惟望政府当局，地方领袖，共起促成，以期普遍，而收迅速复兴民族之效。

3. 凡毗连之省份，如川黔、川滇、川湘、川陕各省，本会均须促其创办，切取联络，以期迅速完成农教网，而使乡村民众均有现代知识，抗敌意志。

4. 最近即拟联络政府所办之家畜保育所、私立金陵大学之农学院及华西卫生教育会等，各派专家联合工作，以增进服务车之效率。

俟各路办有端倪，则向不通车之乡村，初则购买三用之电播教学机（即收音，留声，播音三种合为一箱），配以幻灯，继则用骡马驮电机及各种服务工具，深入各乡服务，不过时间稍远而已。

（九）教育部致行政院呈（11月□日）

奉交四川农村教育服务车促进会，请扩充农村服务车，并捐助已办之服务车经费一案。奉此。查利用汽车巡回施教，确属实施战时社会教育之良法，本部早见及此，曾于去岁自置巡回施教车一部，沿湘、黔、川三省公路施教，并随地示范。一俟川滇公路通车，即可转赴云南。现更利用车上设备，兼备木船，沿内江施教，亦颇受各地欢迎。其他如江西、湖北均有施教车之设置，藉增宣传之效力。此后，当以地方力量发展此项事业为便。该会设有青美号服务车一部，本部为奖励其工作起见，自本年四月起，每月补助该车事业费三百元在案。似无再予增加补助之必要。至扩充车辆二十部一节，亦可缓议，理合签请鉴核。

谨呈

行政院

附呈还原呈洪字第一〇六二四号一件〈略〉

教育部部长　陈立夫

中华民国二十七年十一月□日

（原件存第二历史档案馆）

2. 教育厅签呈拟设四川省立教育科学馆（1939年4月25日）

敬签呈者：

　　查职厅为谋学术与行政理论与事实之密切联系,运用科学方法与技术,辅助本省教育行政机关,改进全省各级学校教育及社会教育,以期发展教育事业,增加效率起见,拟于本年度内设置四川省立教育学馆一所。主管各种教育科学之研究,改进与设计事项。如教育方法及科学之实验;教育调查与测验之举行;科学设备及其他教育用品之设计及推广各种教育参考书及读物之编审;教育科学期刊之编行暨国内外教育状况及新趋势之介绍等。是至经费一项,自本年五月份起至十二月止,经详加预计,最低数为四万元。除已于本年度省教育文化费岁出概算书内列支三万六千元外,并于总概算内编著印刷费一万五千元项下匀支四千元充任本年度内八个月经常费用。所拟是否有当,理合检同组织规程草案及预算书各一份签请钧座俯赐,核示祇遵。

　　谨呈

主席　王

　　计呈四川省立教育科学馆组织规程草案及预算书各一份〈略〉

兼教育厅长　郭有守

3. 绵竹县民育电影院恳请映放电影呈（1939年7月）

　　呈为加强抗战宣传,普及民众教育,恳请准予映放电影备查事。

　　窃自七七抗战两载于兹,凡我精华市镇,爆炸无遗;老幼同胞,流离颠沛。前方浴血抵抗;后方民气尚沉。考诸事实,人民对于抗战前途,认识浅鲜,宣传力量尚未普及惯〔灌〕输。敝县同人〔仁〕等有鉴于此,为推广民众教育,加强抗战宣传力量,激发民众抗战热忱起见,值兹都市疏散之时,特向各影片公司租定各种爱国文化教育影片及抗战事迹。现已租就本市新声剧院为院址映放,以激发民气,而利普及宣传。呈请绵竹县第一区区公署,请示审查备案。

谨呈

区长　李

民育电影院经理　古兆芹

中华民国二十八年七月

[批]:呈悉。准予放映,惟每日剧片须先行送请县府检查。仰即遵照。此批!

七月二十日

(原件存绵竹市档案馆)

4. 四川省教育厅关于划拨川大旧址地皮作省立图书馆提案
(1939年10月17日)

查本省前为适应地方需要,奠定西南文化基础起见,曾有筹设省立图书馆之提议。并于二十五年十二月拟具筹设委员会组织规程,聘定委员,于二十六年三月在本厅开成立大会。经议:决定积极筹设。暂定经费三十万元,并酌量省教育经费情形,分年筹拨,等语在卷。嗣因抗战发生,筹备事宜暂告停顿。上项经费,二十五年度计预算列支一万元,二十六年度四万二千元,二十七年度二万元。除二十五年度一万元,业已具领,专存储外,其廿六、廿七年度之款,刻正分别高潮补拨存储。复查本省号称为复兴民族根据地,抗战以还,各省专科以上学校多移蓉办理。社会教育日渐普遍,需要图书益形急切。最近本省参议会,亦有筹设省立图书馆之建议。兹拟仍赓续前案,积极进行,除定期召开筹委会暨设法筹拨二十九年度经费外,所有馆址一项,亟应及早勘定,俾便办理。查皇城川大旧址,居市区中心,交通便捷,地面宽广,颇适合于建筑图书馆之用。拟请划拨该项地皮二十亩,以作省立图书馆永久馆址。是否有当,敬请公决。

委员兼教育厅长郭有守十月□日

5. 军委会政治部孩子剧团为请求赴四川农村工作致郭沫若函
（1939年11月4日）

爱护和关心我们的郭先生：

好久没有给您信了，您忙吗？自从那天在厅里见过您后，我们时时刻刻在想着您，所以写这封信来问候您好。

我们回团本部已有两个月了，在这一段时间中，我们主要的是加紧自己每人的学习，学习宣传技术的同时，在附近做了一点工作。

我们在第二次团务会议，决定在十一月半两队出发川北、川西工作。后来，蔡指导员说："郭先生为了爱护我们，怕我们冷，叫我们过了冬出发。"我们听了都不高兴，大家叫着："我们不怕冷"，"我们要出发工作"，"写信给郭先生去"。

亲爱的郭先生：的确，我们不怕冷，我们要出发工作。因为在四川地带，并不挺冷，而且我们都做了新大衣。在比较冷的几个月中可以少布置一点工作，着重自己教育方面，您说好不好？

所以，今天写信来，请郭先生允许我们十二月初出发工作，我们相信郭先生一定不会使我们失望的。

敬致

允许的敬礼！

军事委员会政治部孩子剧团的孩子们谨呈

廿八年十一月四日于陈家坝

[郭沫若批]：大家都不怕冷，可在十二月初出发工作。交蔡家桂同志。

郭沫若

十一月十五日

（原件存中国第二历史档案馆）

6. 郭沫若签报孩子剧团川东川南工作报告呈(1939年11月16日)

查孩子剧团于本年三月,奉令分发川东、川南工作,于八月间工作完毕,先后回渝。兹将各队工作报告摘要签请鉴核。

谨呈

代秘书长　张转呈
部　　长　陈
副部长　张
　　　　周

职　郭沫若
十一月十六日于第三厅

抄孩子剧团川东工作队报告摘要

时　　间:二十八年三月三十日至八月一日

地　　点:川东长寿、涪陵、丰都、忠县、万县、云阳

工作人员:二十四人

领　　队:林犁田、许立明

(一)在长寿(三月三十日至四月十六日)

(甲)儿童工作

1. 参加庆祝儿童节,举行各界联欢大会;

2. 刊出《儿童节专号》告小朋友书,标语五十余张;

3. 发动献金三十余元,写慰劳信八百余封;

4. 参加"儿童抗战演讲比赛会",本队获优胜第一,各界赠奖品。

(乙)慰劳工作

1. 慰问第十一陆军医院,代写家信,并个别慰问,开展讲演,题目《负伤光荣》、《军民合作》等;

2. 参加医院同乐会,公演剧目《死里求生》、《捉汉奸》、《舞蹈》等剧,并出荣誉壁报一幅。

(丙)一般工作

1. 举行街头宣传、讲演、歌咏、标语等；

2. 参加军民联合大会公演，出席长寿"儿童救亡协会筹备会"，提供组织意见。

(二)在涪陵(四月十七日至五月二日)

(甲)儿童工作

1. 召集各学校开座谈会，进行为灾童收容所募捐；

2. 招待各界公演话剧，并发动为灾童募捐，共募得一百元，并举办儿童歌咏大会。

(乙)慰劳工作

1. 慰问一二一后方医院第八休养所，公演话剧《死里求生》、《捉汉奸》、《梨膏糖》等。

(丙)一般工作

1. 街头宣传、标语、演讲、歌咏等；

2. 参加县立女中"妈妈会"，报告孩子剧团之经过，并公演话剧；

3. 招待各界联欢大会、公演话剧、歌咏等；

4. 接受各界赠旗十三面。

(三)在丰都(五月三日至五月十五日)

(甲)儿童工作

1. 召集各学校开茶话会，提出举行儿童抗战演讲比赛，儿童露天歌咏会，慰劳负伤将士等；

2. 参加儿童抗战讲演会，本队获得甲、乙两组优胜；

3. 参加儿童露天歌咏会，本队负总指挥职，并举行火炬游行，情绪非常紧张。

(乙)慰劳工作

号召各学校赴一二〇医院，慰问负伤将士，代写家信、缝补等工作，并公演话剧歌咏。

(丙)一般工作

1. 举行街头讲演、歌咏、贴标语等；

2. 参加中央军校特别训练班音乐会，公演歌咏舞蹈等；

3. 接收抗敌后援会、一二〇医院，中小学校等赠旗六面。

(四)〈忠县以下均略〉

抄孩子剧团川南工作队报告摘要

时　　间：二十八年三月三十日至八月二十三日

地　　点：川南泸县，合江、江津、江安

工作人员：二十五人

领　　队：吴新稼、张莺

(一)在泸县(三月三十日至五月一日)

(甲)儿童工作

1. 参加儿童节演讲比赛，本队瞿文静得低级第一名，并获奖品及优胜旗一面；

2. 参加儿童节联合公演，节目《帮助咱们游击队》、《捉汉奸》，并主持舞台上一切指挥责任，观众两千余人；

3. 参加儿童节庆祝大会，本会徐晴任总主席，发动献金一千余元，并参加火炬游行，儿童队列一万余人，情绪非常热烈，深夜始散。

4. 本队孙杰同志被请至儿童第七保育院讲授"灯火布置"，并赴爱智小学及第七保育院教唱抗战歌曲。

5. 招待各小学公演，节目《复仇》、《团结起来》、《壮丁》等剧。

(乙)慰劳工作

1. 招待十八师及动员委员会，公演节目《复仇》等剧；

2. 招待第五教养院全体残废官兵八百余人，演出《捉汉奸》等剧；

3. 至纳溪县安府镇，参加军民大会(招待十四补训处第七团，及赴石姗场十四补训处第八团公演)。

(丙)一般工作

1. 在江津、合江等地，船停息时，全体登岸贴标语、口头宣传、访问、歌咏等，并向民船上乘客讲演，题为《为什么能得到最后胜利》。

2. 在泸县，帮助夜校教兵工厂工友，开展讲演会及歌咏；

3. 组织街头宣讲、张贴标语、开展演讲、歌咏等工作；

4. 招待各界及各小学公演二次；

5. 参加追悼十八师副师长送葬，并于临时特别刊出《临别纪念刊》二幅；

6. 收十八师政治部、教养院、师管区司令部等赠旗六面。

（二）在合江（五月二日至二十七日）

（甲）儿童工作

1. 招待各小学公演话剧，并联合各小学举行抗敌书画展会五天。

2. 在赤水县招待各小学公演话剧，举行戏剧座谈会，并至各小学及保育院教歌二十余次。

（乙）慰劳工作

分别慰劳负伤将士，第五陆军医院及第五补训处第二、四团，公演话剧、歌咏等，并个别谈话。

（丙）一般工作

1. 参加合江各界举行"五五"、"五九"纪念会，并发动献金；

2. 在合江招待党政军长官，军人家属，各小学等，公演话剧、歌咏；

3. 在赤水招待党政军长官，及赤水中学公演话剧、歌咏；

4. 街头歌咏、贴标语、壁报、展览图书等工作多次；

5. 接收第五陆军医院，宪兵队等赠旗十四面。

（三）在江津（五月二十八日至七月二十三日）

（甲）儿童工作

1. 参加"七七"儿童露天歌咏大会，并歌咏、游街一小时；

2. 招待江律小学公演，并发动各小学写慰劳信二千余封；

3. 在世德小学开座谈会，讨论组织儿童团体及演剧等工作之困难问题，并赴各小学指导歌咏。

（乙）慰劳工作

1. 欢迎壮丁入伍，公演话剧、歌咏二次；

2. 慰问负伤将士公演,并举行个别慰问;

3. 发动写慰劳信一千七百余封。

(丙)一般工作

1. 主持联合各小学,为重庆轰炸被难同胞募捐公演,并举行招待各界公演;

2. 至刁家举行招待各界公演,并慰问出征家属;

3. 街头贴标语、歌咏、演讲等工作六次;

4. 接收抗敌后援会、联保主任及世德小学赠旗三面。

(四)在江安〈下略〉

(原件存中国第二历史档案馆)

7. 四川省报纸、通讯社及杂志社登记一览表(1937年10月—1941年3月)

(一)四川省报纸一览表(1939年10月)

名 称	负责人	登记证字号	刊期	地 址	备注
中央日报成都分社	张明炜	警字第7059号	日刊	四川成都五世同堂街	
成都新民报	吴景伯	中字第3031号	日刊	四川成都春熙东路	
华西日报	邓汉祥	中字第2659号	日刊	四川成都总府街16号	
成都复兴日报	丁少斋	中字第2666号	日刊	四川成都昌复馆	
成都快报	彭序东	中字第2348号	日刊	四川成都华兴正街83号	
成都新新闻报	马秀峰	中字第2034号	日刊	四川成都春熙东路中段32号	
捷报	陈济光	警字第6570号	日刊	四川成都熙南路州6—5号①	
四川日报	陈远光	警字第6548号	日刊	四川成都华兴正街49号	
成都民声报	汤次华	警字第6591号	日刊	四川成都华兴东街56号	
兴中日报	朱彦林	警字第6540号	日刊	四川成都中北打铜街	
时事新闻	张雪崖	警字第6577号	日刊	四川成都南打金街77号	
前锋日报	甘明蜀	警字第7032号	日刊	四川成都西丁字街55号	
人报	孙翔凤	警字第7055号	日刊	四川成都东玉沙街39号	
南京早报	王若曦	警字第6947号	日刊	四川成都	
新中国日报	李幼椿	警字第6946号	日刊	四川成都北新街51号	

①"州"字疑为衍文。

续表

名　称	负责人	登记证字号	刊期	地　址	备注
飞报	简朴	警字第7041号	日刊	四川成都南纱帽街	
成都新川日报	文劲涛	警字第6777号	日刊	四川成都中东大街36号	
建国日报	朱彦林	警字第6797号	日刊	四川成都总府街132号	
党军日报	张国和	警字第6958号	日刊	四川成都西东大街6号	
成都新闻夜报	冷曝冬	中字第2769号	日刊	四川成都悦来场40号	
抗建晚报	杨鹭栖	警字第6893号	晚刊	四川成都青石桥北街	
国难三日刊	刘东父	警字第6571号	三日刊	四川成都王家坝20号	
成都轰报	江剑飞	警字第6606号	五日刊	四川成都春熙路北段2号	
民气周报	蔺大常	警字第7016号	周刊	四川成都卧龙桥26号	
大声日报	闵剑梅	中字第2675号	日刊	四川合川县城塔耳门内	
合川日报	刘叔瑜	警字第6892号	日刊	四川合川柏树街	
合阳晚报	潘树秋	中字第2832号	日刊	四川合川塔耳门秦家公□	
商报	萧鲁瞻	中字第2558号	周刊	四川合川县丁市街	
梁山复兴时报	李心白	警字第6996号	日刊	四川梁山县东正街20号	
力人日报	程亚夫	中字第3091号	日刊	四川泸县三牌坊3号	
谈言夜报	余礼齐	中字第3109号	日刊	四川泸县治平路白塔寺	
泸县日报	罗进修	中字第2432号	日刊	四川泸县南门内忠孝祠	
正雄日报	王级升		日刊	四川泸县仓街口忠孝路76号	
金岷日报	陈范可	警字第6626号	日刊	四川宜宾县宜宾公园内	
大雄报	张本立	中字第996号	日刊	四川宜宾石灰街743号	
拓荒报	万季和	警字第6672号	日刊	四川宜宾县上巷北街7号	
仁寿日报	秦齐三	警字第6682号	日刊	四川仁寿县城	
正确日报	王幼楠	警字第6496号	日刊	四川自流井米行街23号	
自贡民报	曾也鲁	警字第6719号	日刊	四川自贡市石塔上街47号	
新运日报	董仙洲	警字第6945号	日刊	四川自流井正街兴华书局	
乐至日报	余衍泽	警字第6909号	日刊	四川乐至民众教育馆	
川南建设报	王权	中字第3906号	日刊	四川乐山县上土是8号	
嘉陵江日报	卢子英	中字第2666号	日刊	四川巴县北碚乡	
南充民众日报	吴□	警字第6723号	日刊	四川南充县清江楼	
隆昌日报	陈永怡	警字第6720号	日刊	四川隆昌县老街32号	
川东晚报	王作用	中字第3040号	晚刊	四川万县环城路	

(二)四川省通讯社一览表(1939年10月)

名　称	负责人	登记证字号	刊期	地　址	备注
中央通讯社成都分社	冯志翔	警字第6672号	日刊	四川成都春熙路17号	
民国通讯社	周开庆	警字第6672号	日刊	四川成都	
成都民智新闻社	米砚田	警字第6672号	日刊	四川成都东华南街54号	
蜀光通讯社	郑祥兰	警字第6672号	日刊	四川成都上北打金街48号	
成都民生通讯社	叶恕沧	警字第6672号	日刊	四川成都北署袜街旧交涉署	
四川通讯社	黄伯君	警字第6672号	日刊	四川成都青石桥北街7号	
成都新闻编译社	王白兴	警字第6672号	日刊	四川成都总府街民亨里3号	
川康通讯社	刘墨苟	警字第6672号	日刊	四川成都兴华正街20号	
阆中县民智通讯社	王泊九	警字第6705号	日刊	四川成都将军街46号	
神州通讯社	陈炳麟	警字第6970号	三日刊	四川成都将军街46号	
星芒通讯社	蒋慕岳	中字第3124号	六日刊	四川成都盐道街41号	
远东新闻通讯社南京总社	许超	警字第7079号	日刊	四川江北县塘头镇	
大足通讯社	沈受之	中字第2380号		四川大足县党部	
中国西部边疆新闻编译社	周素董	中字第3123号	日刊	四川中山中街佳宾公园事务所	
川陕鄂边区通讯社	赵星洲	警字第6997号		四川阆中	
南京通讯社	葛润斋	中字第3836号	日刊	四川江北县	
叙永护国通讯社	戴微枝	警字第6693号	日刊	四川叙永县砖城街	
蜀西通讯社	张开元	警字第6610号	三日刊	四川温江县正街	
雏声通讯社	华绍元	中字第2987号	三日刊	四川广汉县党部内	

(三)四川省杂志社登记一览表(1941年3月)

名称	负责人	刊期	登记证字号	地址	备考
射洪党务旬刊	邓泽民	旬刊	文字第262	四川省太和镇	
知行杂志	曾椎松	半月刊	文字第653号	成都春熙路东段33号	
雅江周刊	曾笨民	周刊	文字第654号	洪雅县财政委员会内	
民众周刊	包伯阳	周刊	文字第655号	邻水县县立民教馆	
统一评论	叶道信	周刊	警字第4979号	成都祠堂街189号	29.4.12注销①
政声	洪图炳	半月刊	警字第6530号	成都署袜化北街39号	同上
前进	杨群	周刊	警字第6535号	成都北纱帽街11号	28.12.14注销

---

① "29.4.12"为"民国二十九年四月十二日"俗写,本表类似表述较多,不赘注。

续表

名称	负责人	刊期	登记证字号	地址	备考
国难三日刊	刘东父	三日刊	警字第6571号	成都王家坝20号	29.1.5注销
前导旬刊	刘健符	旬刊	警字第6579号	成都奎星楼街2号	28.12.14注销
蓬安县党务旬刊	张立卿	旬刊	警字第6624号	蓬安县县党部	
防空季刊	黄云鹏	季刊	警字第6627号	成都四川省防空协会	29.1.5注销
战时文化杂志	陈文治	旬刊	警字第6655号	成都春熙西段17号	
叱咤文艺社	李化栋	半月刊	警字第6663号	合川南津街	
流火文艺月刊	张之农	半月刊	警字第6742号	荣县花巷子德磐宅	
学生新闻	谭庶潜	周刊	警字第6743号	成都内姜街63号	28.12.14注销
抗战评论	陈旭辉	旬刊	警字第6749号	成都中西顺城街127号	29.1.5注销
四川市政研究	邱致中	半月刊	警字第6750号	成都市民众教育馆	28.12.14注销
妇女正谊周刊	何知言	周刊	警字第6760号	成都四川省学问内市妇女会	
民教旬刊	杨若坤	旬刊	警字第6762号	平民教育促进会四川分会	
杂说月刊	朱思桢	月刊	警字第6763号	成都新街后巷子号	29.1.5注销
大江半月刊	田自远	月刊	警字第6774号	成都蜀华中学样	29.1.5注销
抗敌周刊	王淳	周刊	警字第6792号	四川五通桥	
建国旬刊	朱彦林	旬刊	警字第6793号	成都下中东大街崇德里三号	28.12.14注销
大邑县旬刊	汪入歧	旬刊	警字第6801号	大邑县正东街党部	
达县商业周刊	李海絮	周刊	警字第6822号	达县布市街达县商会	
战教周刊	张绍尹	周刊	警字第6894号	成都宁夏街35号	
新教育旬刊	四川省教育厅	旬刊	警字第6895号	成都督院街教育厅	
精诚旬刊	严肃	旬刊	警字第6940号	成都署袜北街58号	29.1.5注销
成都战时学生旬刊	萧愉	旬刊	警字第6941号	成都祠堂街96号	
中央畜牧兽医季刊	陈之长	季刊	警字第6942号	成都南门外农业改进所血清制品厂内	
倡导周刊	杨培君	周刊	警字第6943号	成都商业街12号	29.5.5注销
三民主义旬刊	许群立	旬刊	警字第6944号	成都东胜街34号	
时代知识	赵普矩	周刊	警字第6969号	成都新集商场8号	29.1.5注销
笔陈周刊	刘盛亚	周刊	警字第6988号	成都泡桐街15号	
更生旬刊	刘雄	旬刊	警字第7012号	成都岳府街23号	
国际与中国	张维城	月刊	警字第7087号	成都大红土地庙61号	
农林新报	汪冠群		警字第7090号	成都华西坝金大农科院	28.10.7注销
万县民众旬刊	史秉铃	旬刊	警字第7091号	万县一马路文庙	

续表

名称	负责人	刊期	登记证字号	地址	备考
建国画报	董家骥	旬刊	警字第7106号	成都祠堂街西南经济社	
齐鲁大学校刊	张予圣	月刊	警字第7114号	成都齐鲁大学内	原名齐鲁大学通讯
温江乡村建设	王国璠	月刊	警字第7142号	温江县乡村建设委员会	
佛化新闻	许了一	周刊	警字第7172号	成都桂花街40号	
学术月刊	蔡玉彬	月刊	警字第7173号	成都厅署街32号	
四川教育视导月刊	章柳泉	月刊	警字第7174号	成都老玉沙街	
通俗文艺	周文	五日刊	警字第7177号	成都布后街	
西部文艺月刊	杨斯因	月刊	警字第7194号	成都光华街89号	
田家半月报	孙天锡	半月刊	警字第7242号	成都四圣祠华英书局	由鲁迁川重新登记
先锋半月刊	郑克牧	半月刊	警字第7366号	成都上南大街72号	
布道杂志	陈崇桂	月刊	警字第7372号	成县枇杷坪福音堂	
电信界月刊	邱关瑾	月刊	警字第7465号	成都文庙前街71号	
郫县党务月刊	李适如	月刊	警字第7472号	郫县县党部	
郫县地方教育季刊	聂德风	季刊	警字第7504号	郫县县政府左侧	
荣县民众周刊	杨雪池	周刊	警字第7505号	荣县民众教育馆	
华西文艺月刊	王佩玱	月刊	警字第7510号	成都青莲巷48号	
野马文艺月刊	熊西蒙	月刊	警字第7511号	成都联升巷12号	
地方自治半月刊	邓文仪	半月刊	警字第7522号	成都祠堂街33号	
西南研究	闻在宏	季刊	警字第7546号	成都华西大学	
黄善半月刊	顾颉刚	半月刊	警字第7563号	成都华西坝	
大众航空	简朴		警字第7564号	成都东城根街23号	
宪政半月刊	熊子骏	半月刊	警字第7565号	成都老玉纱街52号	
政衡半月刊	胡乃文	半月刊	警字第7575号	成都斌升街2号	
希望月刊	郑子良	月刊	警字第7576号	成都四圣祠堂街20号	
防空季刊	黄国昌	季刊	警字第6627号	成都奎星楼街1号	30.2.15注销
忠勇月刊	蔡玉彬	月刊	警字第7751号	成都八宝街73号	
文化导报旬刊	屠兆祥	旬刊	警字第7755号	成都祠堂街	
政教旬刊	四川民教两厅	旬刊	警字第7757号	茶店子120号	
畜牧兽医月刊	陈之长	月刊	警字第7759号	成都血清制造厂	
抗战科学月刊	叶衍鑫	月刊	警字第7760号	成都上桑里1号	
燕风月刊	梁德端	月刊	警字第7761号	成都北门北巷子31号	

(原件存中国第二历史档案馆)

8. 四川省教育厅戏剧歌曲编审委员会暂行规章草案（1940年9月10日）

第一条　四川省政府教育厅为倡导及管理戏剧、歌曲，以提高社会文化基准，增进社会教育效率及发扬民众宣传功能，特组织戏剧、歌曲编审委员会（以下简称本会）。

第二条　本会编审之范围如左〈下〉：

甲、戏剧类

（一）平剧，（二）川剧，（三）话剧，（四）电影。

乙、歌曲类

（一）鼓书词，（二）弹榴词，（三）时行调，（四）杂曲。

丙、其他

第三条　本会之任务如左〈下〉：

甲、关于编导方面

（一）征集发扬抗建精神，启迪优良风俗之戏剧、歌曲作品；

（二）奖励有关抗建戏剧、歌曲，排演忠勤效果著卓之优秀从业员；

（三）扶持正当戏剧、歌曲之演奏，并指导其改进。

乙、关于审查方面

（一）审查已有通行之剧材、歌词；

（二）评述、订正；

（三）遇有不合时代或不堪应用之戏剧、歌曲，得呈请禁止。

第四条　本会设主任委员一人，由教育厅厅长兼任。委员八人至十四人，由主任委员就戏剧、歌曲界之名流学者及热心提倡戏剧、歌曲之人士聘请之。

第五条　本会特设专任干事一人，秉承主任委员，办理各项事务。特必要时，得酌用雇员。

第六条　本会委员均为名誉职，任期一年，期满得续聘。

第七条　本会每月开常务会议一次。遇必要时，得开临时会，均由主任委员召集。

第八条　本会编导之戏剧、歌曲成品,及审查意见之决议案,呈请省政府核定办理。

第九条　本会会址,暂设省政府教育厅。

第十条　本章程呈经省政府核准施行。

9. 成都市书店概况登记表(1942年)

民国二十九年六月二十日

省县别	书店名称	地址	设立年月	资金总额	政治背景	主持人	去年出书总量	职工总数	备注
四川成都市	开正书店	春熙东路34号	29.6.20[①]	10000		黄子璞		2	
四川成都市	开明书店	祠堂街64号	15.10	29180		冯月樵	高初中教科书	28	于乐山等四十县设供销处
四川成都市	国魂书店	祠堂街	28.7.7	10000		左宏禹	青年党之书刊	7	
四川成都市	成城出版社	石马巷19号	28.9.15	32000		姜信		102	
四川成都市	众志书店	四维巷	29.1	50000		黄大白		5	
四川成都市	路明书店	半边桥街	31.2.21	5000		林稚巢			
四川成都市	青年读书会	东城根街41号	28.3	1200		李汝樵		2	
四川成都市	读者书店	东城根街167号	31.3.8	2000		皮考杯		2	
四川成都市	阙文书店	东城根街	31.1	3000		刘述林		4	
四川成都市	草原书店	东城根街	31.1.20	3000		胡振平		3	
四川成都市	中国文化研究站书报流通线	东城根街	31.2.22	50000		李载华		4	
四川成都市	知生书店	同上	31.11	6000		张留仁		2	
四川成都市	远光书店	同上	30年下季度	15000		李贞观			
四川成都市	文中书店	同上	30.10.9	4000		姚文亭		3	
四川成都市	菁华书店	祠堂街	19.	5000		傅寿民		16	

① "29.6.20"为"民国二十九年六月十二日",本栏相关表述类此,不一一赘注。

续表

省县别	书店名称	地址	设立年月	资金总额	政治背景	主持人	去年出书总量	职工总数	备注
四川成都市	新明书店	玉带桥街51号	2.	1000		薛新民		1	
四川成都市	荆关拾遗斋	玉带桥街22号	25.	200		吴钧可		1	
四川成都市	正兴山房	白丝街38号	27.	300		廖正扬		1	
四川成都市	协心山房	玉带桥街8号	27.1	10000		傅少辉		2	
四川成都市	新新书社	玉带桥街50号	28.6	1000		吴志成		2	
四川成都市	四维书店	玉带桥街12号	24.	1000		阮云栋		3	
四川成都市	聚华堂	白丝街17号	12.	200		马江泉		1	
四川成都市	学众书店	横陕西街	25.1	300		陆治铭		1	
四川成都市	华西书店	外南小天竺街	31.1	1000		蒋正伦		3	
四川成都市	农民书店	建国南街	30.8	300		阎若雨		1	
四川成都市	旭民书店	半边桥街36号	31.3	3300		徐景灵		4	
四川成都市	蔡益所	白丝街59号	8.	200		蔡泽臣		1	
四川成都市	维新书店	玉带桥街28号	28.	300		赵明德		1	
四川成都市	友生书店	东城根街77号	25.	5000		许鸿德		5	
四川成都市	紫村	东城根街205号	31.3	1000		冷钟广		3	
四川成都市	微微书店	东城根街28号	30.10	5000		孙建业		2	
四川成都市	明达书店	玉带桥街44号	30.8	1000		严明道		1	
四川成都市	成纪书店	西玉龙街210号	25.1	4000		苏成纪		1	
四川成都市	文中书店	东城根街130号	30.11	550		姚文亭		3	
四川成都市	文龙书店	玉带桥街29号	28.	1000		阐文龙			
四川成都市	利文书局	春熙路北段51号	27.5	8000		王立勋		6	
四川成都市	同盟书局	祠堂街	31.7	2000		张钟方		4	
四川成都市	启文书局	春熙路北段57号	31.9.12	30000		李树屏		5	
四川成都市	华星书局	祠堂街	31.1.2	8000		陈期鉴		5	
四川成都市	新群书店	祠堂街	29.8.13	5000		孙成斌		2	
四川成都市	大新书店	祠堂街	30.1	7000		田野萍		7	
四川成都市	智源书店	同上	31.8	14000		皮乃安		6	

续表

省县别	书店名称	地址	设立年月	资金总额	政治背景	主持人	去年出书总量	职工总数	备注
四川成都市	戴记道德书店	祠堂街	31.2.1	8400		戴子明		4	
四川成都市	铁风出版社	祠堂街100号	29.8.14	由航空委员会拨		浦家麟	空军书籍	50	
四川成都市	莽原出版社	祠堂街125号	31.4	20000		姚树南	文艺书籍	9	
四川成都市	乐群书局	春熙路北段56号	16.	2000		钱北岷		5	
四川成都市	合计新智书店	祠堂街31号	31.1.1	70000		杨钜卿		12	
四川成都市	大东书局	春熙路北段	9.	4000		薛乐三		5	
四川成都市	蓝新书局	青石桥	15.	8000		张光霞		5	
四川成都市	大同文化社	祠堂街	31.3.6	90000		曾少书		5	
四川成都市	大地书店	祠堂街	31.9	30000		田野萍		4	
四川成都市	四达书店	祠堂街	31.3	25000		穆纯耀		8	
四川成都市	仰风书局	中山路103号	30.2	4000		王骏成			
四川成都市	兴中书局	中山路22号	27.5	8000		姜伯猷			
四川成都市	建国书局	中山路	31.2	10000		葛宗兰			
四川成都市	学习园地		31.6	1000		杨仕富		2	
四川成都市	锦章书局	青石桥北街	3.	10000		徐子霖		7	
四川成都市	明德书庄	学道街71号	元年	900		巫子宪			
四川成都市	至诚书局	走马街15号	20.	1500		王元甫			
四川成都市	蜀秀山房	学道街3号	光绪初年	900		苟沛青			
四川成都市	未名书铺	祠堂街201号	30.5	2000		时有恒			
四川成都市	中央军学图书馆	春熙东路	23.	1000		袁 亮			
四川成都市	亚光文化社	春熙东路17号	1.	1000		张光衍			
四川成都市	文贵书店	西大街153号	3.	1000		张文贵			
四川成都市	永森书店	西御西街15号	6.	3000		段永森			

续表

省县别	书店名称	地址	设立年月	资金总额	政治背景	主持人	去年出书总量	职工总数	备注
四川成都市	仲记书店	长顺中街11号	30.	2000		闵文仲			
四川成都市	云亭书店	指挥街29号	元年	5000		钟云亭			
四川成都市	菇古书店	学道街85号	20.3	10000		黄致祥			
四川成都市	博文堂	学道街23号	光绪末年	1000		钟为祥			
四川成都市	尚古堂	青石桥北街24号	15.	2000		钟兆源			
四川成都市	漂记书庄	卧龙桥街13号	20.	2000		魏文学			
四川成都市	成文斋	卧龙桥街43号	15.	2000		王成文			
四川成都市	天禄书斋	青石桥南街73号	30.	1000		刘远航			
四川成都市	福泽书屋	西玉龙街24号	25.	1000		罗福泽			
四川成都市	温记书店	西玉龙街192号	16.	2000		温开祥			
四川成都市	和记书庄	卧龙桥街35号	28.	1000		李海云			
四川成都市	公记守经堂书林	纯化街	26.	8000		严仁斋			
四川成都市	用斋书店	状元街110号		8000		叶用之			
四川成都市	集古书局	西玉龙街217号		3000		傅全榜			
四川成都市	绵青书店	东城根中街86号	15.5	1000		唐义廷			
四川成都市	大有书店		19.5	1000		张森廷			
四川成都市	华文书庄	卧龙街32号	20.	1000		冯诚明			
四川成都市	三元堂	卧龙桥59号	元年	900		汪德九			
四川成都市	广益书局	春熙路	20.	5000		陈韶春			
四川成都市	志诚书屋	中纱帽街30号	25.3	2000		吴道祥			
四川成都市	钦托斋	西玉龙48号	26.	1000		王德鹏			
四川成都市	学儒堂	学道街65号	28.	700		郭学儒			
四川成都市	聚宝斋	东打铜街58号	3.	1000		谭申铨			
四川成都市	文渊堂古书店	东城根街203号		180		孙文渊			

续表

省县别	书店名称	地址	设立年月	资金总额	政治背景	主持人	去年出书总量	职工总数	备注
四川成都市	横渠书社	青石桥北街150号		3000		张海鹏			
四川成都市	保山书店	东城根下街165号	10.	300		钟保山			
四川成都市	涪中书店	东城根下街100号	28.	300		黄宪璋			
四川成都市	文林书店	东城根96号	28.	600		吴泽民			
四川成都市	志古堂	学道街24号		5000		王新培			
四川成都市	华利书店	总府街34号	3.	3000		陈煦初			
四川成都市	华兴书店	城守东大街34号	3.	2000		陈德兴			
四川成都市	洪源书店	东城根街200号	25.	300		麦玉冰			
四川成都市	鹤龄书屋	东城根中街16号	3.	1000		陈鹤龄			
四川成都市	集古斋	青石桥南街95号	28.	2000		刘鉴廷			
四川成都市	文益堂	学道街94号	设立已80余年	2000		郑伯彬			
四川成都市	沛然书屋	西御西街5号	23.	2000		王沛然			
四川成都市	四部堂	西玉龙街228号	15.	1000		陈海云			
四川成都市	肇经堂	学道街128号	设立已百年老店	4000		裴肇经			
四川成都市	复真堂	忠烈祠东街25号		5000		唐赞先			
四川成都市	评古山房	西玉龙街31号	20.	1000		郭汉勋			
四川成都市	正古堂	卧龙桥街34号	20.	3000		吴少康			
四川成都市	知见堂	西玉龙街129号	25.	2000		严百川			
四川成都市	闲存斋	棉花街42号	光绪元年	2900		陈希尧			

续表

省县别	书店名称	地址	设立年月	资金总额	政治背景	主持人	去年出书总量	职工总数	备注
四川成都市	松廷书庄	西玉龙桥	15.	1500		杨松生			
四川成都市	理放纷斋	西玉龙桥22号	25.	1000		白玉峰			
四川成都市	荣生书店	丝棉街68号	30.	1000		许德根			
四川成都市	聚粹斋	西玉龙街84号	28.	600		赖祥云			
四川成都市	文集书林	青石桥北街3号	20.	900		吴益森			
四川成都市	学古斋	半边桥北街22号	15.	1900		黄春富			
四川成都市	鸿宝书社	东城根东街95号	20.	2000		吴鸿宝			
四川成都市	荷马书社	春熙南路46号	30.	1000		罗静波			
四川成都市	守正书斋	督院街70号	30.	3900		宁惠黎			
四川成都市	鸿发书店	西御东街77号	15.	500		李鸿发			
四川成都市	祥记书庄	西御西街19号	30.	2000		廖祥裕			
四川成都市	清雅斋	白丝街19号	16.	2000		王位中			
四川成都市	崇古山房书斋	青石桥南街73号	元年	1000		刘远航			
四川成都市	渊雅堂	羊市街195号	10.	1000		张渊雅			
四川成都市	仁昌书屋	卧龙桥17号	25.	2000		刁仁昌			
四川成都市	复兴书店	丝棉街56号	30.	1500		刘凤笙			
四川成都市	清古书屋	西玉龙街64号	8.	900		宋德辉			
四川成都市	二二五童年书报用品社成都分社	祠堂街64号	27.	2000		严志豪			
四川成都市	新亚特约经理处	祠堂街		1000		马幼华			
四川成都市	中华书局祠堂街经售处	祠堂街		1000		袁少玉			
四川成都市	东方书社	祠堂街17号	27.	800		王畹芗			
四川成都市	自治书画社	南御街125号	10.			王心如			
四川成都市	群力文化社	祠堂街		4000		蒋显廷			

(原件存中国第二历史档案馆)

后 记

《抗战时期的四川——档案史料汇编》是档案史料汇编类书籍，是《中国抗战大后方历史文化丛书》的重要组成部分，是四川档案人为纪念中国人民抗日战争暨世界反法西斯战争胜利70周年所尽的绵薄之力。该档案文献共计3册约160万字。

在编辑本书的过程中，我们除了查阅利用馆藏的40余万卷抗战历史档案外，还得到了中国第二历史档案馆、解放军档案馆的大力支持，省内有关市州档案馆也提供了档案资料和图片。为了更全面地反映历史，我们还部分采用了中共四川省委党史研究室编写的《中国共产党四川历史》等重要文献的内容。中共四川省委宣传部、省新闻出版局对书稿进行了审读，中共重庆市委宣传部、重庆市档案局（馆）对本书编辑工作进行了指导。四川大学公共管理学院博士生导师黄存勋教授对本书初稿提出了部分修改意见。在此，谨向这些单位和个人表示衷心的感谢！

在编辑过程中，主编丁成明（四川省档案局（馆）长）、胡金玉（四川省档案局原任局（馆）长），对此项工作给予了高度重视和大力支持。副主编周书生（四川省档案局副局（馆）长）、刘海锦（四川省档案局巡视员）做了大量组织协调工作。林红负责《序》的撰写，陈翔、张洁梅、王晓春、李泽民、刘严付分别负责本书一至五章的编纂，张晓芳、王江蓉、隆益书、宋弋等协助完成了档案资料的收集与编辑、校核等工作。档案局有关处（室）、档案科研所等给予了积极的配合。在此，谨向各位关心、支持此项工作并为之付出辛勤劳动的同仁致以诚挚的谢意！

由于水平有限，我们在编撰中难免有不尽如人意的地方，敬请读者批评指正。

编 者

2013年10月